À Damien

REMERCIEMENTS

De nombreux scientifiques nous ont aidé au cours de la réalisation de cet ouvrage. Il ont discuté avec l'auteur, relu les épreuves ou facilité l'ensemble du travail. Nous tenons en particulier à remercier René Dagnac, Alain Gleizes, Albert Gourdenne, Christian Joachin, Alain Klotz, Daniel Labroue, Dominique Lavabre, Frédéric Lisak, Jean-Claude Micheau, Claude Mijoule, Roland Morancho, Jean-Luc Moreau, Véronique Pimienta, Hélène Pince, René Quéau, Michel Richard.

Dépôt légal : 3e trimestre 2000
ISBN : 2.84113.426.1

Conception graphique : Laurent mouilherat
Édition : Catherine Destephen
Photogravure : Graphocoop 47 - Agen

Imprimé par Egedsa - Sabadell - Espagne

Robert Pince

Copain des Sciences

Le guide des scientifiques en herbe

Illustrations :
Bernard Delanghe, Anne Eydoux, Donald Grant,
Gilbert Houbre, Vincent Jagerschmidt, Régis Mac, Mati, Frédéric Pillot.

Infographies :
Roland Chenel, Lydia Chatry, Bruno Douin, Claudine Pitrau-Defeuillet.

Sommaire

10 La Terre

12 Une sphère bleue
14 Les saisons et les jours
16 Mouvements de la Terre
18 La ronde des heures
20 De la clepsydre à l'horloge mécanique
22 Latitude et longitude
24 Voyage au centre de la Terre
26 Continents à la dérive
28 Colères de la Terre
30 L'eau, liquide de vie
32 Pression et siphons
34 Eurêka
36 Liquides et densités
38 La tension superficielle
40 Un voile léger autour de la Terre
42 L'air, fils des volcans et de la vie
44 La pression atmosphérique
46 Les voyages du vent
48 Réchauffement et trou d'ozone

50 Électricité et magnétisme

52 L'électricité statique
54 La foudre
56 Les courants électriques
58 Les circuits simples
60 Les aimants
62 L'électromagnétisme
64 Générateurs et moteurs
66 Le télégraphe et le téléphone

68 La vie

70 La diversité de la vie
72 D'où vient la vie ?
74 Enquête sur le passé de la Terre
76 Histoires de dates
78 Précambrien et Cambrien : la vie dans l'eau
80 Les premiers vertébrés
82 Des poissons amphibies
84 Les forêts du Carbonifère
86 L'ère des reptiles
88 Les dinosaures et la science
90 Les ptérosaures
92 Ichtyosaures et plésiosaures
94 Extinctions
96 Place aux mammifères
98 L'Afrique, berceau de l'Humanité
100 L'avènement d'homo
102 Pourquoi l'évolution ?
104 L'hérédité et ses lois
106 Chromosomes, gènes et ADN
108 Recopier ou procréer ?

110 Des sens pour percevoir et communiquer

112 L'œil et la lumière
114 Ombres et lumières
116 Réflexion et miroirs
118 Réfraction et lentilles
120 Lunettes, télescopes et microscopes
122 Écrire avec de la lumière
124 La photographie en couleurs
126 Le cinéma
128 Lumière et couleurs
130 Ondes lumineuses
132 L'oreille et le son
134 Voyages du son
136 Voir avec les sons
138 Harmonie des sons
140 L'odorat : un détecteur chimique
142 Goûts et odeurs
144 Secrets de cuisine

146 Énergies, forces et mouvements

148 L'énergie et ses transformations
150 L'énergie des êtres vivants
152 Chaleur et température
154 La chaleur voyage…
156 L'énergie nucléaire
158 Les trois lois de Newton
160 Les frottements
162 Gravité et équilibres
164 Les mouvements circulaires
166 Plan incliné et roue
168 Leviers et poulies
170 Engrenages, chaînes et courroies
172 La bicyclette
174 Les voiliers
176 Les planeurs
178 Les moteurs
180 L'automobile
182 Les avions
184 Les fusées

186 Des maths à l'informatique

188 L'écriture des nombres
190 Jeux de nombres
192 Harmonie des nombres
194 Algèbre, science des équations
196 Dessin et géométrie
198 Les triangles
200 La perfection du cercle
202 Polygones et polyèdres
204 Le zéro et l'infini
206 L'ordinateur et ses programmes
208 Le tout-binaire
210 De la logique avant toute chose
212 Surfer sur Internet

214 Mondes lointains

216 Observer le ciel
218 Au clair de la Lune
220 Le Soleil, notre étoile
222 La valse des planètes
224 Satellites, astéroïdes et comètes
226 Les étoiles
228 Le ciel de l'hémisphère Nord
230 Le ciel de l'hémisphère Sud
232 Vie et mort des étoiles
234 Un monde de galaxies
236 Passé et futur de l'Univers
238 Aller sur la Lune
240 À la conquête de l'espace !
242 Vers une vie extraterrestre ?

244 Le monde et la matière

246 Qu'est-ce que la matière ?
248 Éléments chimiques et atomes
250 Structure et propriétés des atomes
252 Les molécules
254 Représenter les molécules
256 Solides, les liquides et les gaz
258 Réactions chimiques
260 La séparation des mélanges
262 Solutions et cristaux
264 Les acides et les bases
266 Sels et savons
268 La chimie organique

270 La science

272 L'astrologie et l'alchimie
274 La méthode scientifique
276 L'erreur rectifiée
278 Archimède, géomètre-ingénieur
280 Galilée, la tête dans les étoiles
282 Newton, géant de la science
284 La science et les arts
286 De nouvelles responsabilités

288 Lexique

292 Index

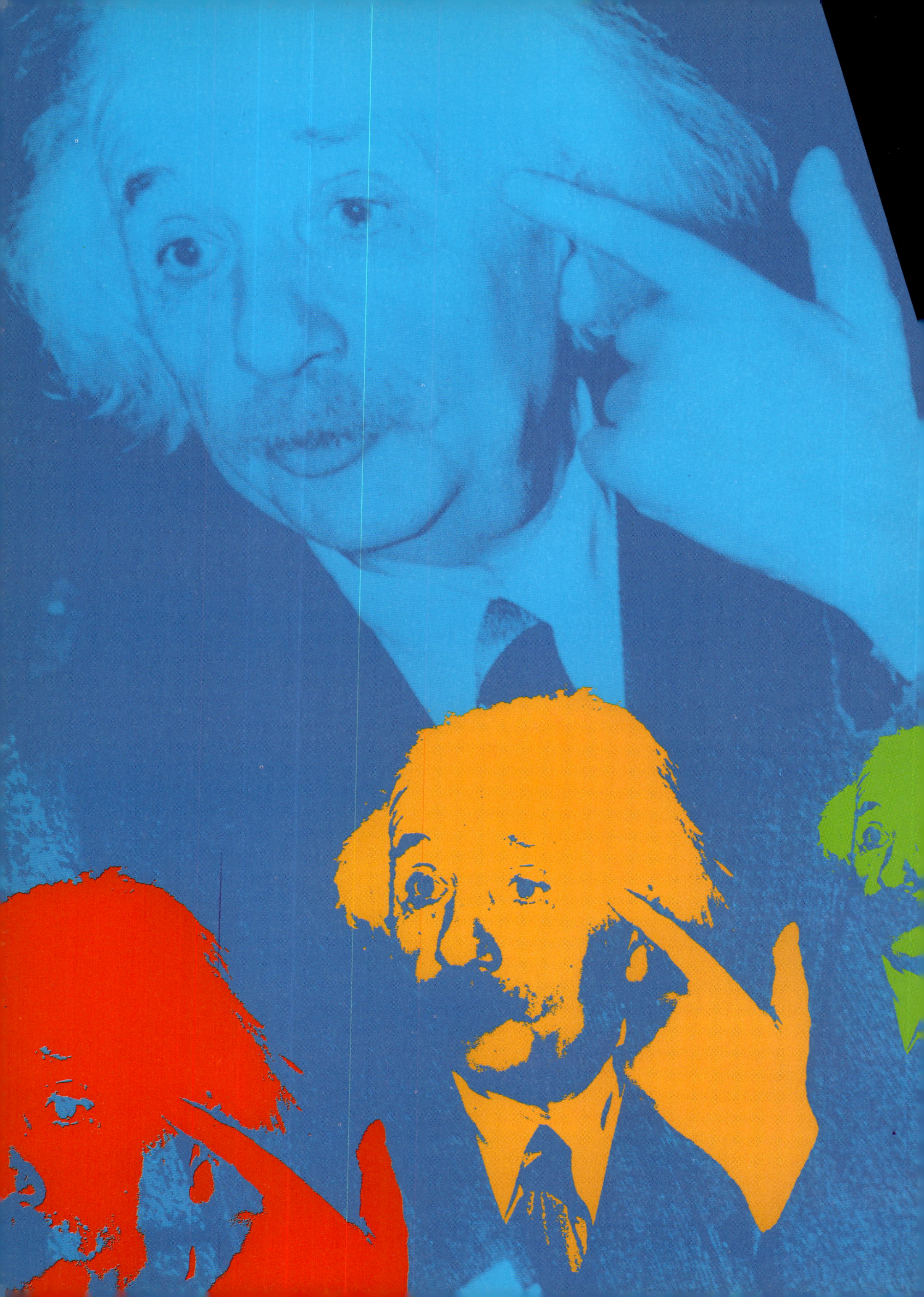

ntroduction

u prends souvent plaisir à contempler le monde qui t'entoure, à observer les milliers de points brillants qui dansent dans un rayon de soleil ou la poussière toiles qui scintille dans un ciel d'été... Mais les sciences paraissent bien compliquées avec leurs équations et leurs molécules. lors tu préfères les laisser aux forts en math ou en physique, et te passionner pour des millions d'autres choses.

Et pourtant, les sciences qui étudient l'architecture des molécules ou la résolution des équations se penchent aussi sur la colère des volcans, la cuisson des œufs, le mouvement des poussières dans un rayon de soleil ou le scintillement des étoiles.

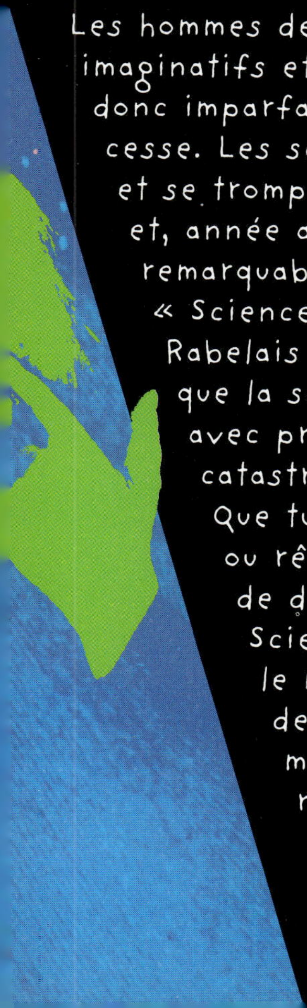

Les hommes de science savent être raisonnables mais également imaginatifs et rêveurs. La science est vivante et humaine, donc imparfaite. Loin d'être sûre d'elle et immobile, elle bouge sans cesse. Les scientifiques se sont trompés, se trompent, et se tromperont encore... Mais leurs erreurs se corrigent, et, année après année, les résultats s'accumulent, souvent remarquables et parfois inquiétants.

« Science sans conscience n'est que ruine de l'âme » disait Rabelais il y a déjà quatre siècles. Les pouvoirs nouveaux que la science fournit à l'humanité doivent être utilisés avec précaution par des citoyens avertis afin d'éviter toute catastrophe majeure.

Que tu aimes bricoler ou lire, dessiner ou chanter, réfléchir ou rêver, nous espérons que ce livre te donneras l'occasion de découvrir les multiples facettes de la Science. Tu pourras alors contempler le monde qui t'entoure avec « les yeux de ton esprit », devenant par là même un habitant de la Terre plus responsable et donc plus apte à préserver notre belle planète.

La Ter

Notre **planète** est une boule tournant autour du Soleil à distance idéale. Elle possède ainsi de l'eau sous trois formes : **solide, liquide et gazeuse**. Enfin, sa masse est suffisante pour que les gaz qui l'entourent ne se dispersent pas dans l'espace, et forment l'atmosphère.

re

Une sphère bleue

Nous savons tous maintenant que la Terre est ronde. C'est une sphère dont la forme, un peu aplatie aux pôles, ressemble à celle d'une orange. Mais cette connaissance n'a pas toujours existé : les hommes ont longtemps pensé que la Terre était plate.

Histoires de formes

Les anciens Grecs croyaient que la Terre était plate, mais plusieurs indices vont bientôt les faire changer d'avis : ils remarquent que la position du Soleil change selon le lieu d'observation (il est d'autant plus haut qu'on va vers le sud). D'autre part, les navires qui s'éloignent à l'horizon disparaissent en cachant d'abord leur coque, puis leur voile. Ces observations ne peuvent s'expliquer que par la courbure de la surface de notre planète. Les Grecs se mettent alors à penser que la Terre est ronde.

La Terre plate des anciens… ou du haut Moyen Âge.

La coque est cachée par la courbure de l'océan.

Pour la première fois, sur la carte de Ptolémée, le nord est en haut et le sud en bas.

De la circonférence de la Terre…

Ératosthène calcule, 250 ans avant J.-C., la longueur de la circonférence de la Terre et l'évalue à 45 000 km. 4 siècles plus tard, Ptolémée (90-168 après J.-C.), à partir de la hauteur, des étoiles dans le ciel, ne trouve que 28 800 km et surestime l'étendue de l'Asie. Toutes ces données vont tomber dans l'oubli pendant plus de 1 000 ans. De l'an 300 à 1 300 environ, les hommes vont à nouveau penser que la Terre est plate…

L'ombre de la Terre : une observation d'Aristote

Quand la Terre s'interpose entre le Soleil et la Lune, son ombre est projetée sur la Lune : c'est une éclipse de Lune. Or, cette ombre n'est pas ovale mais circulaire, ce qui incita Aristote à penser que la Terre était bien une sphère !

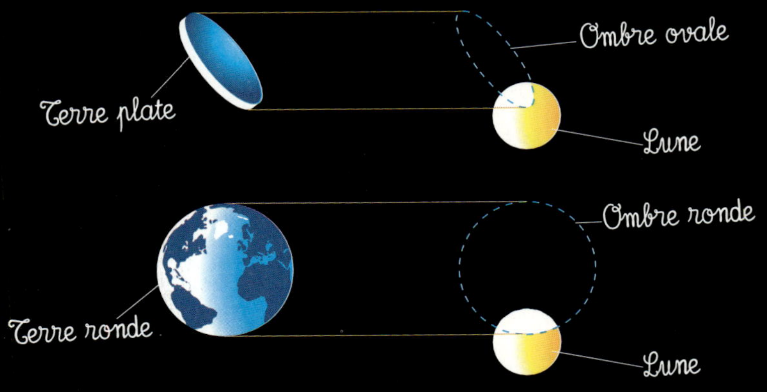

Notre planète,
vue de l'espace.

Des erreurs providentielles

À la Renaissance, des traductions du manuscrit de Ptolémée vont être imprimées et mises en circulation. Chacun va donc se fier aux cartes du savant grec. Ses erreurs auront une importance considérable : Christophe Colomb va s'embarquer allègrement pour l'ouest en pensant que le Japon n'est qu'à 4 500 km des îles Canaries (soit le quart de la distance réelle !).

Variations de la forme de la terre

- **1 400 ans après J.-C.**
La géographie de Ptolémée est traduite en latin et diffusée.

- **De 300 ans après J.-C. à 1 300 ans après J.-C.**

- **500 ans avant J.-C.**
(Pythagoriciens)

- **1 600 ans avant J.-C.**
(Anciens Grecs)

- **2 000 ans avant J.-C.**
(Égyptiens)

Ératosthène, géographe et mathématicien

Ératosthène (vers 276 - vers 194 av. J.-C.) était, à Alexandrie, le second responsable de la plus grande bibliothèque du monde occidental. Il avait entendu des voyageurs raconter qu'à Syène (Assouan), le 21 juin à midi, on pouvait voir l'image du Soleil se refléter au fond d'un puits. Cela signifiait évidemment que le Soleil était alors exactement à la verticale du puits.

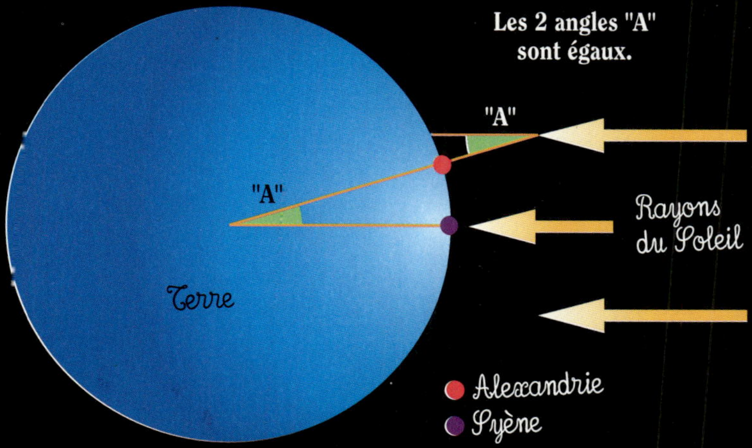

Son expérience

Le 21 juin, à midi, à Alexandrie, Ératosthène mesure la longueur de l'ombre d'un obélisque de la ville. Par un calcul de géométrie simple, il lui est alors facile de montrer que le Soleil fait un angle de 7 degrés 12 minutes avec la verticale. Finalement, à partir de la distance Syène-Alexandrie (900 km) il trouve la longueur de la circonférence de la Terre : 45 000 km, ce qui est supérieur de 12,5 % à la réalité (40 000 km).

Les saisons et les jours

De toute éternité, les hommes ont observé la course du Soleil dans le ciel. Elle provoque l'alternance des jours et des nuits, et le retour régulier des saisons. Ce n'est pourtant que très récemment (4 siècles à peine) que nous admettons que la Terre n'est pas immobile au centre de l'univers.

Ce que nous voyons tous…

Le Soleil apparaît à l'est le matin, s'élève jusqu'à midi, puis s'abaisse jusqu'à son coucher, le soir, à l'ouest. Cette courbe journalière est plus haute l'été que l'hiver. Le maximum de hauteur correspond au solstice d'été, le 21 juin dans l'hémisphère Nord. Le minimum a lieu au solstice d'hiver, le 21 décembre dans l'hémisphère Nord. Les 21 mars et 21 septembre, le Soleil décrit un demi-cercle parfait, et la durée du jour est la même que celle de la nuit : c'est l'équinoxe.

Nos sens nous trompent souvent

Assis dans un train arrêté en gare, tu attends le départ. Soudain, le train voisin du tien se met à bouger, puis défile devant les fenêtres de ton wagon. Pourtant, les secousses et le paysage qui commence à défiler te montrent que tu t'es trompé : c'est bien ton train qui vient de démarrer. De la même manière, les hommes, voyageurs embarqués sur la planète Terre, ont dû admettre, que la Terre n'est pas fixe au centre de l'univers.

Nicolas Copernic

Révolution dans l'astronomie

Nicolas Copernic, astronome polonais (1473-1543) publie, peu avant sa mort le *Traité sur les révolutions des mondes célestes*. Dans ce traité il affirme que la Terre, comme les autres planètes, tourne sur elle-même et autour du Soleil. Toutes les données de l'astronomie ancienne sont ainsi bouleversées. La théorie de Copernic se trouve confirmée 70 ans plus tard par les observations de Galilée (1564-1642) qui découvre les satellites de Jupiter en 1610.

Galilée et la lunette astronomique

Grâce à une lunette astronomique qu'il a lui-même perfectionnée, Galilée voit pour la première fois 4 satellites qui tournent autour de Jupiter. Il les compare à la Lune tournant autour de la Terre, et remarque que l'ensemble du système décrit une gigantesque orbite autour du Soleil en l'espace de 12 ans. Ses publications lui valent de passer devant le terrible tribunal de l'Inquisition. Galilée devra en 1633 renoncer à ses convictions, et déclarer publiquement que la Terre est immobile. La légende veut qu'il ait murmuré « *et pourtant, elle tourne* ».

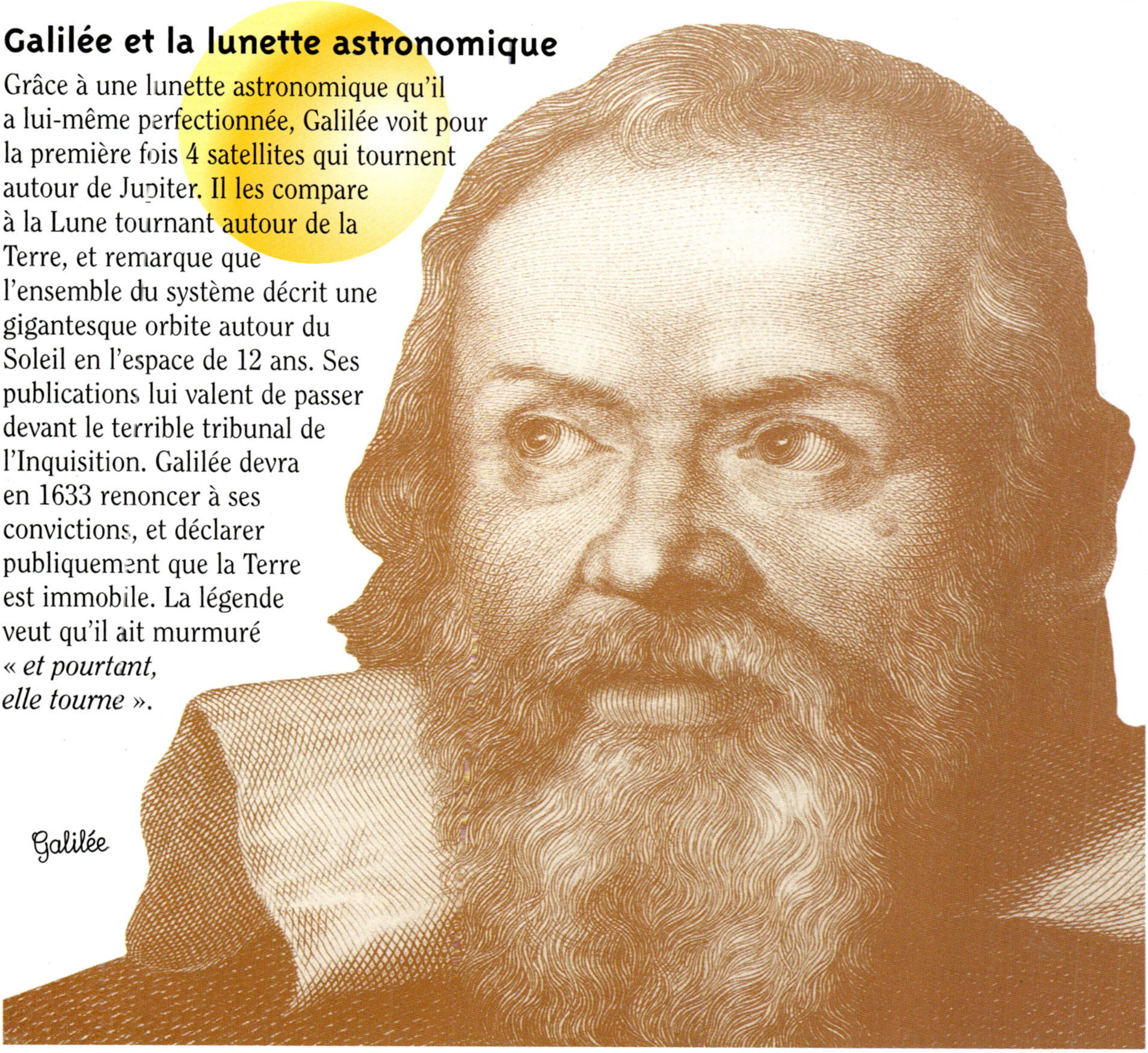

Galilée

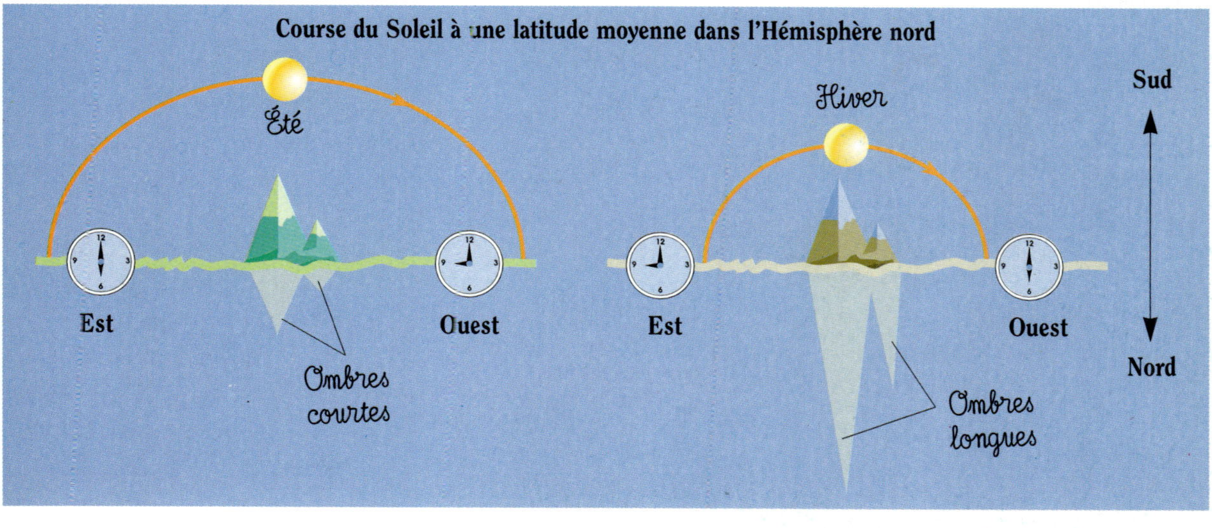

Mouvements de la Terre

Malgré sa stabilité apparente, la Terre bouge, et ses divers mouvements expliquent la succession des jours et des nuits, et le changement des saisons.

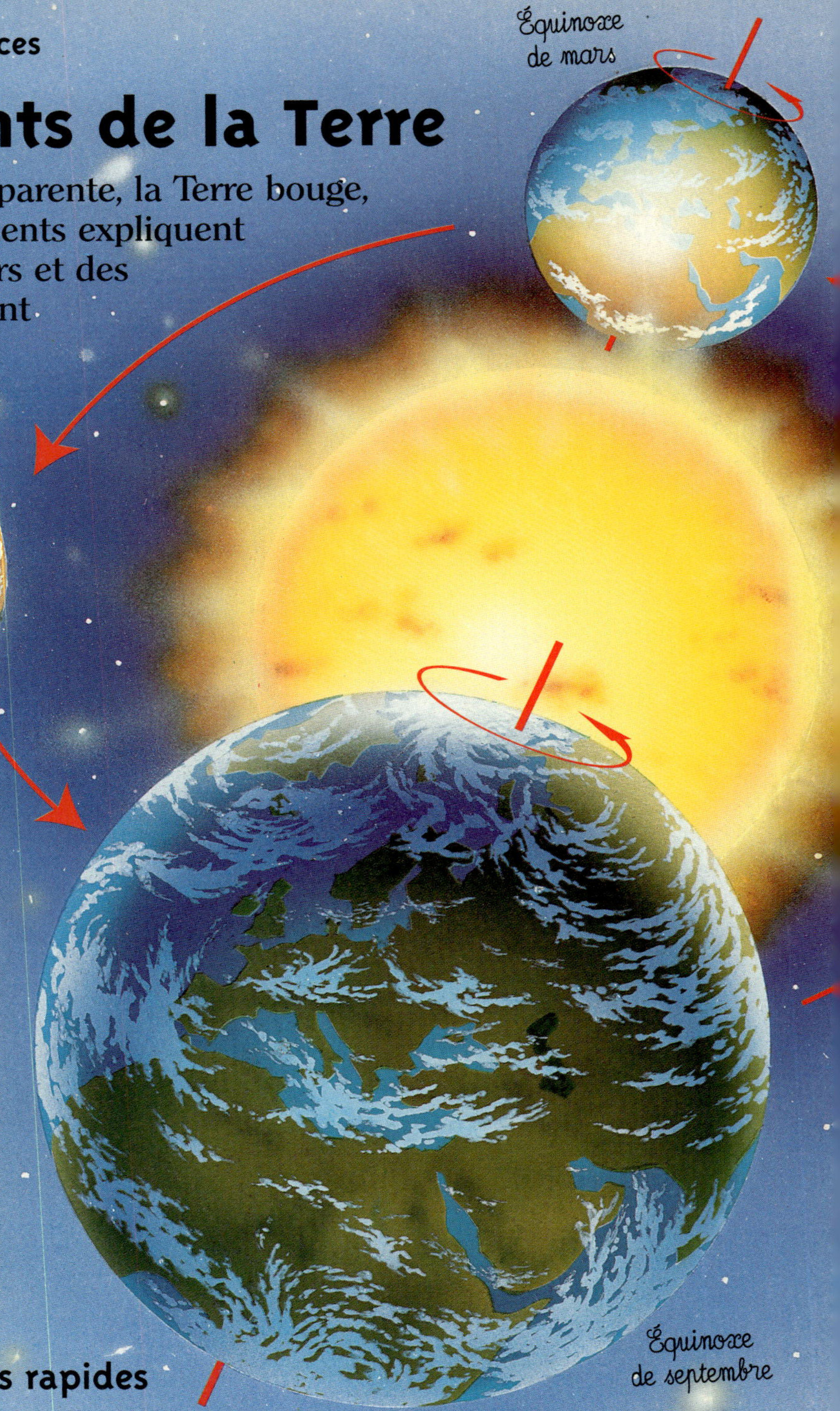

Un axe incliné

L'axe de la Terre est incliné lorsqu'elle tourne autour du Soleil. C'est cette inclinaison (23,5°) qui est responsable des saisons. Pendant l'été, l'hémisphère Nord est tourné vers le Soleil. Les journées sont longues et chaudes. Pendant ce temps, l'hémisphère Sud reçoit le Soleil très obliquement. Il connaît des journées d'hiver courtes et froides. Lorsque l'hémisphère Sud est tourné vers le Soleil, c'est son tour de vivre en été.

Des mouvements très rapides

La Terre tourne sur elle-même comme une énorme toupie et effectue un tour complet en 24 heures. C'est ce mouvement qui provoque l'alternance des jours et des nuits : le jour, nous sommes éclairés par le Soleil, la nuit, cachés dans l'ombre de la Terre. D'autre part, la Terre fonce à 80 000 km/h autour du Soleil, et sa trajectoire est si longue qu'il lui faut 365 jours 1/4 pour en faire le tour. Peut-être te demandes-tu pourquoi nous ne sentons pas ces 2 mouvements : c'est parce que le sol, les objets qui nous entourent et même l'atmosphère se déplacent avec la Terre.

Le pendule de Foucault

Léon Foucault (1819-1868) est ce physicien français, qui a mis en évidence la rotation de la Terre en utilisant un pendule (1851). Nous te proposons de refaire cette expérience, d'abord en modèle réduit, puis en vraie grandeur (si tu disposes d'une hauteur suffisante !).

Expérience en vraie grandeur

❶ Remplis la bouteille de sable.
❷ Fixe la ficelle en hauteur (plus de 5 m), par l'intermédiaire de l'émerillon.
❸ Suspends à la ficelle la bouteille pleine de sable, de manière à ce qu'elle soit tout près du sol.
❹ Fixe le papier à dessin sur le sol, sous le pendule.
❺ Fais osciller le pendule, en repérant sa direction par tracé sur le papier.
❻ Au bout de 20 min, cette direction a changé car la Terre (comme le plat dans l'expérience ci-dessous), a tourné !

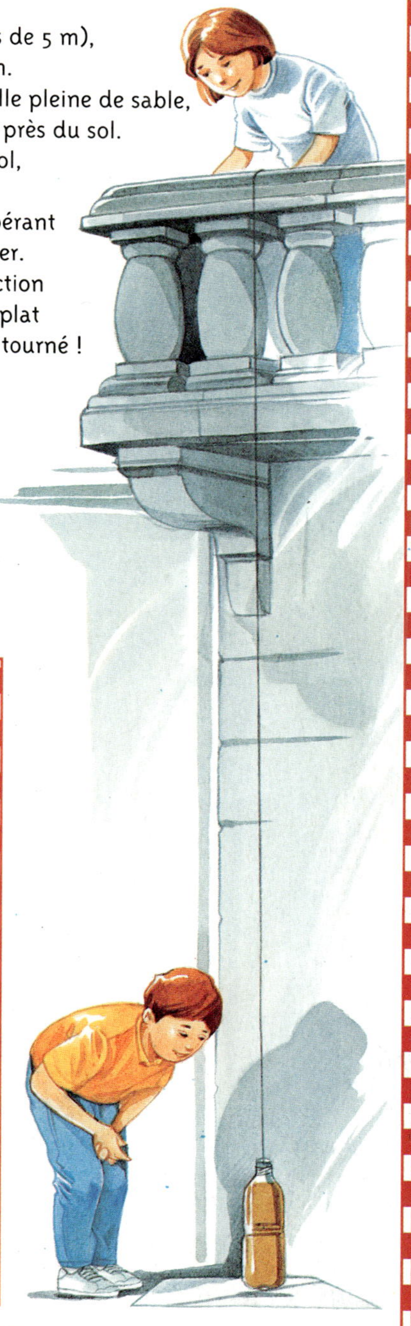

Matériel

- Bouteille plastique
- Sable
- Émerillon solide
- Ficelle
- Papier dessin
- Crayon

Mini-expérience

❶ Fixe l'émerillon à l'épingle.
❷ Enfonce l'épingle verticalement au centre du bouchon.
❸ Supporte le bouchon par un trépied en y enfonçant les 3 brochettes métalliques obliquement.
❹ Entoure l'orange par 2 boucles de fil.
❺ Noue un fil entre l'émerillon et l'orange : tu obtiens ainsi un pendule.
❻ Fais osciller le pendule, et repère son plan en le marquant avec le crayon sur le papier.
Puis tourne (avec précaution) le plat, et donc les brochettes et le bouchon. Tu constates que le plan d'oscillation n'a pas bougé par rapport à l'extérieur alors que sa trace sur le papier est différente.

Matériel

- Papier
- Plat creux
- 3 brochettes métalliques
- Fil
- Bouchon
- Orange
- Épingle
- Émerillon (article de pêche)

La ronde des heures

Avant que l'homme n'invente des machines à mesurer le temps, il fallait, pour savoir l'heure, s'en remettre à l'observation du Soleil et des étoiles, ce qui n'était pas bien précis. Enfin, il y a 4 000 ans, on inventa la première horloge : le cadran solaire.

Tout cadran solaire comporte une aiguille dont l'ombre indique l'heure sur un cadran gradué.

Cadrans solaires

La première mesure du temps, c'est mesurer la course de l'ombre d'un bâton (le gnomon) sur le sol. Les Égyptiens mettent au point l'instrument, et en fabriquent de gigantesques : l'obélisque de la place de la Concorde, à Paris, provient de Thèbes. Ils en construisent aussi de tout petits, comme l'équerre solaire.

Obélisque du temple de Karnak à Louxor, Égypte.

Des heures inégales

Chez les Grecs, les Romains et même en Occident jusqu'au XIVe siècle, les heures étaient incroyablement élastiques, puisqu'elles représentaient la douzième partie du jour ou de la nuit. Autant dire qu'en plein hiver, les heures de jour ne mesuraient plus que 45 de nos minutes, tandis qu'en été, elles arrivaient à durer jusqu'à 1 h 20 min. Pas facile, dans ces conditions, de fabriquer une horloge correcte.

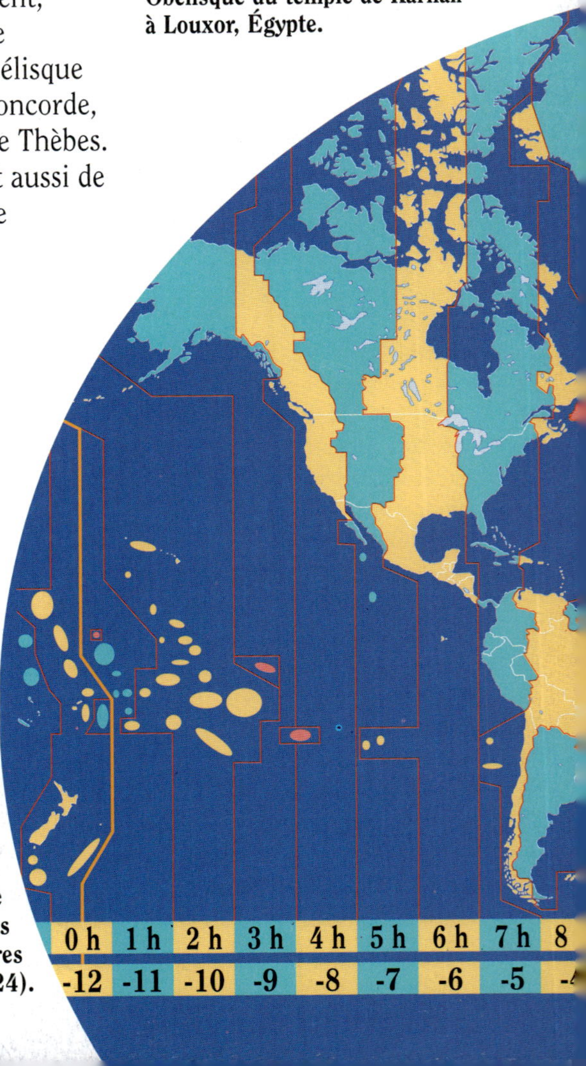

Les régions du monde faisant face au soleil à des moments différents, l'heure varie selon le lieu où tu te trouves. Les lieux où l'heure est la même sont les fuseaux horaires (il y en a 24).

Fabrique un cadran solaire

❶ Fabrique le support avec du contreplaqué en traçant les repères Nord, Sud, Est et Ouest comme indiqué.

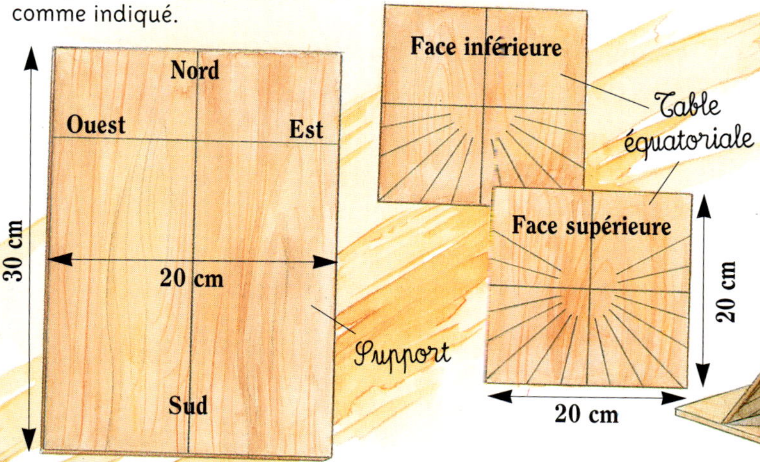

❷ Découpe la table équatoriale en formant un carré de 20 cm de côté.

❸ À l'aide d'un rapporteur, trace les heures sur les 2 faces, comme indiqué.

❹ Perce un trou au centre de la table. Enfile le style en le fixant grâce aux rondelles de liège, en donnant à l'angle L la valeur de la latitude du lieu où tu habites.

❺ Oriente ton support exactement en face du nord géographique. Attention, ton cadran indique l'heure solaire : ajoute 1 heure en hiver, 2 heures en été !

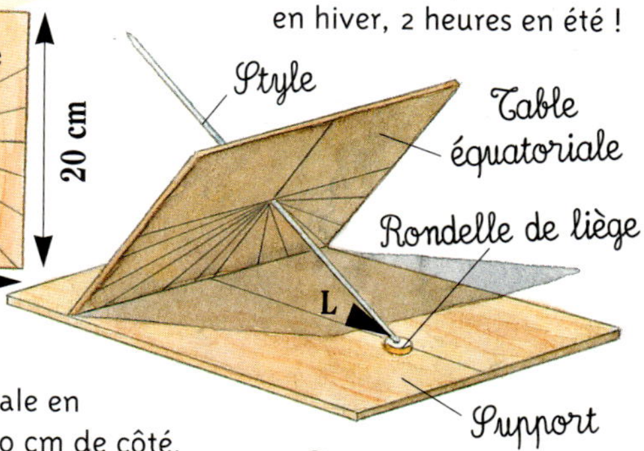

Matériel

- Contreplaqué de 5 mm
- Rapporteur
- Tige de métal (style)
- Feutre
- 2 rondelles de liège

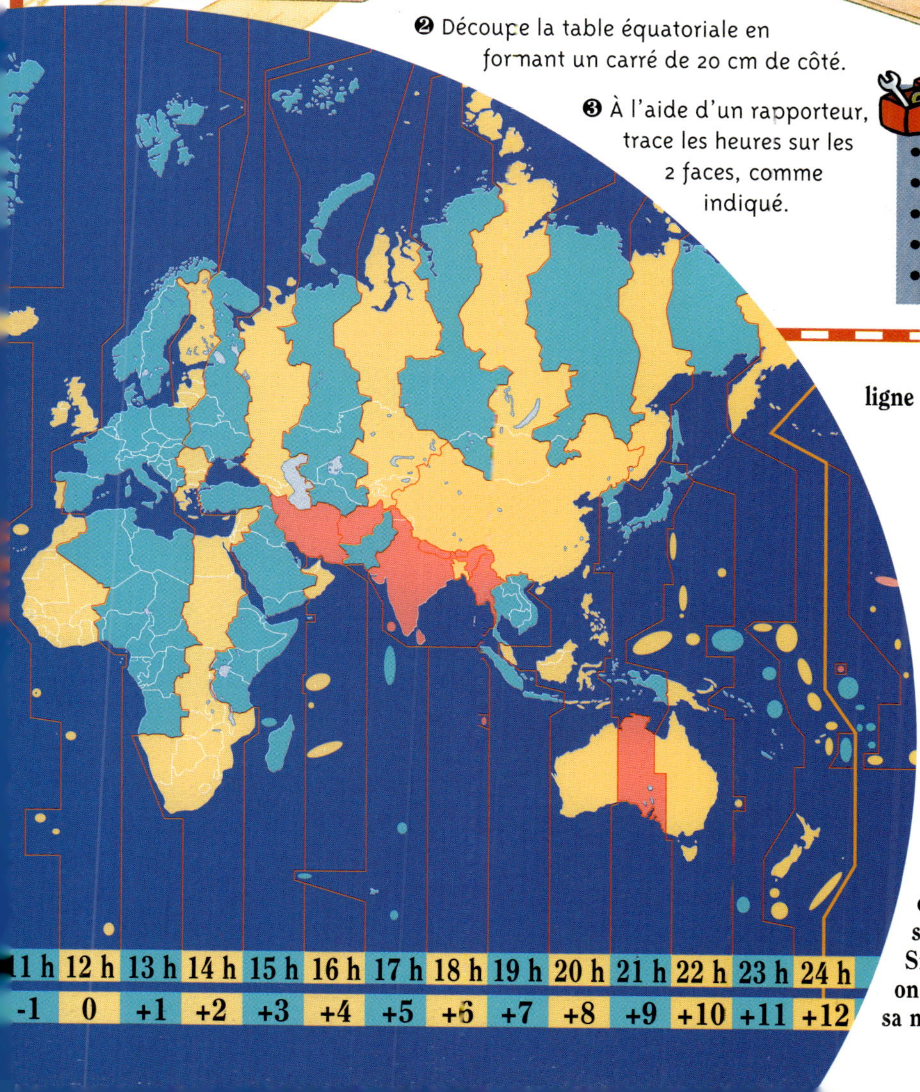

ligne de changement de date

limites entre fuseaux horaires

zones dont l'heure est un nombre entier

zones dont l'heure n'est pas un nombre entier

Fuseaux horaires : si l'on va vers l'est, on avance d'une heure sa montre à chaque fuseau. Si l'on va vers l'ouest, on retarde d'une heure sa montre à chaque fuseau.

De la clepsydre à l'horloge mécanique

L'apparition de l'horloge mécanique va révolutionner la mesure du temps. Des horloges de plus en plus précises vont permettre d'effectuer les premières expériences scientifiques.

Clepsydres : des horloges à eau

En l'absence de soleil, les jours de mauvais temps, ou encore la nuit, il fallait trouver un remplaçant au cadran solaire. Les Égyptiens, puis les Grecs, utilisèrent couramment des horloges à eau ; ce sont les Grecs qui lui donnèrent le joli nom de *klepsydra*, ou « voleur d'eau », devenu clepsydre en français.

Clepsydre

Horloge à pendule

Horloges mécaniques

C'est au XIVe siècle qu'apparaît l'horloge mécanique : un système à échappement ralentit la chute d'un poids, qui tombe d'une distance égale à chaque heure. Mais cette horloge est encore bien imprécise : elle varie de 15 à 30 min par jour, et n'a pas encore d'aiguille des minutes. Au milieu du XVIIe siècle, Galilée puis Huygens mettent au point l'horloge à pendule, qui varie de 2 secondes seulement par jour ! Les cadrans de ces horloges ont (enfin !) une aiguille des minutes.

Pendule d'une horloge mécanique

Montre à quartz

Montres à quartz et horloges atomiques

Stimulé par un courant, un cristal de quartz vibre très vite. Comptées électroniquement, ces vibrations permettent de mesurer le temps. Les montres à quartz sont précises, mais les horloges atomiques le sont encore plus. En utilisant les fréquences des radiations émises par les atomes de césium, elles varient d'une seconde par million d'années.

Horloge atomique

La première expérience de Galilée

Un jour de l'année 1583, un jeune homme de 19 ans nommé Galileo Galilei assiste à la prière dans la cathédrale de Pise. Son attention est attirée par le balancement du lustre situé au-dessus de l'autel. Il mesure le temps nécessaire à un balancement et constate avec surprise que ce temps est le même, que le lustre oscille fortement ou faiblement. Bien sûr, il n'a pas de montre, mais mesure la durée des balancements en utilisant son pouls. Galilée vient ainsi de découvrir une des lois fondamentales de la physique : la période du pendule ne dépend pas de son amplitude !

Horloge, mère des machines

Fabriquée grâce au travail commun des artisans et des savants (Galilée, Huygens, Hooke...), l'horloge va participer aux premières expériences scientifiques, puisque c'est le premier appareil de mesure moderne. Le savoir-faire en horlogerie va ensuite permettre la fabrication d'une foule d'autres machines : baromètre, microscope, télescope, etc.

Baromètre

Microscope

Télesccope

Latitude et longitude

Pour se repérer à la surface de la Terre, et donc savoir où l'on est, il faut connaître la latitude et la longitude. Mais la longitude est plus difficile à obtenir que la latitude. Voilà pourquoi le Nouveau Monde est resté si longtemps inconnu.

Trouver la latitude : une mesure de hauteur

Pour déterminer la latitude d'un lieu, il suffit de mesurer la hauteur du Soleil au-dessus de l'horizon à midi. Ensuite, on rapporte cette hauteur à des tables astronomiques. On peut aussi relever la hauteur de l'étoile Polaire ou de la Croix du Sud.

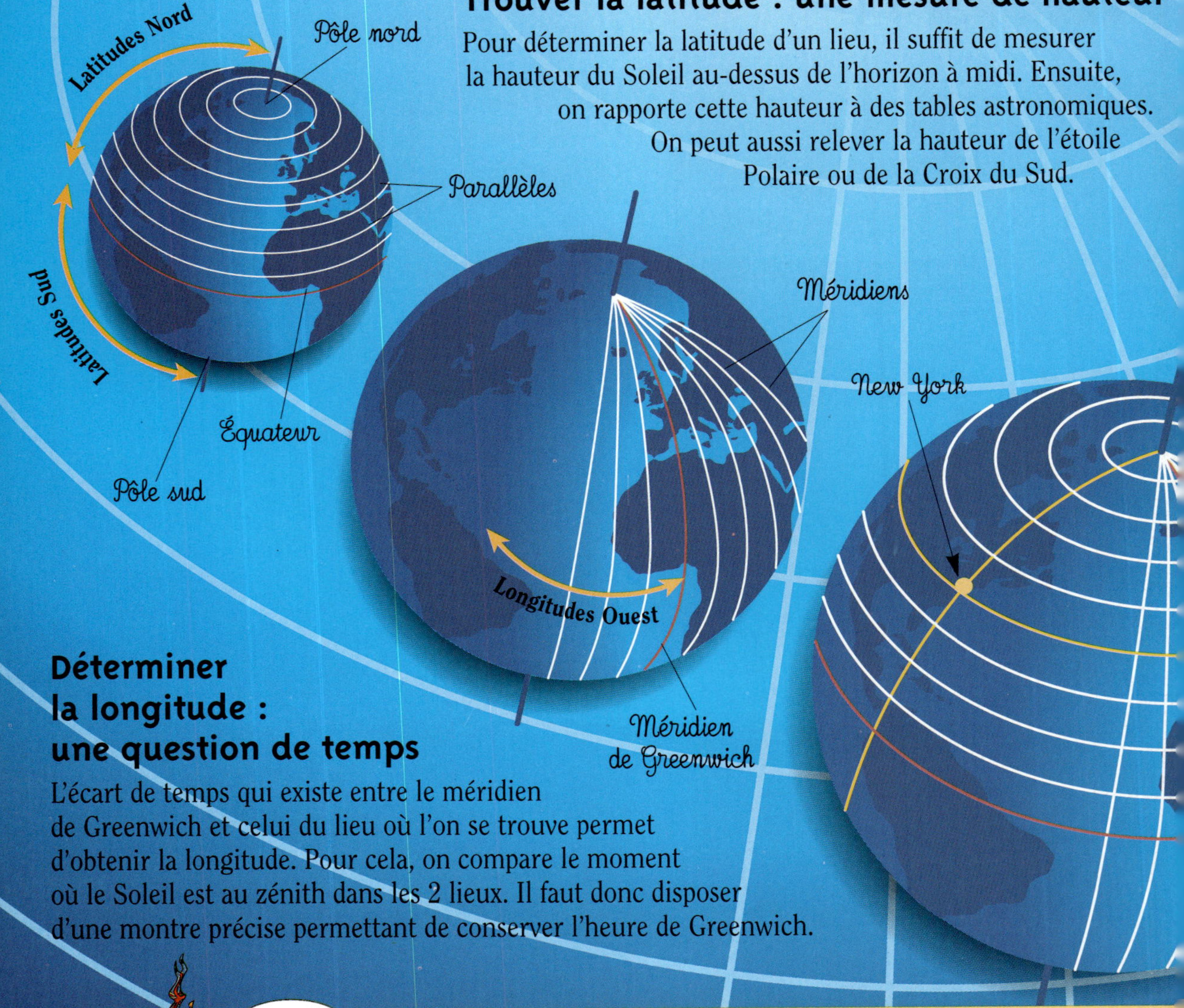

Déterminer la longitude : une question de temps

L'écart de temps qui existe entre le méridien de Greenwich et celui du lieu où l'on se trouve permet d'obtenir la longitude. Pour cela, on compare le moment où le Soleil est au zénith dans les 2 lieux. Il faut donc disposer d'une montre précise permettant de conserver l'heure de Greenwich.

Naufrage

En 1707, toute une flotte anglaise sombre sur les rochers des îles Scilly, à moins de 40 milles des côtes. L'amiral Shovell, célèbre et héroïque marin, disparaît au cours du naufrage. Cet accident est dû à une erreur de calcul de la longitude ; il frappe durement l'opinion publique. En 1714, une loi offre 20 000 livres à qui trouvera le moyen de déterminer la longitude en mer.

Horloge portative : Le secret de la longitude

En mer, impossible d'utiliser l'horloge à pendule. Les mouvements du bateau l'empêchent de fonctionner. Pourtant, l'utilité d'une horloge portative est ici très grande. Elle permet, si elle est suffisamment précise, de connaître la longitude du bateau. C'est John Harrison qui fabrique le premier chronomètre de marine suffisamment précis, en 1761. Il gagne, grâce à cet exploit, les 20 000 livres offertes par le Parlement britannique.

Mesure la latitude du lieu où tu te trouves, grâce à l'étoile Polaire

❶ Coupe le carrelet à 34 cm de long.

❷ Découpe un carré de contreplaqué de 34 × 34 cm.

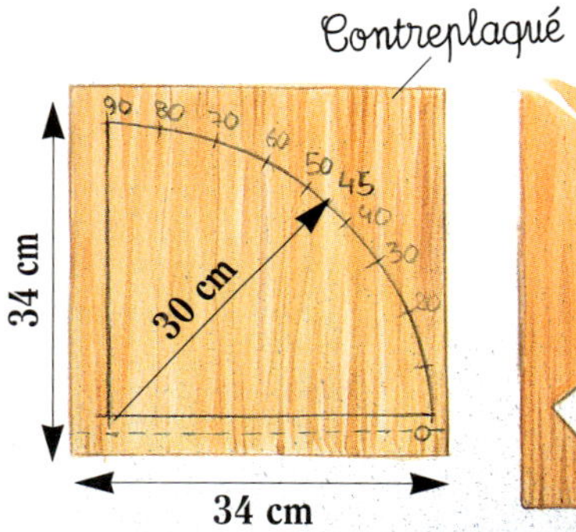

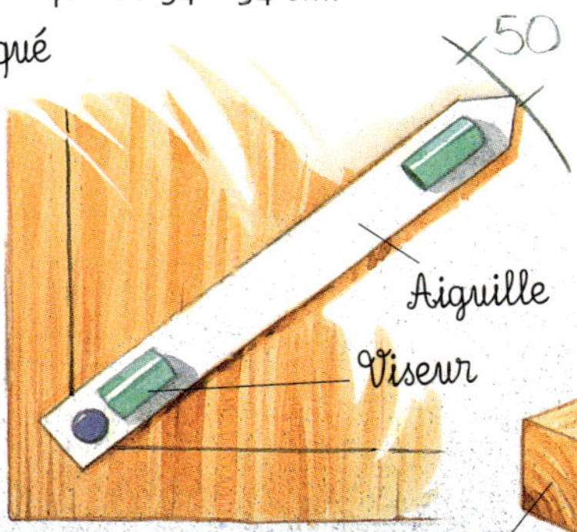

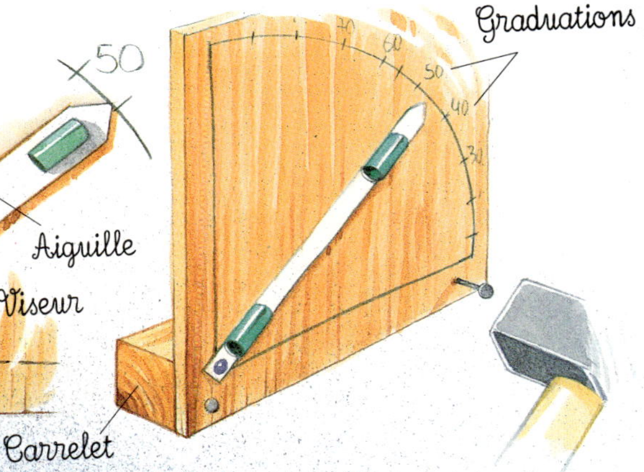

❸ Trace sur ce carré un cercle de 30 cm de rayon suivant le schéma ainsi que l'horizontale et la verticale. Repère les graduations 10, 20, 30, ...90 degrés sur le cercle, grâce au rapporteur.

❹ Fabrique l'aiguille en la découpant dans le carton, suivant le schéma ; colle les 2 viseurs formés d'une étiquette roulée.

❺ Cloue et colle le carrelet sur le côté du contreplaqué. Pose-le sur un support horizontal, dans un lieu bien dégagé.

❻ Oriente au nord, puis trouve la Polaire ; vise avec l'aiguille et lis le résultat sur le cadran. L'appareil indique la latitude du lieu.

Matériel

- Contreplaqué de 3 mm
- Pointe
- Carton
- Carrelet (baguette de bois carrée) 24 x 24 mm
- Double décimètre
- Compas
- Rapporteur
- Colle
- Ciseaux
- Étiquettes autocollantes

Voyage au centre de la Terre

La surface de la Terre ne nous dit rien sur ce qui se passe en dessous. Comme les hommes n'ont jamais pu explorer l'intérieur de la Terre, il a bien fallu que les scientifiques emploient des moyens détournés pour arriver à savoir ce qui se passe sous nos pieds.

Des moyens indirects

Aucun forage n'a dépassé 12 km de profondeur, alors que la distance sur laquelle il faudrait creuser pour atteindre le centre de la Terre est de 6 370 km ! Nous ne savons donc pas avec certitude ce qu'il y a au centre de notre planète, puisque nous n'avons encore jamais pu y aller. Mais l'étude des ondes produites par les tremblements de terre a permis aux scientifiques d'avoir une assez bonne idée de ce qui s'y trouve ! La Terre est la plus dense des planètes du système solaire. Elle est formée essentiellement d'éléments lourds, comme le fer et le nickel, fortement compressés.

Au centre, le noyau riche en fer est très dense. En remontant, les différentes couches deviennent plus légères pour se terminer par la croûte particulièrement légère (oxygène, silicium, aluminium).

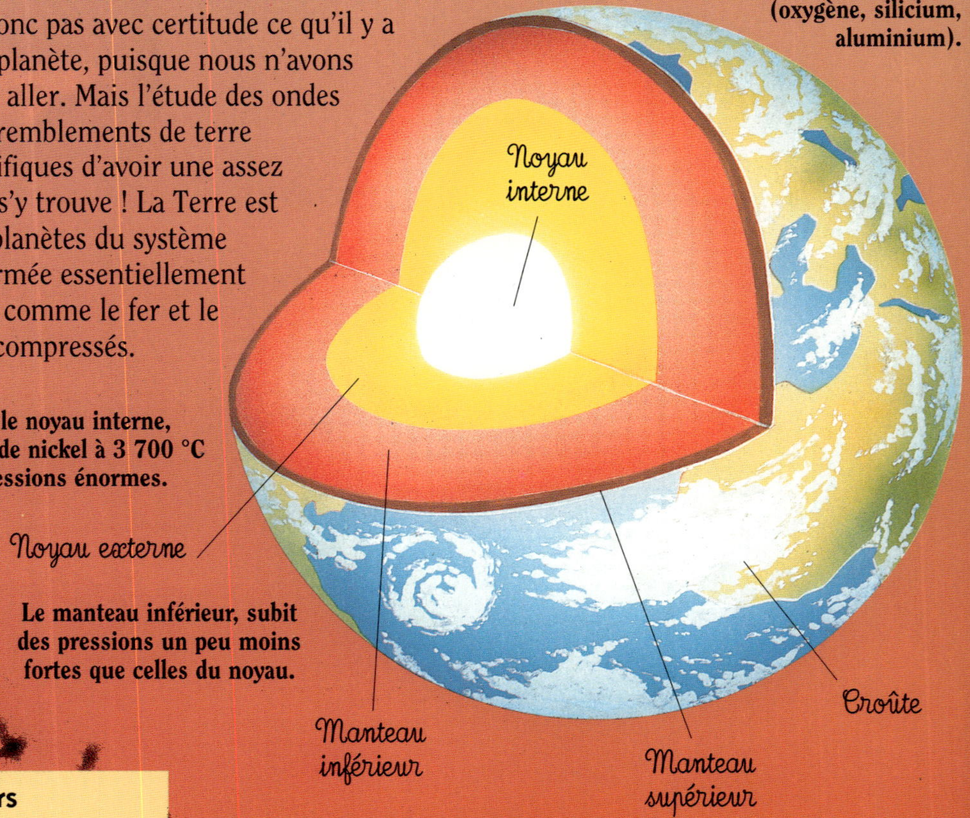

Le cœur est le noyau interne, formé de fer et de nickel à 3 700 °C sous des pressions énormes.

Le manteau inférieur, subit des pressions un peu moins fortes que celles du noyau.

Le manteau supérieur est formé de roches plastiques.

La croûte est la zone la plus fine ; son épaisseur est plus forte sous les continents (25 à 90 km) que sous les océans (6 km).

Profondeurs

- Noyau interne : 5 200 km
- Noyau externe : 2 900 à 5 200 km
- Manteau inférieur : 700 à 2 900 km
- Manteau supérieur : 90 à 700 km
- Croûte : 6 à 90 km

Nord magnétique ou nord géographique ?

Actuellement, les scientifiques pensent que le magnétisme de la Terre provient des mouvements de nickel et de fer de la partie fondue du noyau externe. Les boussoles n'indiquent pas le nord géographique, mais le Nord magnétique. La différence entre les 2 est la déclinaison magnétique. Cette déclinaison varie avec le temps.

Une boussole simplifiée

Le noyau liquide, riche en métaux, est animé de mouvements, ce qui engendre un champ magnétique. On peut le détecter avec cette boussole.

❶ Coupe en rondelle le liège (2 cm).

❷ Magnétise l'aiguille en la frottant sur l'aimant (dans le même sens).

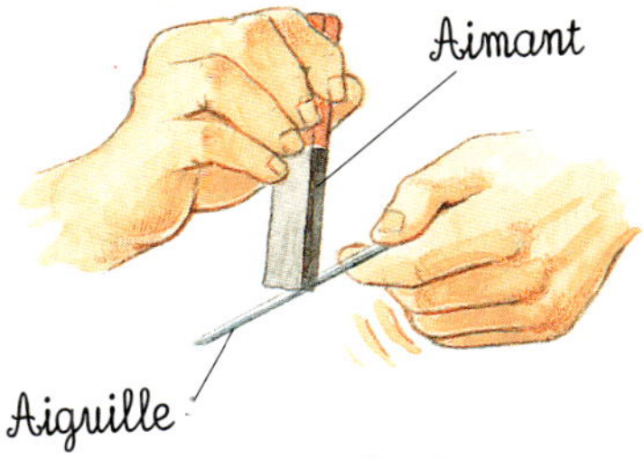

❸ Fais une fente dans le bouchon.

❹ Dépose l'aiguille dans la fente puis place le tout dans l'eau.

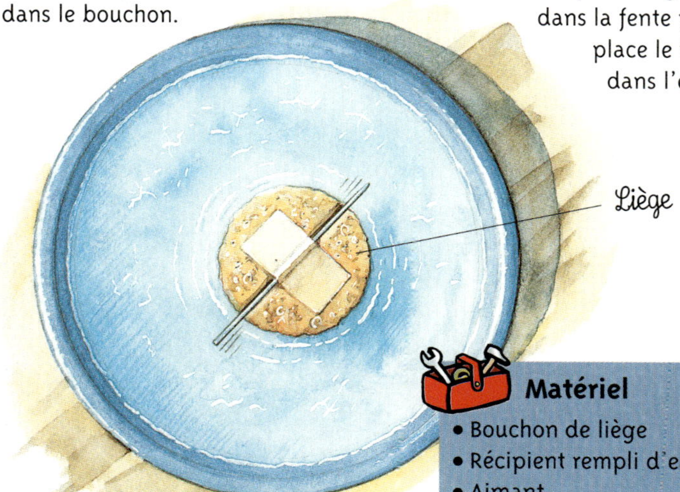

Matériel

- Bouchon de liège
- Récipient rempli d'eau
- Aimant
- Aiguille
- Couteau

La boussole en Chine

Au XIe siècle, on trouve en Chine une des premières ébauches de la boussole. Une feuille de fer découpée en forme de poisson est maintenue dans la direction Nord-Sud, chauffée au rouge puis refroidie, ce qui la magnétise. Posée sur une eau calme, la tête du poisson indique le sud.

Continents à la dérive

Le sol de la planète te paraît parfaitement stable. Pourtant, depuis les années 1970-1980 nous savons que ce sol n'est pas fixe : les continents sont de gigantesques radeaux de roches flottant et dérivant sur le magma en fusion.

Des expériences récentes

Les expériences menées dans les années 1960 au fond des océans vont montrer que les idées avancées en 1915 par Wegener sont bien fondées.

- Le géophysicien Maurice Ewing découvre que le fond des océans est formé de roches très jeunes.
- 2 de ses collègues établissent une carte des fonds océaniques, et constatent avec étonnement qu'une chaîne de montagnes sous-marine parcourt l'Atlantique en son milieu : la dorsale atlantique.
- Le navire océanique *Glomar Challenger* montre, au cours d'une série de mesures, que les roches du fond des océans sont d'autant plus vieilles qu'on s'éloigne de la dorsale. Le fond des océans est donc en expansion à partir de cette dorsale.

Le navire océanique *Glomar Challenger*.

Wegener : un précurseur incompris

Constatant que la forme des 2 rivages de l'océan Atlantique ressemblait à une cassure à travers un continent unique, la météorologue allemand Alfred Wegener (1880 - 1930) publie en 1915 une théorie sur la dérive des continents.
Il baptise Pangée le continent unique qui se serait déchiré pour former les continents que nous connaissons. P. Chamberlain, de l'université de Chicago, traduit bien l'opinion de l'ensemble des géologues de l'époque en qualifiant ses idées de ridicules.

Plaques et dorsales : une croûte divisée

Le magma en fusion remonte à travers la dorsale, repoussant le fond de part et d'autre : la dorsale s'élargit, et les rives des océans s'écartent. 200 millions d'années ont été nécessaires pour « ouvrir » les 6 000 km de l'Atlantique.

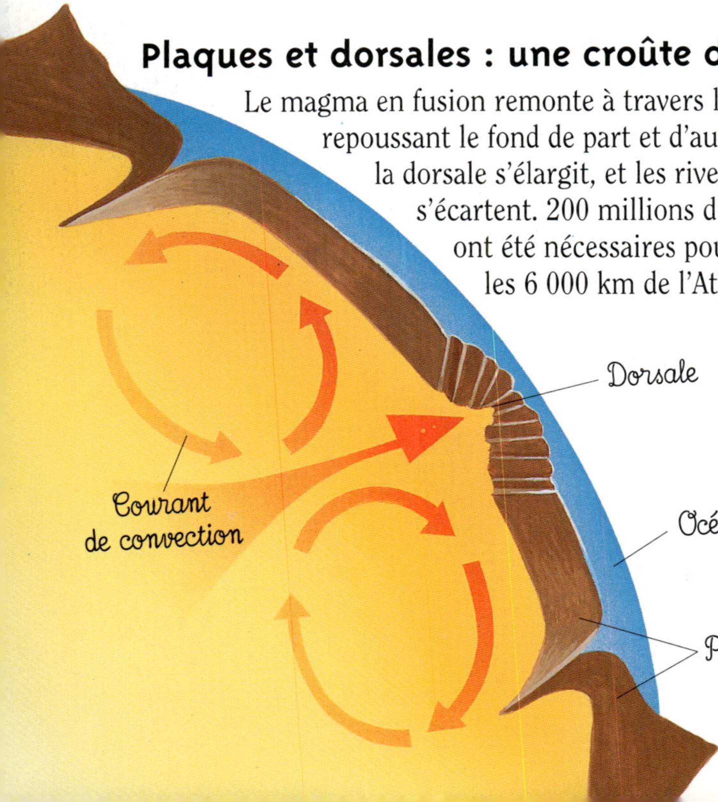

La tectonique des plaques

Dans les années 1970-1980, les géologues identifient 9 grandes plaques et 12 petites à la surface de la Terre. Elles sont constamment renouvelées à l'endroit des dorsales et détruites dans les zones de subduction. Les scientifiques admettent aujourd'hui que la croûte terrestre est divisée en plaques. Celles-ci bougent les unes par rapport aux autres, s'écartent, se heurtent, se chevauchent. Les responsables de ces mouvements sont sans doute les courants de convection du manteau supérieur.

Mouvements des continents

Les continents se sont sans doute séparés et réunis plusieurs fois, pendant les périodes précèdant la fin du Carbonifère. Il y a environ 300 millions d'années, ils ne formaient qu'un seul continent : la Pangée.

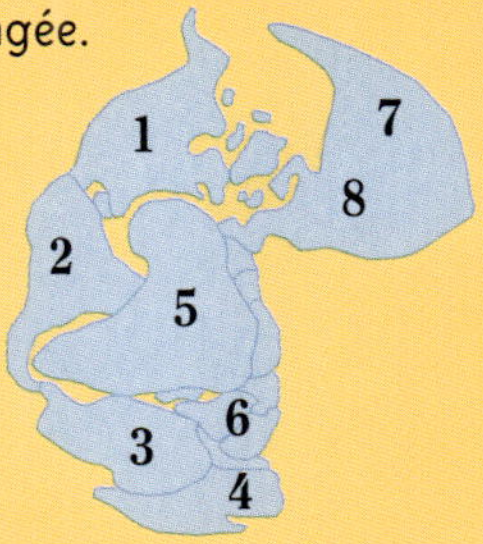

1. Amérique du Nord
2. Amérique du Sud
3. Antarctique
4. Australie
5. Afrique
6. Inde
7. Asie
8. Europe

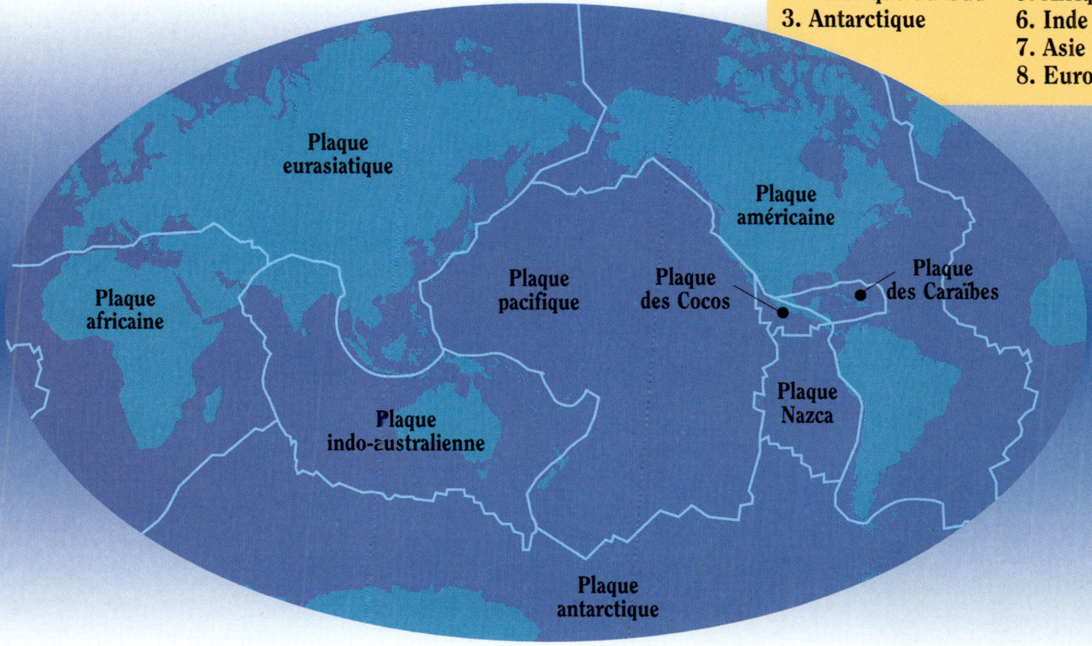

Comprendre les mouvements du manteau : la convection

Tu vas réaliser une expérience qui va permettre de comprendre comment les courants de convection agissent au sein du manteau supérieur de la Terre.

❶ Dépose une casserole pleine d'eau sur le plus petit brûleur de la cuisinière.
❷ Lorque l'eau se met à « chanter », observe bien les petites bulles de gaz qui montent du fond de la casserole. Elles matérialisent les courants de convection qui agitent l'eau : l'eau très chaude monte au-dessus du feu, puis se dirige vers les côtés et retombe vers le bas, sur les bords de la casserole.

Matériel

- Casserole
- Eau
- Petit brûleur à gaz

Colères de la Terre

Les mouvements des plaques sont très lents : quelques centimètres tous les ans ! Pourtant, de temps en temps, la Terre s'éveille : le sol se met à trembler, ou encore des volcans entrent en éruption, provoquant d'énormes dégâts.

Les volcans

Sous la mince pellicule sur laquelle nous marchons, la Terre est brûlante. Là où la croûte terrestre est cassée ou fragilisée, les laves et gaz montent par des conduits ; parfois comme à Hawaï, les laves et gaz sortent sans rencontrer de résistance. Mais la plupart des volcans fonctionnent par intermittence. D'abord, la lave refroidie bouche le cratère ; les gaz et les roches fondues s'accumulent ensuite au-dessous, jusqu'à ce que la pression accumulée fasse sauter le bouchon ; l'énergie se libère alors d'un seul coup : le volcan se réveille.

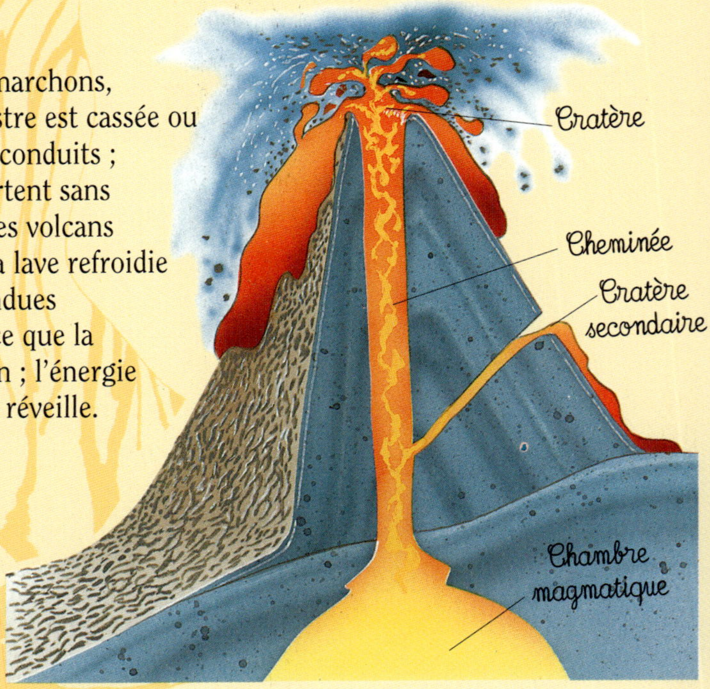

Le plus grand volcan du monde : le Kilauea à Hawaï.

Les tremblements de terre ou séismes

Les mouvements des plaques provoquent parfois des ondes de choc, les séismes ou tremblements de terre. La secousse se propage sous la forme d'ondes à partir d'un point appelé épicentre, situé à la surface de la Terre, à la verticale du foyer du séisme. Les ondes L sont les plus lentes, elles se propagent à la surface. Les ondes secondaires S sont un peu plus rapides, et transversales, comme des rides à la surface de l'eau. Les ondes primaires P sont les plus rapides et longitudinales (compression), comme les chocs des wagons se propageant le long d'un train.

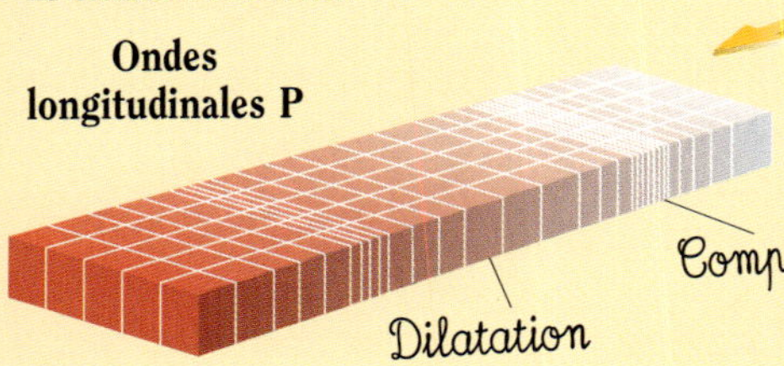

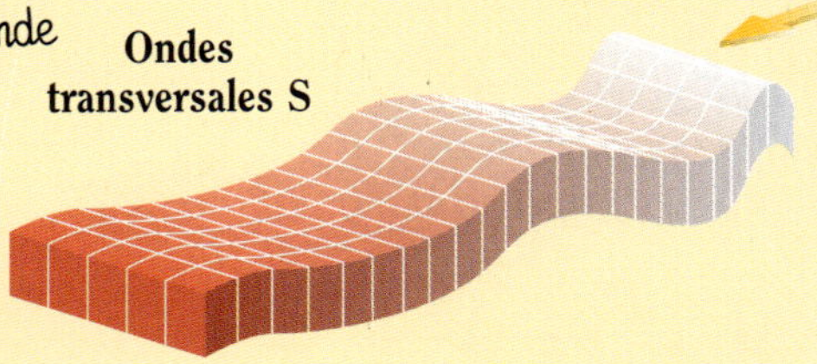

Tremblement de terre à Kobe, Japon, en janvier 1995.

Richter et Mercalli : mesurer les séismes

L'énergie d'un séisme se mesure sur l'échelle de Richter et s'exprime en magnitude, de 1 à 9. Plus l'énergie est grande, plus le séisme est ressenti loin. L'échelle de Mercalli, elle, en mesure les effets, d'une légère vibration (3) à la destruction des ouvrages d'art (10).

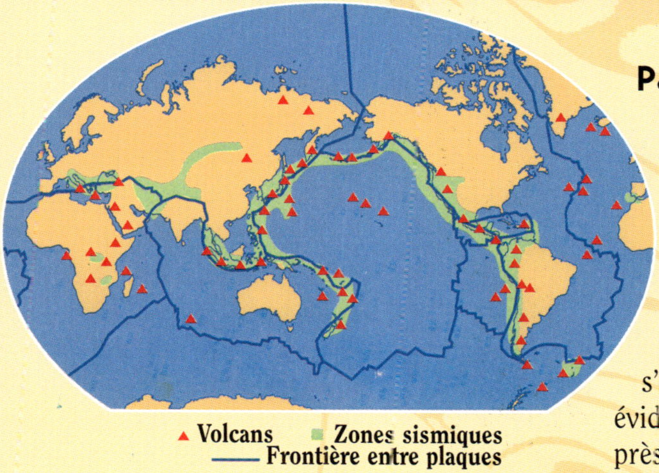

Pas Pacifique du tout !

L'océan Pacifique, célèbre pour sa bonne humeur et son absence de tempêtes, se rattrape par sa « ceinture de feu » : la plus grosse concentration de séismes et de volcans de la planète. Volcans ou tremblements de terre s'observent près des zones de subduction, où une plaque s'enfonce sous une autre. Cette carte met en évidence des volcans et tremblements de terre près des bords des plaques.

Bizarreries de l'eau

L'eau est liquide à température ambiante, alors qu'on s'attendrait à ce qu'une molécule aussi petite soit gazeuse. D'autre part, alors que les solides sont plus denses que les liquides, l'eau fait exception à cette règle : la glace est moins dense que l'eau, ce qui lui permet de flotter. C'est un énorme avantage pour la vie aquatique : protégée du froid par la pellicule de glace flottant à la surface des eaux, elle se perpétue en évitant de geler.

L'eau, liquide de vie

Les 3/4 de la surface de la planète Terre sont occupés par l'eau des océans. Mais on trouve aussi de l'eau partout sur la terre ferme, dans les gouttes de rosée, les rivières, les lacs ou les glaciers.

Un torrent des Pyrénées sortant des roches.

La répartition de l'eau sur la Terre

Eaux vives

La particularité essentielle de l'eau sur Terre est qu'elle existe sous 3 formes : solide, liquide et gazeuse. L'eau est à l'origine de toute vie, puisque la vie a commencé dans l'eau, bien protégée des rayonnements solaires, et qu'elle s'est poursuivie grâce à l'eau. Nous, êtres vivants, sommes d'ailleurs composés essentiellement d'eau.

De quoi est faite l'eau ?

Matériel
- 2 morceaux de fil de cuivre souple de 50 cm
- Pile de 9 volts
- Bassine
- Sel
- Petit bocal
- Eau
- 2 mines de crayon

❶ Remplis la bassine d'eau et verses-y 2 ou 3 cuillères à soupe de sel. Le sel va permettre le passage du courant dans l'eau.

❷ Relie une mine au pôle (+) de la pile par l'intermédiaire du fil.

❸ Relie la deuxième mine au pôle (-) par l'intermédiaire du fil.

❹ Plonge l'extrémité des 2 mines dans l'eau.

Au bout d'un moment, on voit apparaître de petites bulles de gaz sur les 2 mines, et il apparaît plus de gaz sur la mine reliée au (-) de la pile que sur celle qui est reliée au (+). Le passage du courant vient de décomposer l'eau en hydrogène, borne (-), et oxygène, borne (+).

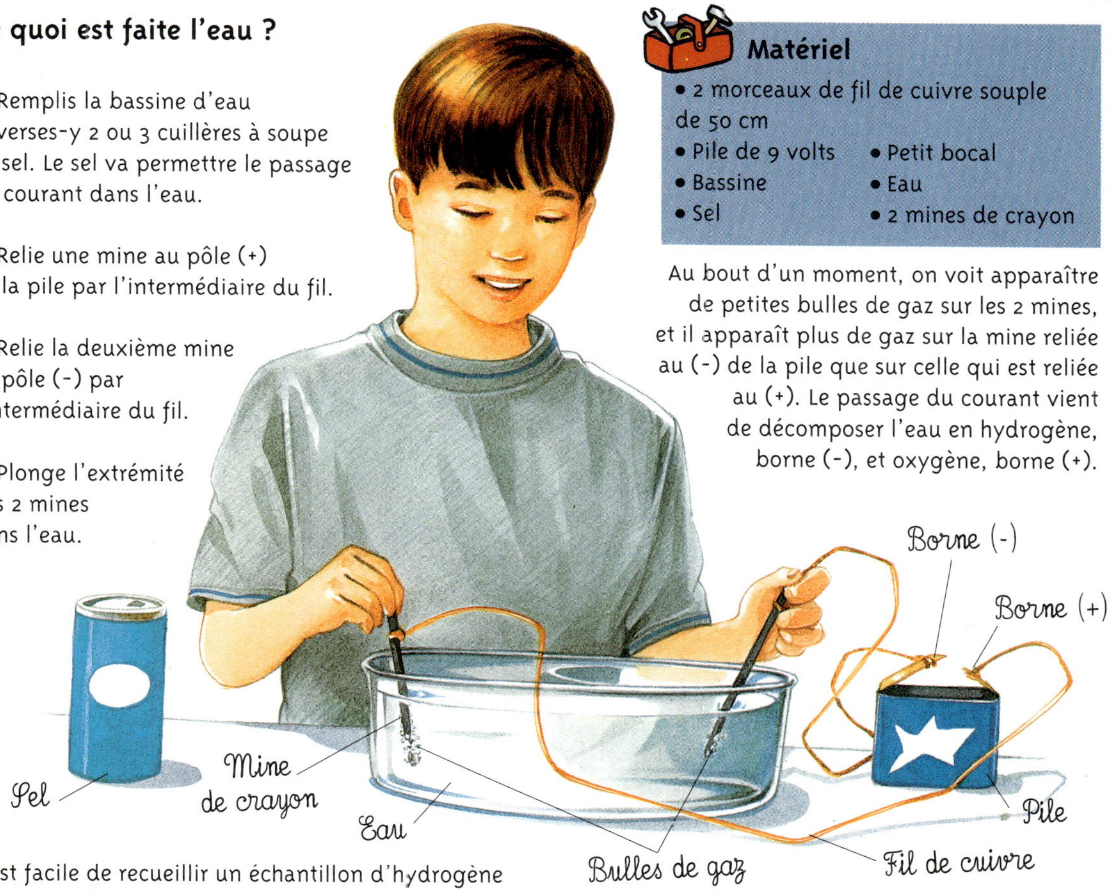

Il est facile de recueillir un échantillon d'hydrogène au moyen d'un petit bocal rempli d'eau et retourné au-dessus de l'électrode. Veille à laisser l'ouverture du bocal vers le bas, afin que l'hydrogène ne s'échappe pas (il est plus léger que l'air.)

L'hydrogène produit une légère détonation lorsqu'on lui présente une allumette. L'oxygène, lui, fait briller plus fortement la flamme.

La glace des pôles, mémoire de la Terre

Lorsque la neige tombe sur les pôles, elle emprisonne des bulles d'air dans ses flocons. Puis, à la suite d'autres chutes de neige, la pression transforme la neige en glace. Les scientifiques analysent le contenu chimique de la glace dans des « carottes » prélevées à diverses profondeurs. Ils peuvent donc déterminer les constituants de l'atmosphère d'il y a 200 000 ans à aujourd'hui.

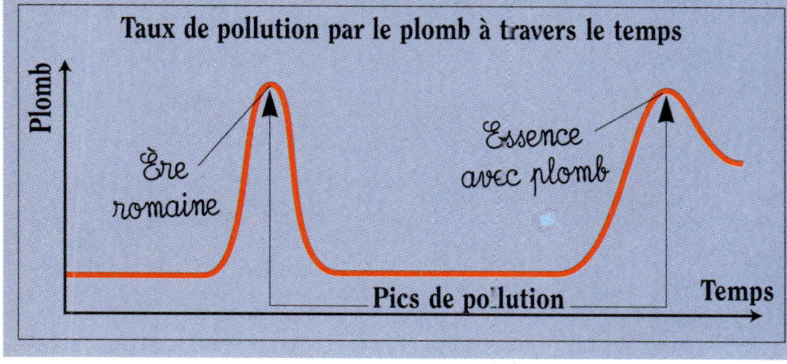

Les Grecs, puis les Romains ont exploité le plomb pour fabriquer leur vaisselle. C'est la plus ancienne pollution à grande échelle de l'histoire.

Pression et siphons

Toute l'eau présente sur la Terre est soumise à la gravité et tend à descendre au niveau le plus bas. Comme pour l'atmosphère, la pression dans l'eau augmente avec la profondeur.

Vases communicants

La surface de l'eau au repos est plane et horizontale. Lorsque des vases remplis d'eau sont reliés par un tuyau, on dit qu'ils communiquent, la surface de l'eau est au même niveau dans tous les vases. Cette propriété est appliquée dans les écluses. Sous l'action de la gravité, l'eau coule naturellement vers le bas, et cette propriété a été utilisée depuis longtemps pour alimenter chaque maison.

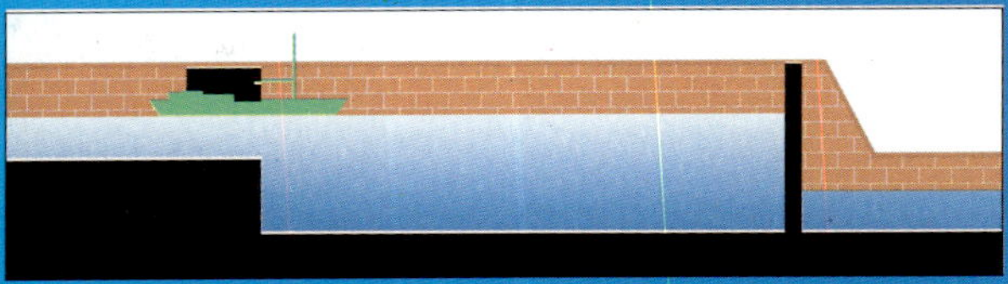

La péniche pénètre dans le sas plein.

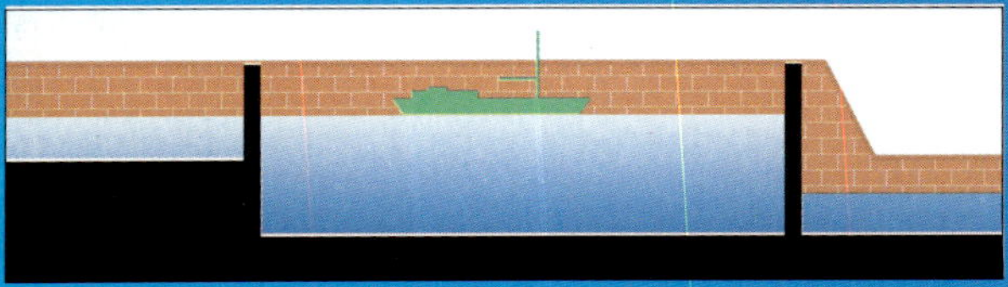

Les portes se ferment en amont.

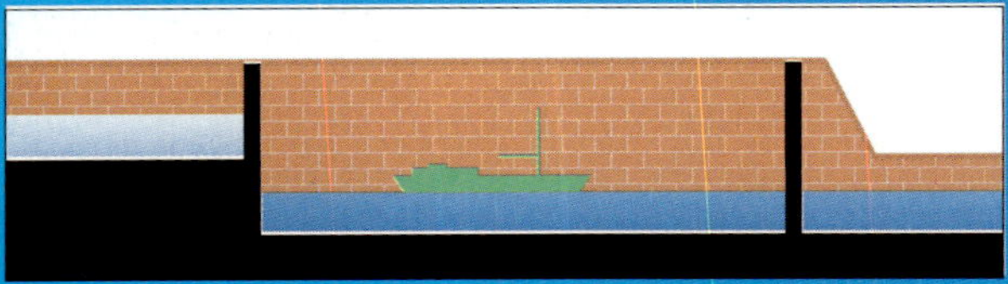

Le niveau du sas atteint celui de la porte en aval.

La porte s'ouvre et la péniche sort du sas.

Pression de l'eau

Comment la pression varie-t-elle avec la profondeur ? Cette expérience va permettre de le déterminer.

❶ Perce 4 trous dans la bouteille, à diverses hauteurs, au moyen d'une pointe, verticalement et régulièrement espacés.

❷ Place-toi au-dessus de l'évier et bouche les trous avec les doigts.

❸ Remplis d'eau la bouteille.

❹ Débouche et observe : l'eau jaillit plus loin des trous les plus bas ; la pression est donc d'autant plus forte que la profondeur est plus grande. C'est pourquoi les nageurs sous-marins doivent prendre beaucoup de précautions pour se protéger des effets de la pression.

Matériel

- Bouteille en plastique de 1,5 litre
- Pointe
- Bassine
- Eau

Cycle de l'eau

Même si tu oublies de fermer le robinet de ton lavabo, cette eau n'est pas « perdue ». Elle part, après filtrage, dans les rivières puis la mer. Elle va ensuite, sous l'action du soleil, s'évaporer pour remplir d'eau invisible les couches de l'atmosphère de la Terre. Elle pourra ensuite retomber en pluie, être captée, et retourner dans ton lavabo.

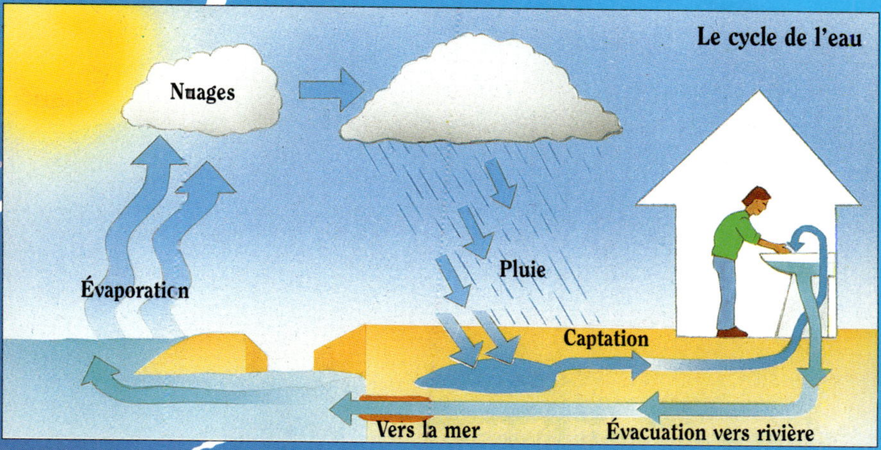

Faire un siphon

❶ Pose un récipient vide sur la chaise. Remplis d'eau au 3/4 le récipient posé sur la table.
❷ Immerge complètement le tuyau dans la cuvette pleine d'eau.

❸ En le maintenant sous l'eau, bouche soigneusement les 2 extrémités avec les doigts.
❹ Plonge l'une des extrémités du tuyau dans le récipient d'eau sur la table, et dispose l'autre dans le récipient vide sur la chaise.
❺ Débouche les 2 bouts du tuyau. L'eau se met alors à couler dans le tuyau, depuis la bouteille pleine (plus haute) vers la bouteille vide, sous l'effet de la gravité : l'ensemble de la masse d'eau tend à s'établir au même niveau !

Très utile, les siphons ont de multiples applications. Il existe par exemple des siphons pour chaque équipement de salle de bains comme les lavabos, bidets, baignoires.

Matériel
- Table
- Chaise
- Tuyau transparent
- Eau
- 2 récipients (bouteilles en plastique coupées)
- Cuvette

Eurêka

Pourquoi un énorme billot de bois lourd flotte-t-il et pas une pointe en acier très légère ? Et si cette pointe en acier coule, pourquoi l'énorme pétrolier d'acier flotte-t-il ? C'est Archimède, savant grec ayant vécu il y a 2 200 ans qui a fourni le premier la réponse.

Une histoire de densité

C'est la densité qui fait qu'un objet homogène flotte ou coule, et non sa masse. La densité d'un objet est égale à sa masse divisée par son volume. Les objets solides moins denses que l'eau flottent, ceux qui sont plus denses coulent. Toutefois, les objets creux (bateaux, bouteilles, sous-marins, etc. flottent si leur densité globale (masse volumique) est inférieure à la densité de l'eau.

La densité globale de ce sous-marin est inférieure à la densité de l'eau.

Archimède

Ce célèbre savant grec (287-212 av. J.-C.) comprit dans son bain pourquoi un objet est plus léger dans l'eau que dans l'air. Sa joie fut telle qu'il se précipita à demi nu dans la rue en criant « *Eurêka* » (ce qui veut dire « j'ai trouvé »). On lui doit aussi la « vis d'Archimède » permettant de pomper l'eau des rivières, les roues dentées des engrenages et l'invention du levier. Archimède établit les bases de la science expérimentale, mélange d'observations et d'expériences.

Flotter ou couler ?

Les objets courants flottent ou coulent suivant leur densité par rapport à celle de l'eau. La même substance (si l'on augmente son volume en la rendant creuse par exemple) va se mettre à flotter : c'est ainsi que la boule de pâte à modeler, modelée en creux, flotte, mais coule quand elle est en forme de boule.

Vérifie la présence de la poussée d'Archimède

Matériel
- 2 pommes
- Récipient
- Tige de bois
- Eau
- Fil

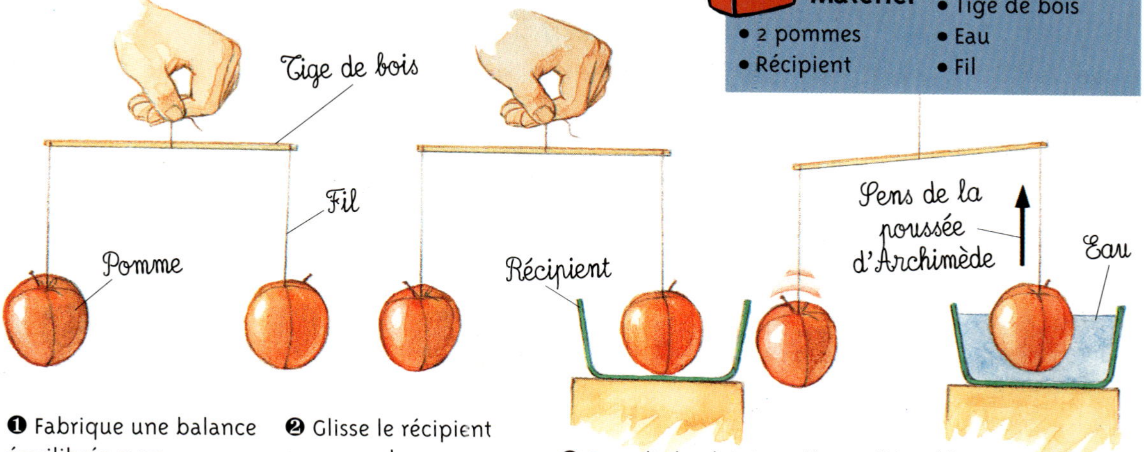

❶ Fabrique une balance équilibrée avec les 2 pommes, le fil et la baguette de bois.

❷ Glisse le récipient sous une des pommes sans la toucher : l'équilibre est maintenu.

❸ Remplis le récipient d'eau : l'équilibre est rompu ! La pomme qui se trouve dans l'eau a subi (verticalement et vers le haut) la poussée d'Archimède.

Principe d'Archimède

Tout corps plongé dans un liquide reçoit une poussée verticale dirigée vers le haut et égale au poids du liquide déplacé.

En actionnant la manivelle, l'eau monte le long de la vis.

Matériel
- Bassine
- Eau
- Divers objets (orange, pamplemousse, balle de ping-pong, boule de pétanque, boule de pâte à modeler)

Liquides et densités

Lorsqu'on met dans le même récipient 2 liquides qui ne peuvent pas se mélanger, le liquide le moins dense flotte sur le plus dense. C'est la raison pour laquelle, en cas d'éventration d'un pétrolier, le pétrole brut reste à la surface de l'eau.

L'expérience « impossible » : permuter le contenu de 2 verres sans 3e verre !

❶ Remplis à ras bord les 2 verres, le 1er d'eau, le 2e d'huile.

❷ Couvre le verre d'eau avec la carte plastifiée.

❸ Retourne-le en maintenant la carte et pose-le à l'envers sur le verre d'huile. Fais bien coïncider.

❹ Fais glisser la carte sans l'enlever complètement, en maintenant les 2 verres bien superposés. L'huile monte, chassant l'eau qui descend.

Matériel

- Carte plastifiée (carte à jouer)
- 2 verres identiques
- Eau
- Huile

Cette expérience surprenante nécessite un peu d'habileté, et entraîne quelques pertes – minimes – d'eau et d'huile.

❺ Rétablis le carton à sa place.

❻ Retourne le verre d'eau.

C'est terminé !

Densimètre

Il est facile de fabriquer un densimètre simplifié permettant d'estimer la densité d'un liquide : il suffit de boucher une paille avec de la cire (ou de la pâte à modeler) et d'indiquer par un trait le niveau atteint par le liquide lorsqu'on plonge l'instrument dans l'eau. Quand on teste d'autres liquides, le trait immergé indique qu'il s'agit d'un liquide moins dense que l'eau, le trait émergé un liquide plus dense que l'eau.

Matériel

- Cire ou pâte à modeler
- Paille
- Eau
- Sel
- Huile

Une histoire salée

❶ Verse de l'eau dans le récipient et immerge l'œuf : il coule.

❷ Verse du sel jusqu'à ce que l'œuf flotte à nouveau.

Matériel

- Œuf
- Sel
- Eau
- Récipient

❸ Continue, en versant de l'eau ou du sel à faire descendre ou monter l'œuf. Quand la densité du liquide est plus grande que celle de l'œuf, celui-ci flotte.

La charge des bateaux

Un bateau flotte plus ou moins haut sur l'eau suivant la densité de l'eau, comme pour l'œuf de l'expérience ci-contre. C'est pourquoi la limite de charge dessinée sur la coque du bateau dépend de la mer sur laquelle il navigue. (voir dessin ci-dessous).

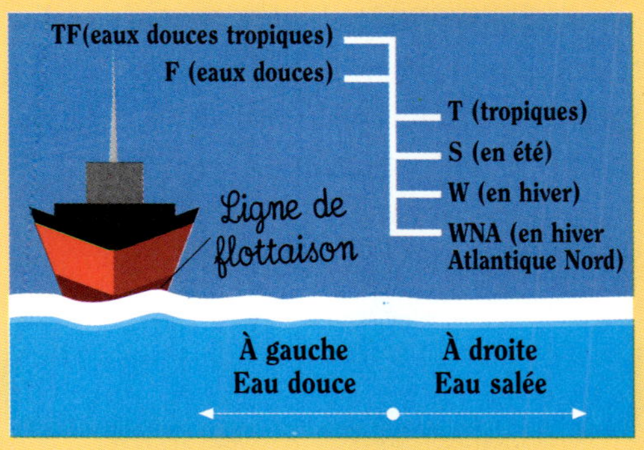

Les lettres mentionnées sur la ligne de flottaison dépendent de la nationalité du bateau (ici un bateau anglais).

La tension superficielle

Tout se passe comme si les liquides – et l'eau – étaient recouverts d'une membrane élastique très mince. Cette tension superficielle explique la forme des gouttes d'eau, la déformation de la surface des liquides près d'une paroi et l'ascension capillaire.

Marcher sur l'eau : de petits insectes, comme les araignées d'eau (*Dolomedes fimbriatus*) s'appuient sur l'eau sans s'enfoncer.

Une peau sur l'eau

Les molécules d'eau exercent entre elles une attraction appelée liaison hydrogène. À l'intérieur du liquide, les molécules sont entourées par d'autres molécules, et donc attirées également dans toutes les directions. Par contre, en surface, les molécules sont fortement attirées par celles du dessous, et forment une espèce de membrane : c'est ce qu'on appelle la tension superficielle.

Ascension capillaire

Observe attentivement un verre d'eau, à l'endroit où le verre est en contact avec l'eau : tu peux voir que l'eau remonte légèrement sur les bords, en formant ce que les scientifiques appellent un ménisque. Plus le verre est étroit, plus l'eau remonte haut. Lorsqu'on utilise un tube très fin appelé capillaire, l'eau parvient à monter à des hauteurs importantes (15 cm pour un tube de 1/10 de mm de rayon). Cet effet d'ascension est dû à l'attraction du verre sur les molécules d'eau. Parfois gênant (remontée de l'humidité dans les murs) le phénomène est utilisé dans le fonctionnement du papier buvard et de la bougie.

Voir la capillarité

❶ Mets de l'eau colorée dans l'assiette.

Eau colorée

Matériel

- 2 plaques de verre
- Allumette
- 2 élastiques
- Assiette
- Colorant

Allumettes craintives

❶ Remplis d'eau la bassine et maintiens-la immobile. Attends le parfait repos de la surface (1/4 d'heure).
❷ Pose les 10 allumettes en étoile au centre de la bassine.
❸ Fais tomber une goutte de liquide vaisselle au centre : les allumettes s'enfuient vers les bords.

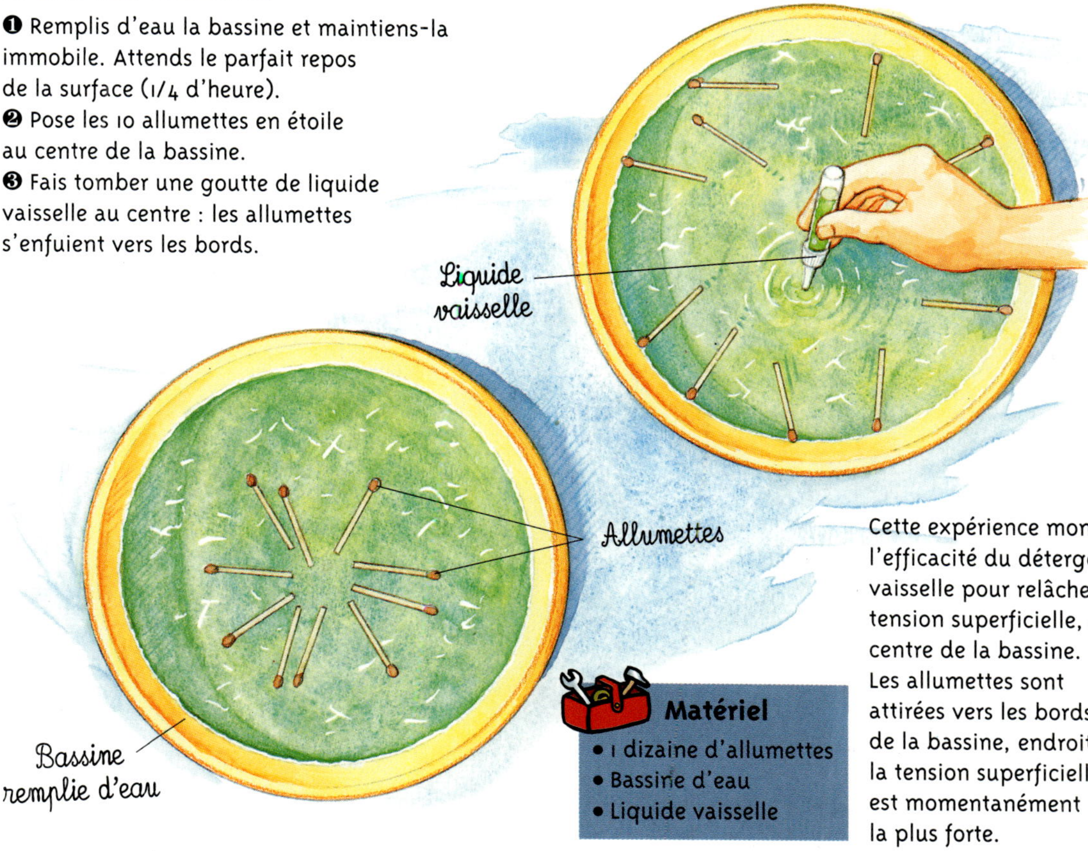

Matériel
- 1 dizaine d'allumettes
- Bassine d'eau
- Liquide vaisselle

Cette expérience montre l'efficacité du détergent vaisselle pour relâcher la tension superficielle, au centre de la bassine. Les allumettes sont attirées vers les bords de la bassine, endroit où la tension superficielle est momentanément la plus forte.

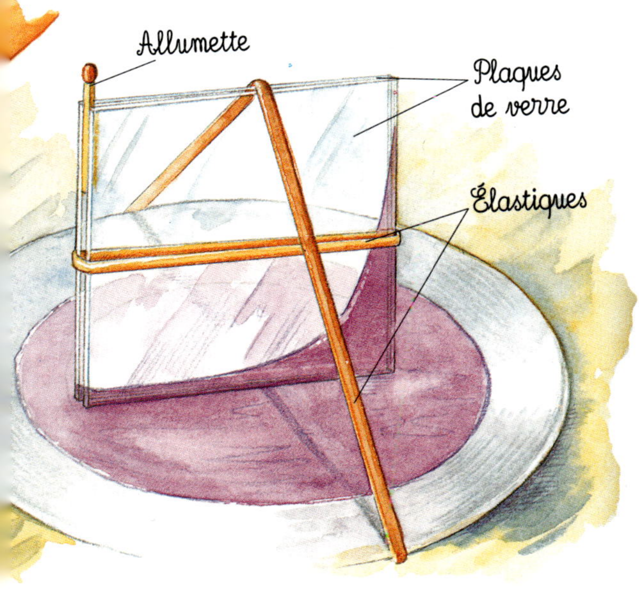

❷ Assemble les 2 plaques en maintenant un angle grâce à l'allumette (comme sur le dessin ci-contre).

❸ Pose les plaques verticalement en les maintenant grâce à l'élastique. En peu de temps, l'eau colorée va monter entre les plaques, d'autant plus haut qu'elles sont plus rapprochées.
La courbe dessinée est un arc d'hyperbole.

La liaison hydrogène

Dans la molécule H_2O, qui a pour structure H-O-H, les 2 extrémités hydrogène sont chargées positivement tandis que l'oxygène est chargé négativement.
Il se crée donc entre molécules voisines des attractions appelées liaisons hydrogène.
Ce sont ces liaisons qui maintiennent l'eau à l'état liquide jusqu'à 100 °C, permettant à la vie de s'épanouir.

Un voile léger autour de la Terre

Un voyageur céleste qui se promènerait dans le système solaire remarquerait tout de suite la Terre : c'est la seule planète entourée partiellement d'un manteau de nuages blancs. La Terre est protégée par une mince enveloppe de gaz, l'atmosphère. Celle-ci maintient sur la planète des conditions favorables à la vie.

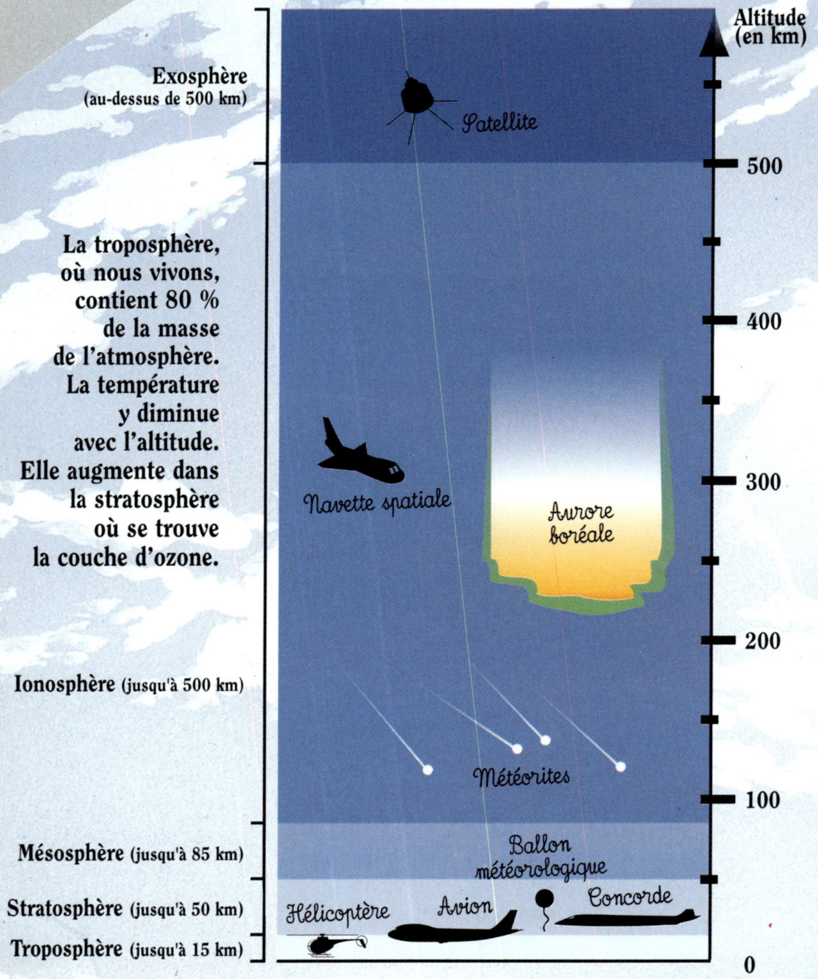

La troposphère, où nous vivons, contient 80 % de la masse de l'atmosphère. La température y diminue avec l'altitude. Elle augmente dans la stratosphère où se trouve la couche d'ozone.

Une couche mince

L'atmosphère terrestre est une fine pellicule de gaz, dont l'épaisseur ne représente que le 1/100 du rayon de la Terre. Elle concentre l'essentiel de sa masse dans les 10 premiers kilomètres de son épaisseur. La majeure partie de l'énergie solaire est reçue par l'atmosphère, puis transformée en énergie thermique avant d'être réémise dans l'espace.

Le domaine des vents

C'est essentiellement sous forme de vents que l'énergie du Soleil se dissipe : les vents à eux seuls libèrent plus d'énergie que les courants océaniques, les marées, la dérive des continents et la convection du manteau terrestre réunis.

L'atmosphère : un système chaotique

Prévoir le temps, c'est analyser l'état actuel de l'atmosphère (les conditions initiales) puis effectuer des calculs pour prévoir son état dans 24 ou 48 heures. Malheureusement, une variation toute petite des conditions initiales entraîne des changements importants de l'état final. C'est ainsi que le météorologue E. Lorenz a affirmé, avec humour, que le battement des ailes d'un papillon pourrait entraîner des modifications notables de l'atmosphère, à des milliers de kilomètres de là ! Les scientifiques appellent ces systèmes chaotiques. Dans ces conditions, les prévisions météo à 5 jours sont, et seront toujours hasardeuses !

Miroir inférieur

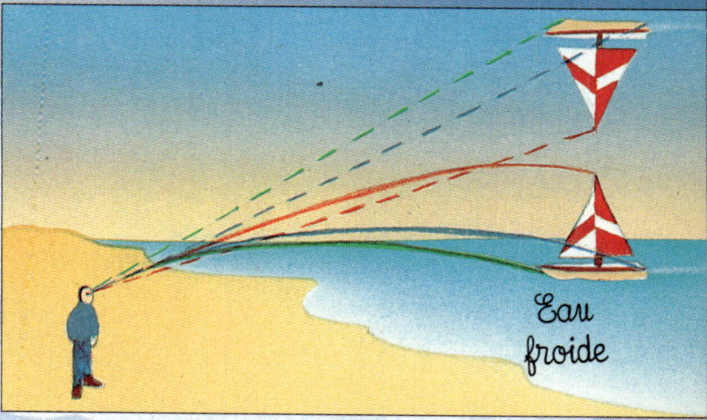

Miroir supérieur

Pluies d'étoiles

Perséides (12 août) 70 étoiles par heure.
Orionides (20 octobre) 20 étoiles par heure.
Léonides (15 novembre) 20 étoiles par heure.
Géménides (10 à 12 décembre) 16 à 50 étoiles par heure.
Quadrantides (2 et 3 janvier) 7 à 40 étoiles par heure.
Lyrides (21 avril) 8 étoiles par heure.
Aquarides (6 mai) 6 étoiles par heure.

Curieuses illusions : les mirages

Les mirages sont dus aux différences de température des diverses couches d'air, qui dévient les rayons lumineux. L'œil, trompé par cette déviation, voit un mirage, c'est-à-dire l'image d'un objet réel à un endroit où il ne se trouve pas.

Étoiles filantes

L'atmosphère fait brûler presque tous les objets célestes qui foncent vers la Terre, avant qu'ils atteignent le sol. Ce sont les « étoiles filantes », en réalité des météorites, grains de poussière qui sont des restes de comètes.
Observe donc ces météorites ! Choisis :

- une nuit claire et dégagée
- une date favorable (voir ci-dessus)
- la seconde partie de la nuit, qui est la plus abondante en météorites.

Matériel

- Chaise longue
- Sac de couchage ou couverture
- Thermos de boisson chaude

L'air, fils des volcans et de la vie

Dans le lointain passé de la Terre, la composition de l'atmosphère était bien différente de celle que nous observons aujourd'hui. C'est la vie dans l'eau qui a permis à notre environnement de s'enrichir en oxygène, permettant à l'air de se stabiliser à sa composition actuelle, il y a 2 milliards d'années.

Chercher la vie en cherchant l'oxygène !

Des recherches sont menées actuellement pour trouver de la vie en dehors du système solaire. Elles cherchent à découvrir, à distance idéale d'une étoile, une planète dont l'atmosphère contiendrait de l'oxygène. Pour les scientifiques, l'oxygène est un « marqueur » de la vie.

Une planète autrefois inhospitalière

Il y a 4,35 milliards d'années, la jeune Terre était alors bombardée de météorites, parsemée de volcans actifs et entourée d'une atmosphère chargée de gaz carbonique, d'azote et de nuages lourds à cause des émanations des volcans. La vie était donc impossible hors de l'eau.

Chaud et froid

La pesanteur qui règne sur la Lune est trop faible pour retenir l'atmosphère qui y a existé. Celle-ci a disparu, ce qui rend la Lune très chaude le jour et très froide la nuit.

Des changements progressifs

Ce sont les organismes primitifs qui vivaient dans l'eau, (les cyanobactéries), qui ont produit de l'oxygène par photosynthèse en quantité suffisante pour créer de nouvelles zones de vie sur les terres émergées. Il n'y a que 2 milliards d'années environ que l'air possède la composition que nous lui connaissons et qui est remarquablement constante à la surface du globe : azote 79 %, oxygène 20 %, argon 1 %. Le gaz carbonique, vapeur d'eau et autres gaz sont présents en très faibles quantités.

La photosynthèse : une expérience lumineuse

❶ Remplis l'aquarium d'eau.
❷ Ajoute une cuillère à café de bicarbonate de soude par litre d'eau.
❸ Prends le petit bocal, immerge-le complètement dans l'aquarium.

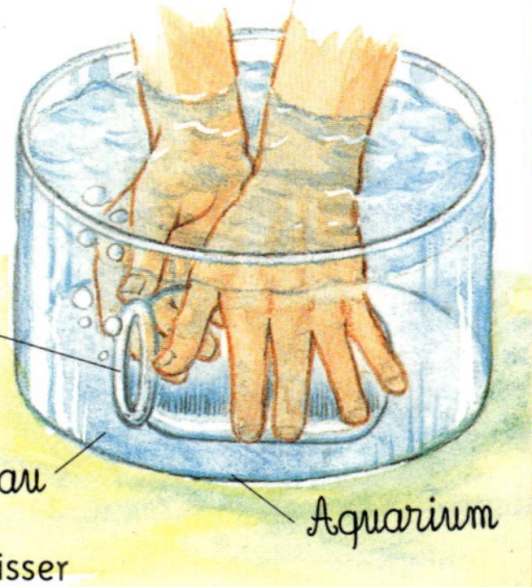

❹ Fais glisser la plante dans le petit bocal maintenu sous l'eau.

❺ Renverse le petit bocal ouverture en bas et pose-le au fond de l'aquarium.
❻ Mets le tout au soleil.

Au bout de quelques heures, l'oxygène se dégage de la plante. C'est la chlorophylle de celle-ci, qui, grâce à l'énergie solaire, fait réagir le gaz carbonique avec l'eau, pour produire du glucose et de l'oxygène. L'oxygène s'accumule sous le bocal comme il l'a fait dans l'atmosphère il y a des milliards d'années.

Matériel

- Grand bocal en verre (aquarium)
- Bicarbonate de soude
- Petit bocal
- Plante aquatique pour aquarium (myriophylles)

La composition de l'air

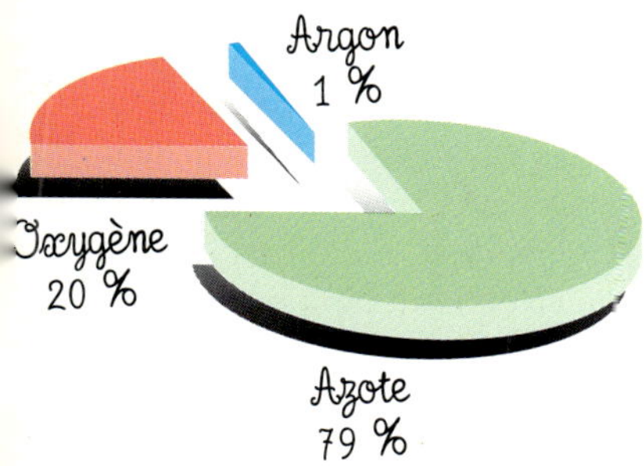

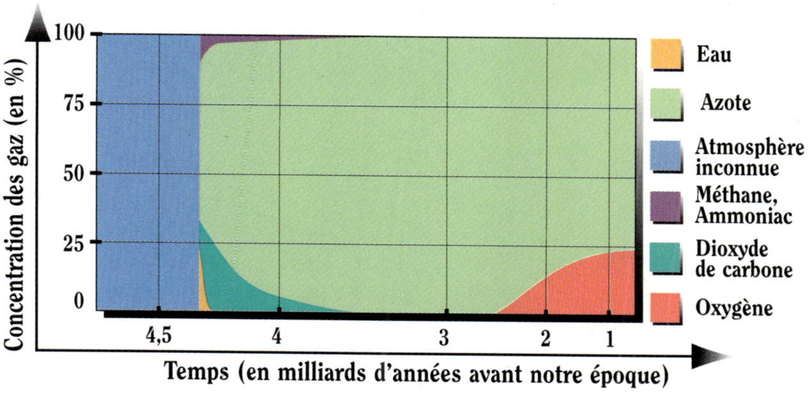

La pression atmosphérique

La couche d'air présente autour de notre planète exerce, sans que nous le sentions, une pression énorme due à l'agitation des molécules de gaz.

Une pression énorme mais cachée

L'air qui nous entoure exerce en permanence, dans toutes les directions, (sur nous, comme sur tous les objets qui nous entourent), une pression énorme : le poids de 200 personnes sur ton lit, par exemple ! Pourtant cette pression n'écrase rien : en effet, l'air ou les fluides situés à l'intérieur des objets exercent une poussée identique à celle qui s'exerce sur l'extérieur. Cependant, il suffit de supprimer l'atmosphère à l'intérieur d'un objet pour supprimer cette pression intérieure et le voir s'écraser !

Les chocs de milliards de molécules

D'où vient cette pression ? De la multitude de chocs provoqués par les milliards de molécules qui s'agitent dans le gaz. La pression décroît avec la hauteur car les molécules d'air sont moins nombreuses en altitude, et les chocs moins fréquents.

Au-dessus de 4 à 5 000 m d'altitude, la pression atmosphérique est si basse qu'il devient difficile de respirer : on utilise un masque à oxygène.

Une pression dans toutes les directions : le verre retourné

❶ Remplis le verre à ras bord (il est très important qu'il soit parfaitement plein).

❷ Pose le bristol sur le verre. En maintenant le bristol avec la main, retourne le verre. Assure-toi qu'il n'est pas resté de bulle au fond du verre ! Sinon rajoute de l'eau et recommence.

Le baromètre anéroïde est un récipient métallique vide d'air se déformant sous l'action de la pression. Les mouvements amplifiés sont transmis à l'aiguille.

❸ Enlève la main qui soutient le bristol. Celui-ci reste en place, soutenu par la pression atmosphérique. On montre ainsi que la pression atmosphérique s'exerce ici de bas en haut, pour maintenir l'eau dans le verre.

Matériel

- Papier bristol
- Verre
- Eau

La pression qui écrase

❶ Fais bouillir de l'eau en petite quantité dans la casserole. Verse l'eau bouillante dans la bouteille, puis revisse le bouchon.

❷ Refroidis la bouteille en la plongeant dans un mélange d'eau et de glace : la bouteille s'écrase.

Lorsque tu as refroidi la bouteille, la pression des gaz à l'intérieur a diminué. C'est donc la pression extérieure, plus forte, qui a écrasé la bouteille.

Matériel

- Bouteille en plastique avec bouchon vissant
- Eau
- Casserole
- Réchaud
- Glaçons

Les voyages du vent

Utilisé depuis des millénaires par les hommes, pour faire avancer les bateaux ou tourner les ailes des moulins, le vent est une circulation de l'air qui contribue à réguler la température de notre planète.

Pourquoi le vent ?

C'est l'énergie du Soleil qui met l'air en mouvement et crée le vent. Le Soleil chauffe d'abord la Terre, qui chauffe à son tour l'air environnant. Une masse d'air chaud (donc légère) a tendance à s'élever, ce qui diminue la pression au sol, aspirant un air plus lourd.
Une masse d'air froid (donc lourd) à tendance à descendre, augmentant la pression au sol. Le vent souffle des zones de hautes pressions (anticycloniques) vers les zones de basses pressions (dépressions).

Les vents à la surface de la Terre

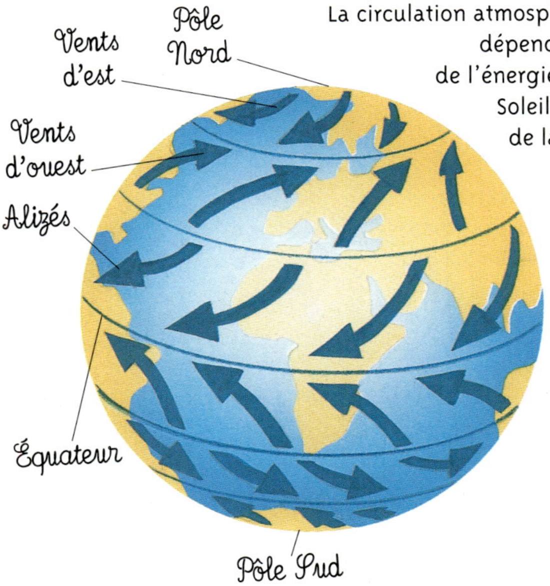

La circulation atmosphérique générale dépend essentiellement de l'énergie apportée par le Soleil et de la rotation de la Terre. Les vents dominants soufflent dans l'hémisphère Nord de l'ouest vers l'est : ce sont les « vents d'ouest dominants » puisqu'on nomme le vent d'après sa provenance !

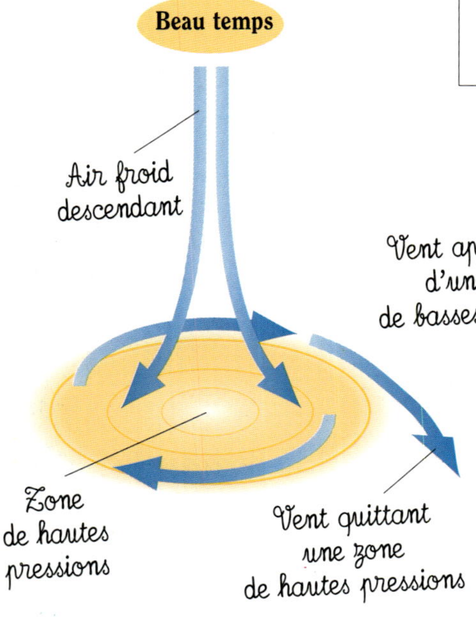

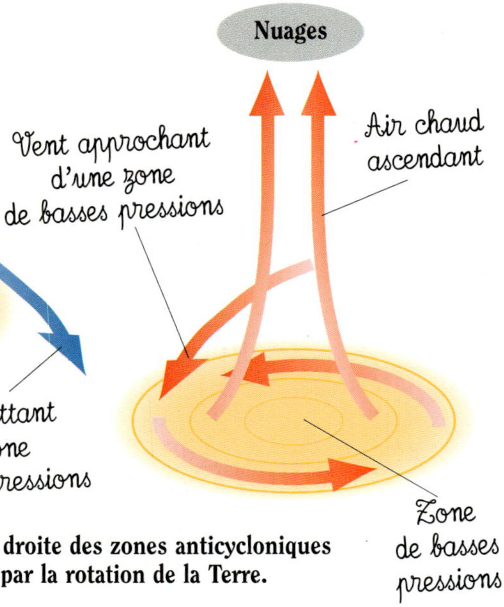

Les vents ne se dirigent pas en ligne droite des zones anticycloniques vers les dépressions : ils sont déviés par la rotation de la Terre.

L'air chaud monte

Allume la lampe, et lâche la feuille de papier à cigarette à la verticale.
Le papier, entraîné par l'air chaud, monte !

Matériel
- Lampe
- Papier à cigarette

Forces du vent : échelle de Beaufort De force 0 à 12

0 : la fumée reste droite (moins de 1 km/h).

3 : les feuilles et les drapeaux sont agités (12 à 19 km/h).

5 : les arbustes se balancent, des crêtes se forment sur les lacs (29 à 38 km/h).

7 : marcher contre le vent devient pénible, les parapluies se retournent (50 à 61 km/h).

9 : les cheminées et les ardoises sont arrachées (75 à 88 km/h).

10 : rarement observé à l'intérieur des terres. Graves dégâts aux constructions. (89 à 102 km/h)

12 : Ouragan (118 km/h et plus)

Jouer avec le vent : le cerf-volant statique

❶ Découpe une encoche à l'extrémité de chaque baguette.

❷ Assemble les baguettes en croix suivant le schéma.

❸ Fais passer dans chaque encoche une corde pour joindre toutes les extrémités des baguettes.

❹ Découpe le papier aux dimensions du cerf-volant, sans oublier les rabats.

❺ Mets en place le papier sur l'armature, replie les rabats et colle-les.

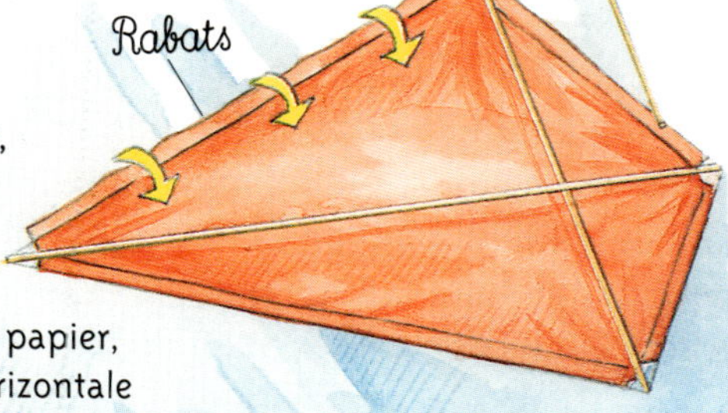

❻ Du côté opposé au papier, arque la baguette horizontale grâce à une corde tendue entre les 2 extrémités.

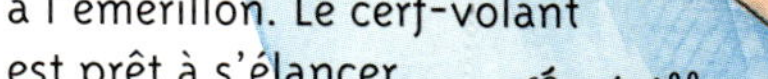

❼ Attache une corde aux extrémités de la baguette verticale (voir schéma).

❽ Fixe le fil de 40 m sur cette corde grâce à l'émerillon. Le cerf-volant est prêt à s'élancer...

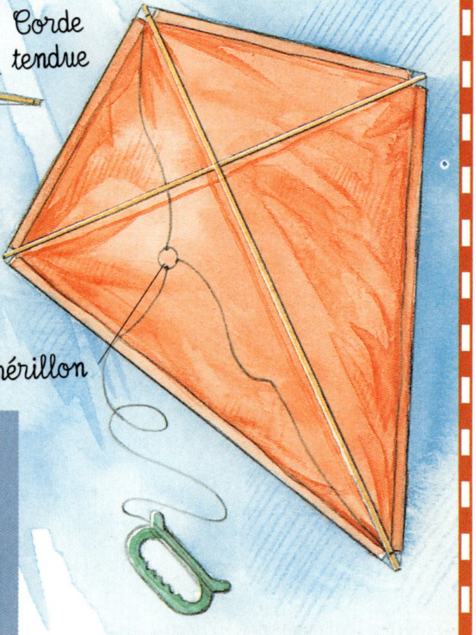

Matériel

- Papier solide et colle
- Émerillon
- Fil de cerf-volant (40 m)
- Baguettes de bois souple
- Corde mince et solide

Réchauffement et trou d'ozone

L'augmentation de la population mondiale et l'impact des activités humaines sur l'environnement font courir à la planète 2 dangers : un réchauffement excessif et l'apparition d'un trou dans la couche d'ozone. Il est temps, à présent, de promouvoir des énergies dites « douces ».

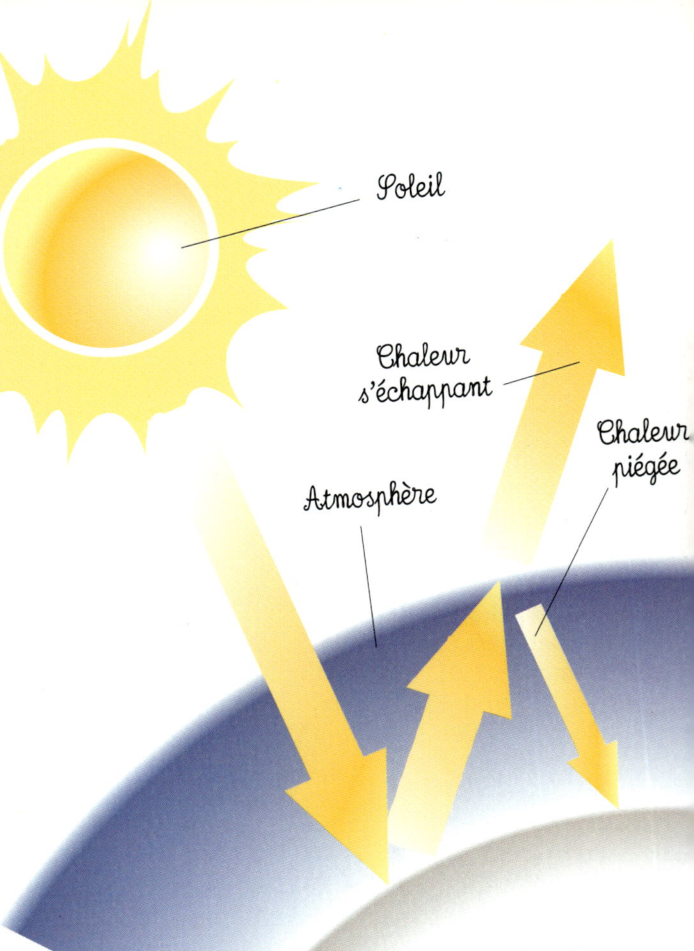

Autrefois, l'effet de serre était normal.

L'effet de serre

Le Soleil envoie de l'énergie sur la Terre : notre planète en absorbe une partie mais renvoie le reste. On appelle effet de serre la réflexion, par les couches supérieures de l'atmosphère, de cette chaleur solaire renvoyée par la Terre. L'effet de serre est un phénomène vital ; sans lui, la Terre serait si froide qu'elle en deviendrait inhabitable.

Un réchauffement excessif ?

Malheureusement, la concentration de gaz due aux activités humaines comme le dioxyde de carbone (CO_2) produit par la combustion de charbon, pétrole ou bois, ou encore la production de méthane (CH_4) fait craindre un réchauffement excessif de la planète, qui pourrait avoir des conséquences importantes sur l'environnement (montée du niveau des mers, extension des déserts). Nous n'avons pas encore de certitude, mais le « principe de précaution » incite les responsables à agir avant qu'il ne soit trop tard.

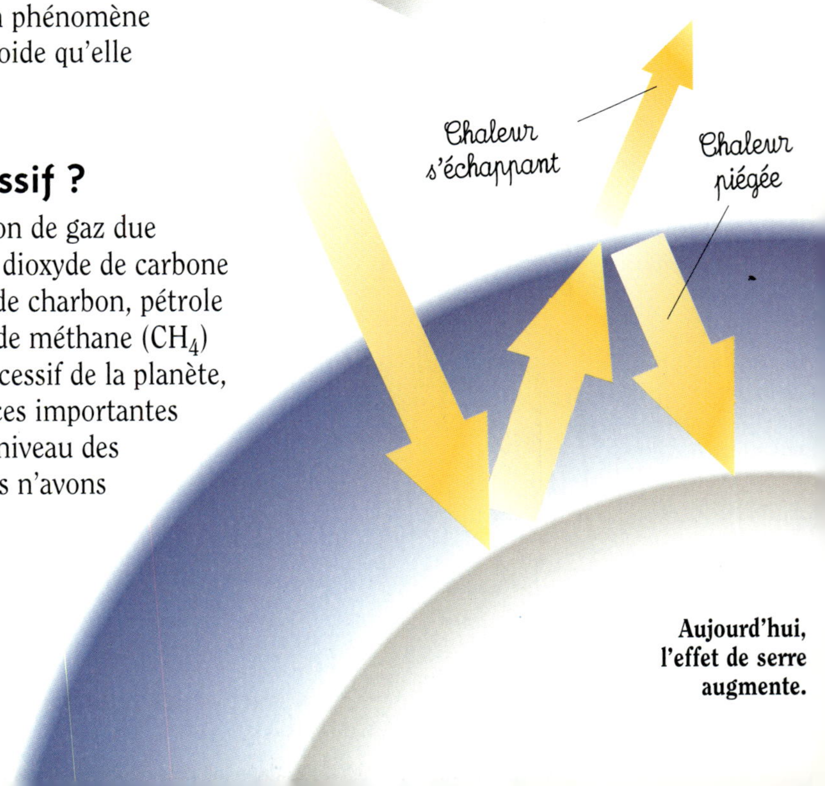

Aujourd'hui, l'effet de serre augmente.

Que pouvons-nous faire ?

Pour ralentir une évolution qui pourrait être dangereuse, les efforts doivent s'étendre au monde entier. Il faut que les pays industrialisés réduisent leur consommation de ressources naturelles en faisant des économies d'énergie, en favorisant le reboisement, en utilisant des énergies renouvelables. Ces mêmes pays doivent aider ceux qui sont en voie de développement à faire de même. C'est, à l'heure actuelle, le seul moyen d'éviter la déforestation des pays tropicaux.

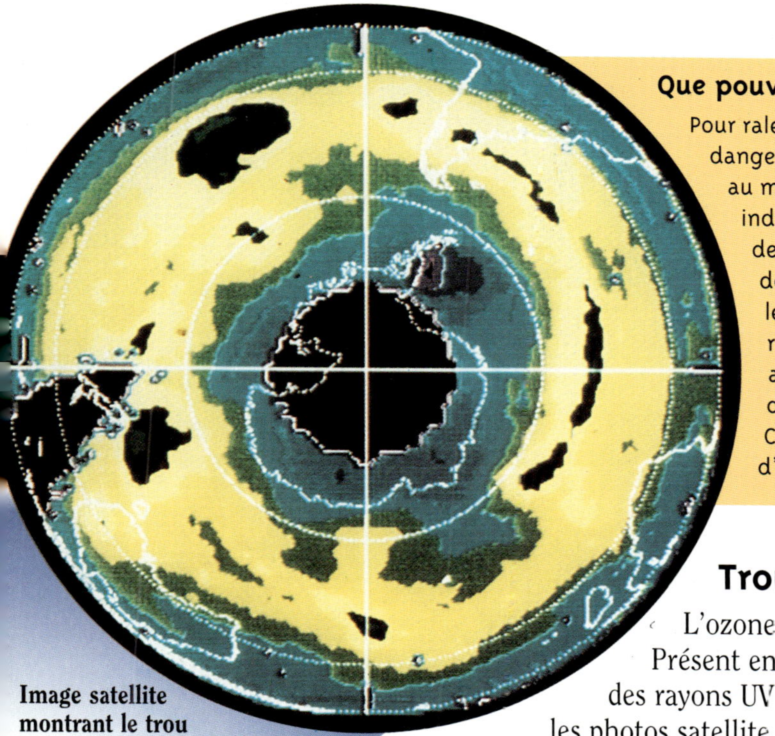

Image satellite montrant le trou dans la couche d'ozone.

Trou d'ozone

L'ozone (O_3) est formé à partir de l'oxygène. Présent en haute atmosphère, il nous protège des rayons UV du Soleil. Depuis quelques années, les photos satellite montrent un grand trou dans la couche d'ozone au-dessus de l'Antarctique. Ce trou apparaît à chaque printemps austral (septembre/octobre). Les responsables semblent être en partie les CFC, chlorofluorocarbures produits par les activités humaines : fluides de réfrigérateurs, gaz propulseurs d'aérosols. En haute altitude, les rayons du Soleil détruisent les CFC, pour former du chlore qui interagit avec les nuages polaires et détruit l'ozone.

Plus de CFC

En 1990, les pays industrialisés ont décidé un arrêt total de la production des CFC en l'an 2000. La quantité de chlore dans l'atmosphère redeviendra normale en 2050 !

Paradoxe de l'ozone : les scientifiques ne sont jamais contents !

On s'inquiète de sa diminution dans la stratosphère (car là-haut, il nous protège des UV), mais on s'inquiète aussi de son augmentation dans la troposphère, à basse altitude, où il provoque une irritation des muqueuses.

Electr
et Magn

Les applications de l'**électricité** sont si nombreuses, des ordinateurs à la télévision, que nous avons du mal à admettre qu'elles ont débuté il y a moins d'un siècle !
Celles du **magnétisme** sont plus anciennes, puisque la boussole date de 1 000 ans environ...

cité
étisme

L'électricité statique

Tu as remarqué qu'après frottement, certaines substances (les plastiques, le verre) attirent des objets légers, comme de petits morceaux de papier ou une plume. Cette « électricité statique » apparaît aussi quand on enlève un vêtement synthétique, quand on se peigne, et lors d'un orage, lorsque jaillit un éclair.

Les cheveux, chargés d'électricité statique, se dressent sur la tête.

2 sortes d'électricités

William Gilbert (1544-1603), médecin de la reine Élisabeth Ire d'Angleterre, publia en 1600 un livre appelé *De magnete* (de l'aimant) où il étudie le magnétisme et l'électricité statique ; il montre qu'il existe 2 sortes d'électricités : la vitreuse, provenant du verre frotté par la soie et la résineuse provenant de l'ambre frotté par de la fourrure. 2 objets chargés de la même électricité se repoussent, 2 objets chargés d'électricités différentes s'attirent.

Une science à la mode

Au XVIIe siècle, on sait accumuler de l'électricité obtenue par frottement dans un dispositif appelé bouteille de Leyde. Dans une expérience spectaculaire, l'abbé Nollet, physicien de l'époque, donne un choc électrique, en présence du roi, à 180 de ses gardes. En effet, la bouteille est chargée d'une grande quantité d'électricité statique ; le choc électrique est dû au passage par contact des charges d'une personne à l'autre.

Thalès de Milet et l'ambre jaune

Thalès de Milet (v. 625-547 av. J.-C.), célèbre pour ses travaux en mathématiques, fit aussi des expériences sur l'électricité. Il avait noté que l'ambre jaune, une résine fossile, pouvait attirer, après avoir été frotté sur la laine, des corps très légers. C'est l'ambre, en grec *elektron*, qui a donné son nom à cette étrange énergie apparaissant sur certains corps frottés !

On frotte de l'ambre avec un tissu : les charges négatives mobiles (électrons) passent du tissu dans l'ambre.

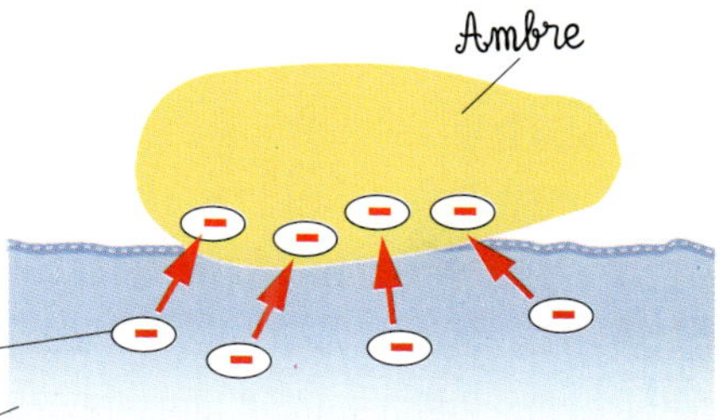

Des électrons baladeurs

La matière est constituée d'atomes (électrons chargés négativement, tournant autour d'un noyau positif). Lorsqu'on frotte 2 substances, l'une perd des électrons et se charge positivement, l'autre en gagne et se charge négativement. Des charges du même signe se repoussent.

Ensuite, le champ électrique de l'ambre peut attirer les plumes ou le papier, après en avoir repoussé les électrons.

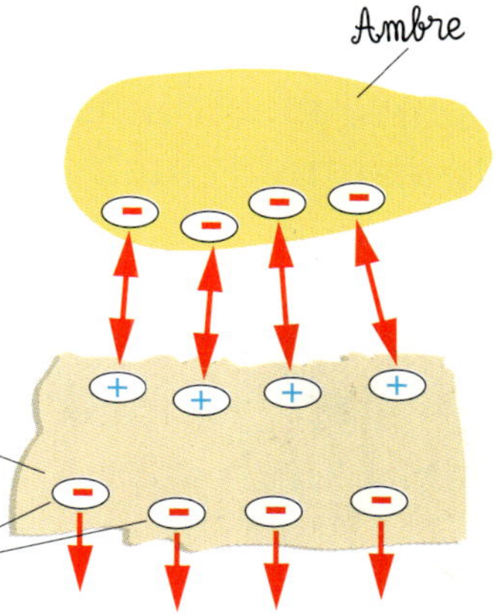

Matériel

- Bocal en verre et son bouchon
- Fil de fer ou de cuivre
- Boule de cotillon
- Papier aluminium

Construis un électroscope

❶ Recouvre la boule de papier aluminium.

❷ Modèle le fil de cuivre à la forme voulue.

❸ Fais passer le fil au travers du bouchon après l'avoir percé.

❹ Plante la boule sur l'extrémité du fil.

❺ Place un rectangle de papier aluminium de 20 x 5 cm à cheval sur le fil.

Quand on approche de la sphère une règle ou un crayon électrisé, on constate que les 2 pans de la feuille d'aluminium s'écartent.

Ce phénomène est dû au fait que les 2 pans sont chargés de la même sorte d'électricité et donc se repoussent.

La foudre

La foudre est un des phénomènes les plus courants et les plus spectaculaires. Chaque jour, 44 000 orages éclatent dans le monde, produisant 8 millions d'éclairs. Un orage moyen produit la puissance électrique d'une petite centrale nucléaire.

Benjamin Franklin

Un savant courageux et chanceux !

C'est l'inventeur américain Benjamin Franklin (1706-1790) qui découvre la vraie nature de la foudre. Il fait voler un cerf-volant dans un orage après l'avoir lesté d'une clef attachée à un fil de soie. Mais il prend la précaution de rester à l'abri de manière à ce que le fil de soie qu'il tient ne soit pas mouillé. Il constate alors la présence de petites étincelles entre sa main et la clef, identiques à celles produites par l'électricité statique.

Plusieurs autres expérimentateurs, voulant refaire l'expérience sans s'abriter, périrent foudroyés.

Paratonnerre ou parafoudre ?

Par temps orageux, lors de l'éclatement d'un éclair, l'écoulement des charges prend de préférence un chemin aboutissant à une pointe naturelle ou artificielle. Le rôle du paratonnerre est donc d'attirer les éclairs et de canaliser la foudre vers le sol grâce à une pointe.
Plus la pointe est élevée, et plus la protection est importante : une pointe à 10 m protège un cercle de 20 m de rayon.

Calcule la distance d'un orage

Pour connaître la distance à laquelle se trouve un orage, il suffit de compter le nombre de secondes qui s'écoulent entre le moment où tu vois l'éclair, et le moment où tu entends le tonnerre. L'éclair voyage à la vitesse de la lumière (300 000 km/s) donc pratiquement instantanément, tandis que le son marche à 340 m/s. Si tu entends le tonnerre 5 secondes après l'éclair, l'orage est à 5 x 340 = 1 700 m.

Mini-éclair

La nuit, dans une pièce non éclairée, il suffit de frotter ses pieds sur une moquette et de toucher une poignée ou un objet métallique ; on observe une étincelle analogue à un éclair.

Encore les frottements

Dans les nuages orageux, qui contiennent énormément d'énergie, de violents courants provoquent des frottements entre des particules de glace de différentes tailles (grésil et cristaux). Ces nuages sont formés de « couches » positives ou négatives, énormes quantités d'électricité statique. Des éclairs se produisent alors, aussi bien à l'intérieur des nuages (c'est même le cas le plus fréquent) qu'entre le nuage et le sol. Au moment de la décharge, la foudre fournit une puissance équivalente à 100 millions d'ampoules électriques ordinaires !

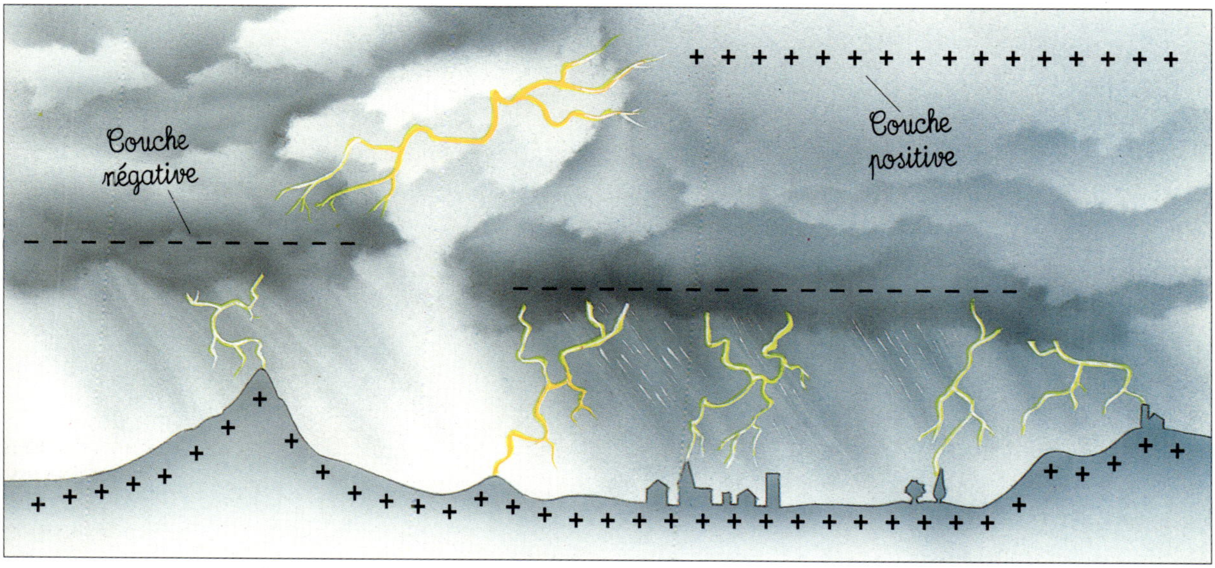

Les éclairs se produisent par décharge entre couches positives et négatives.

Les courants électriques

Il est possible de mettre en mouvement les charges électriques. On appelle courant le flot permanent d'électrons en mouvement. Ceci nécessite une source d'énergie capable de pousser les électrons (générateur), et un circuit fermé pour permettre aux électrons de circuler.

L'observation de Galvani

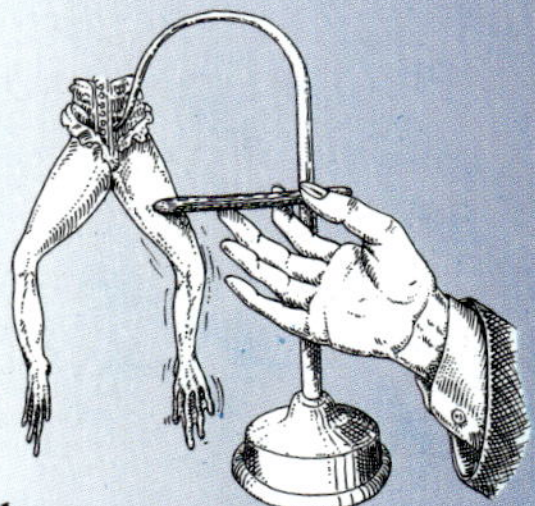

Luigi Galvani (1737-1798), anatomiste italien, remarque qu'on peut faire tressaillir les pattes d'une grenouille morte en les soumettant à une décharge d'électricité statique. Il a l'habitude de faire sécher, à un fil de cuivre sur son balcon, les grenouilles qu'il utilise. Un jour, le vent fait toucher le fer du balcon au chapelet de grenouilles, et celles-ci se mettent alors à tressaillir, comme si elles étaient soumises au choc électrique. Galvani conclut à une « électricité animale » provenant de la grenouille.

Pourquoi le mot « pile » ?

Parce que la première pile fabriquée par Volta était un empilement de disques de zinc et de cuivre, séparés par un disque de carton imprégné de sel.

L'explication de Volta

L'explication de Galvani ne satisfait pas Volta (1745-1827) : celui-ci pense que la grenouille bouge sous l'influence d'une électricité extérieure. Il cherche donc à reproduire l'expérience de Galvani en empilant des rondelles de fer (jouant le rôle du balcon), de buvard imbibé d'eau salée (les humeurs de la grenouille) et de cuivre (le fil). Il obtient ainsi la première pile.

Pile de Volta

Le courant : un flux continu d'électrons

Dans les conducteurs, chaque atome a au moins un électron mobile, qui peut circuler au hasard, d'un atome à l'autre. Ces électrons sont dits libres. Quand on branche un générateur aux bornes du conducteur, les électrons vont tous se diriger dans la même direction, repoussés qu'ils sont par le pôle négatif de la batterie et attirés par le positif.

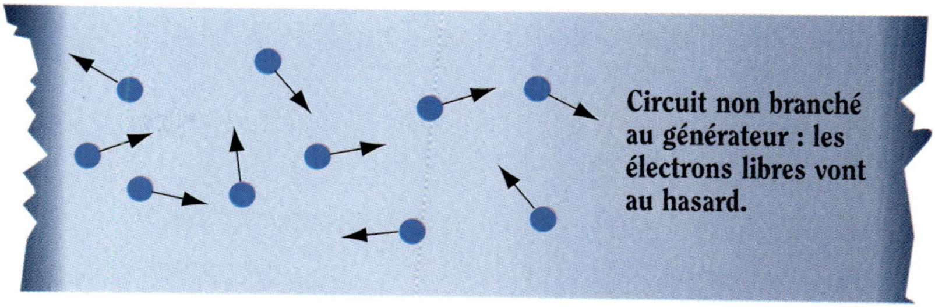

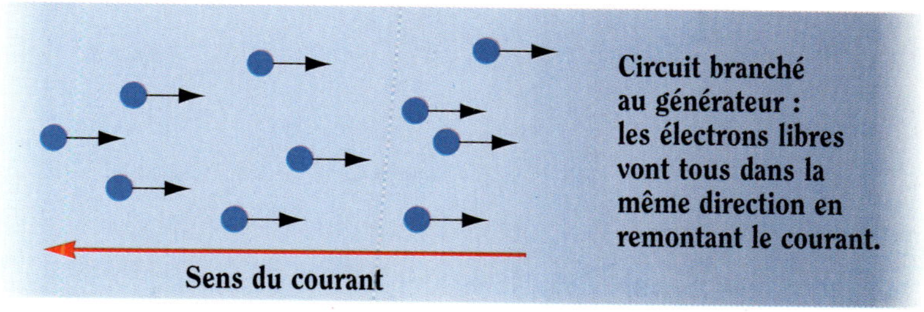

Fabriquer une pile

❶ Imbibe le papier buvard avec le vinaigre.

❷ Place-le entre le cuivre et l'aluminium (faire tenir avec les pinces à linge).

❸ Mets le multimètre en position milliampèremètre.

❹ Touche les plaques de cuivre et d'aluminium avec les fils (+) et (-) du multimètre. La pile fournit un courant de quelques milliampères.

Matériel
- Bocal
- Vinaigre blanc
- Papier buvard
- Plaque d'aluminium ou de zinc
- Plaque de cuivre
- 4 épingles à linge
- Multimètre (disponible en grande surface)

Ce qui se passe : l'acide attire les électrons des atomes de cuivre pour les transmettre aux atomes d'aluminium. La borne en aluminium, qui possède des électrons en excès est la borne négative. Celle du cuivre, qui a perdu des électrons est la borne positive.

Les circuits simples

Tous les circuits, quels qu'ils soient, comportent une source d'énergie (pile, par exemple), un conducteur dans lequel le courant peut circuler (fil de cuivre) et éventuellement un ou plusieurs récepteurs (ampoules).

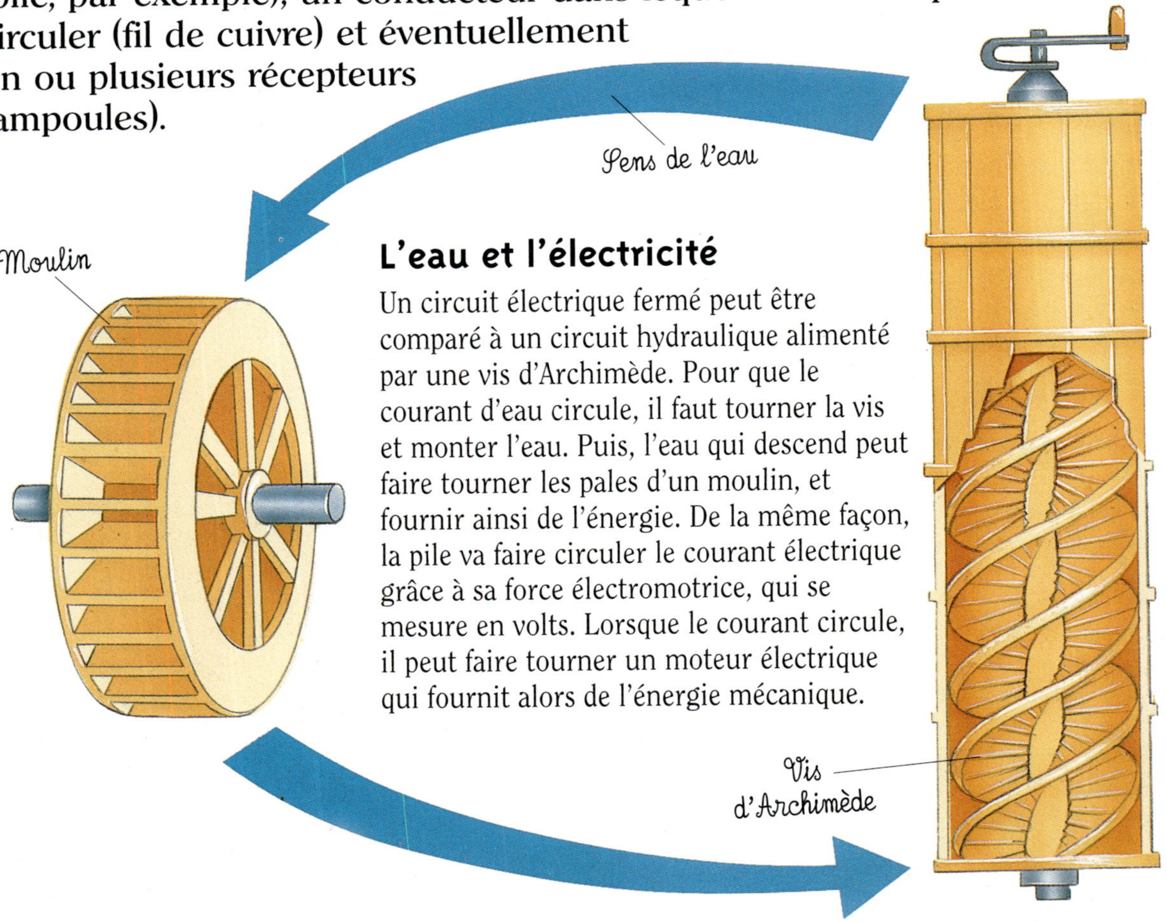

L'eau et l'électricité

Un circuit électrique fermé peut être comparé à un circuit hydraulique alimenté par une vis d'Archimède. Pour que le courant d'eau circule, il faut tourner la vis et monter l'eau. Puis, l'eau qui descend peut faire tourner les pales d'un moulin, et fournir ainsi de l'énergie. De la même façon, la pile va faire circuler le courant électrique grâce à sa force électromotrice, qui se mesure en volts. Lorsque le courant circule, il peut faire tourner un moteur électrique qui fournit alors de l'énergie mécanique.

Résistance variable

Les métaux comme le cuivre sont des conducteurs, alors que le PVC est un isolant. Cependant, il existe des substances qui sont à mi-chemin entre conducteurs et isolants, comme la mine de crayon (le graphite). Elle permet la réalisation de résistances variables. Lorsqu'on réalise le montage présenté, l'ampoule brille faiblement lorsque la longueur de mine traversée par le courant est importante. Pour augmenter la luminosité, il suffit de diminuer la longueur de la mine traversée. Le graphite conduit le courant avec une certaine résistance. Si la mine est longue, la résistance est forte et donc la lumière faible !

Parallèle ou série ?

2 ampoules de lampe de poche branchées en série ou en parallèle aux bornes d'une pile de 4,5 V produisent-elles plus ou moins de lumière qu'une ampoule seule ? On constate que 2 ampoules branchées en série émettent moins qu'une seule puisque le courant doit traverser 2 fois plus de résistance ! En parallèle, chaque ampoule brille autant que dans le cas de l'ampoule seule... mais la pile s'use 2 fois plus vite !

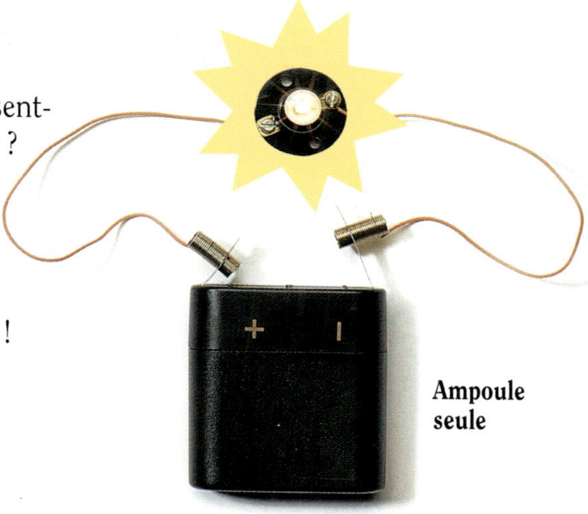

Ampoule seule

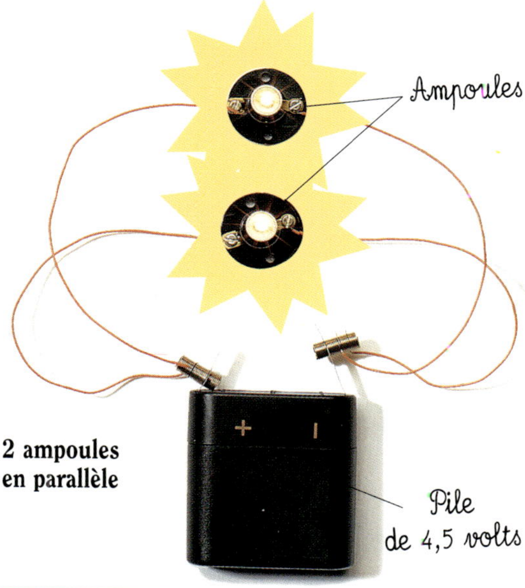

2 ampoules en parallèle

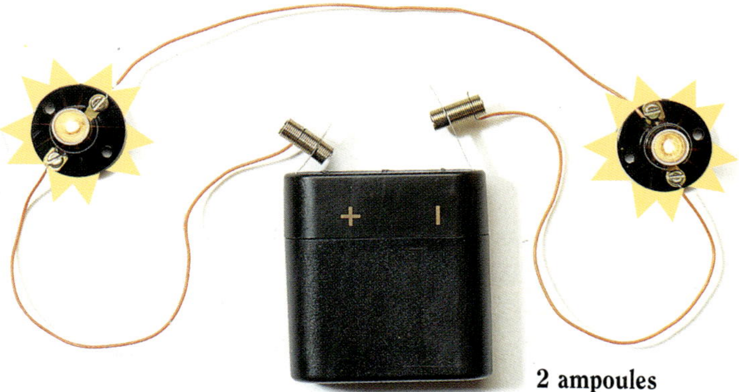

2 ampoules en série

Pourquoi le fusible ?

Pour éliminer tout risque d'incendie, on doit empêcher le courant électrique de trop échauffer les circuits dans lesquels il circule. Pour cela, on intercale sur les fils un fusible chargé de « sauter » si l'intensité devient trop forte.

❶ Dispose le papier métallique dans le plat creux en Pyrex.

❷ Relie la borne (+) à une extrémité du papier au moyen du fil électrique.

Matériel

- Pile de 9 volts
- Fil électrique
- Papier métallique (chocolat) 5 cm x 3 cm
- Plat creux en Pyrex
- Pinces crocodiles

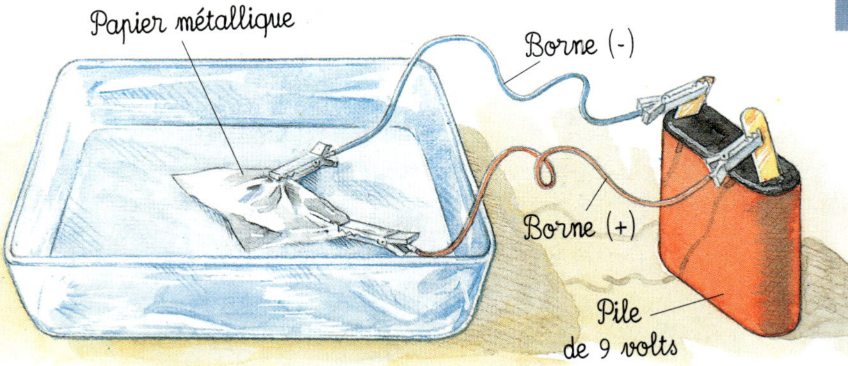

❸ Relie la borne (-) à l'autre extrémité du papier. En peu de temps, les fils s'échauffent, le papier métallique brûle et se casse, ce qui coupe le circuit ; le danger d'incendie est donc écarté !

Les aimants

Connues depuis les temps préhistoriques, les roches de magnétite s'attirent ou se repoussent suivant leur orientation. Ces matériaux qui attirent le fer, l'acier et quelques autres métaux sont des aimants. Ce sont les Chinois qui ont remarqué les premiers qu'un aimant laissé libre de tourner s'oriente toujours suivant un axe nord-sud.

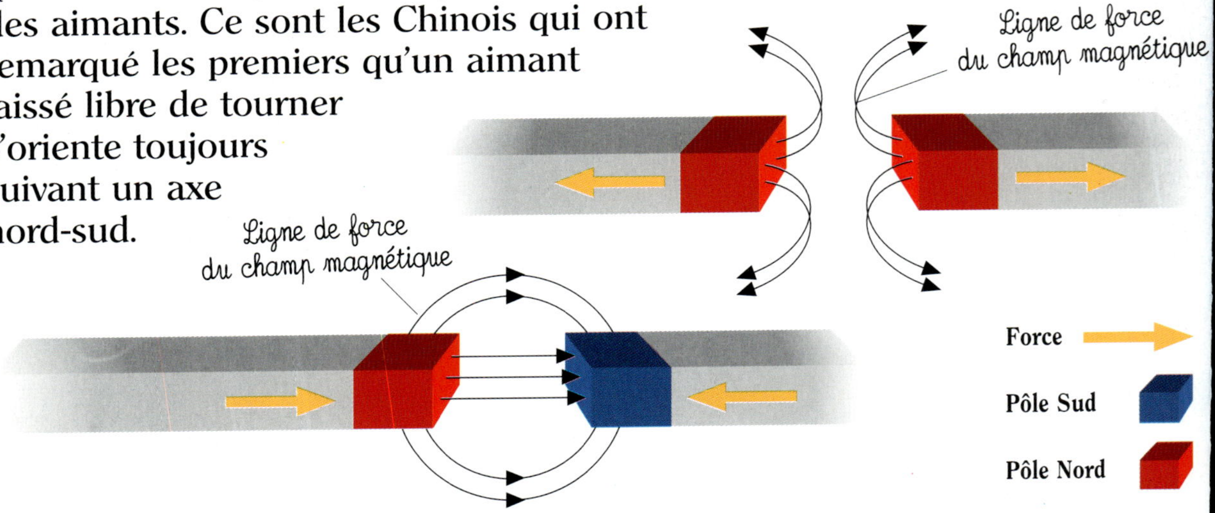

Pôles et champ magnétique

S'il est impossible de voir le magnétisme, il est facile de constater ses effets : 2 aimants droits vont soit se repousser (si on rapproche les mêmes pôles) soit s'attirer. Les pôles de noms opposés s'attirent donc tandis que ceux de même nom se repoussent. Cette influence est due au champ magnétique entourant l'aimant.

Pour « voir » le champ magnétique d'un aimant

Dispose l'aimant sur une table ; mets le carton au-dessus en le calant. Saupoudre de limaille de fer ; tapote ; les morceaux de fer, qui sont magnétisés provisoirement, se disposent le long des lignes du champ magnétique, permettant de les visualiser.

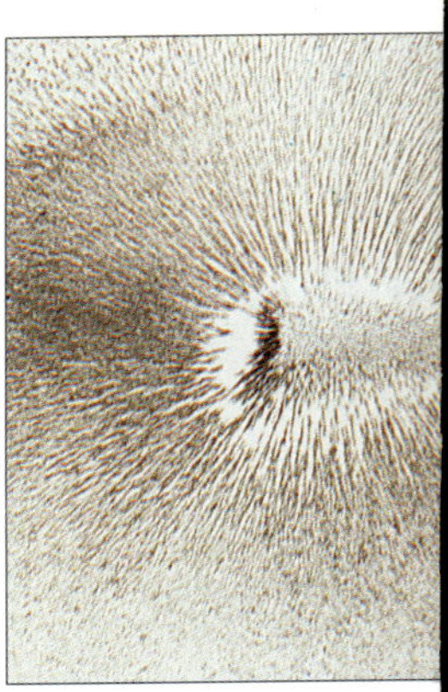

La Terre est un aimant

La Terre se comporte comme un gigantesque aimant, ce qui permet l'utilisation de la boussole. L'axe de cet aimant n'est pas tout à fait le même que celui de la rotation de la Terre ; la boussole ne pointe donc pas sur le nord géographique, mais sur le nord magnétique qui se déplace régulièrement.

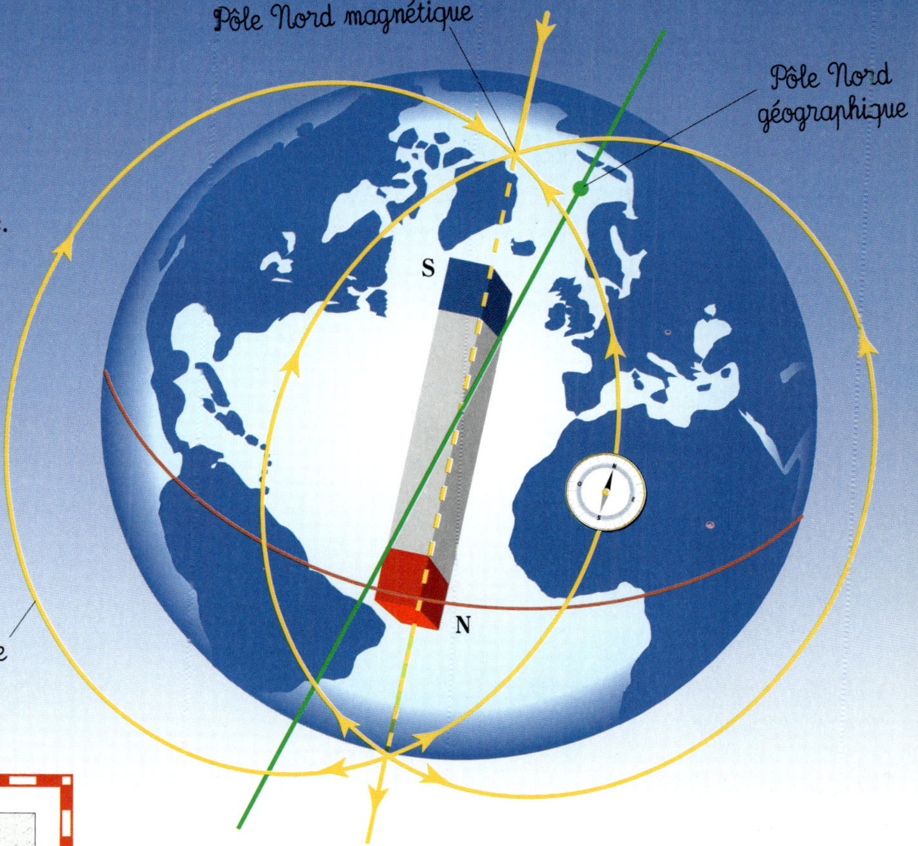

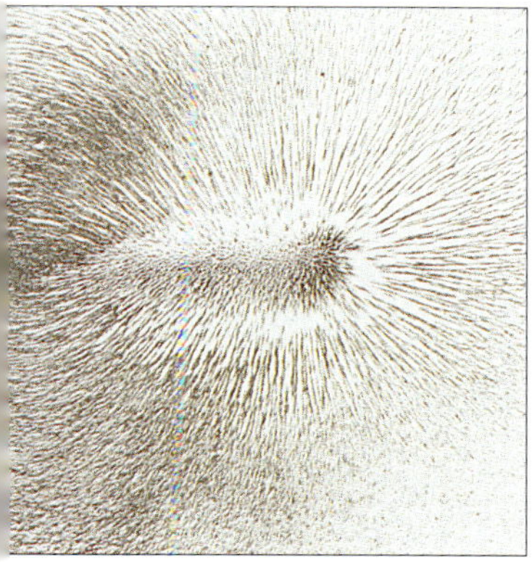

Tous les aimants sont soumis à une force due au champ magnétique de la Terre, force qui tend à orienter toujours ces aimants suivant un axe nord-sud.

Matériel

- Aimant droit
- Limaille de fer
- Carton
- Cales

Qu'est-ce que le magnétisme ?

Chaque matériau magnétique est formé de petits groupes d'atomes appelés domaines, chacun de ces domaines se comportant comme un petit aimant. L'orientation de ces domaines est distribuée au hasard. Quand le matériau est soumis à un champ magnétique extérieur, tous les petits aimants prennent la même orientation. Le fer est ainsi transformé momentanément en aimant. On explique ainsi pourquoi un aimant coupé en 2 donne 2 nouveaux aimants : en effet, un gros aimant n'est jamais que la somme d'une multitude de petits aimants.

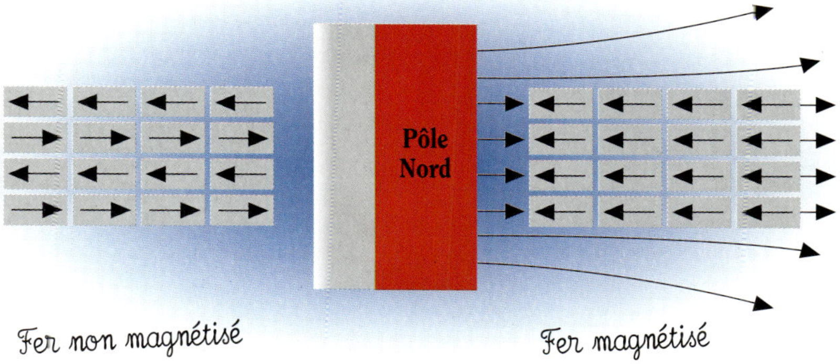

L'électromagnétisme

En 1819, le Danois Christian Oersted (1777-1851) va établir pour la première fois une liaison entre 2 grands mystères scientifiques du temps : l'électricité et le magnétisme. Il ouvre ainsi la voie à de nombreuses applications : électroaimants, moteurs électriques, etc.

Champ créé par un courant

Le courant électrique crée un champ magnétique. Si le fil est linéaire, les lignes d'induction forment des cercles centrés sur le fil. Si le fil est enroulé en bobine, le champ magnétique est encore plus fort, et semblable à celui d'un barreau aimanté. La seule différence, c'est qu'il cesse quand le courant est coupé.

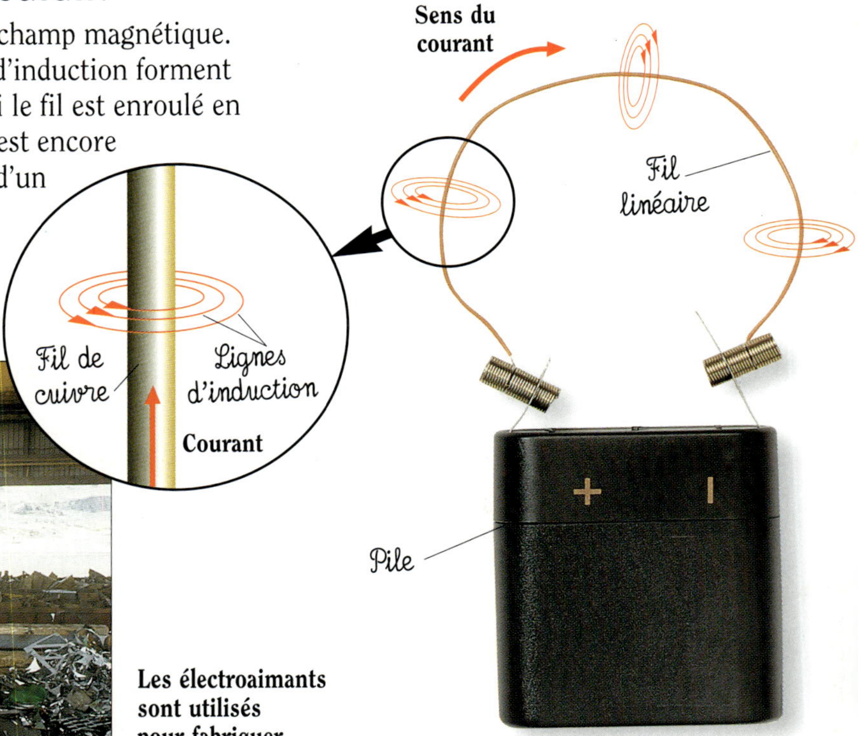

Les électroaimants sont utilisés pour fabriquer des appareils de levage.

Sonnette électrique

Les électroaimants permettent la fabrication de sonnettes électriques : quand on appuie sur l'interrupteur d'une sonnette, on ferme le circuit, le courant de la batterie passe au travers de l'électroaimant qui attire le marteau. Celui-ci vient donc heurter la sonnette et coupe le circuit, ce qui supprime l'attraction. Le ressort ramène alors le marteau en arrière, refermant le circuit. Le courant de la batterie passe à nouveau, ce qui entraîne la répétition du cycle précédent, et ce tant qu'on appuie sur l'interrupteur.

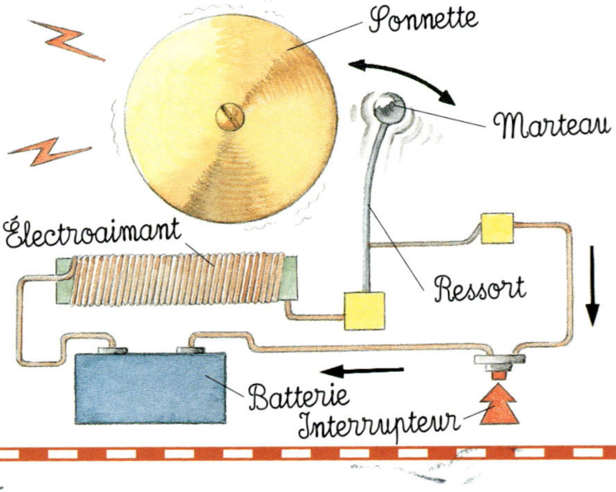

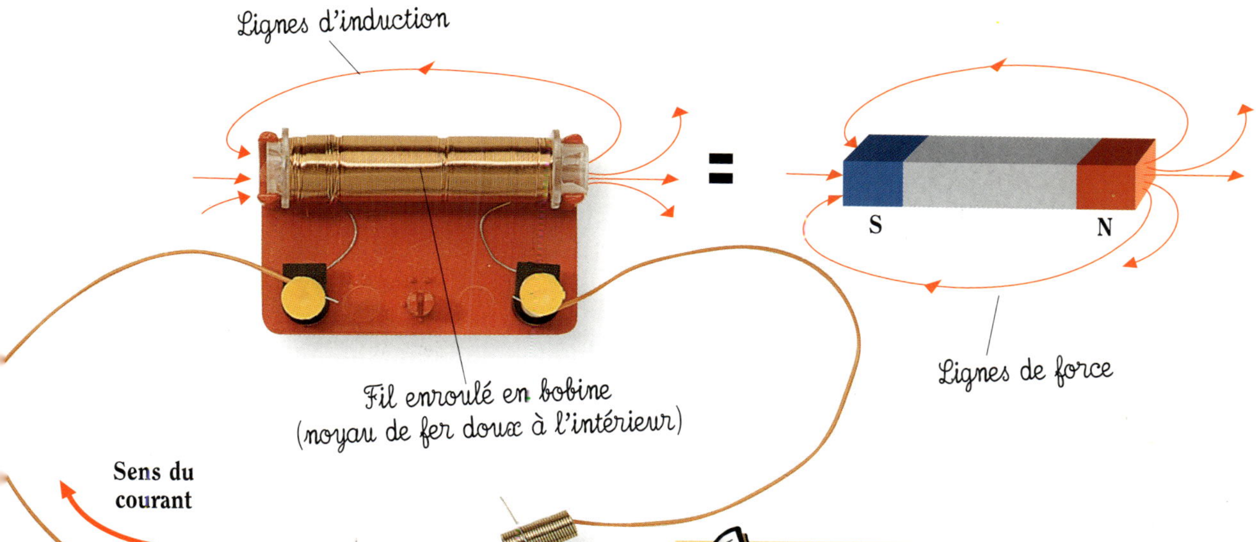

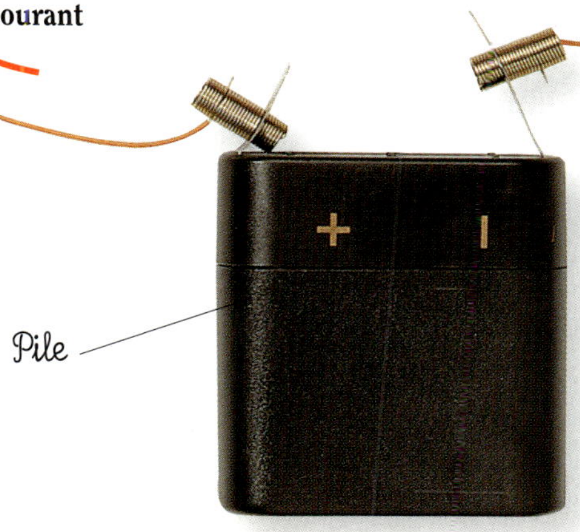

Un hasard capital

Suivant la légende, alors qu'il assure à Copenhague une conférence sur l'électricité, Oersted déplace, par hasard, une boussole et la rapproche d'un fil où passe du courant. Il constate alors avec étonnement que l'aiguille aimantée cesse de pointer vers le nord ! Des expériences simples vont ensuite lui prouver que la déviation de l'aiguille est bien due au champ magnétique créé par le courant électrique.

Fabrique un électroaimant

Matériel

- Fil conducteur isolé (cuivre émaillé)
- Gros clou
- Pile de 4,5 V

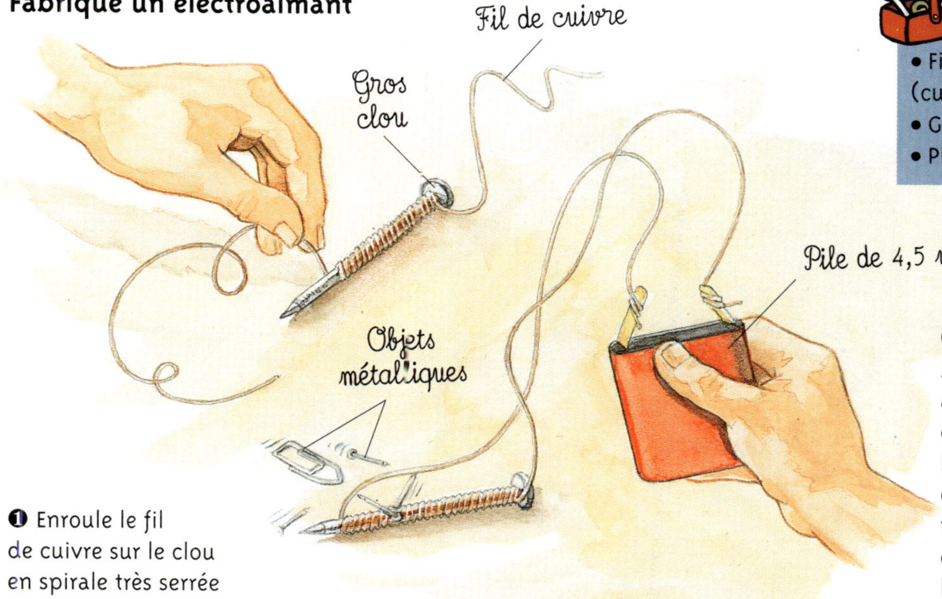

❶ Enroule le fil de cuivre sur le clou en spirale très serrée (jointives).

❷ Quand on branche la pile aux 2 extrémités du fil de cuivre, le clou attire de petits objets métalliques. Si on débranche la pile, le magnétisme cesse aussitôt.

Générateurs et moteurs

Les générateurs sont des machines capables de transformer le mouvement en électricité, tandis que les moteurs électriques permettent de passer de l'électricité au mouvement. Les premiers permettent la production d'électricité, les deuxièmes son utilisation.

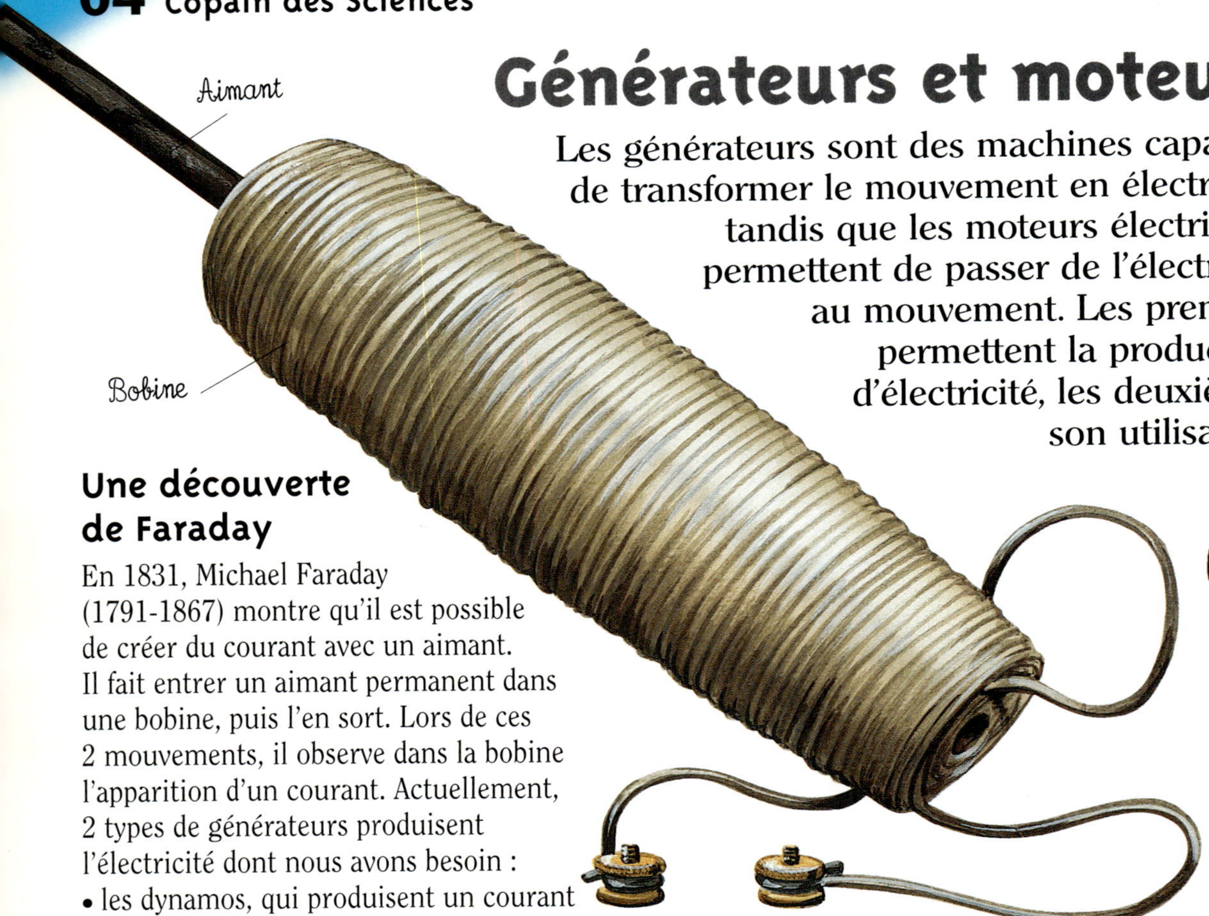

Une découverte de Faraday

En 1831, Michael Faraday (1791-1867) montre qu'il est possible de créer du courant avec un aimant. Il fait entrer un aimant permanent dans une bobine, puis l'en sort. Lors de ces 2 mouvements, il observe dans la bobine l'apparition d'un courant. Actuellement, 2 types de générateurs produisent l'électricité dont nous avons besoin :

- les dynamos, qui produisent un courant continu (toujours dans le même sens) ;
- les alternateurs, qui produisent un courant alternatif : celui-ci change de sens.

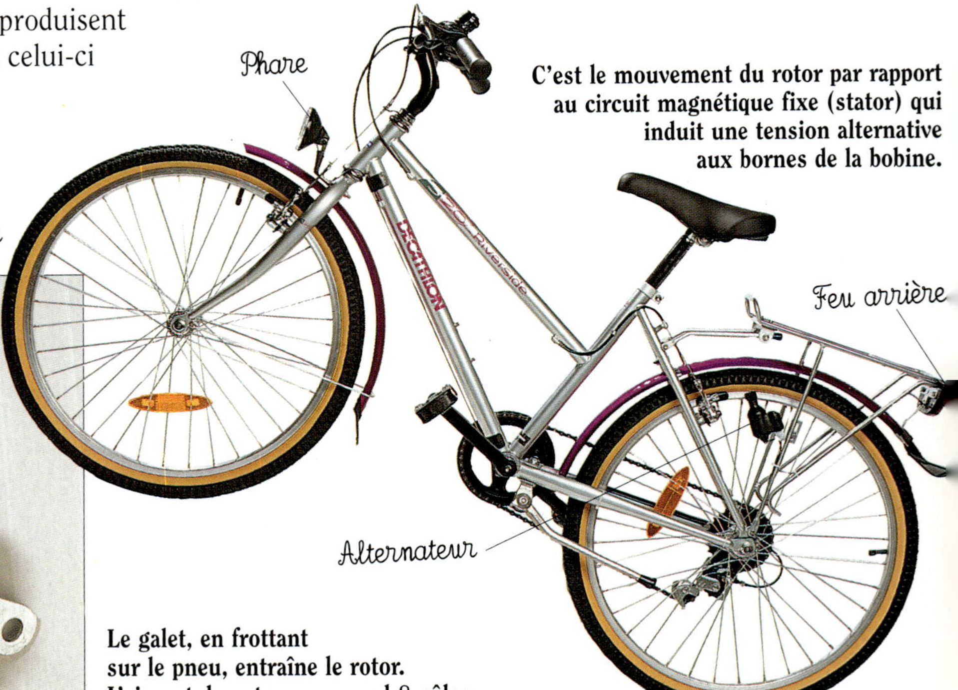

C'est le mouvement du rotor par rapport au circuit magnétique fixe (stator) qui induit une tension alternative aux bornes de la bobine.

Le galet, en frottant sur le pneu, entraîne le rotor. L'aimant du rotor comprend 8 pôles.

Moteurs électriques : de l'électricité au mouvement

Le courant électrique passant dans une bobine transforme celle-ci en aimant. Son influence sur un autre aimant va alors provoquer le mouvement. Les moteurs électriques ont de nombreuses applications, des appareils ménagers à l'automobile et au TGV.

Comprendre le principe du moteur

❶ Prépare 2 fils de cuivre rectiligne A et B de 40 cm de longueur (tu pourras les rendre rectilignes en les roulant entre 2 planches de bois dur).
❷ Dispose-les chacun sur 2 règles en bois et parallèlement.
❸ Prépare un fil de cuivre rectiligne C de 20 cm de longueur, que tu disposeras à cheval et perpendiculairement aux 2 premiers.
❹ Dispose l'aimant comme indiqué sur le schéma.
❺ Relie le pôle (+) de la pile, grâce au fil souple, à l'extrémité de B.
❻ Ferme le circuit en reliant le pôle (-) de la pile à l'extrémité de A.
Dès que le courant passe dans le circuit, tu observes le mouvement du fil C.

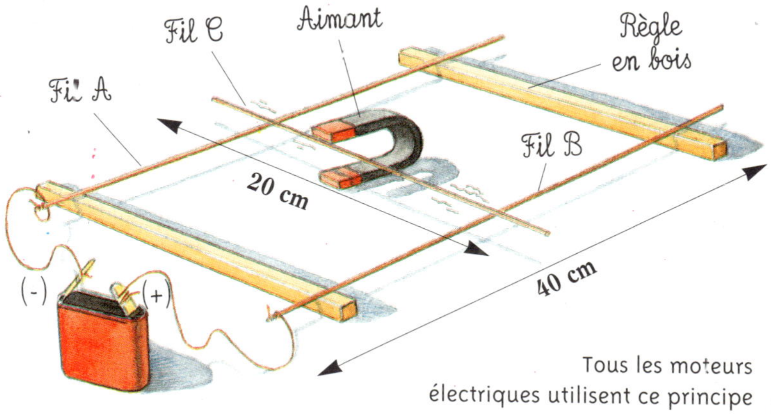

Tous les moteurs électriques utilisent ce principe pour produire du mouvement.

Matériel

- Pile de capacité importante
- Aimant en fer à cheval
- Fil de cuivre dénudé
- 2 règles en bois
- Fil souple

Le train électrique

C'est la compagnie allemande Siemens qui mit au point le premier train à moteur électrique. Ce train fut présenté à l'exposition universelle de Berlin en 1879.

Le TGV ressemble peu aux premiers trains électriques.

Le télégraphe et le téléphone

Une des premières applications réussie de l'électricité dans le domaine des communications fut la télégraphie, ou « écriture à distance ». La seconde, actuellement toute puissante, est le téléphone.

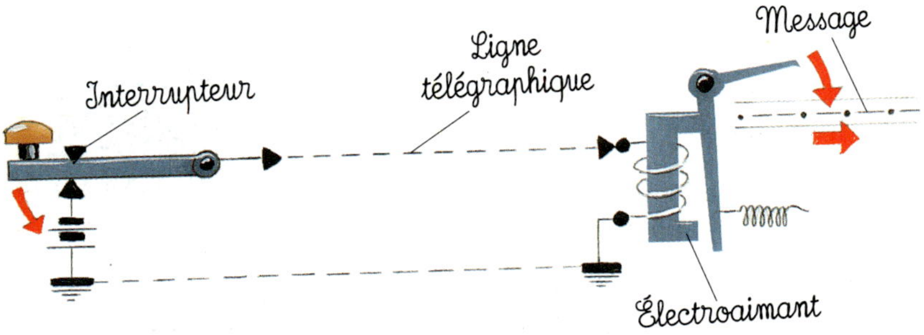

Samuel Morse

Le père du télégraphe fut l'Américain Samuel Morse (1791-1872). Il produisit des émetteurs et des récepteurs électromagnétiques et inventa un alphabet formé de traits et de points qui a été mondialement utilisé.

A	•-	N	-•
B	-•••	O	---
C	-•-•	P	•--•
D	-••	Q	--•-
E	•	R	•-•
F	••-•	S	•••
G	--•	T	-
H	••••	U	••-
I	••	V	•••-
J	•---	W	•--
K	-•-	X	-••-
L	•-••	Y	-•--
M	--	Z	--••

Télégraphe

Cette technique de communication électrique nécessitait l'utilisation de lignes télégraphiques ; par chance, le développement du télégraphe coïncida avec le développement des chemins de fer... on se contenta donc de poser les lignes le long des voies.

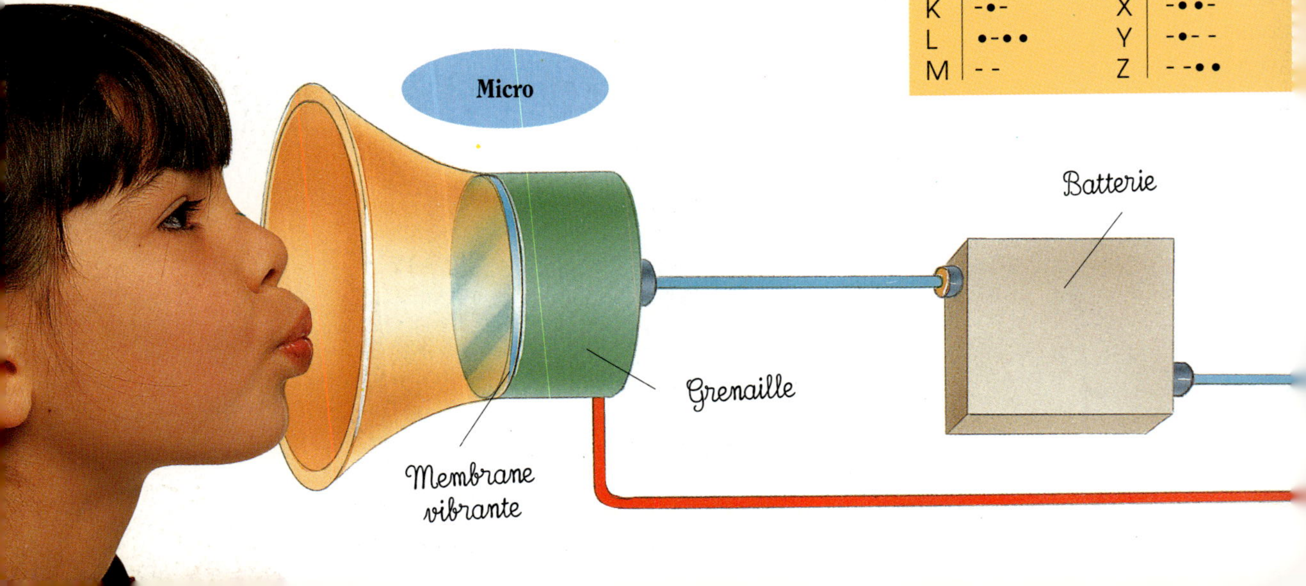

Communiquer à distance en morse

❶ Avec un fil, relie l'un des pôles de la pile à la partie vissante de l'ampoule 1, puis à la partie vissante de l'ampoule 2.

❷ Avec un autre fil, relie l'autre pôle de la pile au trombone A, puis au trombone B, puis à la base des 2 ampoules (tu le fixeras avec du Chatterton).

Les lampes et interrupteurs pourront être situés dans 2 pièces différentes.

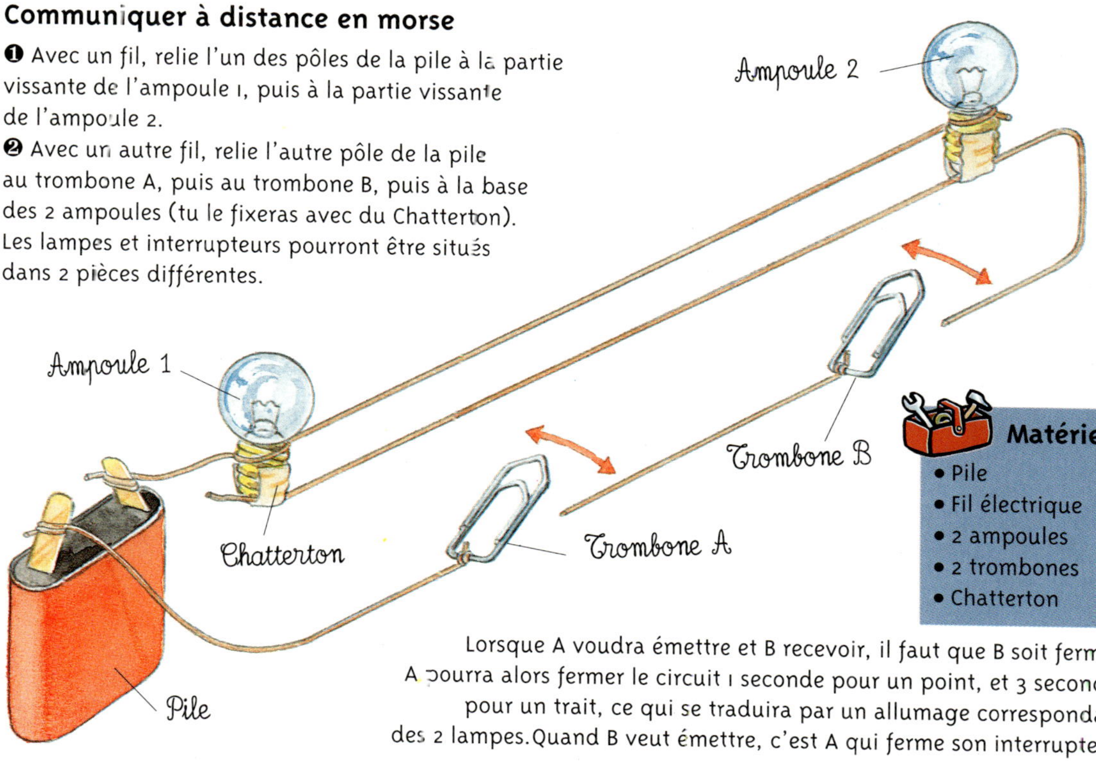

Matériel

- Pile
- Fil électrique
- 2 ampoules
- 2 trombones
- Chatterton

Lorsque A voudra émettre et B recevoir, il faut que B soit fermé : A pourra alors fermer le circuit 1 seconde pour un point, et 3 secondes pour un trait, ce qui se traduira par un allumage correspondant des 2 lampes. Quand B veut émettre, c'est A qui ferme son interrupteur.

Le téléphone : un microphone et un haut parleur

Dans le microphone, les ondes sonores font vibrer la membrane, comprimant ou détendant la grenaille, et faisant ainsi varier sa résistance. Les ondes sonores font donc varier le courant dans le circuit. Quand ce courant variable arrive dans la bobine du haut-parleur, celle-ci interfère avec l'aimant, faisant bouger la membrane, qui reproduit ainsi le son émis.

Alexander Graham Bell (1847-1922)

Né en Écosse, Bell émigra aux États-Unis en 1870. Spécialiste de l'enseignement aux sourds, il découvrit le principe du téléphone en montrant que la voix pouvait faire varier des signaux électriques, et que les signaux électriques pouvaient reproduire la voix, grâce aux phénomènes d'induction électromagnétique.

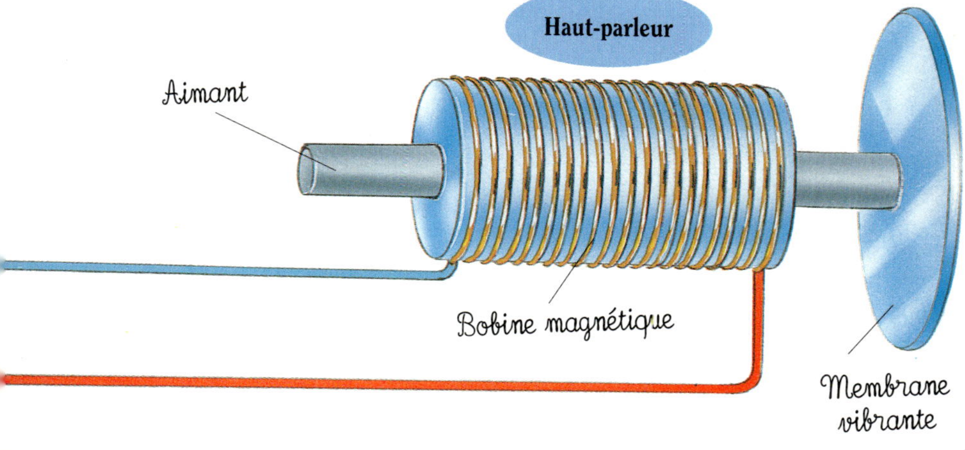

La vie

La **vie** est présente sur Terre depuis 4 milliards d'années. Apparue d'abord sous des formes très élémentaires, elle a évolué peu à peu vers des organismes de plus en plus élaborés, pour aboutir à l'un des êtres vivants les plus complexes : **l'homme**.

La diversité de la vie

Il existe sur Terre des millions de formes de vie différentes. Les scientifiques en ont décrit 1 500 000, mais le nombre réel d'espèces existantes est au moins 10 fois plus élevé. Certaines de ces formes de vies comme les méduses, oursins ou algues ont fait leur apparition il y a plusieurs centaines de millions d'années.

Le cactus

C'est une plante grasse sans feuilles parfaitement adaptée au désert américain. Sa forme ramassée évite l'évaporation. Ses racines étendues courent à faible profondeur pour capter l'eau de pluie avant qu'elle ne se soit évaporée. L'eau est emmagasinée dans un tissu aqueux situé au cœur de la plante, tandis que les épines éloignent les herbivores.

Le pélican

Le petit du pélican place son bec à l'intérieur de celui de sa nourrice, qui va régurgiter la nourriture. Plus tard, il ira chercher les poissons stockés dans le jabot de la mère.

Les fourmis

Vivant en sociétés où les femelles dominent, elles sont présentes de l'équateur à l'Arctique, dans les montagnes comme dans les déserts. Une organisation impeccable sépare les femelles en ouvrières et soldats, au service d'une reine. Les mâles sont peu nombreux et n'ont d'utilité que lors des vols nuptiaux.

La baleine bleue

Elle peut mesurer 30 m et peser 160 tonnes. C'est le plus grand animal ayant jamais vécu sur Terre. La baleine bleue atteint 22 km/h et se nourrit exclusivement de petits crustacés et de mollusques.

Les amphibiens

Ils ont une vie larvaire dans l'eau, puis adulte sur terre. Leur respiration s'effectue par des branchies chez les larves, par des poumons et à travers la peau chez l'adulte. C'est une survivance des premiers vertébrés aquatiques prêts à conquérir la terre ferme.

Le dromadaire

Respirant par coups brefs, il évacue peu d'eau et est parfaitement adapté à la sécheresse.
Sa transpiration est nulle au-dessous de 40 °C grâce à une température corporelle pouvant varier de 34 à 41 °C. Cet animal résiste très bien à la soif : 5 à 6 jours en hiver, 20 à 30 jours s'il a accès à un pâturage vert !

D'où vient la vie ?

Les hommes ont d'abord pensé que la vie apparaissait régulièrement (c'est la théorie de la génération spontanée). Mais les expériences menées au XVIIe puis au XIXe siècle ont montré que la vie est issue de la vie... D'où vient donc la première vie ? L'expérience de Miller apporte peut-être un début de réponse.

Louis Pasteur

L'expérience de Spallanzani

Au cours de la deuxième moitié du XVIIIe siècle, le biologiste italien Lazaro Spallanzani (1729-1799) montre que des bouillons placés dans des récipients fermés et stérilisés restent exempts de toute vie. Il n'arrive cependant pas à convaincre ses contemporains, car d'autres savants de l'époque refont ses expériences avec moins de précautions et n'obtiennent pas les mêmes résultats.

Premières expériences

Le médecin italien Francisco Redi (1626 - 1698) est le premier à expérimenter sur la génération spontanée. Il prouve (voir activité) que les asticots proviennent des mouches, et non de la viande elle-même. Cependant, comme les bactéries sont découvertes en 1676, grâce au microscope, beaucoup pensent que ces bactéries, elles, apparaissent bien de façon spontanée.

Théorie de la génération spontanée

Les hommes se sont interrogés dès l'Antiquité grecque sur l'apparition de la vie. C'est la théorie de la génération spontanée qui a été adoptée par la plupart de ceux qui ont réfléchi au problème. Selon cette théorie, la vie fait des apparitions régulières : les mouches et asticots proviennent de la viande en décomposition, les poux de la sueur, les poissons de la vase, les grenouilles et souris de la terre humide.

Réalise l'expérience de Redi

Matériel

- 2 pots de confiture
- Gaze (moustiquaire)
- Bracelet en caoutchouc
- 2 morceaux de viande

L'expérience de Pasteur

En 1862, Pasteur (1822-1895) montre de façon convaincante l'inexistence de la génération spontanée. Son expérience utilise des ballons de verre à long col de cygne communiquant librement avec l'air. Il emplit les ballons d'un liquide nutritif, par exemple de l'eau sucrée, qu'il chauffe pour détruire les micro-organismes, puis les refroidit. Aucune culture n'apparut dans les ballons, la forme du col empêchant tout nouvel organisme de tomber dans le milieu ; la vie est donc bien issue de la vie.

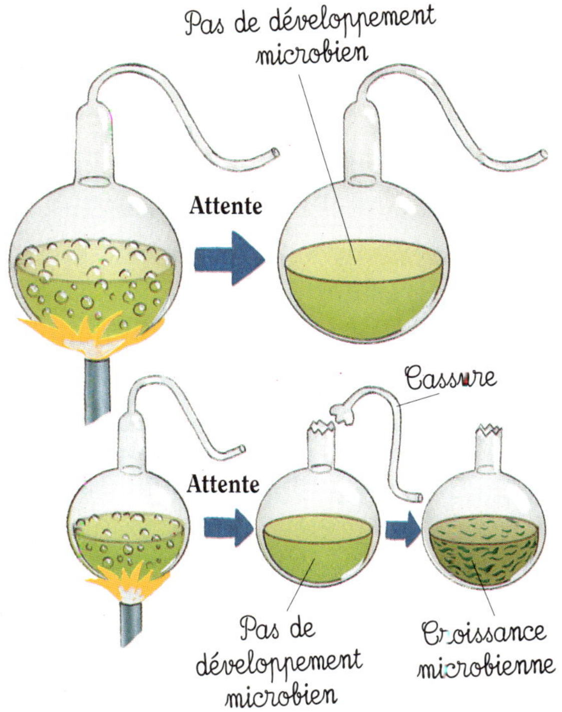

L'expérience de Miller

Miller, chercheur à l'université de Chicago, met en place en 1953 une expérience destinée à reproduire en laboratoire les conditions de la Terre primitive : une mare chaude surmontée d'éclairs. Le système est composé d'un mélange d'hydrogène, de méthane et d'ammoniac circulant en circuit fermé. Miller fait passer ces gaz sur une étincelle qui simule la foudre. Au bout de quelques heures le système contient de nombreux acides organiques aminés, qui sont les briques élémentaires des organismes vivants.

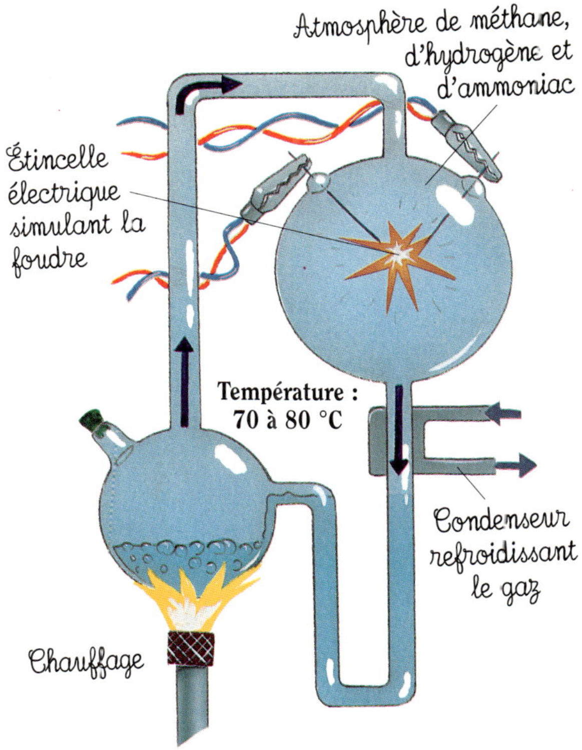

❶ Dépose dans les 2 pots de verre (A et B) un petit morceau de viande de la taille d'une noisette.

❷ Recouvre le pot B de la moustiquaire que tu feras tenir avec le bracelet de caoutchouc.

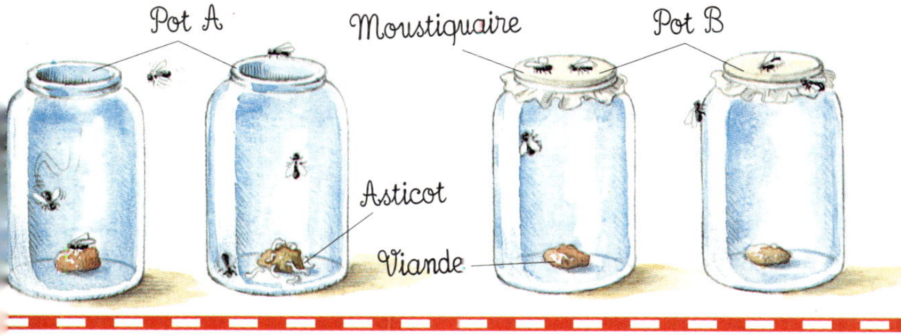

❸ Dispose les 2 récipients à l'extérieur dans un endroit à l'ombre et à l'abri des fourmis.
❹ En moins de 24 heures apparaissent des asticots, petits vers blancs, sur la viande du pot A. La viande du pot B est intacte.

Redi a ainsi montré que ce n'est pas la viande qui donne naissance aux asticots, mais les mouches.

Enquête sur le passé de la Terre

Quel dommage que nous n'ayons pas de machine à voyager dans le temps : il nous aurait alors été facile de nous promener au temps des dinosaures, en observant et en notant tous les détails de leur vie. Nous ne pouvons qu'étudier les traces laissées par ce lointain passé. Les paléontologues sont donc des sortes de détectives, reconstituant le passé par l'observation... et la déduction !

Grand Canyon du Colorado : en haut les roches les plus jeunes (250 MA), en bas les plus vieilles (1 700 à 2 000 MA

Le livre du passé

Un enquêteur désirant comprendre le passé de la Terre va utiliser les roches de la croûte terrestre pour reconstituer son histoire. Au cours des centaines de millions d'années (MA), les eaux, le vent, les glaciers et même les êtres vivants ont usé les montagnes et les reliefs pour former des sédiments, qui se sont transformés en roches sédimentaires superposées. Ce sont ces dernières qui, à la manière d'un livre, vont nous conter l'histoire du passé.

Une lecture inversée

La seule différence avec un livre, c'est que l'on trouve d'abord les dernières pages, correspondant aux époques les plus récentes. Les plus anciennes se trouvent au-dessous. Il est donc normal de penser que, sauf accident, une couche est d'autant plus jeune qu'elle est plus haute : c'est le principe de superposition. Il faut cependant s'assurer que les couches sont bien à l'endroit, et donc que la séquence est bien normale, et non tordue ou renversée, brisée ou plissée.

Fossiles

La vie sur Terre est très ancienne, puisqu'on a retrouvé des bactéries dans des roches vieilles de 3,5 milliards d'années. Les animaux – ou végétaux – emprisonnés dans des roches sont appelés fossiles.

Nautile

Trilobite

Ammonite

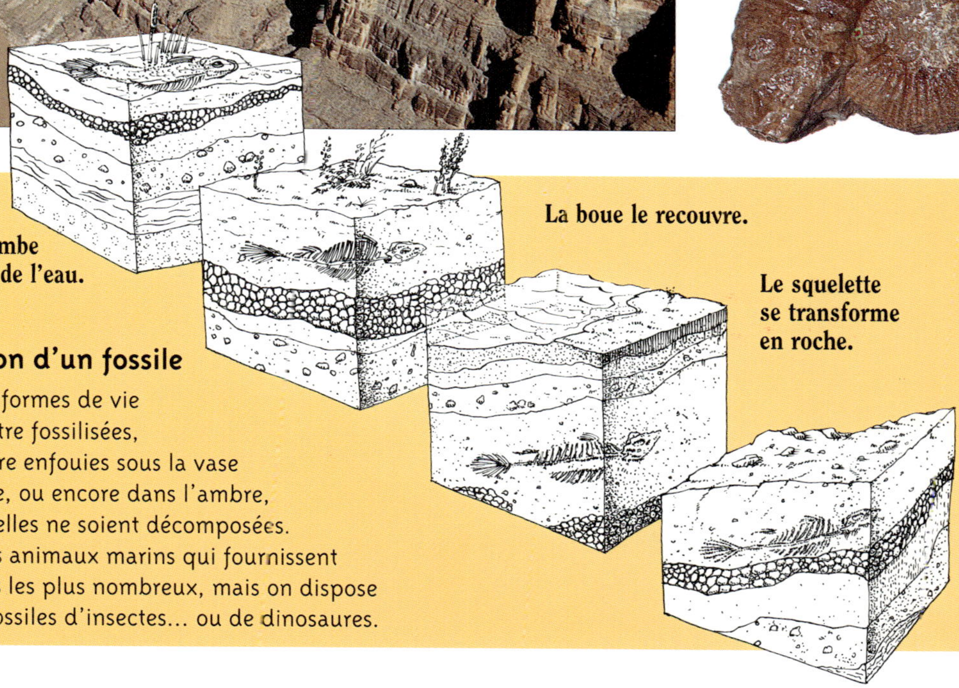

Mort, le poisson tombe au fond de l'eau.

La boue le recouvre.

Le squelette se transforme en roche.

L'érosion dégagera le fossile.

Formation d'un fossile

Toutes les formes de vie peuvent être fossilisées, c'est-à-dire enfouies sous la vase ou le sable, ou encore dans l'ambre, avant qu'elles ne soient décomposées. Ce sont les animaux marins qui fournissent les fossiles les plus nombreux, mais on dispose aussi de fossiles d'insectes... ou de dinosaures.

Histoires de dates

L'histoire de la Terre est bien longue : 4,5 milliards d'années ! Pour se repérer dans ces 4 500 000 000 d'années, les géologues les ont regroupées en ères, elles-mêmes divisées en périodes et en époques. Pour arriver à dater précisément un terrain, ou un fossile, nous disposons d'une technique efficace : la radiochronologie.

Les 30 jours de l'histoire de la Terre : les différentes ères ayant marqué l'histoire de la Terre sont figurées sur ce calendrier, dans lequel 1 jour représente 150 millions d'années : la Terre se forme le mercredi 1er et nous apparaissons le 30 à minuit...

lundi	mardi	mercredi	jeudi	vendredi	samedi	dimanche
		1	2	3	4	5
6	7	8	9	10	11	12
13	14	15	16	17	18	19
20	21	22	23	24	25	26
27	28	29	30			

- **Précambien**
- **Paléozoïque**
- **Mésozoïque**
- **Cénozoïque**

Radiochronologie : dater le passé

Pour connaître précisément l'âge d'un fossile, ou d'un terrain, on utilise la datation au carbone 14 (jusqu'à 50 000 ans), au potassium/argon (de 1 à 100 millions d'années), au rubidium/strontium (de 100 millions à 3,8 milliards d'années).

5 750 ans après sa mort, un arbre contient encore la moitié du carbone 14 initial. Au bout de 11 500 ans, le quart, au bout de 17 250 ans, le huitième, etc.

Carbone 12 ou carbone 14 ?

Dans l'atmosphère, il y a du carbone 12 stable et un faible pourcentage de carbone 14 radioactif (le carbone 14 comporte 8 neutrons au lieu de 6). Le même pourcentage se retrouve dans l'organisme des êtres vivants. Quand l'organisme meurt, l'apport de carbone 14 cesse, et sa concentration diminue très rapidement au début, plus lentement ensuite. La mesure du taux de carbone 14 permet donc de dater la mort.

Un végétal absorbe le CO_2 de l'air pour produire sa matière vivante. Il contient donc les 2 formes du carbone, comme l'animal qui le mange.

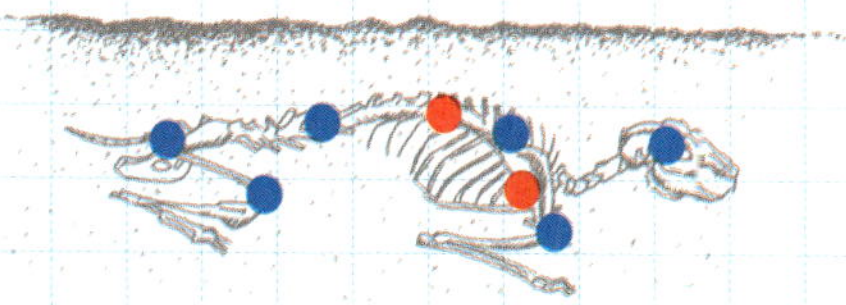

Quand l'animal meurt, le carbone 14 qu'il renferme se désintègre, au cours du temps, en carbone 12.

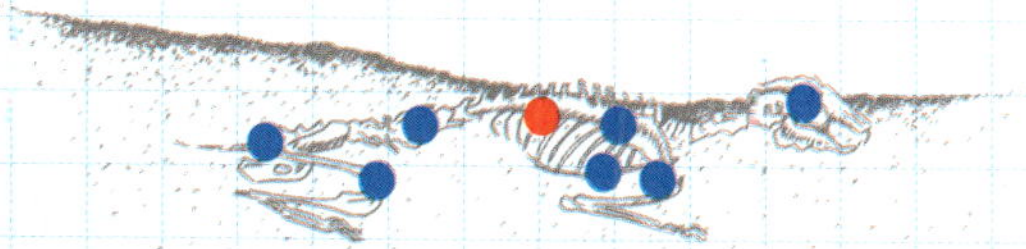

Lors de l'étude d'un fossile, on mesure la proportion de carbone 14. S'il en contient peu, le fossile est très ancien.

Se repérer dans l'histoire de la Terre

Il n'est pas facile de se repérer dans ce labyrinthe de dates, ce petit tableau se propose d'en faire la synthèse, du Précambrien à nos jours.

Aujourd'hui			début en millions d'années
Cénozoïque			
	Quaternaire		
		Holocène	0,01
		Pléistocène	2
	Tertiaire		
		Pliocène	5
		Miocène	22
		Oligocène	38
		Éocène	55
		Paléocène	66
Mésozoïque			
	Crétacé		138
	Jurrasique		195
	Trias		245
Paléozoïque			
	Permien		290
	Carbonifère		345
	Dévonien		400
	Silurien		440
	Ordovicien		500
	Cambrien		600
Précambrien			4500

Précambrien et Cambrien : la vie dans l'eau

Cette période couvre 90 % de l'histoire de la Terre, de 4,5 milliards à 500 millions d'années. Pendant tout ce temps, la vie se développe dans l'eau ; d'abord limitée à des bactéries, des algues, puis des animaux au corps mou, la vie va « exploser » au Cambrien.

Trilobite : un des fossiles les plus courants.

Enquête sur le Précambrien

Il y a seulement 50 ans, les plus anciens fossiles connus ne remontaient pas à plus de 570 millions d'années (le Cambrien). La grande question était donc : où sont enfouis les ancêtres des animaux marins si nombreux du Cambrien ? Ces dernières années, on a retrouvé des fossiles précambriens dans un certain nombre de régions de la planète : en Australie, dans le sud-ouest de l'Afrique, et au centre de l'Angleterre.

Le système d'Édiacara

C'est un ensemble de fossiles découverts dans les monts Édiacara, en Australie du Sud. On regroupe aussi sous ce nom des fossiles trouvés ailleurs (20 sites différents) mais correspondant à la même époque : entre 670 et 550 millions d'années. Cette faune du Précambrien est formée d'animaux plats et mous, les fossiles de cette période sont donc plus rares : les corps mous se dégradent rapidement et ne se transforment que rarement en fossiles !

Ces couches successives retracent l'histoire de la biosphère sur une période de près de 2 milliards d'années.

Les prédateurs arrivent

Les principaux groupes d'animaux apparaissent au Cambrien. L'avènement des prédateurs va entraîner la multiplication des moyens de défense : carapaces, coquilles, épines, déplacements plus rapides, etc. Cependant, rares sont les habitants des mers du Cambrien dont les descendants vivent encore : il ne reste que les éponges, les gastéropodes et les céphalopodes. Tous les autres ont été des expériences de courte durée, des prototypes, sortes de brouillons sans suite.

Coquille

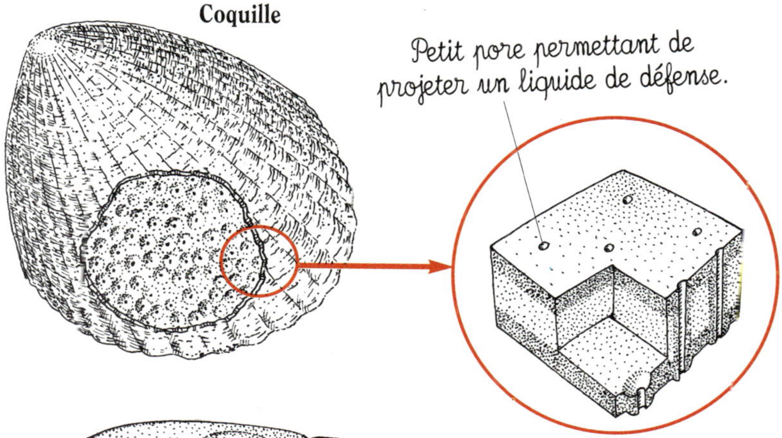

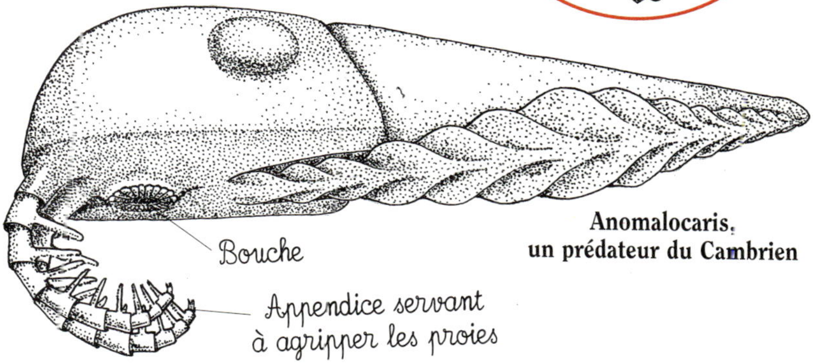

Anomalocaris, un prédateur du Cambrien

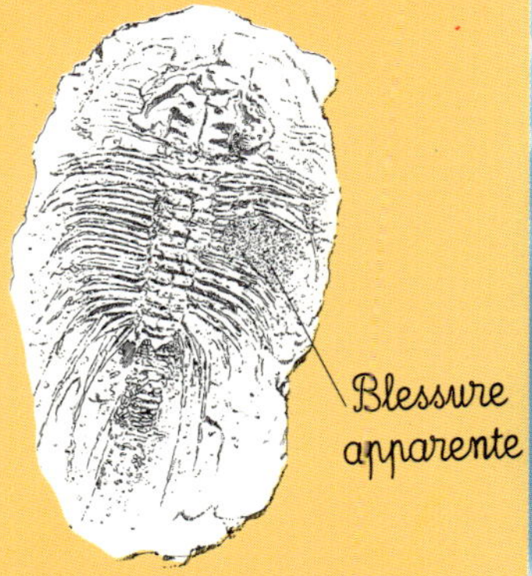

Blessures cicatrisées

Les scientifiques sont sûrs de l'apparition des prédateurs au Cambrien grâce à l'observation de leurs fossiles, mais aussi des proies endommagées par eux. On a en effet retrouvé des fossiles d'animaux blessés, comme ceux de trilobites. Les blessures ayant cicatrisé, elles ne peuvent avoir eu lieu que du vivant de l'animal, et donc avoir été causées par un prédateur.

Les premiers vertébrés

Après avoir inventé la carapace et la coquille, la nature met au point la colonne vertébrale dorsale articulée, utilisée pour la première fois par les poissons entre 500 et 400 millions d'années.

La lamproie est un poisson agnathe.

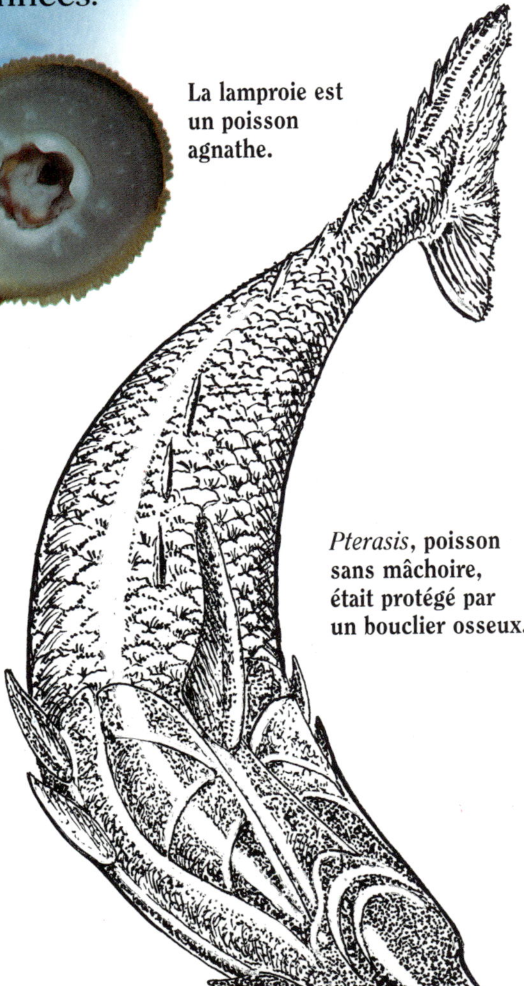

***Pterasis*, poisson sans mâchoire, était protégé par un bouclier osseux.**

Les agnathes, premiers vertébrés

Carapaces et coquilles sont bien gênantes au cours de la croissance. C'est ainsi que le crabe est contraint de muer pour pouvoir grandir. Les premiers vertébrés apparaissent il y a 400 millions d'années. Ce sont des poissons agnathes (dépourvus de mâchoires).
Leur colonne vertébrale articulée augmente leur mobilité. Ils nagent sur le fond, en suçant la vase au fur et à mesure qu'ils avancent. Se déplaçant facilement, ils vont ensuite modifier leur régime en suçant et absorbant des charognes. Les agnathes actuels sont les lamproies et les myxines.

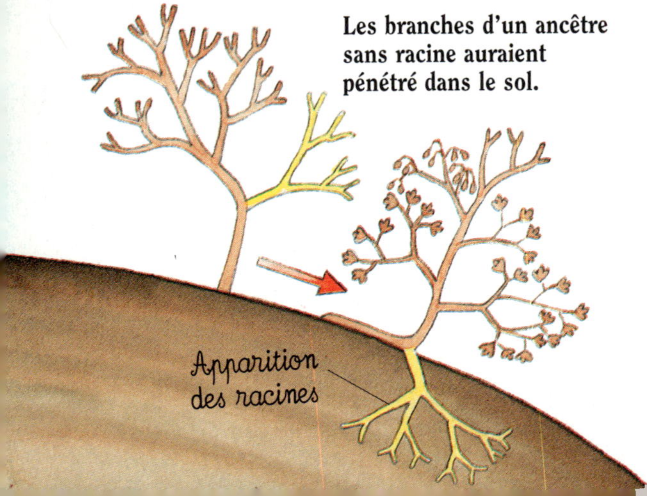

Les branches d'un ancêtre sans racine auraient pénétré dans le sol.

Colonisation de la terre ferme

Le monde végétal, en se transformant, commence à conquérir la terre ferme. Les plantes doivent d'abord acquérir des racines, pour pomper l'eau du sol. Elles se munissent ensuite de vaisseaux à parois rigides (pour faire circuler l'eau) et de feuilles, puis améliorent leur système de reproduction ; algues, mousses, fougères jalonnent les étapes de cette évolution. Bientôt, scorpions et mille-pattes prennent à leur tour pied sur le continent.

La mâchoire : une belle invention !

Les mâchoires se sont développées à partir de certaines arches osseuses, ou cartilagineuses, qui soutiennent la région branchiale. Cette adaptation présente l'avantage (pour le prédateur) de pouvoir maintenir la proie, tandis que sa chair est consommée.

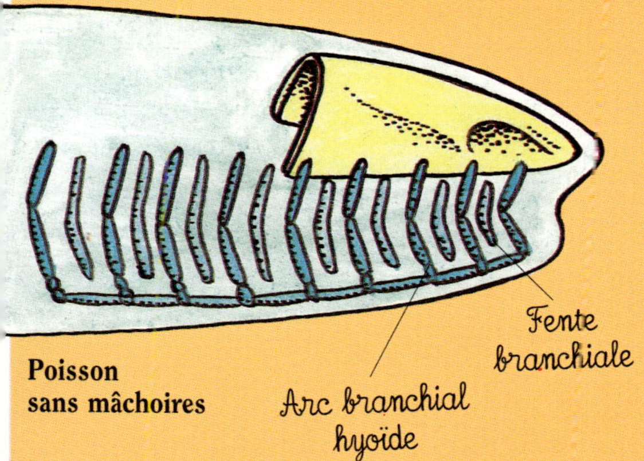

Poisson sans mâchoires

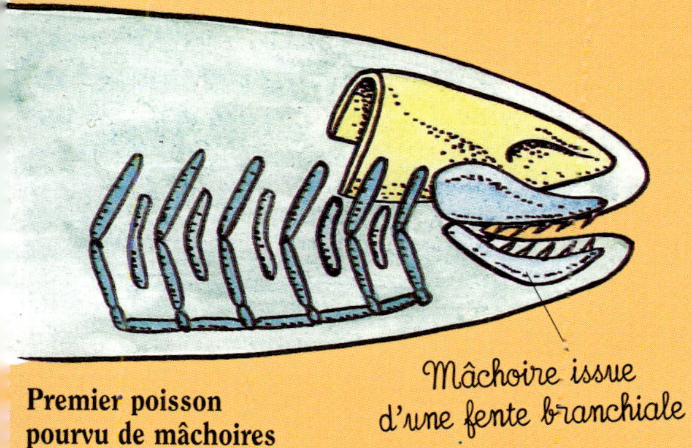

Premier poisson pourvu de mâchoires

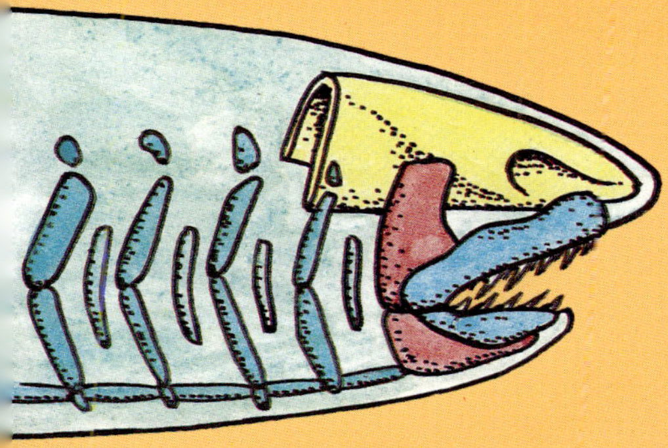

Poisson moderne pourvu de mâchoires

Les vrais poissons

Les poissons pourvus de mâchoires apparaissent il y a 440 millions d'années. Ce sont les acanthodiens, poissons à nageoires épineuses. Leur efficacité dans la poursuite des proies va expliquer leur succès. Ils ont aujourd'hui disparu.

L'apparition de l'acanthodien marque une étape importante dans l'évolution.

Des poissons amphibies

Au Dévonien, les communautés marines connaissent des changements évolutifs très rapides. Certains poissons, comme les dipneustes ou les crossoptérygiens, annoncent déjà les quadrupèdes. Entre 370 et 360 millions d'années, ils donneront naissance aux batraciens, premiers vertébrés capables de vivre hors de l'eau.

Poissons cartilagineux : rapides et légers !

Les requins, les raies se multiplient au cours du Dévonien. Leur squelette est fait d'une substance ferme mais flexible (le cartilage) tandis que leur peau est dépourvue de carapace. Ces poissons ne pénètrent que rarement en eau douce.

Le requin, un fossile vivant.

Retour à la mer

Les poumons vont, chez la plupart des poissons osseux, devenir des vessies natatoires servant d'organes de flottabilité. Équipés d'un squelette léger et d'une vessie natatoire efficace, certains poissons osseux vont ensuite conquérir à nouveau les mers (il en existe 20 000 espèces à notre époque !).

Poissons osseux

Les eaux douces, riches en phosphore, permettent à certains poissons d'acquérir un squelette solide. L'oxygène, plus rare, entraîne le développement de vessies ressemblant à des poumons, qui complètent l'action des branchies pour la respiration.

Dipneustes : un pas vers l'air !

Ces poissons, dont 3 genres existent toujours, vivent aussi bien en mer qu'en eau douce. De taille variable (l'un d'entre eux mesurait de 3 à 5 m de long) ils s'adaptent à des conditions difficiles : certains sont capables grâce à leurs « poumons » de survivre dans la boue pendant 3 ans ! Toutefois, il leur manque des nageoires élaborées pour arriver à se déplacer hors de l'eau !

Il y a près de 400 millions d'années que les dipneustes sont apparus.

À la frontière entre terre et eau

Les amphibiens vont poursuivre la colonisation des terres, commencée par les invertébrés, grâce à leurs pattes et leur peau mince. Cependant, ils ne peuvent s'éloigner de l'eau car ils s'y reproduisent.

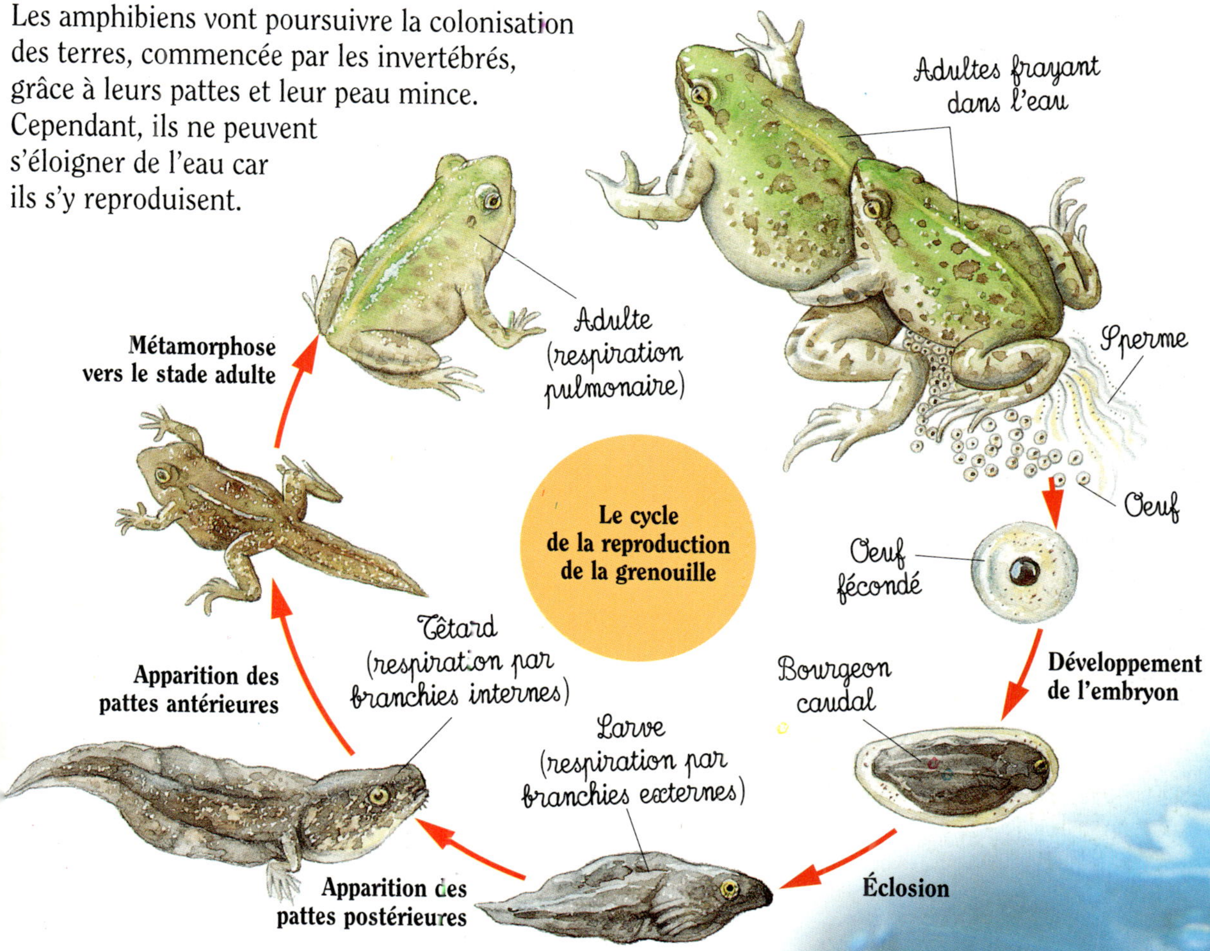

Crossoptérygiens

Ces poissons étaient pourvus de nageoires articulées leur permettant de se mouvoir, maladroitement, à terre. Un faible développement de ces nageoires permet de les transformer en pattes (amphibien primitif).

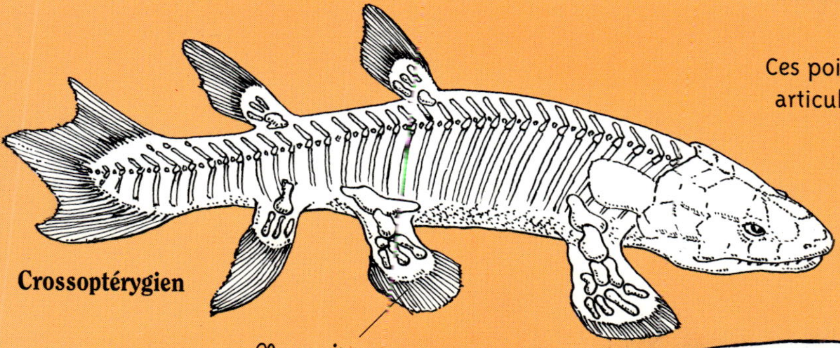

Crossoptérygien

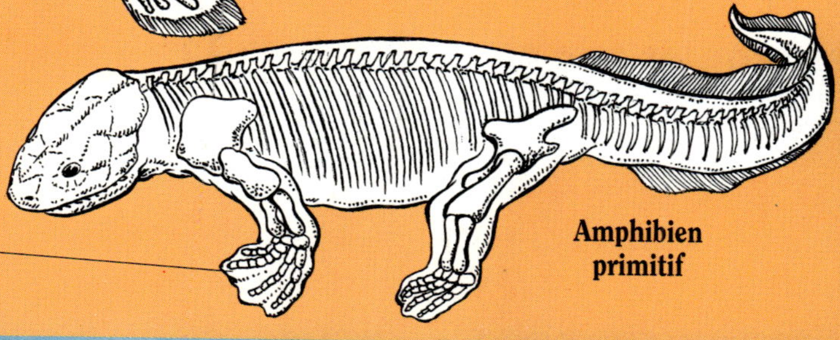

Amphibien primitif

Les forêts du Carbonifère

De grandes forêts se sont développées pendant le Carbonifère. Les vestiges de ces arbres constituent les filons de charbon de nos mines actuelles. À partir d'une lignée d'amphibiens, les premiers reptiles apparaissent, et vont bientôt devenir beaucoup plus nombreux.

C'est au Carbonifère que prolifèrent les insectes ailés. Ainsi *Meganeura*, une libellule géante, mesurait 70 cm d'envergure.

Étranges forêts

C'est un climat chaud et humide qui favorise le développement de grandes forêts marécageuses. Les arbres sembleraient aujourd'hui étranges, car c'étaient de gigantesques fougères (10 m de haut) des lycopsides (plantes sans graines de 10 à 20 m) et des gymnospermes (plantes à graines de 40 m).

Les reptiles à la conquête de la Terre

Les amphibiens ne peuvent s'éloigner de l'eau, ou d'un environnement humide, car leur peau perd trop d'eau et il leur serait impossible de se reproduire. Pour aller plus loin, et s'avancer sur les terres émergées, il faut 2 innovations majeures, qui apparaissent chez les reptiles : une peau épaisse et imperméable à l'eau, une coquille d'œuf imperméable à l'eau mais pas aux gaz.

Une capsule spatiale : l'œuf amniotique

L'œuf des reptiles, très perfectionné, permet à l'embryon de se développer hors de l'eau grâce à son sac nutritif. En sortant de cette capsule protectrice, le nouveau-né, nourri et hydraté, peut tout de suite vivre sur la terre ferme.

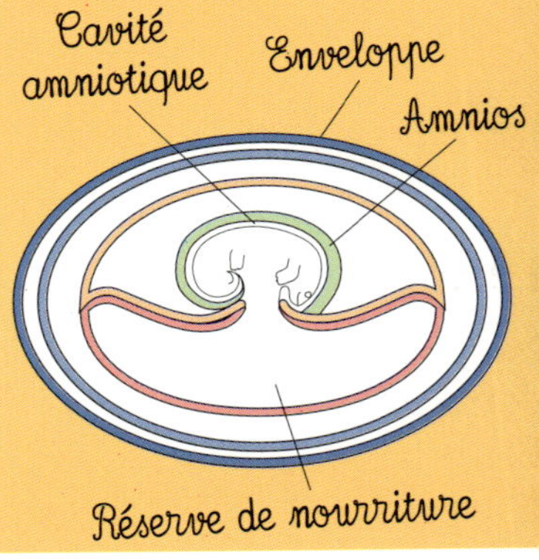

Une forêt du carbonifère telle qu'on se l'imagine aujourd'hui.

Le dimétrodon : un voilier sur pattes !

Sa voile membraneuse, tendue sur de grandes épines dorsales, est irriguée par de nombreux vaisseaux sanguins. Par temps froid, le moindre rayon de soleil la réchauffe. S'il fait chaud, le moindre souffle la rafraîchit.

La peau imperméable des reptiles empêche les échanges gazeux : les poumons deviennent alors plus gros.

L'ère des reptiles

Tyrannosaure

Il y a 245 millions d'années, les reptiles se lancent à la conquête du monde. Les dinosaures vont régner en maîtres sur tous les continents. Favorisés par un climat chaud, ils vont occuper les environnements les plus favorables, contraignant les mammifères, apparus en même temps qu'eux, à se faire discrets et nocturnes.

Diplodocus

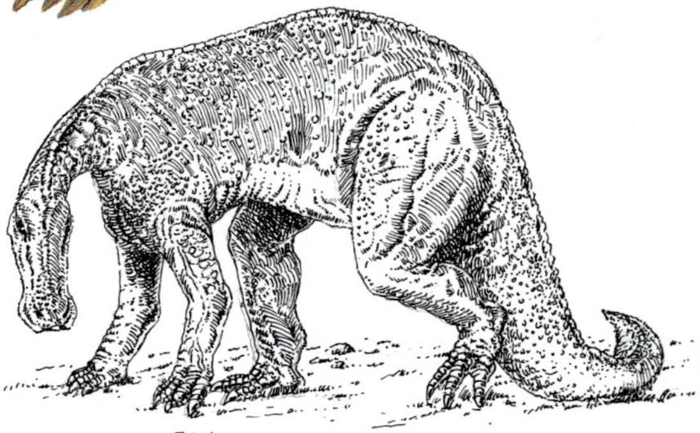

Hadrosaure

Des pattes plus efficaces

On connaît plus de 600 espèces de dinosaures (végétariens et carnivores) réparties en une trentaine de familles différentes. Ces animaux possèdent des tailles très différentes : certains sont gros comme un poulet, d'autres font 30 m de long. Ils sont surtout remarquables par la position de leur pattes, situées directement sous le corps et non pas sur les côtés, comme le sont celles des reptiles d'aujourd'hui.

La course des dinosaures

À partir de l'étude de la course des animaux actuels, les scientifiques ont tenté de déterminer la vitesse des dinosaures : en effet la vitesse des animaux peut être corrélée à la dimension de leur membres et à la longueur de leur foulée... Comme l'on connaît les squelettes des dinosaures et leurs traces, on peut se faire une idée de leur vitesse. *Apatosaurus* courait ainsi comme un éléphant (7 m/s) tandis que *Triceratops* courait à 9 m/s comme le rhinocéros blanc...

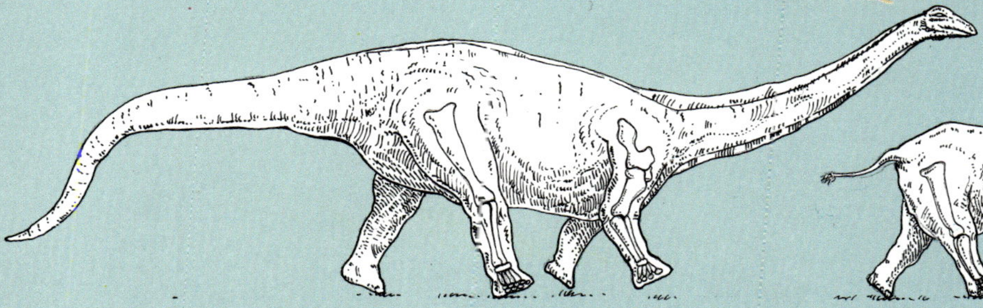

Apatosaurus

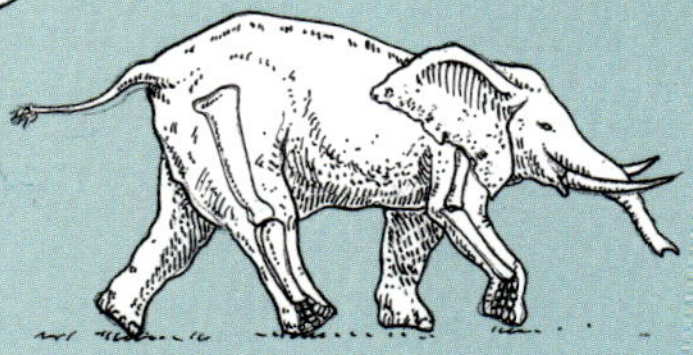

Éléphant

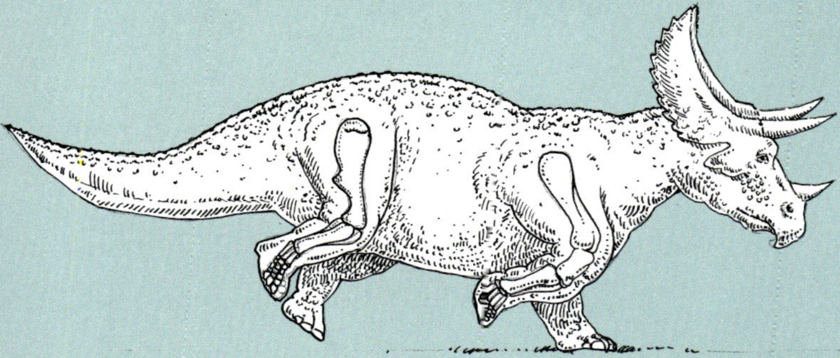

Tricératops

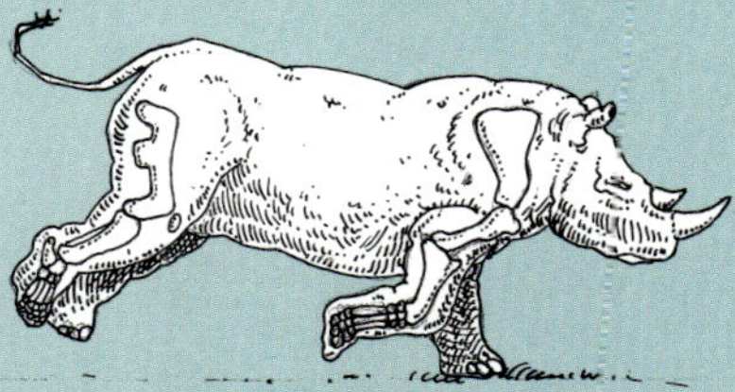

Rhinocéros blanc

C'est l'anatomiste et paléontologue Richard Owen (1804-1892) qui proposa en 1842 d'appeler *Dinosauria* (lézards terribles) certains grands reptiles fossiles.

Hadrosaures : tous solidaires

Les hadrosaures ont été très nombreux alors qu'ils étaient herbivores et entièrement dépourvus de moyens de défense : ni cornes, ni plaques, ni épines protectrices, et une aptitude à la course très limitée ! Or, la découverte, dans le Montana, États-Unis, de nombreux œufs et squelettes d'hadrosaures, permet de penser que ceux-ci se rassemblaient pour nidifier et protégeaient leurs nids. Après l'éclosion, les adultes continuaient à protéger leur descendance et à la nourrir. Les hadrosaures adultes avaient sans doute l'habitude d'avertir les autres membres de la colonie ou du groupe en cas de danger, puisqu'ils étaient capables d'émettre des sons puissants.

Les dinosaures et la science

Complètement inconnus il y a 2 siècles, les dinosaures ont été d'abord considérés par les scientifiques comme des animaux lents et stupides. Aujourd'hui, on pense plutôt que ces reptiles étaient des animaux actifs aux comportements complexes. Leur disparition fait actuellement l'objet d'une intense discussion entre scientifiques.

Premières découvertes

C'est Cuvier (1769-1832) qui, dès 1808, a entre les mains quelques vertèbres de dinosaures carnivores trouvées près de Honfleur. Il croit d'abord y reconnaître un crocodile de type particulier. En 1824 William Buckland décrit un grand lézard aux dents tranchantes et crénelées dont quelques restes ont été trouvés près d'Oxford. Il lui donne le nom de *Megalosaurus*.

Au début du XIXe siècle, on représentait les dinosaures sous la forme de dragons.

Lourds et stupides...

Dans les années 50, la plupart des paléontologues pensent que les dinosaures sont trop lourds pour avoir pu soutenir leur énorme masse sans la poussée d'Archimède : ils sont donc aquatiques, ou au moins amphibiens. Seuls les carnivores, et peut-être les formes cuirassées ou cornues, étaient plus terrestres. On les voit, à ce moment-là, comme des êtres stupides, des erreurs de la nature, trop grands et trop bizarres pour survivre au moindre changement de leur milieu.

... ou actifs et rapides ?

Vers la fin des années 70, des découvertes nouvelles induisent un regard nouveau : les empreintes de pas révèlent des comportements de vie en groupes, et donc sociaux, qui incitent à voir ces dinosaures comme des animaux actifs, rapides, et aux comportements complexes. Dans ces conditions, les scientifiques, sans avoir réussi à trancher, se demandent s'ils n'avaient pas un sang chaud (et non un sang froid comme les reptiles actuels).

Représentation actuelle d'iguanodon

L'histoire d'iguanodon

En 1825, Gideon Mantell découvre dans le Sussex les restes incomplets d'un iguanodon, énorme reptile herbivore. Une fausse anatomie en est déduite. Le 1er avril 1878, des mineurs belges trouvent à 300 m de profondeur une trentaine de squelettes presque complets d'iguanodons. Les 50 années suivantes permettent de multiplier les découvertes et en particulier des œufs en Ariège, en Provence et dans le désert de Gobi.

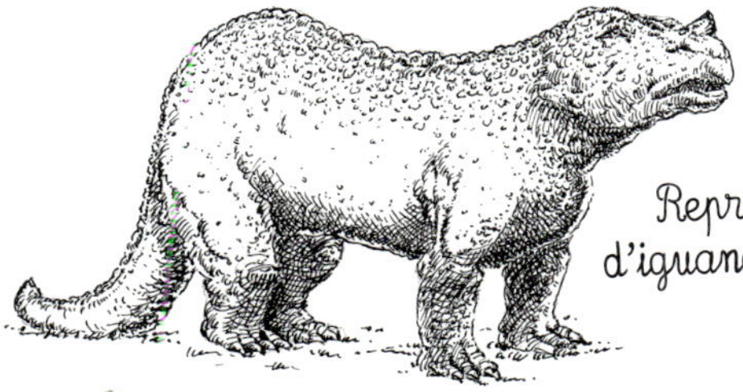

Représentation d'iguanodon en 1850

Disparition mystérieuse...

La question de la disparition des dinosaures a divisé les scientifiques, certains prônant une extinction « normale » due à un changement de climat, d'autres pensant à la chute d'une comète ou à des éruptions volcaniques. Aujourd'hui, la plupart pensent que cette disparition est due à la chute d'une météorite dans le golfe du Mexique.

Les ptérosaures

Il y a 230 millions d'années, certains reptiles (les ptérosaures) développent leurs aptitudes au vol et se lancent dans les airs. Bientôt, ils vont compter dans leurs rangs les plus grands animaux qui aient jamais volé.

Après avoir profité d'un courant ascendant, ce ptéranodon se dirige vers la mer en planant. Il bat des ailes lentement. La crête qu'il porte à l'arrière de la tête l'aidait peut-être à diriger son vol.

Ptérodactyles

C'est Georges Cuvier, célèbre naturaliste français, qui, au siècle dernier, les nomma ainsi. Ptérodactyle veut dire « aile doigt ».

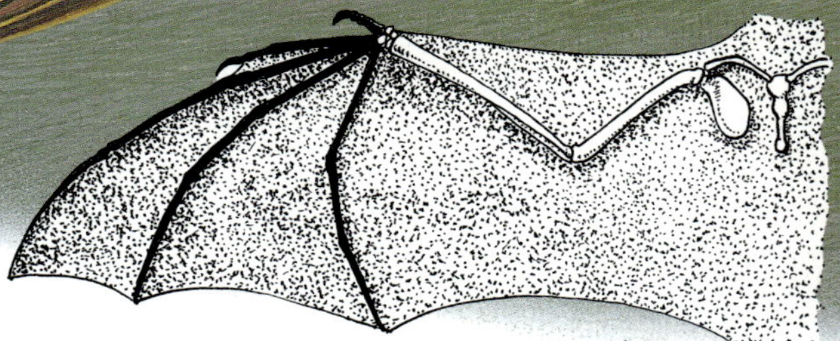

Aile de chauve-souris

Aile d'oiseau

Le 4e doigt soutient la membrane alaire (surface de muscles et de peau formant l'aile).

Aile de ptéranodon

Des ailes au bout des doigts

Les différents animaux volants (ptérosauriens, oiseaux ou chauves-souris) sont tous d'anciens animaux terrestres qui se déplaçaient autrefois à 4 pattes. Leurs membres antérieurs ont ensuite évolué pour permettre le vol, en utilisant les seuls matériaux que fournissait la nature : les différents doigts. C'est pourquoi tous ces membres d'animaux volants se ressemblent... et rappellent ceux de l'homme qui, lui, pourtant, ne vole pas.

Découvertes

Les premiers fossiles de ces reptiles ailés furent trouvés en 1784. Récemment, on a trouvé au Texas les ossements d'un ptérosaure gigantesque d'une espèce inconnue et possédant une envergure de 11 à 12 m.

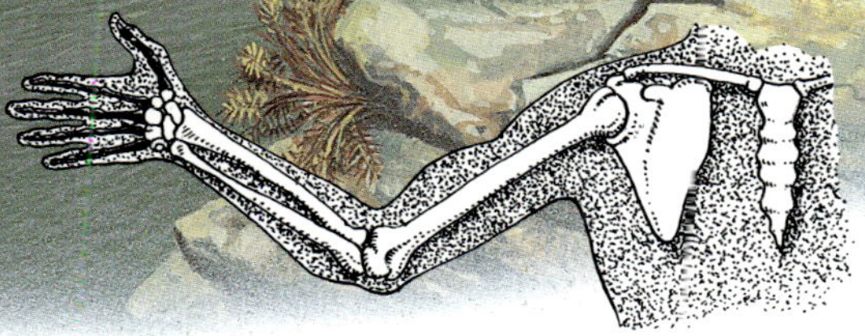

Des monstres carnivores ?

Tu as peut être été impressionné par les films effrayants que tu as vus sur les dinosaures. L'idée de rencontrer un de ces monstres de 12 m d'envergure doit te donner des frissons ! Et s'ils étaient capables de nous manger ? Eh bien non, ces gigantesques reptiles volants étaient inoffensifs : les plus gros mangeaient des poissons, qu'ils pêchaient soit en vol, soit posés sur l'eau (on a retrouvé des restes de poissons fossilisés dans leur cage thoracique). Les autres ptérosaures se nourrissaient de plancton ou d'insectes.

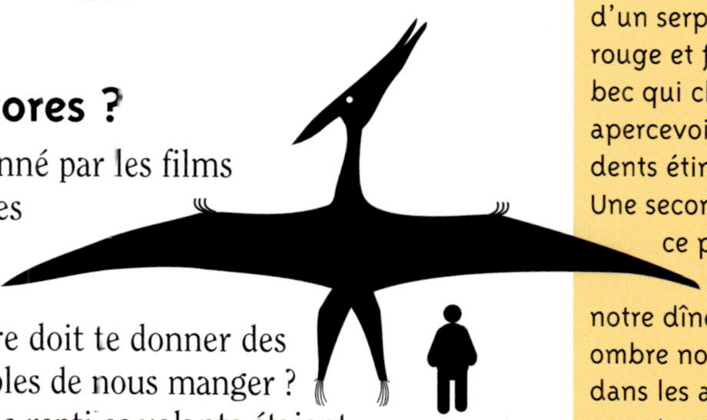

Rencontre avec un ptérosaure

« Brusquement, de la nuit, fonça quelque chose qui sifflait comme un avion. Tout notre groupe fut recouvert d'un dais de plumes d'ailes. Moi, je conserve la vision subite d'un cou long comme celui d'un serpent, d'un œil glouton, rouge et féroce, et d'un grand bec qui claquait et qui laissait apercevoir, ô stupeur, des petites dents étincelantes de blancheur. Une seconde plus tard, ce phénomène avait disparu... ainsi que notre dîner. Une très grosse ombre noire, à 8 ou 10 m, planait dans les airs ; des ailes monstrueuses dissimulaient les étoiles puis elles disparurent par-dessus l'escarpement. »

Le Monde perdu

(Arthur Conan Doyle)

Mary et Joseph Anning

Vendeurs de fossiles de père en fils, les Anning vont découvrir, en 1812, un « crocodile pétrifié » de 17 pieds de long (3,5 m) dans les falaises de Lyme Regis, sur la côte sud de l'Angleterre. Plusieurs naturalistes s'intéressent à la découverte, certains y voyant un poisson très ancien, d'autres un reptile à nageoires. C'est Charles Konig qui acheta le spécimen pour le déposer au British Museum, et qui le baptisa *Ichthyosaurus* (poisson lézard).

Retournés à l'océan, les ichtyosaures et les plésiosaures ont transformé leurs membres en nageoires et pris une forme fuselée.

Convergence évolutive

En regardant la forme des ichtyosaures les plus évolués, on ne peut manquer de les comparer aux cétacés modernes (dauphins, baleines) auxquels ils ressemblent beaucoup. Cette ressemblance s'étend même aux dents ! Les scientifiques l'expliquent par la « pression du milieu ». Pour se déplacer et se nourrir dans l'eau, il faut être hydrodynamique, ce qui nécessite la même forme, hier comme aujourd'hui.

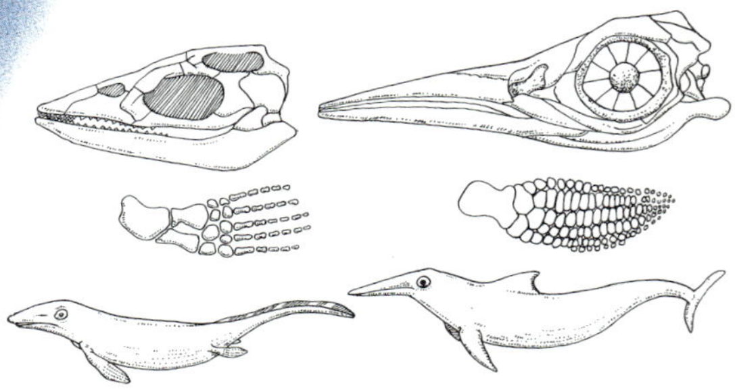

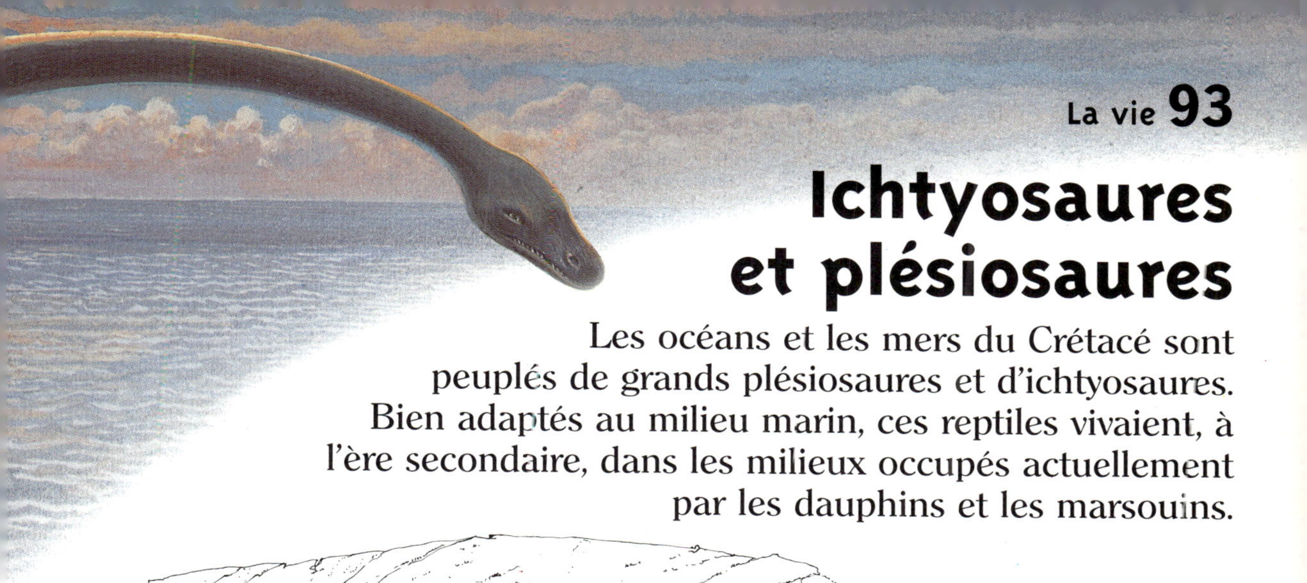

Ichtyosaures et plésiosaures

Les océans et les mers du Crétacé sont peuplés de grands plésiosaures et d'ichtyosaures. Bien adaptés au milieu marin, ces reptiles vivaient, à l'ère secondaire, dans les milieux occupés actuellement par les dauphins et les marsouins.

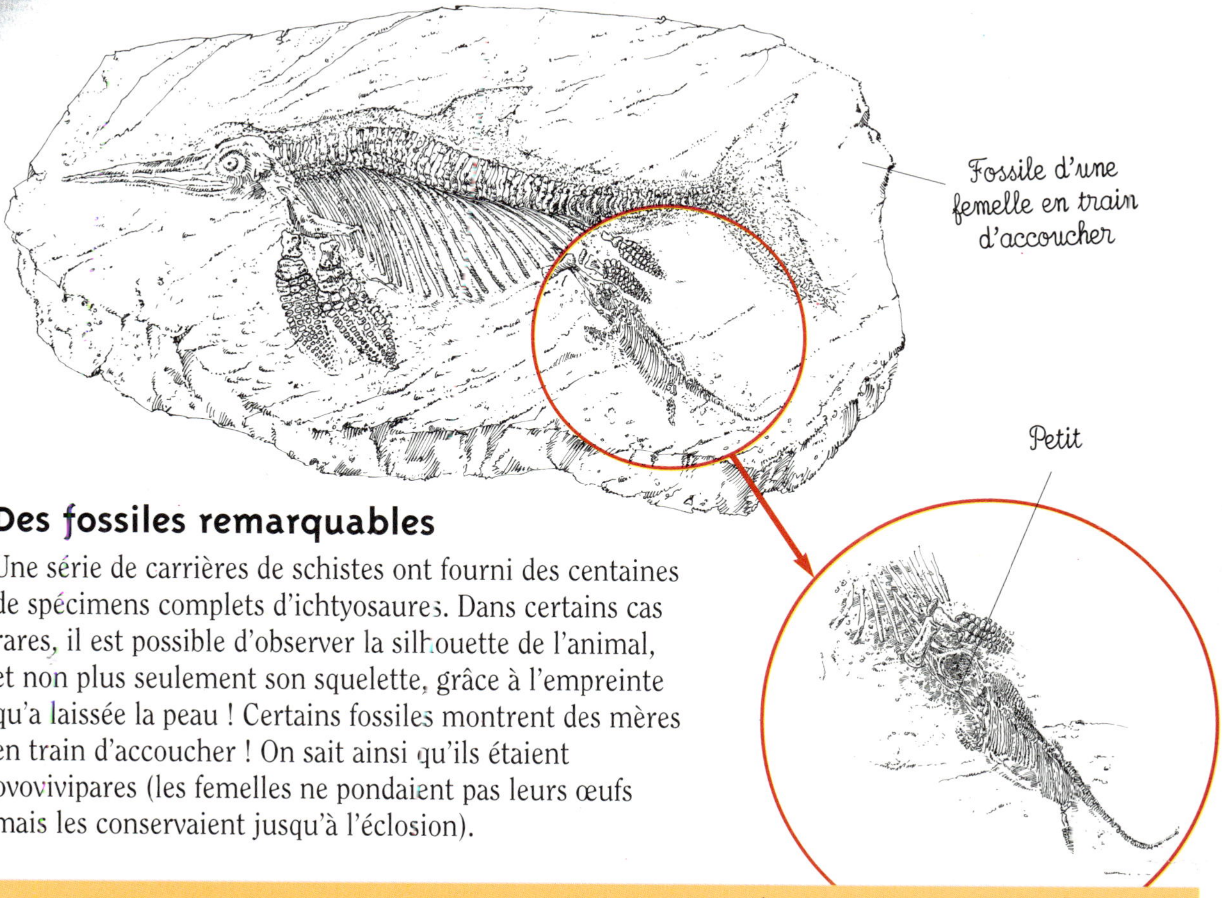

Des fossiles remarquables

Une série de carrières de schistes ont fourni des centaines de spécimens complets d'ichtyosaures. Dans certains cas rares, il est possible d'observer la silhouette de l'animal, et non plus seulement son squelette, grâce à l'empreinte qu'a laissée la peau ! Certains fossiles montrent des mères en train d'accoucher ! On sait ainsi qu'ils étaient ovovivipares (les femelles ne pondaient pas leurs œufs mais les conservaient jusqu'à l'éclosion).

Disparition précoce

La disparition des ichtyosaures et des plésiosaures a eu lieu voici quelque 90 millions d'années, soit 25 millions d'années avant celle des dinosaures. Cette disparition est pour le moment inexpliquée...

Extinctions

Plus de 99 % des espèces ayant existé sur la Terre sont aujourd'hui éteintes, mais le rythme de ces extinctions n'a pas été constant. Les paléontologistes distinguent les périodes intermédiaires (taux d'extinction normal) et les extinctions massives (taux très élevé). Il s'est produit 6 extinctions massives au cours de l'histoire du monde vivant.

Un refroidissement des climats ?

Les scientifiques repèrent des modifications de la végétation correspondant à l'époque de la plupart de ces extinctions, comme la présence d'un plus grand nombre de feuilles dentelées (caractéristiques d'un climat plus froid).
Ils remarquent aussi que l'extinction est surtout marquée chez les espèces tropicales. Enfin, les plus anciennes espèces ayant survécu sont celles qui se développent dans les eaux froides. Le refroidissement du climat pourrait être responsable de beaucoup de disparitions.

Feuille dentelée : caractéristique d'un climat tempéré

Feuille non dentelée : caractéristique d'un climat tropical

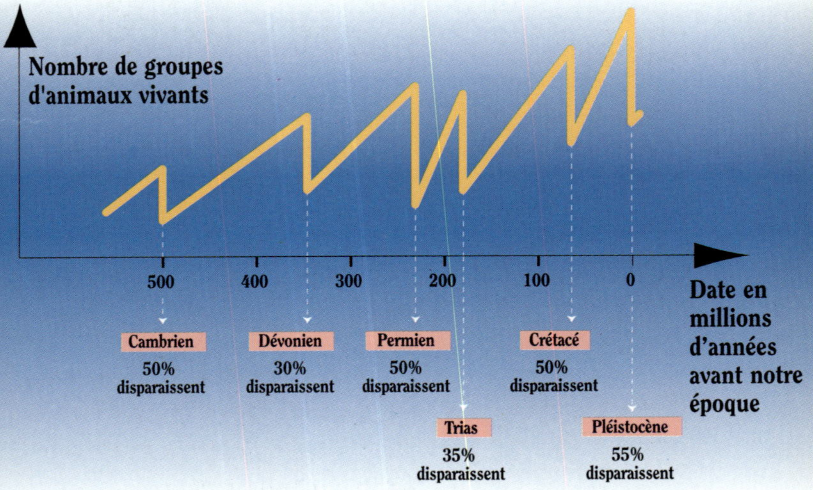

Variations

Certaines extinctions, comme celle qui s'est produite à la fin du Permien, affectent surtout les organismes marins, d'autres les 2 milieux (terre et mer). Il n'y a aucune raison de penser que les 6 extinctions massives ont toutes eu la même cause, et les scientifiques proposent plusieurs hypothèses pour tenter de les expliquer. Une des extinctions les plus étudiées est celle correspondant à la disparition des dinosaures, à la fin du Crétacé, il y a 65 millions d'années.

Batailles scientifiques

Une bataille intense a opposé ces dernières années les scientifiques au sujet de la disparition des dinosaures. Aujourd'hui, la majorité d'entre eux pense que cette disparition est due à la chute d'un astéroïde.

Astéroïde

Dans les sédiments qui correspondent à la limite Crétacé-Tertiaire, on a découvert de grandes quantités d'iridium. Ce pourrait être un astéroïde gigantesque (10 km de diamètre environ) qui aurait heurté la Terre et libéré cette énorme quantité d'iridium. Il aurait alors creusé un cratère de 150 km de diamètre et provoqué un « hiver d'impact ». La poussière dégagée obscurcissant l'atmosphère, arrêtant la photosynthèse, et interrompant les chaînes alimentaires aurait fait ainsi mourir tous les dinosaures.

Éruptions volcaniques

Des éruptions volcaniques massives ont eu lieu il y a 65 millions d'années. Elles auraient elles aussi dégagé d'énormes quantités de poussière et fait augmenter le taux d'iridium. La seule différence avec la chute de l'astéroïde, c'est que cette augmentation d'iridium aurait duré plus longtemps.

Les dauphins sont passés de la terre à l'eau, 180 millions d'années après les ichtyosaures, et ont abouti à la même forme fuselée.

Place aux mammifères

Pendant que les reptiles occupent le devant de la scène, les mammifères, apparus il y a 200 millions d'années, sont discrets : de petite taille, insectivores, ils vivent la nuit, laissant la meilleure place aux dinosaures. Mais lorsque ceux-ci s'éteignent, il y a 65 millions d'années, les mammifères vont partir à l'assaut de la planète, et même s'aventurer dans les airs et les eaux.

La femelle kangourou possède une poche ventrale dans laquelle les jeunes sont transportés et nourris.

Des dents variées

Les mammifères ont moins de dents que les reptiles, mais ces dents n'ont pas toutes la même forme : certaines permettent de broyer, d'autres de déchirer ou de couper.
Ces différentes dents vont leur permettre une grande variété de régimes alimentaires.

Grâce aux ultrasons, les chauves-souris sont capables de situer et capturer leurs proies dans l'obscurité.

Les mammifères à grands sabots, tels ces mouflons, sont des herbivores très répandus.

Diversité des mammifères

La taille et la masse des mammifères actuels varient beaucoup, des 2 grammes de la musaraigne aux 160 tonnes de la baleine bleue en passant par les 70 kilos d'un humain.

Tout pour le bébé

Les mammifères vont mettre en œuvre un atout majeur par rapport à l'œuf à coquille qui a permis aux reptiles de se libérer du milieu aquatique : la plupart d'entre eux, les placentaires, vont garder l'embryon fécondé à l'intérieur du ventre de la mère (il y sera ainsi bien mieux protégé). Puis, le nouveau-né profitera d'une nourriture riche : le lait maternel ! Bien sûr, ils s'occupent beaucoup de leur progéniture, mais en échange, leur bébé a plus de chance de survivre.

Les félins (ordre des carnivores) chassent leurs proies après une brève poursuite.

Le chimpanzé d'Afrique (ordre des primates) est le plus proche parent de l'homme.

L'Afrique, berceau de l'Humanité

C'est en Afrique qu'à la suite d'un mouvement de la croûte terrestre, vont apparaître nos lointains ancêtres. Au début, leurs genoux instables rendent leur marche hésitante. Mais bien vite, certains d'entre eux vont développer un gros cerveau, mieux s'adapter à leur milieu et conquérir le monde.

C'est en Afrique australe et orientale que l'on a trouvé des restes d'*australopithecus afarensis* et d'*Homo habilis*.

Il y a 20 millions d'années

L'Afrique est couverte de forêts et peuplée de primates : la caractéristique de ces mammifères est leur parfaite adaptation à la vie dans les forêts tropicales ; ils se meuvent aisément d'arbre en arbre, grâce à l'agilité de leurs pieds et mains, ainsi qu' à leur bonne appréciation des distances. Ce sont les « ancêtres communs » des hommes et des singes.

Vue de l'espace du lac Natron, Tanzanie, situé dans la Rift Valley

Il y a 8 millions d'années

Un événement considérable va se produire : un effondrement de l'écorce terrestre va réactiver la « Rift Valley » séparant l'Afrique en 2 : une zone ouest humide couverte de forêts, une zone est plus sèche couverte de savane. Les 2 groupes de primates se mettent alors à évoluer chacun de leur côté, dans les 2 milieux différents : à l'ouest ils ont donné les chimpanzés, à l'est les hominidés obligés de s'adapter à la vie à découvert.

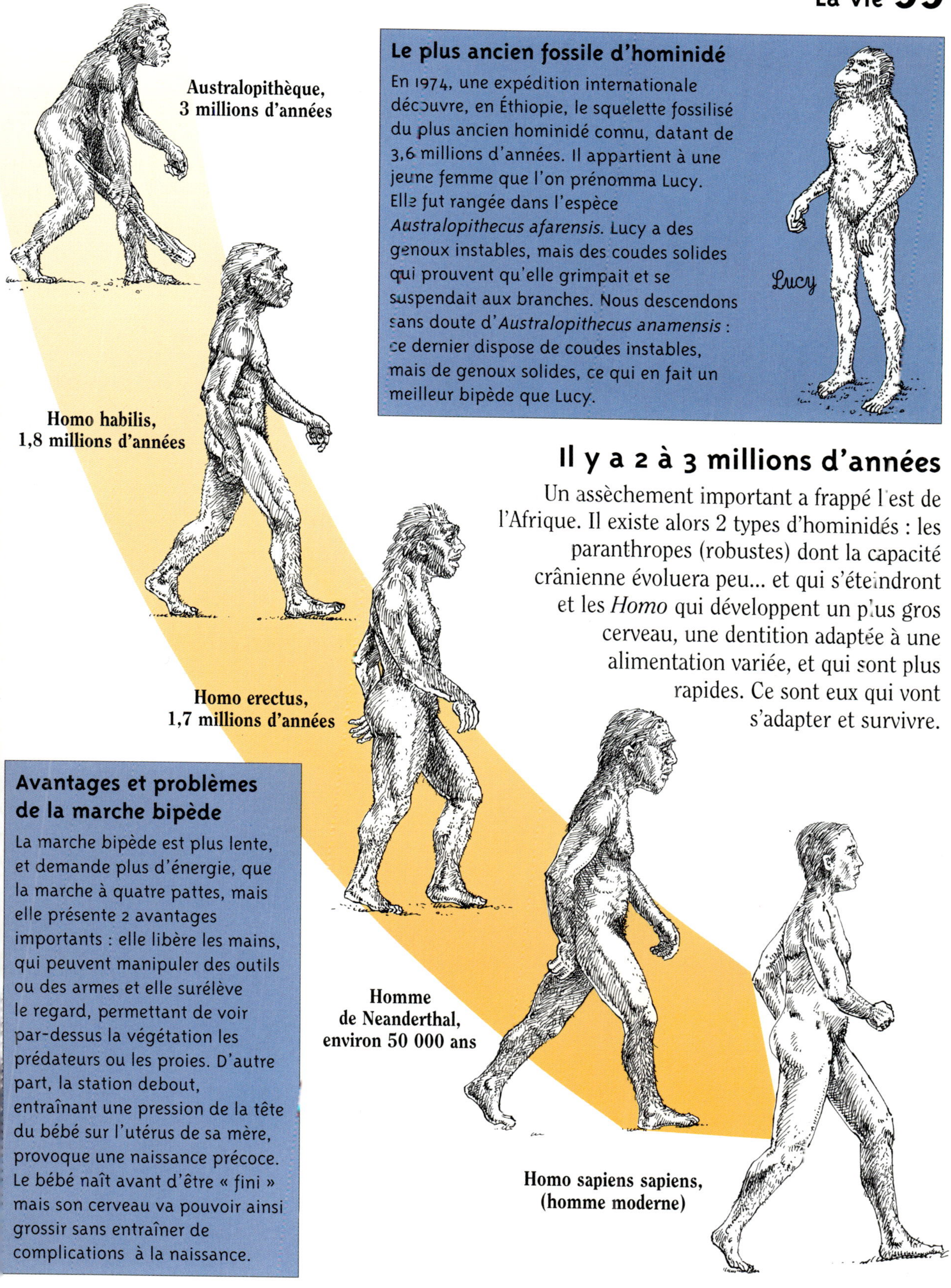

Le plus ancien fossile d'hominidé

En 1974, une expédition internationale découvre, en Éthiopie, le squelette fossilisé du plus ancien hominidé connu, datant de 3,6 millions d'années. Il appartient à une jeune femme que l'on prénomma Lucy. Elle fut rangée dans l'espèce *Australopithecus afarensis.* Lucy a des genoux instables, mais des coudes solides qui prouvent qu'elle grimpait et se suspendait aux branches. Nous descendons sans doute d'*Australopithecus anamensis* : ce dernier dispose de coudes instables, mais de genoux solides, ce qui en fait un meilleur bipède que Lucy.

Il y a 2 à 3 millions d'années

Un assèchement important a frappé l'est de l'Afrique. Il existe alors 2 types d'hominidés : les paranthropes (robustes) dont la capacité crânienne évoluera peu... et qui s'éteindront et les *Homo* qui développent un plus gros cerveau, une dentition adaptée à une alimentation variée, et qui sont plus rapides. Ce sont eux qui vont s'adapter et survivre.

Avantages et problèmes de la marche bipède

La marche bipède est plus lente, et demande plus d'énergie, que la marche à quatre pattes, mais elle présente 2 avantages importants : elle libère les mains, qui peuvent manipuler des outils ou des armes et elle surélève le regard, permettant de voir par-dessus la végétation les prédateurs ou les proies. D'autre part, la station debout, entraînant une pression de la tête du bébé sur l'utérus de sa mère, provoque une naissance précoce. Le bébé naît avant d'être « fini » mais son cerveau va pouvoir ainsi grossir sans entraîner de complications à la naissance.

L'avènement d'homo

Commencée il y a 2 millions d'années, l'évolution d'Homo va le conduire de l'outil à l'art, en passant par la maîtrise du feu et le culte des ancêtres.

Une histoire compliquée

L'évolution du primate vers l'homme commencée en Afrique n'est pas simple : l'australopithèque afarensis ou le paranthrope se sont éteints sans avoir de descendance. Des essais avortés côtoient donc des réussites évidentes. D'autre part, les nouvelles découvertes de fossiles obligent à revoir l'histoire de l'homme... Raison de plus pour s'intéresser à une discipline vivante mais complexe.

Croissance du cerveau

Les restes osseux découverts en grandes quantités permettent d'observer une augmentation de la capacité crânienne au cours du temps. Celle-ci est due à la verticalisation du corps, qui a favorisé la verticalisation de la tête et finalement permis l'augmentation du volume de la boîte crânienne. Le volume cérébral a ainsi pu croître, permettant l'accroissement des pouvoirs de l'espèce Homo.

Homo habilis

Les plus anciennes traces de cet homme habile datent de 2 millions années. Ces anciens hommes disposent d'outils en pierre plus variés que les australopithèques et construisent les premiers abris. Ils suivent les migrations du gibier et s'installent, grâce à leurs outils, dans de nouveaux milieux. Ils quittent sans doute l'Afrique pour aller jusqu'au Moyen Orient.

Homo erectus

Seule autre espèce connue et disparue de notre genre, l'homme debout est vieux de 1,6 millions d'années. Homo erectus est aussi grand que les hommes d'aujourd'hui, mais ses os sont plus lourds. Il utilise le feu pour chasser et cuire. Il fabrique des outils de pierre caractéristiques.

Galet taillé

Premiers bifaces et hachereaux

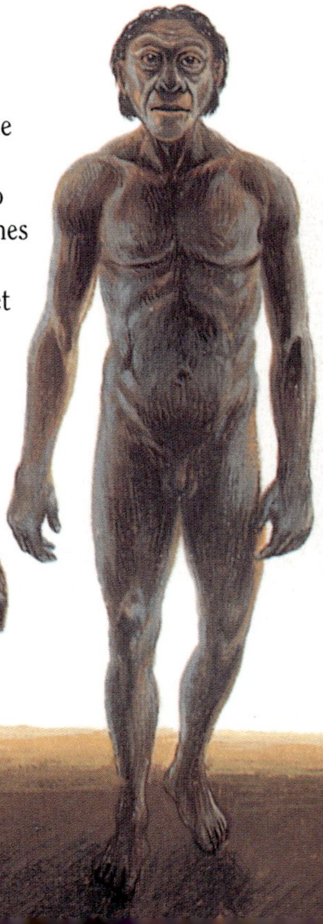

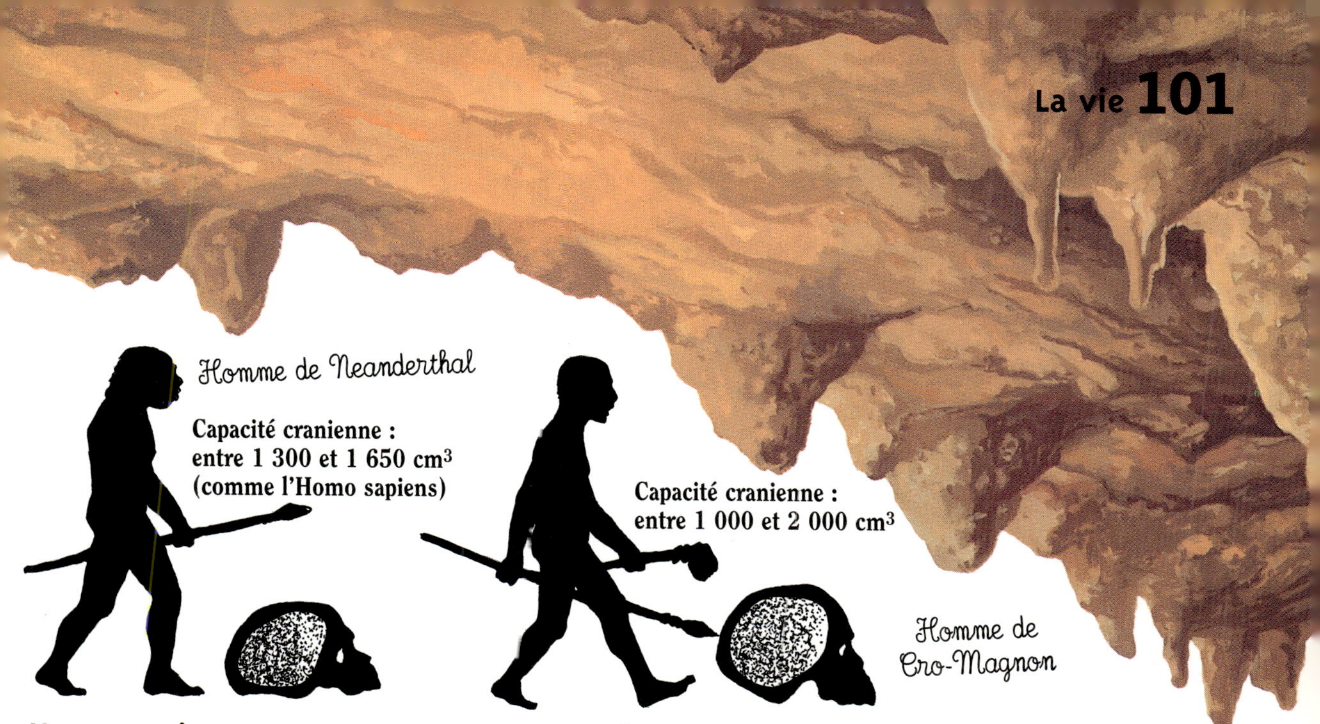

Homo sapiens

Il y a 200 000 ans, au milieu du Pléistocène, plusieurs types d'Homo sapiens existent. Ce sont tous d'habiles chasseurs.Ils commencent aussi à avoir une pratique religieuse, et à penser qu'il y a peut-être une existence après la mort (les chercheurs ont découvert des tombes où des outils et vêtements avaient été déposés).

Homme de Neanderthal

Il résidait surtout en Europe et au Moyen-Orient de 75 000 à 35 000 ans avant nous. Les scientifiques l'ont nommé ainsi car il fut trouvé pour la première fois dans la vallée du Neander, près de Düsseldorf, en Allemagne. Il vivait à l'entrée de grottes, fabriquait des outils variés, utilisait le feu et participait à des cérémonies funéraires.

Homme de Cro-Magnon

Découvert pour la première fois aux Eyzies, Dordogne, il date de 35 000 à 10 000 ans. Il sait tailler la pierre, façonner l'os et l'ivoire. Enfin, il crée l'art : la peinture, la gravure, le modelage et aussi la musique.

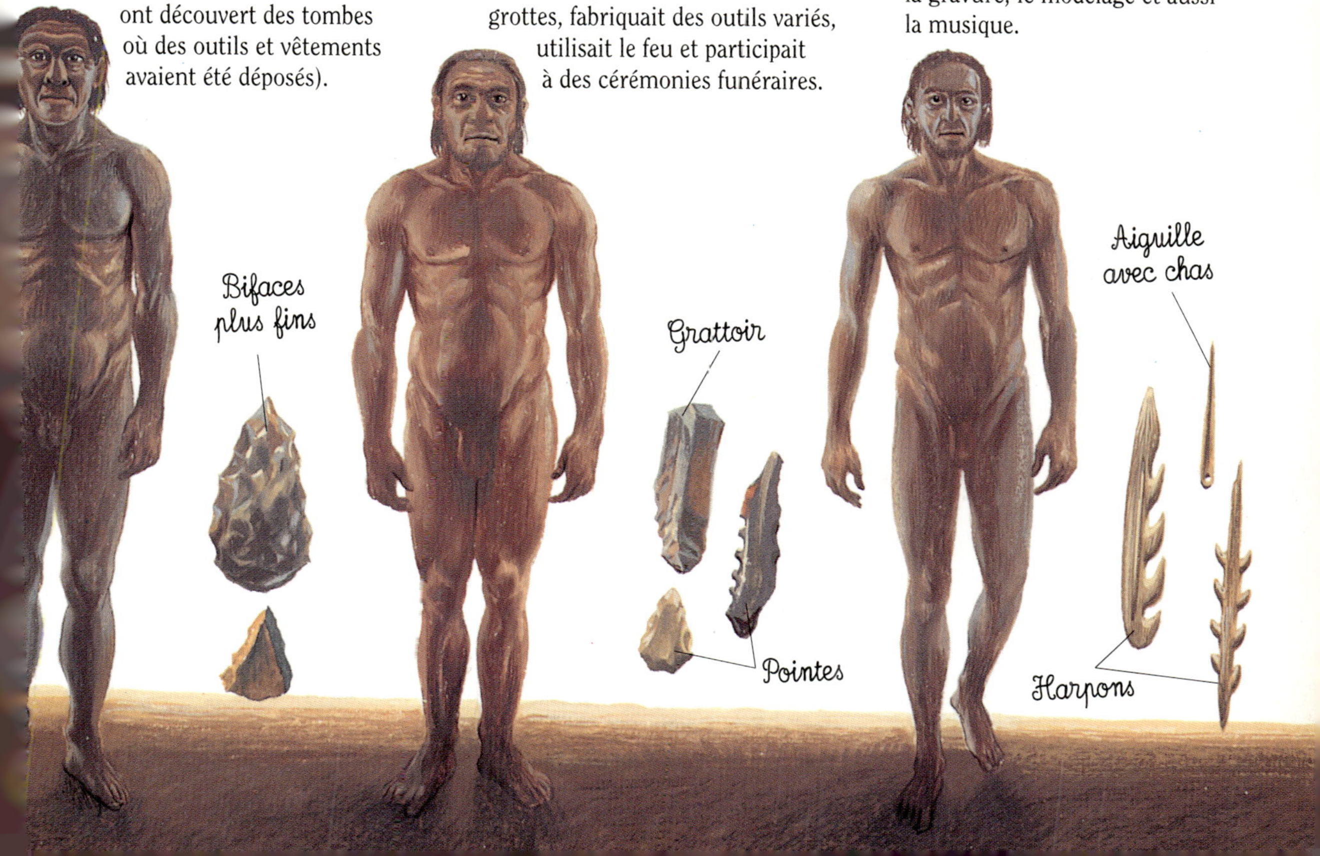

Pourquoi l'évolution ?

De nombreuses formes de vie ont existé, puis disparu, et celles encore existantes ont évolué avec le temps. C'est le naturaliste anglais Charles Darwin (1809-1882) qui a avancé l'idée que la sélection naturelle était à l'origine de l'évolution.

La sélection naturelle

Il naît beaucoup plus de petits qu'il ne peut en survivre et ces individus sont différents les uns des autres. Un couple de campagnols engendre 40 petits par an. Nous serions envahis, si tous survivaient et se reproduisaient...

Ce ne sont pas toujours les plus forts, mais aussi les plus beaux ou les plus séduisants qui ont le plus de descendance !

Nouvelles espèces

Une espèce est un groupe de végétaux ou d'animaux d'aspect semblable, qui peuvent se reproduire ensemble avec succès.
Une espèce unique colonisant un vaste territoire peut être conduite à se séparer en 2 ou plusieurs groupes adaptés à des milieux différents. Par la suite, ces groupes, ne pouvant plus se reproduire ensemble, constituent des espèces différentes. C'est ainsi que Darwin identifia 13 espèces de pinsons aux Galapagos : ces pinsons se sont certainement développés à partir d'une seule espèce venue du continent vers les îles.

Charles Darwin

Ce sont les individus les mieux adaptés à leur milieu qui vont pouvoir se reproduire, et ainsi transmettre leurs caractères à leurs petits. Finalement, il y a chez les campagnols plus de bruns que de blancs !

Les chances de survie d'un animal dépendent du milieu dans lequel il vit mais aussi des autres animaux qui le chassent. Les campagnols de couleur claire seront sans doute plus facilement repérés et mangés par la buse.

Un camouflage pour les régions polluées…

… un autre pour les régions non ou peu polluées.

L'évolution en direct

Dans la plupart des cas, on observe le résultat de la sélection naturelle, et on lance des hypothèses sur la façon dont elle a eu lieu : ici, on a pu la voir se dérouler. La phalène du bouleau est un papillon de nuit, qui se tient immobile sur un tronc de bouleau le jour (sa couleur se confond avec le tronc). Au XIXe siècle, les fumées des usines ont tellement noirci les bouleaux, que la mutation noire fut favorable : il y avait, et il y a encore dans les régions polluées, 90 % de phalènes noires.

L'hérédité et ses lois

La théorie de la sélection naturelle repose sur l'idée que les individus diffèrent les uns des autres, et qu'ils donnent naissance à des descendants qui leur ressemblent (Darwin ne pouvait en préciser la raison). C'est en 1865 que Gregor Mendel (1822-1884) va commencer à découvrir les lois de l'hérédité

Expérience sur les pois

Mendel utilise des pois comme matériel d'étude. La couleur des fleurs est la première caractéristique à laquelle il s'intéresse : cette couleur peut être blanche ou violette. Lorsqu'il croise des pois de même variété (blanche par exemple), la couleur reste toujours la même ; mais quand il croise 2 variétés différentes, et qu'il prolonge l'observation sur 2 générations, les résultats contredisent la théorie « du mélange » en vogue à l'époque !

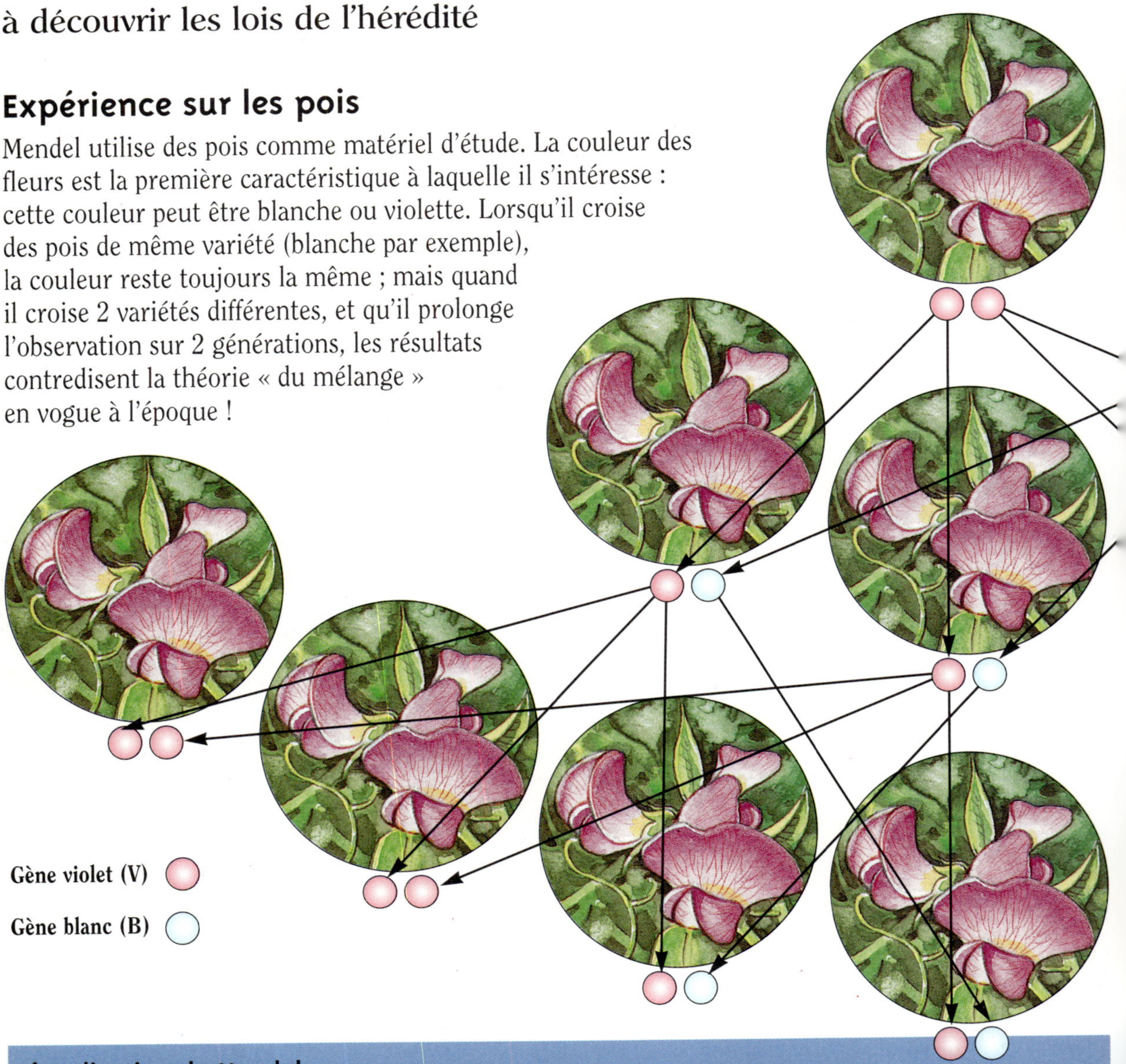

L'explication de Mendel

Chaque parent ne transmet que l'un des facteurs qu'il possède. Quand 2 facteurs sont différents, un seul se manifeste : le dominant (ici le violet domine le blanc). Au cours de la 1re génération, l'un des parents donne V, l'autre B, tous sont donc VB, donc violets. Au cours de la 2e génération, tous les parents sont VB. On pourra donc, puisque les groupements seront faits au hasard, avoir VV, VB, BV (correspondant à des fleurs violettes) ou BB (fleurs blanches). En moyenne, on aura 3 violettes pour 1 blanche.

1re et 2e générations

En effet, à la 1re génération, toutes les fleurs résultant du croisement de fleurs violettes avec des blanches sont violettes, tandis que la 2e génération voit réapparaître des fleurs blanches ! L'idée de Mendel est que la couleur observée est gouvernée non par un facteur, mais par 2 (il s'agit des gènes, voir page suivante). Les fleurs violettes seront décrites par VV et non par V. Les blanches seront décrites par BB et non par B. Il introduit ainsi la différence entre apparence visible et cause de cette apparence visible.

L'apparence ne dépend pas seulement des gènes mais aussi de l'environnement : ici, la fourrure foncée aux extrémités est due à leur température plus basse.

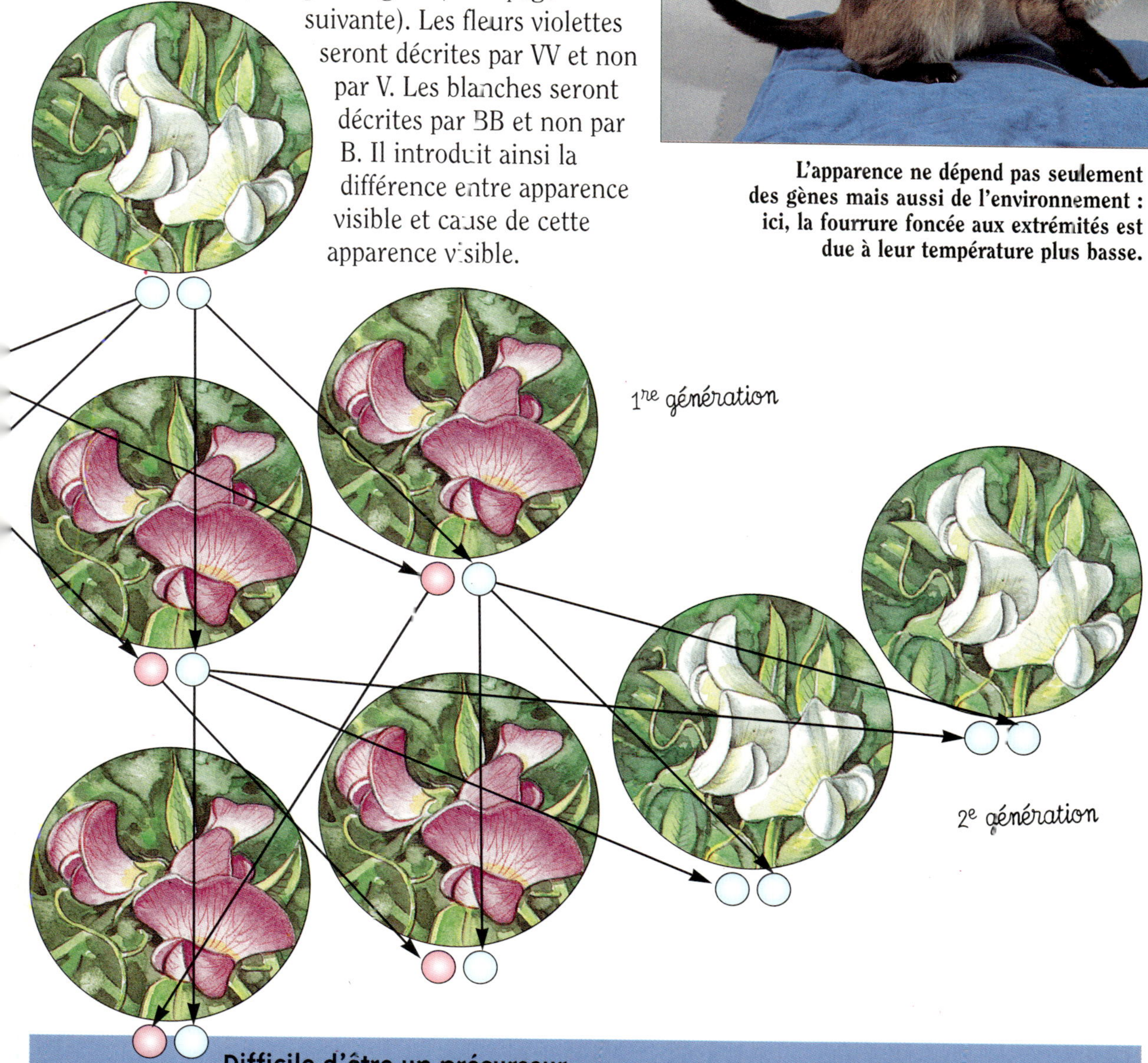

Difficile d'être un précurseur

Jeune moine du monastère des Augustiniens à Brno, en Moravie, Gregor Mendel enseigne les sciences naturelles et se passionne pour la recherche sur l'hérédité. Il va multiplier les expériences et les mesures, ce qui fut la clef de son succès.

Mais, bien que son article, publié en 1866, ait été transmis à 120 bibliothèques et que Mendel ait envoyé des copies à plusieurs collègues, il fut ignoré. Ce n'est qu'en 1900, 16 ans après sa mort, que ses travaux furent redécouverts.

Chromosomes, gènes et ADN

L'acide désoxyribonucléique (ADN) se trouve à l'intérieur des chromosomes. Cette longue molécule est le matériau des gènes ; elle contient le plan de fabrication de tous les êtres vivants.

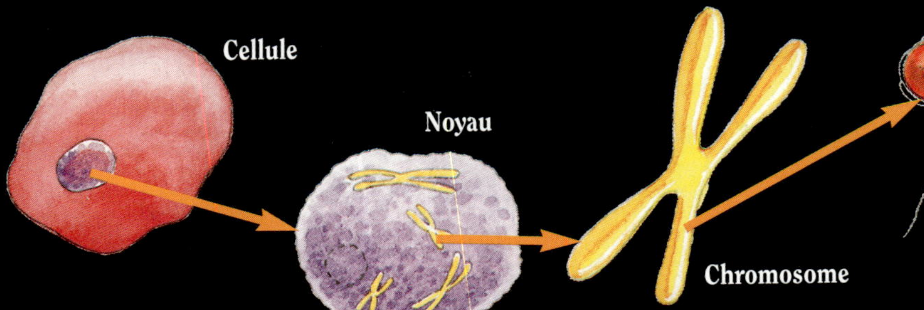

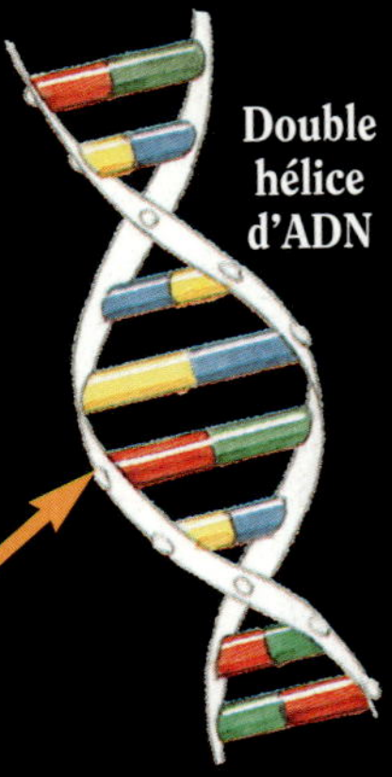

Chromosomes

Chaque cellule de notre corps possède un noyau qui contient 46 chromosomes, regroupés par paires : 23 chromosomes proviennent du père, et 23 de la mère. Parmi ces 46 chromosomes, la 23e paire diffère suivant qu'on est garçon ou fille : les filles ont 2 grands chromosomes, baptisés X, qui contrôlent la vision des couleurs et la coagulation du sang. Les garçons ont un chromosome X et un Y, plus petit, qui contrôle l'apparition du sexe masculin.

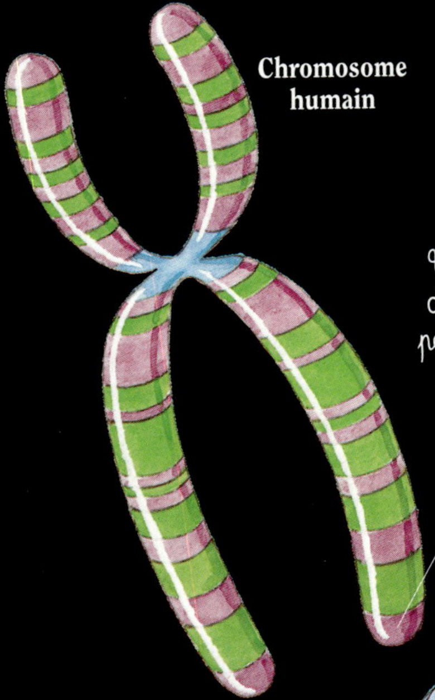

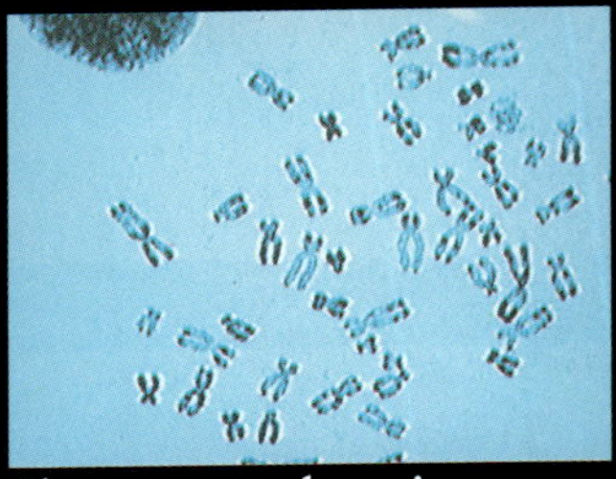

Chromosomes humains vus au microscope

Des gènes par milliers

Les 46 chromosomes sont porteurs de milliers de gènes (entre 50 000 et 125 000) qui, malgré leur taille minuscule, rassemblent toutes les informations caractéristiques d'un organisme : couleur de la peau, des yeux, forme du visage, etc.

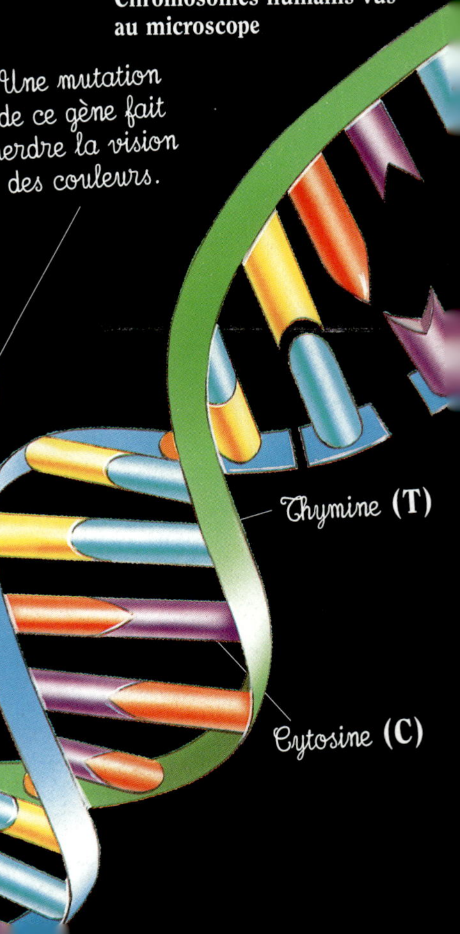

L'ADN, composant des gènes

Mince filament pelotonné, c'est l'ADN qui contient le plan de construction de la cellule, et finalement celui de l'organisme tout entier. Cette molécule a une forme de double hélice, analogue à un escalier tournant.
Les « marches » de cet escalier sont fabriquées à partir de 2 bases prises parmi les 4 suivantes : adédine (A), thymine (T), cytosine (C) et guanine (G) ; les seules marches possibles sont AT, TA, CG ou GC.
Cette structure a été découverte par Crick et Watson en 1953.

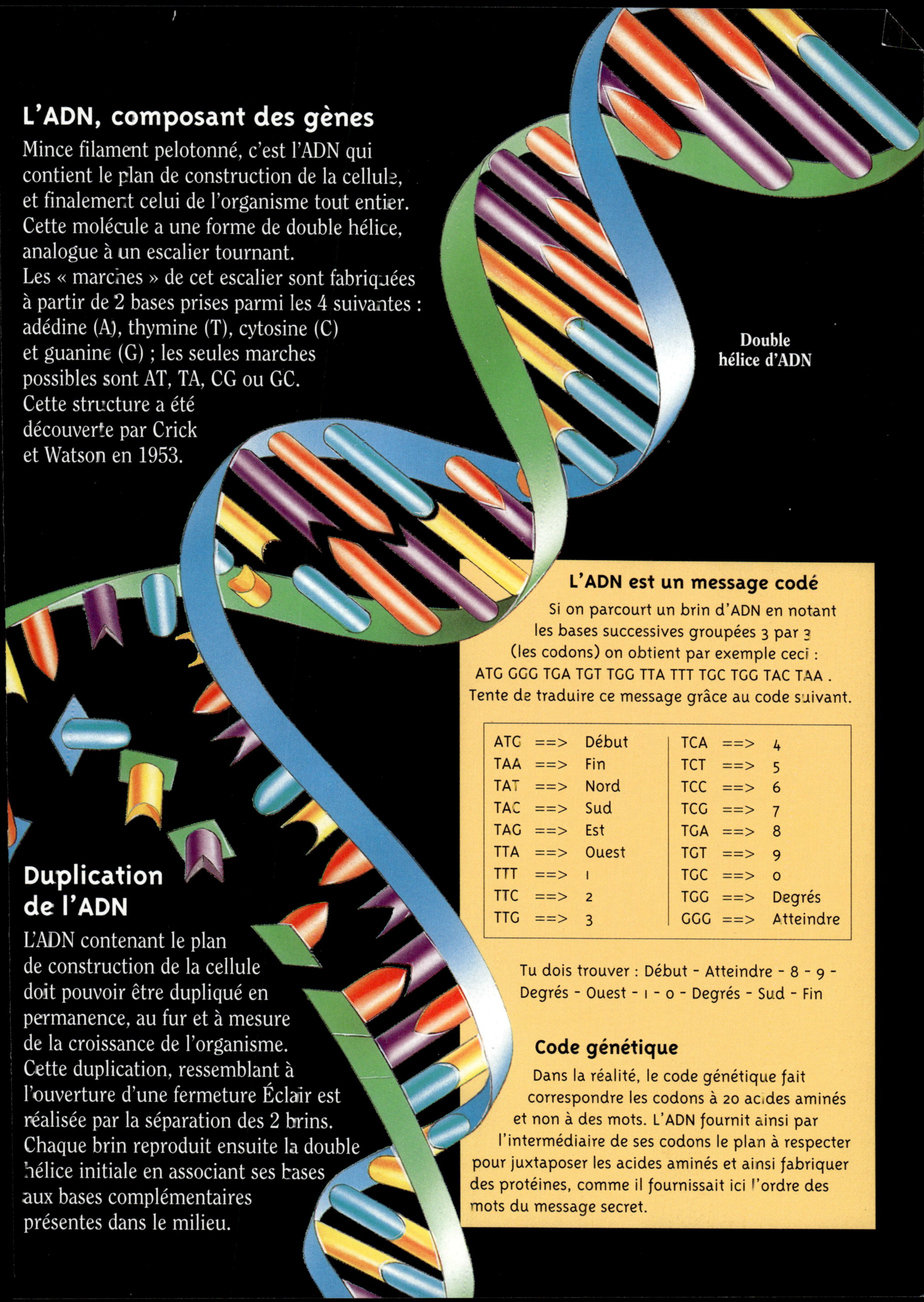

Double hélice d'ADN

L'ADN est un message codé

Si on parcourt un brin d'ADN en notant les bases successives groupées 3 par 3 (les codons) on obtient par exemple ceci :
ATG GGG TGA TGT TGG TTA TTT TGC TGG TAC TAA .
Tente de traduire ce message grâce au code suivant.

ATG	==>	Début	TCA	==>	4
TAA	==>	Fin	TCT	==>	5
TAT	==>	Nord	TCC	==>	6
TAC	==>	Sud	TCG	==>	7
TAG	==>	Est	TGA	==>	8
TTA	==>	Ouest	TGT	==>	9
TTT	==>	1	TGC	==>	0
TTC	==>	2	TGG	==>	Degrés
TTG	==>	3	GGG	==>	Atteindre

Tu dois trouver : Début - Atteindre - 8 - 9 - Degrés - Ouest - 1 - 0 - Degrés - Sud - Fin

Code génétique

Dans la réalité, le code génétique fait correspondre les codons à 20 acides aminés et non à des mots. L'ADN fournit ainsi par l'intermédiaire de ses codons le plan à respecter pour juxtaposer les acides aminés et ainsi fabriquer des protéines, comme il fournissait ici l'ordre des mots du message secret.

Duplication de l'ADN

L'ADN contenant le plan de construction de la cellule doit pouvoir être dupliqué en permanence, au fur et à mesure de la croissance de l'organisme. Cette duplication, ressemblant à l'ouverture d'une fermeture Éclair est réalisée par la séparation des 2 brins. Chaque brin reproduit ensuite la double hélice initiale en associant ses bases aux bases complémentaires présentes dans le milieu.

Recopier ou procréer ?

Pour éviter la destruction due au vieillissement, les organismes vivants doivent se reproduire. Mais la nature a mis au point 2 modes de reproduction différents : asexué et sexué.

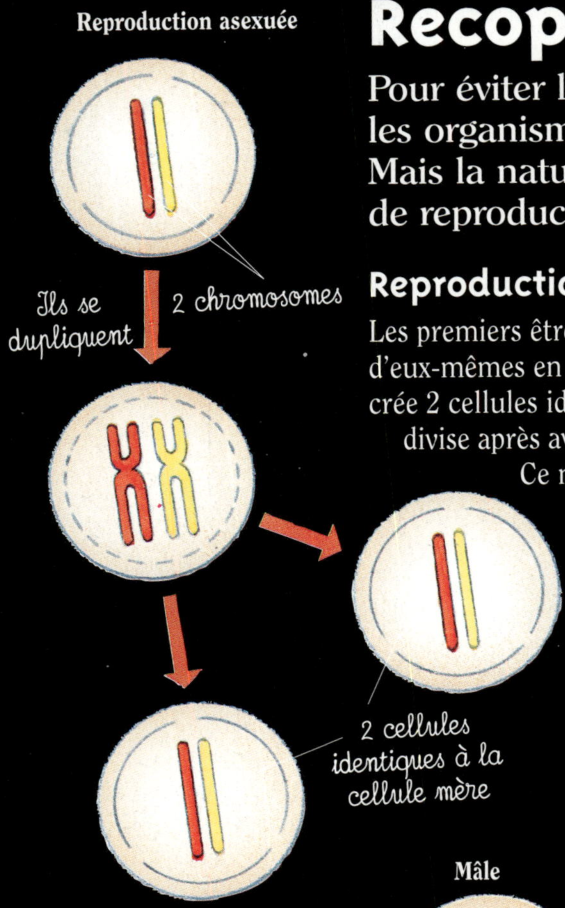

Reproduction asexuée : 1 devient 2

Les premiers êtres vivants ont été capables de faire un double d'eux-mêmes en utilisant la mitose. On appelle mitose le mécanisme qui crée 2 cellules identiques à partir d'une cellule initiale. La cellule se divise après avoir fait une copie des chromosomes et donc de l'ADN. Ce mode de reproduction est simple, rapide et efficace ; il présente cependant l'inconvénient d'aboutir à des résultats uniformes, et produit des êtres tous génétiquement identiques. Ceux-ci sont alors moins capables de s'adapter aux variations du milieu.

Reproduction sexuée : 2 produisent 1

Chaque cellule du corps des parents possède dans son noyau 46 chromosomes. Seules les cellules sexuelles n'en comportent que 23 (aussi bien le spermatozoïde que l'ovule). À la conception, les 23 chromosomes du spermatozoïde et les 23 de l'ovule s'assemblent en échangeant un peu de leur matériel.
La cellule nouvelle, c'est toi : 46 chromosomes différents de ceux de tes parents. Tu leur ressembles et tu es unique !

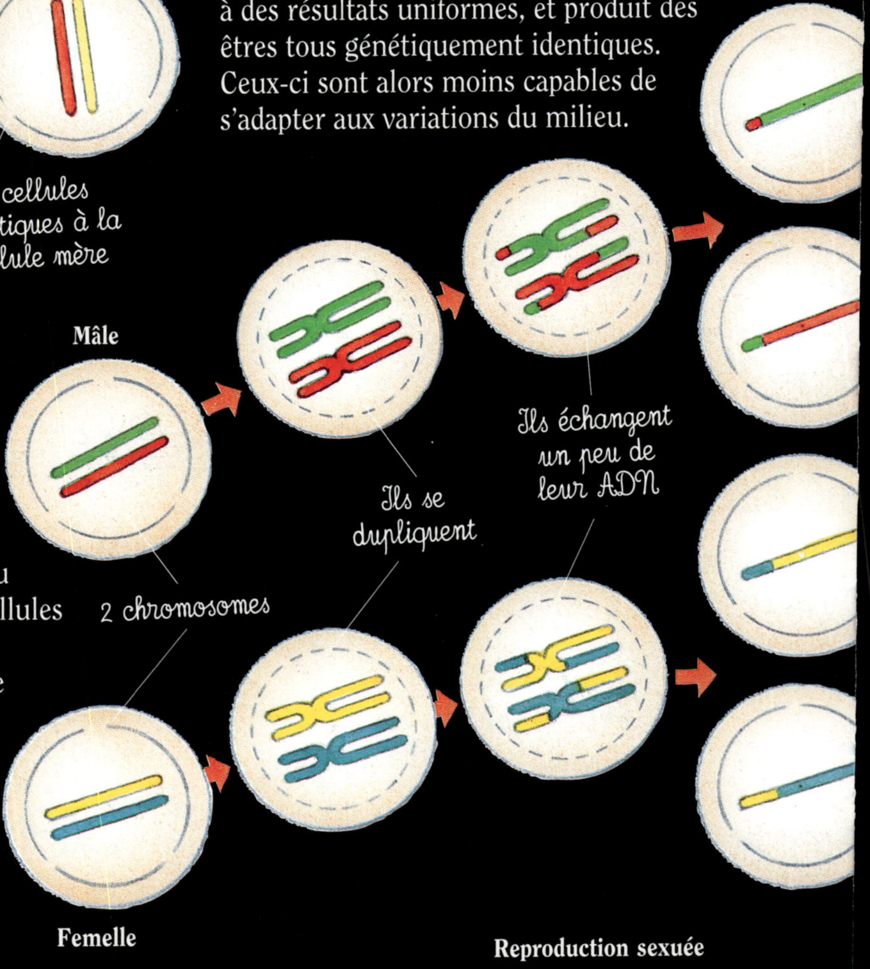

La reproduction sexuée conduit à la diversité.

La plus représentée

Il y a sans doute près d'un milliard d'années que la reproduction sexuée est utilisée pour faire du neuf : 2 parents produisant des descendants génétiquement différents pourront mieux adapter leur descendance à des variations de l'environnement.
La reproduction sexuée conduit à l'éparpillement de l'information génétique, et donc à la diversité : énorme avantage pour l'évolution ! Bien que les 2 modes, asexué et sexué, soient présents depuis des milliards d'années c'est le sexué qui est le plus représenté.

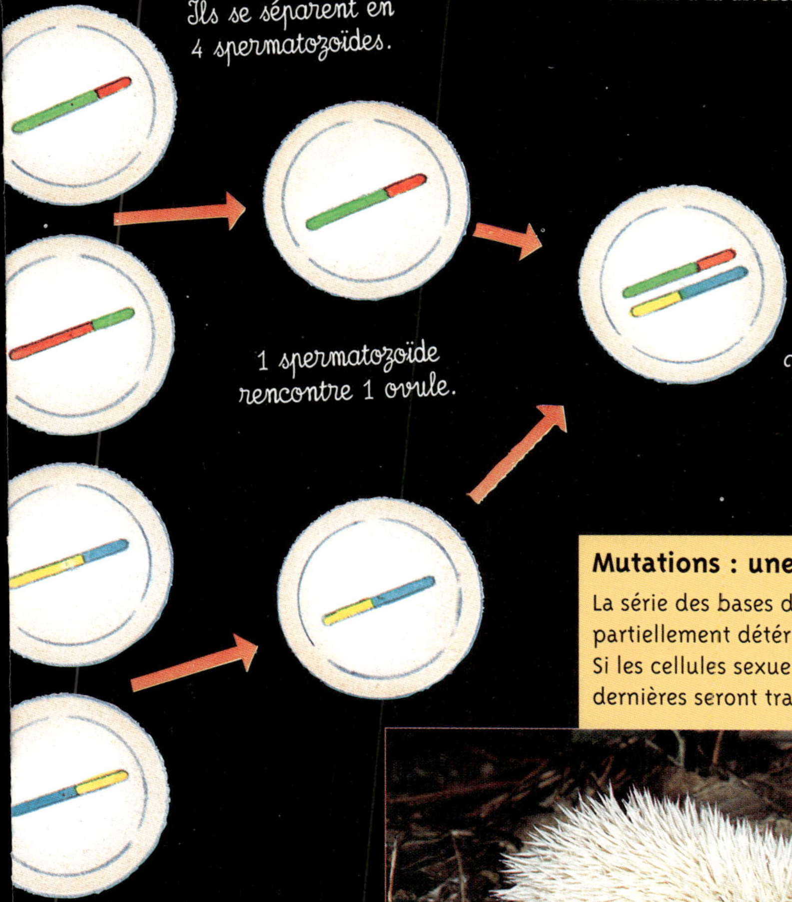

Mutations : une des sources de l'évolution

La série des bases de l'ADN peut être mal recopiée ou partiellement détériorée au cours de la reproduction. Si les cellules sexuelles subissent des mutations, ces dernières seront transmises et pourront être à l'origine de nouvelles espèces, ou d'une meilleure adaptation de l'espèce à son environnement. La plupart des mutations n'ont cependant que peu ou pas de conséquences néfastes.

Des Se
percevoir et

Chaque être vivant perçoit le monde qui l'entoure et communique par l'intermédiaire de ses sens. L'homme est parvenu à prolonger le rayon d'action des siens par l'intermédiaire d'appareils qui lui permettent d'**entendre l'inaudible** et de **percevoir l'invisible**.

ns pour
communiquer

L'œil et la lumière

La lumière régule tout ce qui vit sur Terre. Elle détermine la croissance des plantes et des fleurs, les heures de repas et de sommeil, les périodes de reproduction et de migration des animaux. La vue est notre sens principal : près des 2/3 des capacités de notre cerveau sont mobilisés pour analyser les images qui nous parviennent.

Une science ancienne

Dès l'Antiqité grecque, la science s'intéresse à des expériences sur la lumière : Ptolémée (150 ap. J.-C.) effectue des expériences sur la réflexion et la réfraction. Au Moyen Âge, les érudits arabes fabriquent déjà des verres correcteurs. Mais ce n'est qu'au XVIIe siècle qu'il y a un réel progrès dans la compréhension de la nature de la lumière.

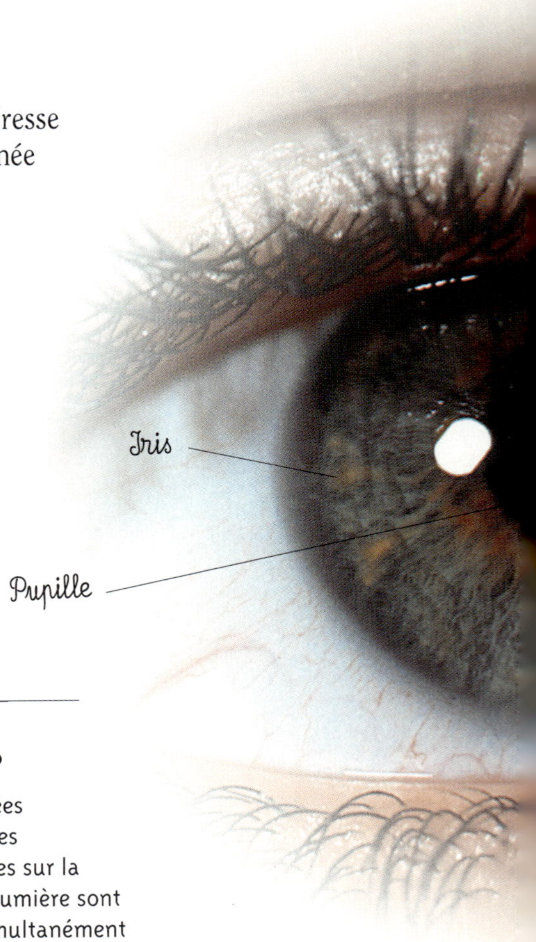

Un double aspect

Au début du XXe siècle, après les travaux de Maxwell, de Planck et d'Einstein, les physiciens admettent le fait que la lumière lumière se comporte parfois comme une particule, parfois comme une onde.

Théorie de Newton

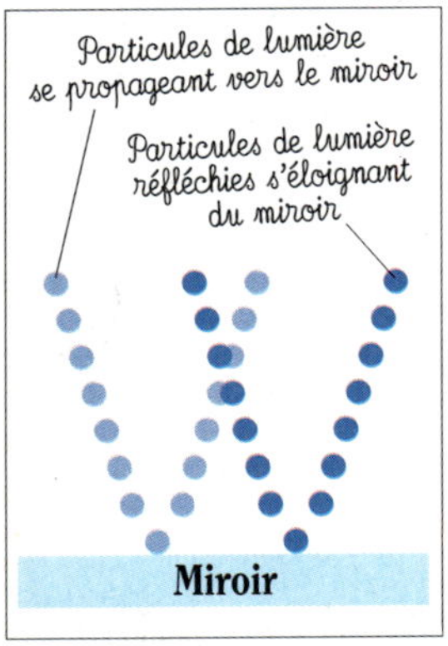

La lumière tombe comme une pluie de petites balles qui rebondissent.

Théorie de Huygens

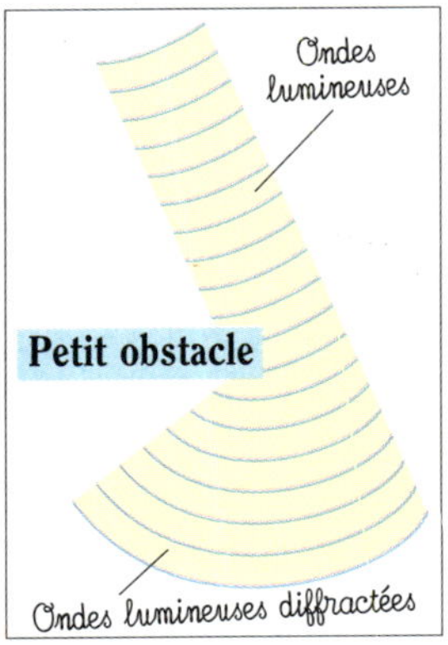

La lumière, se trouvant au bord d'un petit obstacle, diffracte.

Particules ou ondes ?

Dans les années 1670, 2 théories contradictoires sur la nature de la lumière sont proposées simultanément par Isaac Newton (1642-1727) et Christiaan Huygens (1629-1695). Newton et surtout ses disciples vont adopter « la théorie des particules » : la lumière est formée de petites particules voyageant à grande vitesse, les corpuscules. Huygens rejette cette théorie en affirmant, dans son traité de la lumière, que celle-ci est constituée d'ondes. Actuellement, les scientifiques pensent que la lumière apparaît, tantôt formée de petites particules tantôt formée d'ondes.

L'iris fait varier le diamètre de la pupille, pour maîtriser la quantité de lumière qui entre dans l'œil. En traversant la lentille convergente du cristallin, les rayons lumineux viennent converger sur la rétine qui constitue « l'élément sensible ». La tache aveugle correspond au point de jonction du nerf optique sur l'œil.

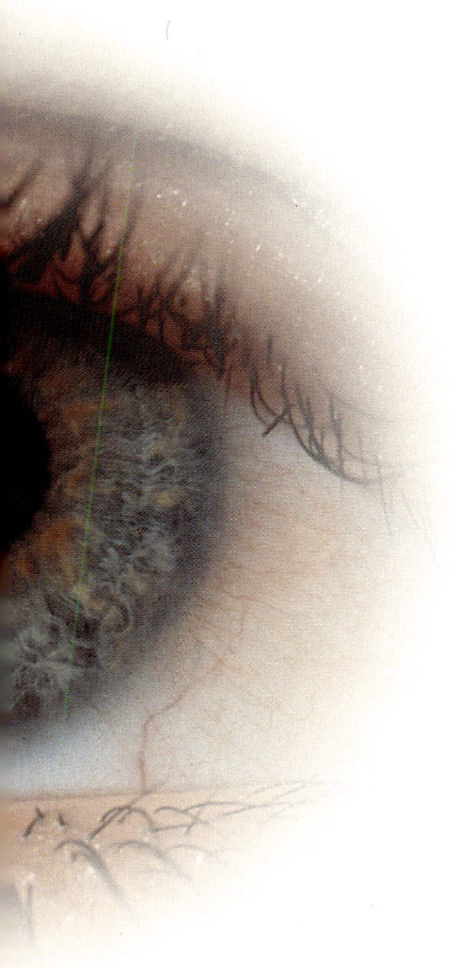

L'œil et ses défauts

Œil myope

Il est trop convergent ; l'image d'un objet éloigné se forme en avant de la rétine. On corrige ce défaut par une lentille divergente qui va permettre la formation de l'image de l'objet exactement sur la rétine.

Ce que voit l'œil myope.

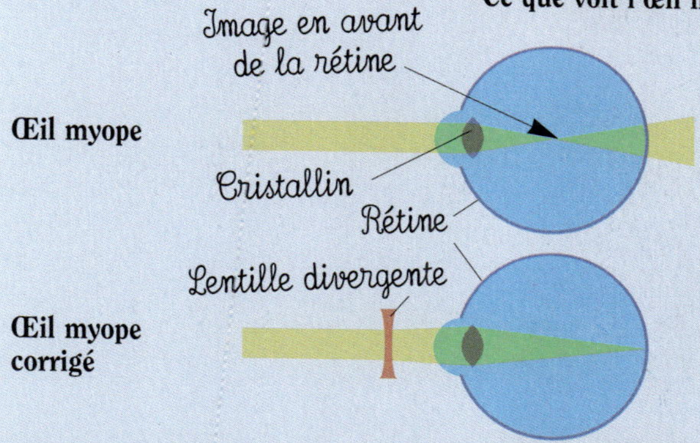

Œil hypermétrope

C'est un œil pas assez convergent : l'image d'un objet éloigné se forme en arrière de la rétine. La correction par une lentille convergente rabat les rayons et aboutit à une image nette de l'objet sur la rétine.

Ce que voit l'œil hypermétrope.

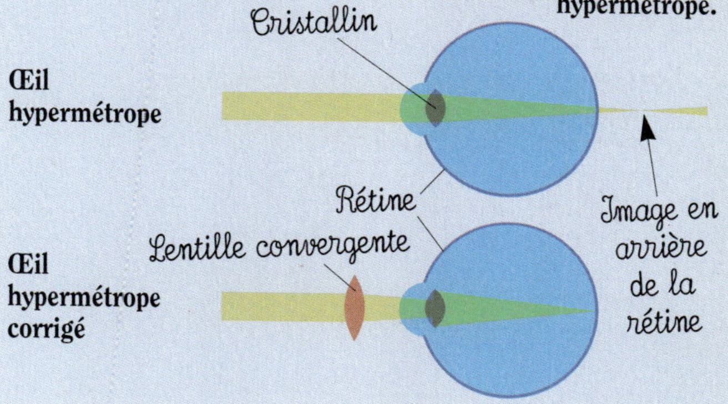

Repérer la tache aveugle

Fais 2 croix distantes de 5 cm environ. Place la feuille à bout de bras, après avoir fermé l'œil droit. Fixe la croix de droite, et approche lentement la feuille. La croix de gauche disparaît lorsque son image se trouve sur la tache aveugle de l'œil. Elle réapparaît si l'on continue d'approcher la feuille.

Matériel

- Papier
- Stylo
- Double-décimètre

Ombres et lumières

Dans l'air, milieu transparent, la lumière se propage en ligne droite. Quand elle rencontre des objets opaques, elle crée une ombre.

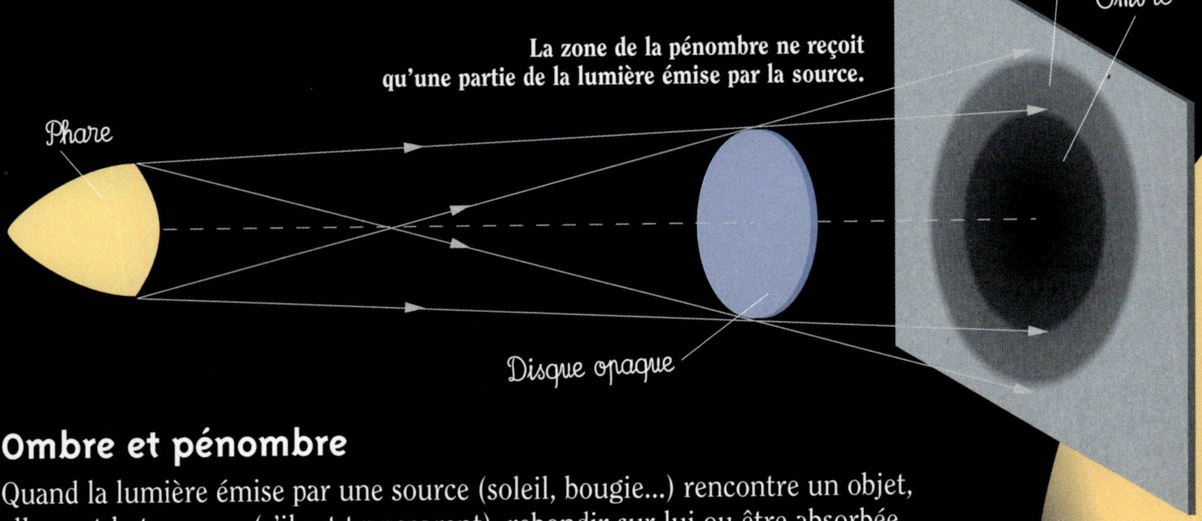

Ombre et pénombre

Quand la lumière émise par une source (soleil, bougie...) rencontre un objet, elle peut le traverser (s'il est transparent), rebondir sur lui ou être absorbée. Dans ce dernier cas, elle crée une zone non atteinte, l'ombre. Si la source lumineuse est très petite, l'ombre portée a des contours très nets. Si elle est grande l'ombre portée à des contours flous : il existe alors une zone intermédiaire entre lumière et ombre, la pénombre. Cette zone ne reçoit qu'une partie de la lumière émise par la source.

Une éclipse de Soleil se produit lorsque le Soleil, la Lune et la Terre sont alignés. Les personnes situées dans la zone A sont dans l'obscurité totale ; celles de la zone B (pénombre) connaissent une éclipse partielle.

Éclipse de Soleil

Éclipse de Lune

Une éclipse de Lune se produit quand le Soleil, la Terre et la Lune sont alignés dans l'ordre représenté ci-dessous.

Léonard de Vinci a étudié, dans ses croquis, la lumière et les ombres.

Faire des portraits en « silhouette »

Étienne de Silhouette, contrôleur général des Finances de Louis XV, utilisa la lumière d'une chandelle projetant l'ombre d'un visage pour réaliser une multitude de portraits de profil. Il est commode d'utiliser cette propriété de l'ombre pour réaliser les profils de tes amis !

Matériel

- Papier carton
- Feutre
- Projecteur photo ou une source ponctuelle
- Ami patient

Christophe Colomb

En 1504, Christophe Colomb réussit à prévoir une éclipse de Lune, ce qui lui permit d'impressionner les Indiens et de gagner ainsi leur confiance.

Réflexion et miroirs

Quand la lumière frappe un objet opaque et non lumineux, elle se réfléchit à la surface : peu s'il est noir et rugueux, beaucoup s'il est blanc et brillant. La réflexion parfaite se produira sur une surface métallique polie ou un miroir.

Les miroirs

Un miroir plan réfléchit les rayons de telle façon que l'image vue dans le miroir est inversée droite-gauche. Pour l'œil, les rayons semblent provenir d'un objet situé derrière le miroir : l'image virtuelle.
Un miroir concave (en creux) donne une image inversée droite-gauche et haut-bas, à condition qu'on ne soit pas trop près. Un miroir convexe (comme le dos d'une cuillère) donne une image plus petite inversée droite-gauche.

Miroir concave

Miroir convexe

Réfléchir...

Au XVIIe siècle, on commence à fabriquer des miroirs de qualité à des prix raisonnables. Beaucoup de foyers en sont alors équipés. Au même moment, écrire son journal devient une habitude à la mode. Certains historiens lient les deux événements : la vision de leur image dans les miroirs aurait incité les contemporains à réfléchir sur leur vie... et à l'écrire.

Four solaire d'Odeillo, Pyrénées Orientales.
Ce gigantesque miroir concave fournit une image à l'envers du paysage (lointain) et une image à l'endroit de la tour (proche).

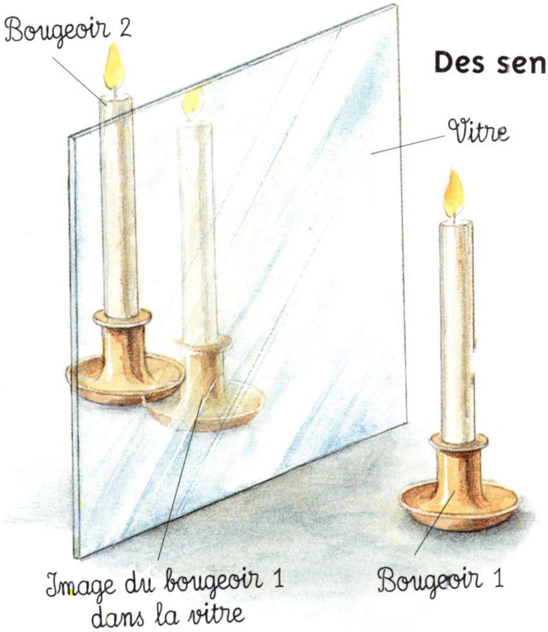

Où se trouve l'image virtuelle ?

Quand on observe son image dans un miroir plan, on a l'impression que l'image réfléchie est à la même distance du miroir que soi. Si l'on avance ou recule, l'image en fait de même.
Il est facile de le vérifier : dépose, par exemple, une bougie devant une vitre qui sert de miroir, et une autre derrière la vitre. Fais coïncider, en les bougeant, l'image du bougeoir 1 vue dans la vitre avec le bougeoir 2 vu par transparence. Quand les deux coïncident, la mesure des distances confirme le fait : l'image virtuelle est à la même distance du miroir que l'objet.

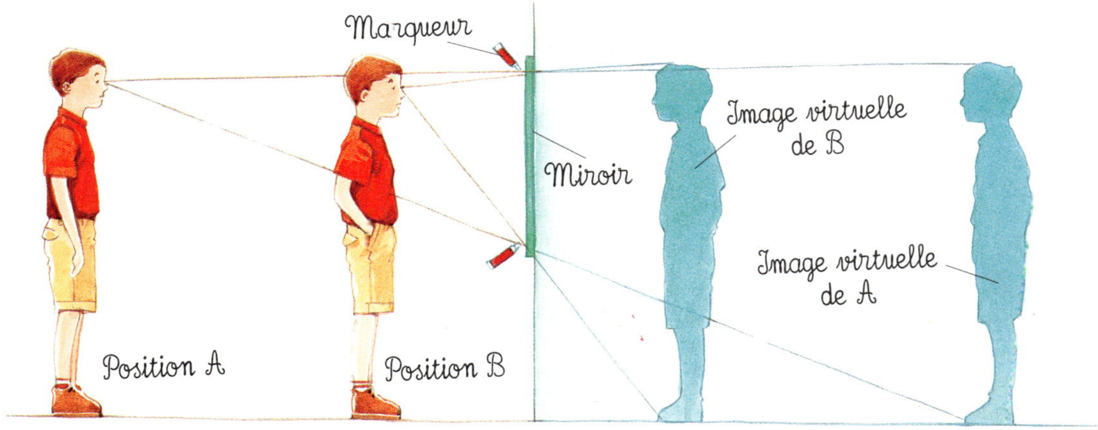

La loi de la réflexion : 2 angles égaux !

Pour retrouver la loi de la réflexion, il suffit d'utiliser un miroir posé sur le sol dans une pièce plongée dans l'obscurité. Lance d'abord un peu de talc dans la pièce, pour mieux voir les rayons lumineux. Éclaire ensuite le miroir avec la lampe de poche : quel que soit l'angle A du rayon lumineux arrivant sur le miroir, il est toujours égal à l'angle B du rayon réfléchi !

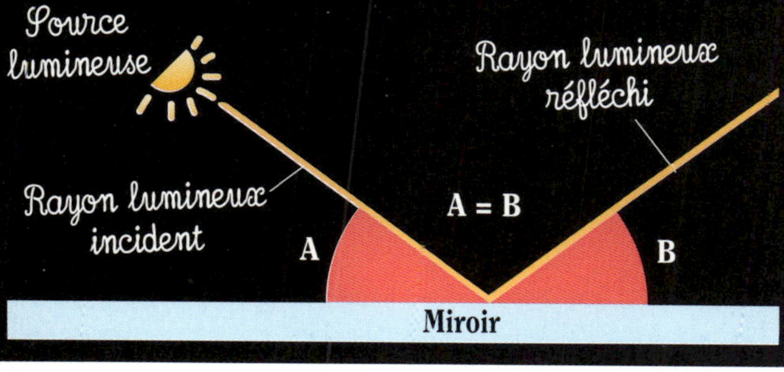

Matériel

- Grand miroir
- Marqueur

Se voir en entier dans un miroir ?

Tu crois sans doute que, pour te voir en entier dans un miroir, il suffit d'en utiliser un petit si tu es loin, un grand étant nécessaire si tu es près. Pour le vérifier, demande à un ami, sur tes indications, de faire 2 marques sur un miroir vertical, correspondant à ta tête et à tes pieds. Recommence à diverses distances. Les marques sont identiques, et leur distance à peu près égale à la moitié de ta taille. Il suffit donc d'utiliser un miroir de la moitié de ta taille, que tu sois près ou loin, pour te voir en entier !

Réfraction et lentilles

Dans un milieu homogène et transparent, la lumière voyage en ligne droite. Mais quand elle change de milieu, de l'air à l'eau par exemple, elle ralentit, ce qui dévie le rayon lumineux : c'est la réfraction. Cette propriété des matériaux transparents permet de fabriquer des lentilles convergentes ou divergentes, utilisées dans la fabrication des appareils photo, microscopes, télescopes, etc.

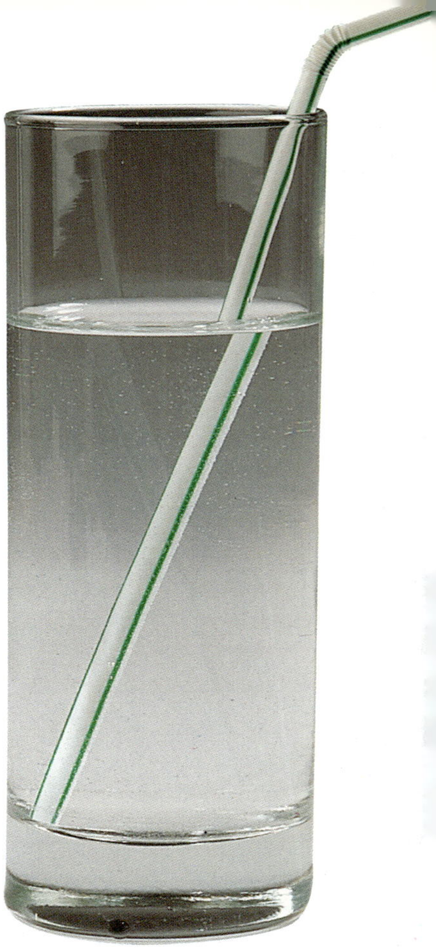

Au contact de l'eau, la paille semble coupée en deux.

La réfraction

Une paille trempée dans l'eau, ou l'observation du fond d'une piscine, montrent que la lumière, quand elle passe de l'air dans l'eau, change de direction. Ce phénomène se produit aussi à la traversée air/verre.

Lentilles divergentes

Les lentilles divergentes sont moins épaisses au centre que sur les bords. Elles font diverger les rayons venant d'un objet. Une lentille divergente fait apparaître les objets plus petits.

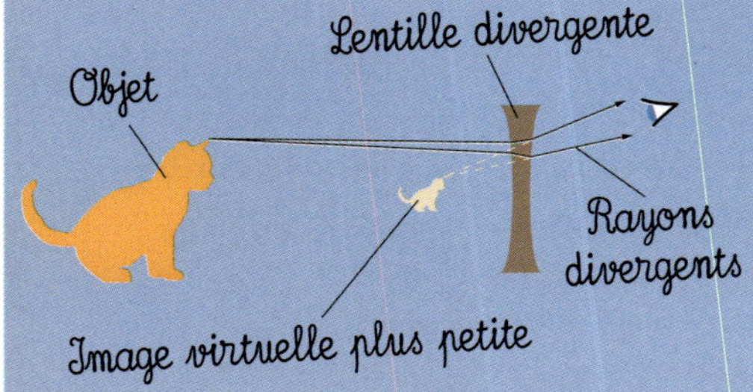

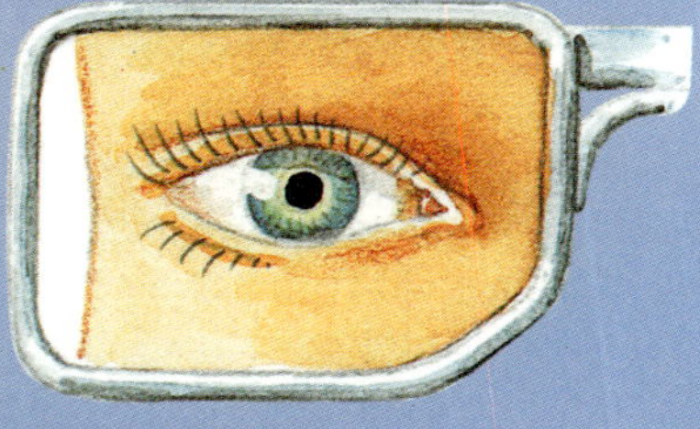

Œil vu derrière des lunettes de myope

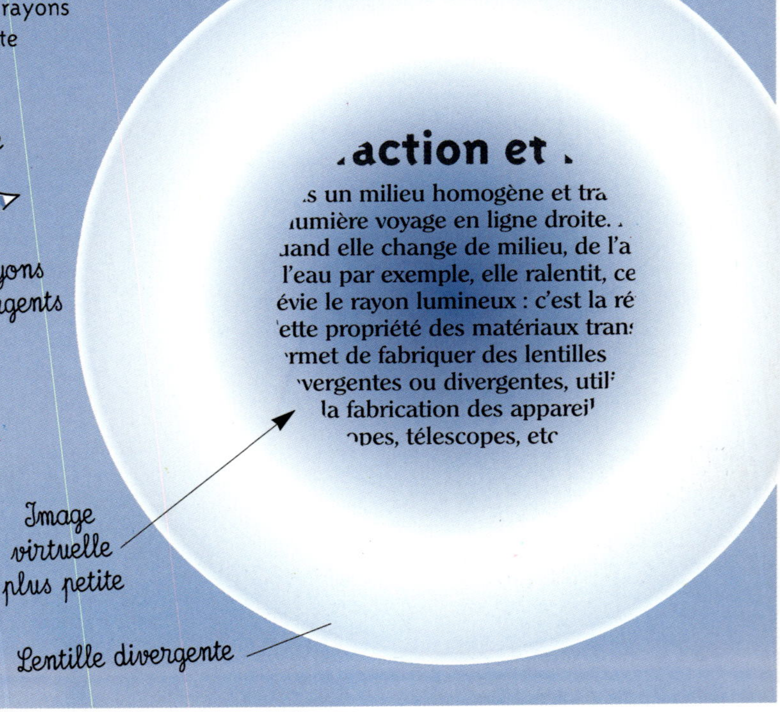

Lentilles convergentes

Les lentilles convergentes sont plus épaisses au centre qu'aux bords ; elles font converger les rayons parallèles venant d'un objet très éloigné en un point unique appelé foyer. Si une telle lentille est proche d'un objet, elle le grossit.

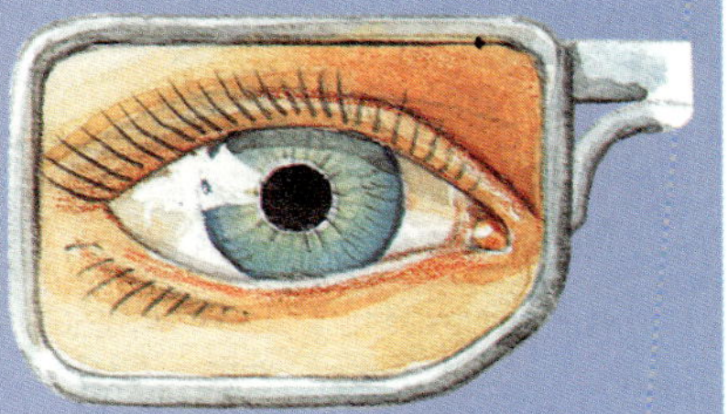

Œil vu derrière des lunettes d'hypermétrope

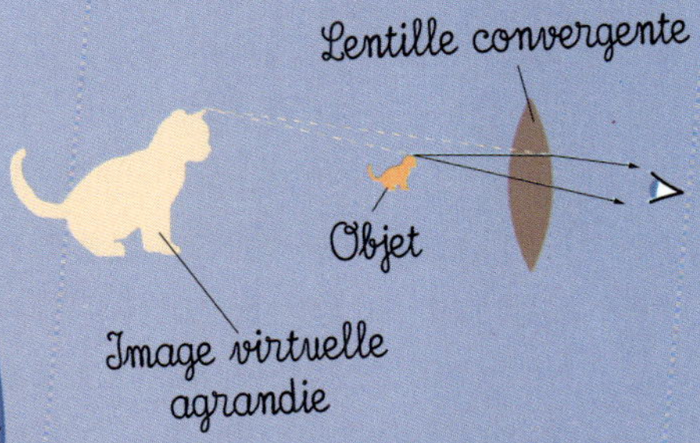

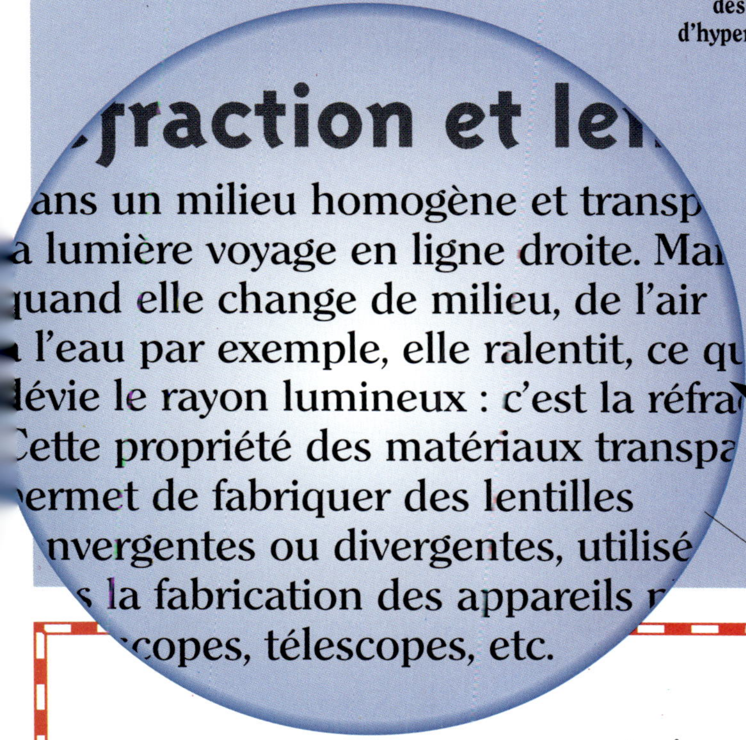

Découvre la réfraction

Dispose la pièce de monnaie dans le récipient vide, contre la paroi. Place-toi à l'opposé, et recule jusqu'au moment précis où tu ne vois plus la pièce. Sans bouger, remplis avec précaution le récipient d'eau : la pièce est redevenue visible, car l'eau a dévié la lumière !

Matériel

- Récipient aux parois verticales opaques (bol, boîte en plastique)
- Pièce de monnaie
- Eau

Lunettes, télescopes et microscopes

Le passage de l'observation à l'œil nu à l'observation aux instruments est un des plus grands progrès de l'histoire de l'humanité. Au XVIIe siècle, le hasard va provoquer l'invention de la lunette révolutionnant l'étude de l'astronomie, et entraînant la révision de la place de la Terre dans l'univers. À la même époque, l'invention du microscope ouvre toutes grandes les portes de l'infiniment petit.

L'astronome français, Camille Flammarion

Lunettes : une invention de hasard

Vers 1600, à Middelburg, Hollande, 2 enfants entrent dans l'échoppe de Hans Lippershey, opticien de son état. Comme ils s'amusent à observer le clocher de l'église à travers 2 lentilles, ils s'aperçoivent que la girouette est grossie. L'opticien comprend vite le parti qu'il peut tirer de cette découverte, et se lance alors dans la fabrication de lunettes.

Diffusion rapide

Dans les 10 ans qui suivent, on trouve cet appareil partout en Europe. Galilée, mis au courant de l'invention, va l'améliorer en produisant un modèle grossissant 30 fois. Cette lunette, appelée aussi réfracteur, présente cependant le défaut d'être construite avec des lentilles qui dispersent les couleurs (on dit qu'elles ont des aberrations chromatiques). Les images sont irisées, ce qui limite l'utilisation de la lunette.

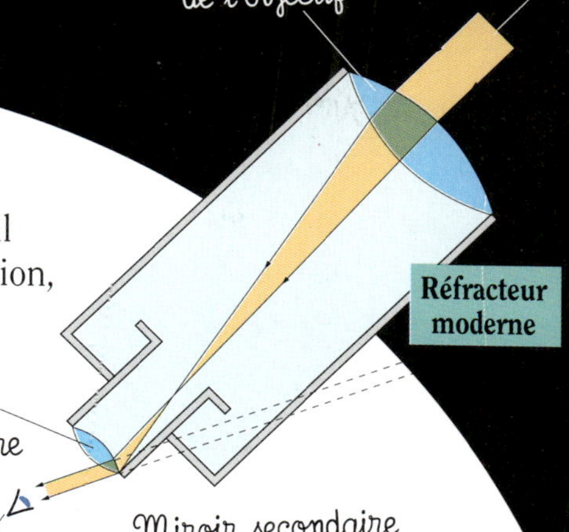

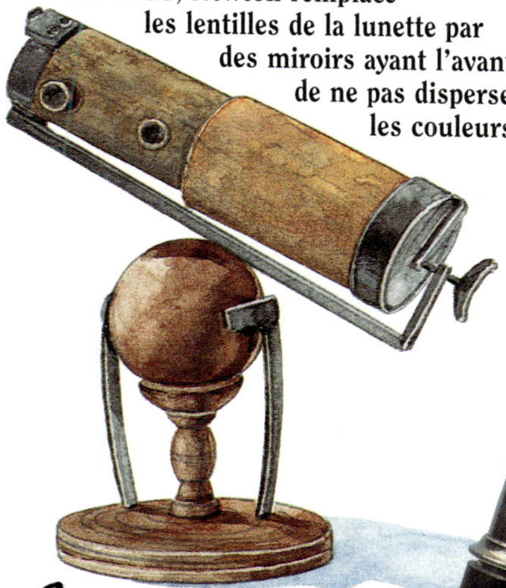

En 1668, Newton remplace les lentilles de la lunette par des miroirs ayant l'avantage de ne pas disperser les couleurs.

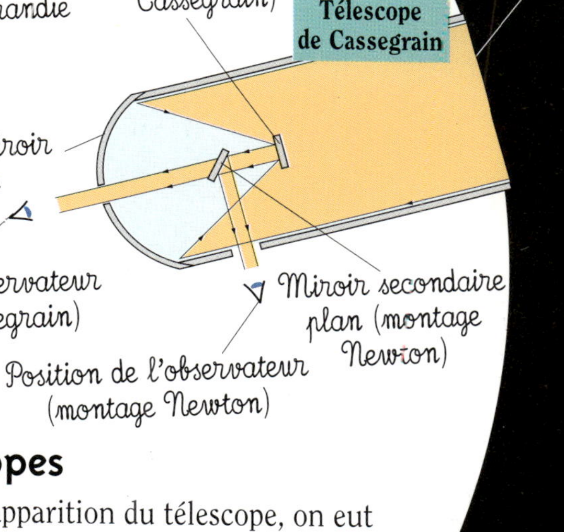

Microscopes

Peu après l'apparition du télescope, on eut l'idée de l'utiliser pour grossir les objets proches ; mais sa longueur le rendait peu commode, aussi met-on au point un nouvel instrument scientifique, le microscope. Le plus classique possède 2 lentilles. L'objectif fournit une image agrandie de l'échantillon, image qui est reprise par l'oculaire pour l'agrandir encore.

Microscope à 2 lentilles

Robert Hooke, le pionnier (1635-1703)

En 1665, paraît *Micrographia*, description du nouveau monde que voit Hooke dans son microscope. 57 dessins montrent l'œil de la mouche, le dard de l'abeille, l'anatomie de la puce et du pou, la structure d'une plume.

Écrire avec de la lumière

Inventée au XIXe siècle, la photographie a beaucoup évolué en passant du noir et blanc à la couleur, en particulier. D'abord préoccupés de reproduire fidèlement la réalité, les photographes ont su rapidement trouver leur propre voie, faisant de cette technique un véritable art.

Un œil mécanique simplifié

L'appareil photo ressemble beaucoup à l'œil : l'objectif forme une image renversée du sujet sur la pellicule sensible, comme le fait le cristallin sur la rétine. Le diaphragme s'ouvre ou se ferme, comme la pupille, pour régler la quantité de lumière entrant dans l'appareil. Par contre, l'obturateur, destiné à laisser entrer la lumière pendant un temps très bref pour qu'elle impressionne la pellicule, n'a pas d'équivalent dans l'œil : celui-ci reçoit en effet les informations en permanence.

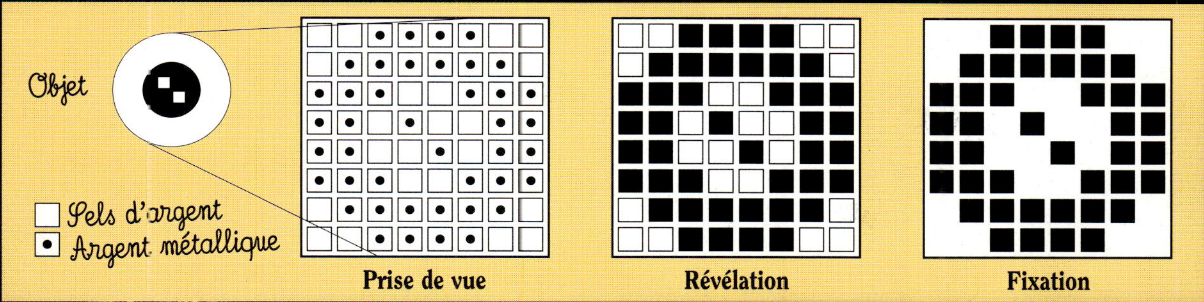

Prise de vue et développement

La pellicule est formée de sels d'argent sensibles à la lumière, déposés sur un film plastique. À la prise de vue, il se forme une « image latente », invisible, de l'objet photographié. Les sels d'argent frappés par la lumière deviennent de l'argent métallique. Au développement, le révélateur noircit l'argent métallique, et ce d'autant plus qu'il a reçu plus de lumière. Au fixage, on élimine les cristaux qui n'ont pas reçu de lumière, et on obtient un négatif de l'objet photographié (ce qui était clair apparaît sombre, et inversement).

Le tirage

On passe du négatif à un ou plusieurs positifs en employant à nouveau les étapes prise de vue/révélation/fixation. Le négatif est éclairé par la lampe puissante de l'agrandisseur, et projeté sur un papier recouvert, comme la pellicule, de sels d'argent. Les sels d'argent frappés par la lumière deviennent de l'argent métal qui noircit sous l'action du révélateur. Enfin, les cristaux qui n'ont pas vu la lumière sont éliminés par fixation. On obtient finalement un positif.

L'appareil photo reflex moderne a des fonctions sophistiquées.

La photographie en couleurs

La photographie moderne est généralement une photographie en couleurs, prise au moyen d'appareils classiques (pellicules négatives, diapositives) ou d'appareils photo numériques.

Film n

Film positif

Diapositives ou négatifs

Il existe 2 sortes de pellicules couleur : les négatifs couleur et les positifs couleur (diapositives). Les négatifs couleur, comme les négatifs noir et blanc, nécessitent après développement un tirage sur papier photographique. Les diapositives, elles, doivent être projetées. Dans les 2 cas, la pellicule couleur est formée de 3 couches, correspondant aux couleurs bleue, verte et rouge. Chacune de ces 3 couches fonctionne, pour sa couleur, comme une pellicule noir et blanc. Quand l'image se forme sur la pellicule, chaque couche réagit à sa couleur.

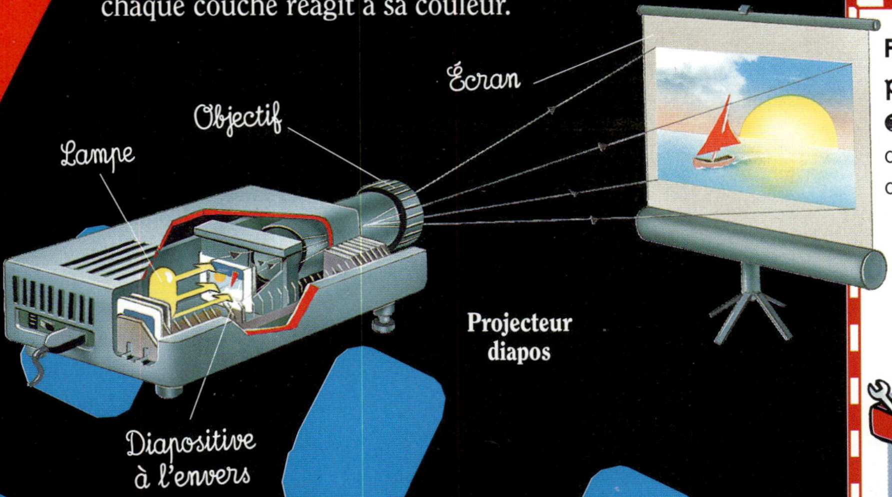

Projecteur diapos

Fabrique un appareil photo sans objectif

❶ Fais un trou circulaire de 5 cm de diamètre dans la partie frontale de la boîte à chaussures.

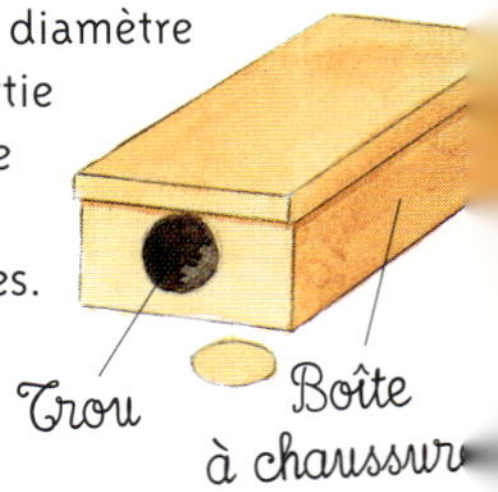

Matériel

- Boîte à chaussures
- Papier sensible
- Chambre noire
- Aiguille
- Peinture noire
- Papier aluminium
- Scotch

Les couches sensibles d'une pellicule couleur sont au nombre de 3.

Photographie de la Géode (La Villette) avec un grand angle

Même bâtiment photographié avec un téléobjectif

L'appareil photo numérique, l'avenir

Doté des mêmes organes qu'un appareil photo classique, il en diffère simplement par l'absence de pellicule. Celle-ci est remplacée par une batterie de capteurs sensibles à la lumière. Le branchement sur téléviseur ou sur ordinateur permet la vision immédiate des images, sans passer par l'étape du développement. Des logiciels permettent ensuite la retouche, ou le trucage de ces documents.

❷ Colle du papier aluminium sur l'ouverture circulaire.

❸ Perce au centre du papier un trou avec une épingle.

❹ Peins l'intérieur de la boîte en noir.

❺ Scotche en chambre noire le papier sensible dans le fond de la boîte. Ferme, puis scotche le couvercle.

❻ Pose le doigt sur le trou d'épingle et sors au jour. Fais ta prise de vue, l'appareil posé, en enlevant le doigt.

Expose 1 minute, puis rebouche. Développe en chambre noire, le résultat est un négatif du paysage photographié.

Le cinéma

Apparu à la fin du XIXe siècle grâce à l'invention des frères Lumière, le cinéma, d'abord muet, va se perfectionner rapidement en devenant parlant puis en couleurs.

Persistance rétinienne

Lorsque des images se succèdent suffisamment vite, elles semblent bouger ! C'est parce que la vision de l'image persiste pendant 1/3 de seconde environ que nous ne percevons pas la discontinuité. Grâce à cette illusion, sont apparus le cinéma et la télévision : le cinéma projette 24 images par seconde, la télévision 25.

Scène tirée du film « E.T. »

Prise de vue et projection

La caméra prend une série de photographies sur un film qui progresse à 24 images par seconde. Le film, fixe pendant la prise de vue, avance pendant que l'obturateur coupe la lumière. Pour le projecteur, une source lumineuse puissante est concentrée sur le film, tandis qu'un ventilateur refroidit l'ampoule. L'image fixe est projetée une fraction de seconde, puis l'obturateur pivote et coupe faisceau lumineux. La griffe peut alors faire avancer le film.

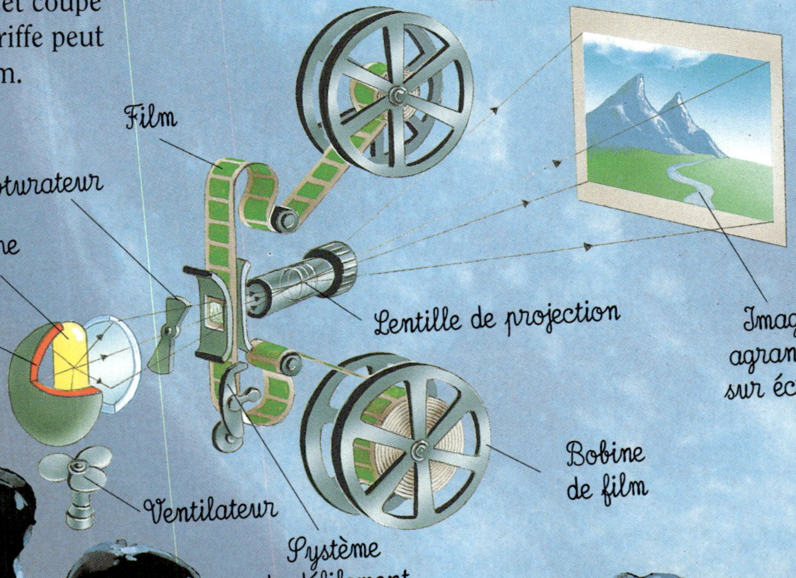

Le septième art

Depuis les premiers films de Méliès – qui datent d'un siècle – le cinéma est devenu un art véritable, le septième au côté des autres beaux-arts (architecture, poésie, peinture, sculpture, musique, danse). Les films de Chaplin ou d'Eisenstein, ou d'autres plus récents comme *Citizen Kane* ou *Le Voleur de bicyclette*, *E.T.* ou *La Guerre des étoiles* ont fait rire, pleurer ou rêver des millions de spectateurs.

L'ancêtre du cinéma

Le « thaumatrope » fut inventé par le docteur Paris, médecin anglais, en 1823. Il s'agit d'un disque de carton tenu entre 2 fils. Sur une face, on dessine un personnage, sur l'autre une cage.

Avec les fils, on fait tourner le disque très vite : ici, on a l'impression que la souris est entrée dans la cage !

Pellicule de film

Faire un dessin animé

Dessine sur chaque page la phase d'un mouvement. Puis, feuillette rapidement les pages : l'histoire s'anime !

Exemple de « livre animé »

Lumière et couleurs

Les différentes sortes de lumière, suivant leur longueur d'onde, produisent des impressions différentes sur l'œil : c'est la couleur. Les objets non lumineux, eux aussi, ont une couleur, car ils absorbent ou réfléchissent la lumière qu'ils reçoivent.

Pendant plus de 2 siècles, l'œuvre de Newton domine la physique.

Les couleurs cachées de la lumière blanche

La lumière du jour, qui paraît pourtant extrêmement blanche, est en réalité formée d'un mélange de lumières colorées. C'est Isaac Newton qui, le premier, a montré grâce à un prisme, que la lumière du jour était formée d'une série de bandes colorées : le spectre ! C'est dans l'arc-en-ciel qu'apparaît, naturellement, cette décomposition de la lumière du soleil en bandes colorées.

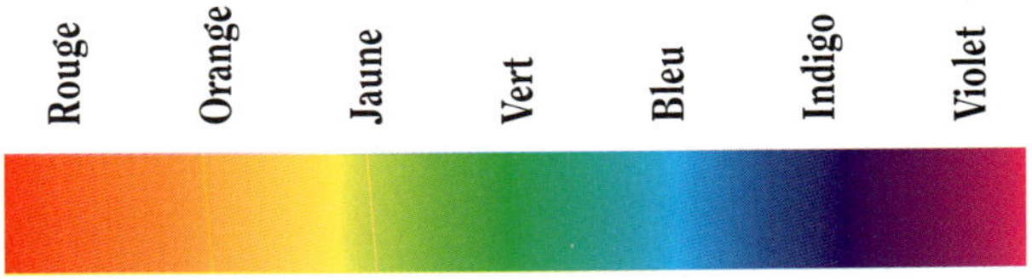

Les couleurs des objets...

Le soleil, ou l'ampoule électrique produisent de la lumière ; mais la plupart des objets qui nous entourent ne produisent pas de lumière, et pourtant ils possèdent une couleur : c'est parce qu'ils réfléchissent une partie de la lumière qui les éclaire, tandis qu'ils absorbent le reste.

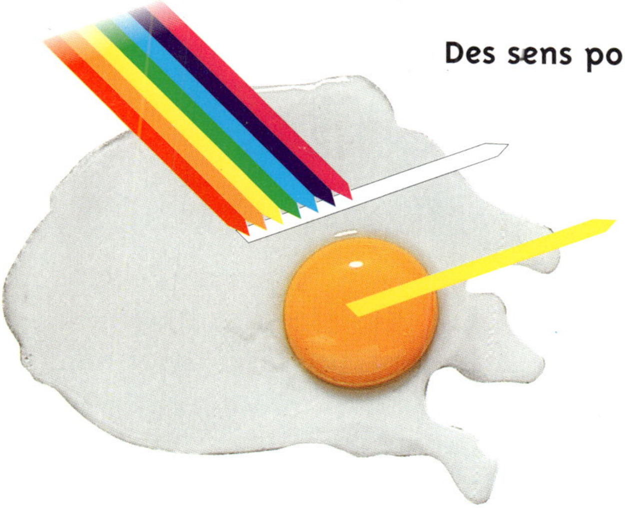

Couleurs primaires et secondaires.

À partir de rouge, vert et bleu, on peut fabriquer n'importe quelle autre couleur : ces 3 couleurs sont appelées primaires. Lorsque les 3 primaires sont combinées 2 à 2, on obtient les 3 secondaires (magenta, cyan et jaune).

... Dépendent de la lumière

Un objet blanc lorsqu'il est éclairé par le soleil réfléchit toutes les couleurs de la même façon. Par contre, un objet rouge ou jaune éclairé dans les mêmes conditions réfléchit le rouge ou le jaune et absorbe toutes les autres couleurs. Un objet rouge et blanc en lumière du jour devient complètement rouge lorsqu'il est éclairé en rouge. La couleur d'un objet dépend donc de la lumière qui l'éclaire !

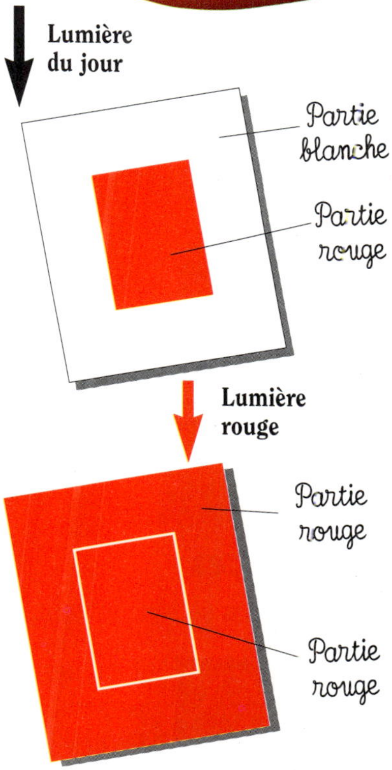

Un arc-en-ciel dans le jardin

Se placer le dos au soleil et projeter en l'air un jet d'eau finement pulvérisée : un arc-en-ciel apparaît !

Matériel

- Pistolet d'arrosage permettant de projeter l'eau en pluie fine
- Journée ensoleillée

Ondes lumineuses

Les plus belles couleurs de la nature sont dues à la superposition des ondes lumineuses. Ces interférences fournissent des couleurs magnifiques, qui changent quand l'œil de l'observateur se déplace.

La lumière réfléchie par la surface du disque interfère, d'où ces couleurs.

La lumière est une onde électromagnétique

La lumière visible n'est qu'une petite partie du rayonnement électromagnétique, qui va des ondes radio, aux rayons gamma. Ces ondes se propagent comme les rides qui se forment à la surface de l'eau quand on y jette une pierre.

Spectre électromagnétique

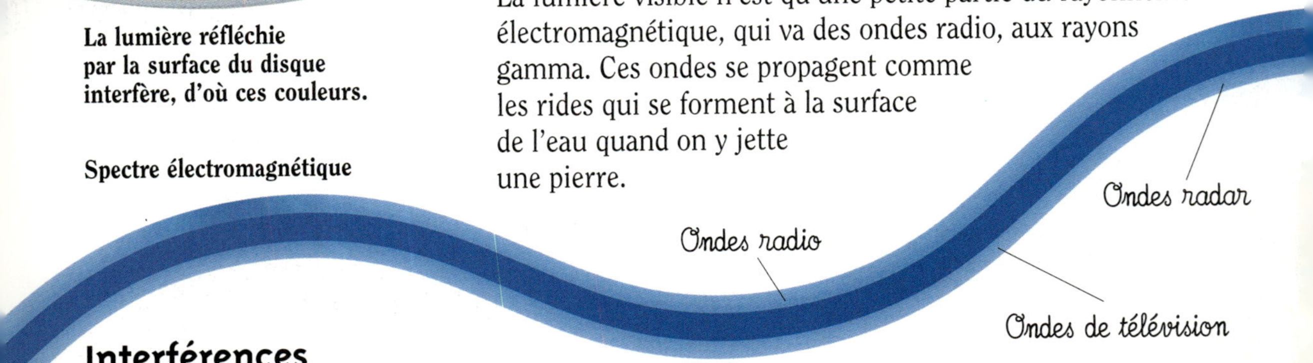

Interférences

Lorsque 2 ondes se rencontrent, il peut y avoir interférences.

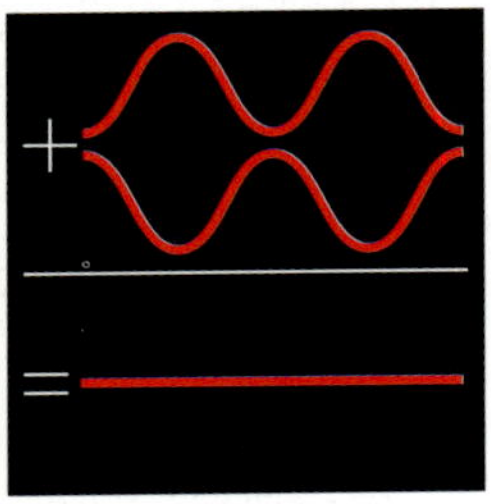

2 vagues par exemple peuvent avoir un décalage tel que la crête de l'une correspond au creux de l'autre : il n'y a alors plus de vague du tout.

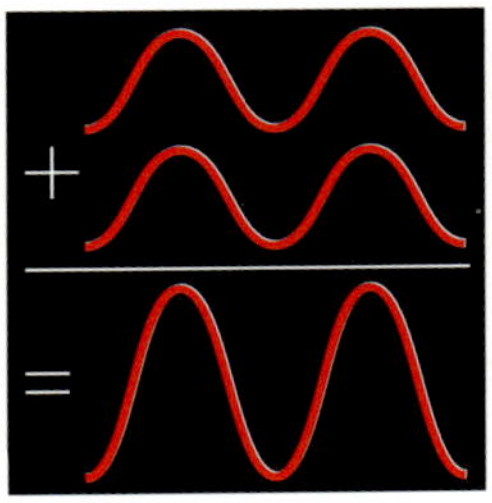

Elles peuvent aussi superposer leurs 2 crêtes : on aura alors 1 vague 2 fois plus haute !

Deux ondes lumineuses qui interfèrent vont faire apparaître des couleurs brillantes disposées selon des dessins complexes.

Longueur d'onde

La lumière se comportant comme si elle se propageait en vagues, on appelle longueur d'onde la distance qui sépare deux pics successifs.

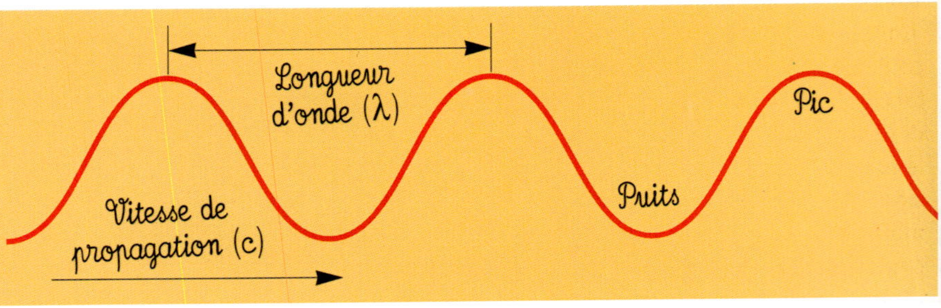

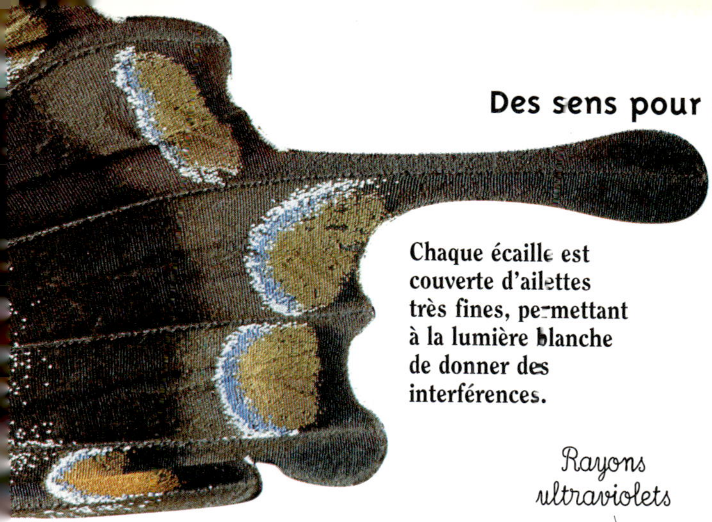

Chaque écaille est couverte d'ailettes très fines, permettant à la lumière blanche de donner des interférences.

Gros plan sur une aile de papillon

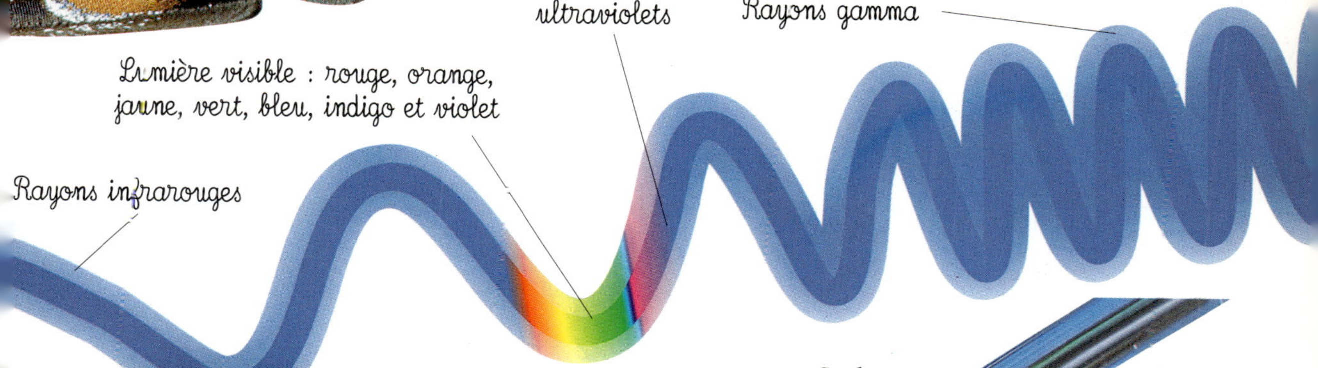

Les plumes du paon sont colorées par de minuscules verges de mélanine génératrice de couleurs.

Couleurs d'interférences d'une bulle de savon

Le laser

Le mot laser vient de « light amplification by stimulated emission of radiations » qui veut dire « amplification de la lumière par émission stimulée ». Le laser est un appareil qui produit un faisceau très étroit d'une lumière très pure (une seule couleur) et très brillante. Il existe des lasers qui émettent de façon continue, d'autres par brèves impulsions. Contrairement à la lumière normale monochromatique, la lumière du laser est cohérente (voir schéma) ce qui explique ses propriétés. Les applications du laser sont multiples : télécommunications, audiovisuel, mesure des distances, chirurgie, etc.

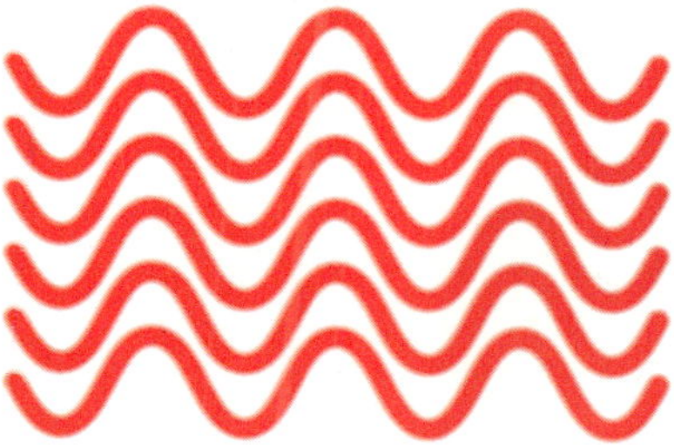

Ondes ayant la même longueur et dont les crêtes coïncident.

L'oreille et le son

Nous sommes entourés et baignés par les sons : du plus fort, comme celui du tonnerre ou de la fusée qui décolle, au plus faible, comme le bruit du sang circulant dans nos oreilles. Tous ces sons diffèrent aussi par leur hauteur.

Des vibrations de l'air

Les sons que nous entendons sont produits par les vibrations de l'air : quand une source sonore vibre (cymbale, tambour, etc.) elle oblige les molécules d'air qui se trouvent à proximité à vibrer ; celles-ci font vibrer leurs voisines, et ainsi de suite jusqu'à ce que le son atteigne tes oreilles. Les surpressions et dépressions font ensuite vibrer le tympan, puis sont converties en signaux électriques transmis au cerveau par le nerf auditif. Le son est alors perçu.

Les vibrations du tympan sont transmises et amplifiées par 3 os : marteau, enclume et étrier. Le limaçon permet leur conversion en signaux électriques qui seront transmis au cerveau.

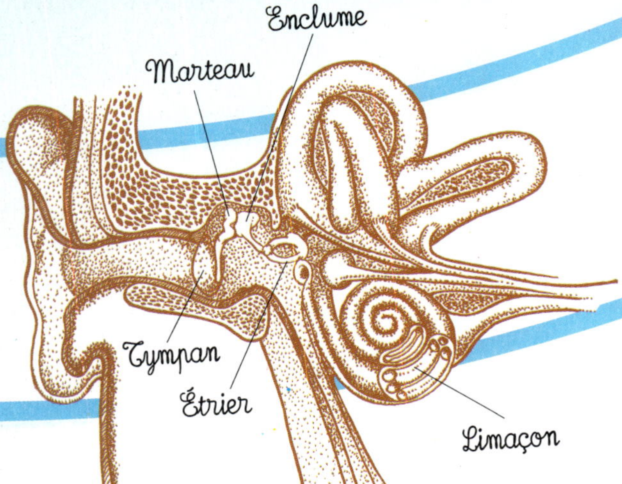

Coupe de l'oreille

Ondes longitudinales

Ces ondes sonores sont longitudinales, et non transversales comme les ondes lumineuses. Elles compriment et dilatent l'air alternativement. On peut comparer ce phénomène à une file de wagons arrêtés sur une voie ferrée. Une locomotive percutant une voiture, qui percute la suivante, qui percute la suivante, etc. L'énergie de l'impact se déplace donc le long de la file.

On mesure les fréquences en hertz (nombre de vibrations par seconde). Nos oreilles entendent les sons de 20 Hz à 20 000 Hz. Au-dessus de 20 000 Hz, les sons deviennent des ultrasons, détectés par les chiens, les chauves-souris et les dauphins, mais impossibles à entendre pour les hommes.

Longueur d'onde et amplitude

Graphique représentant, à un moment donné, la pression de l'air en fonction de la distance à la source. Le son donne un tracé appelé sinusoïde. Le nombre de sinusoïdes qui défilent par seconde représente la fréquence du son.

Courte longueur d'onde = haute fréquence = son aigu

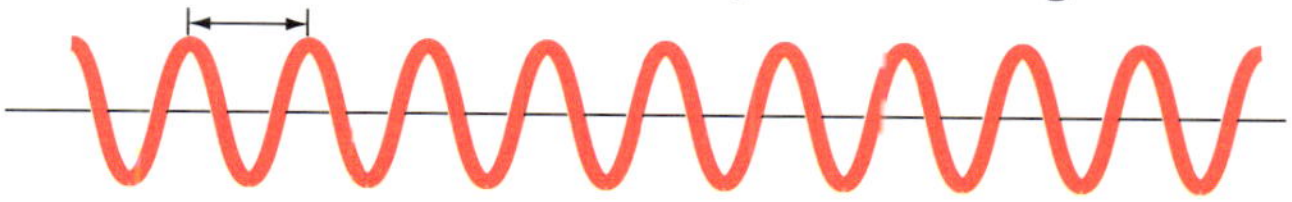

Grande longueur d'onde = basse fréquence = son grave

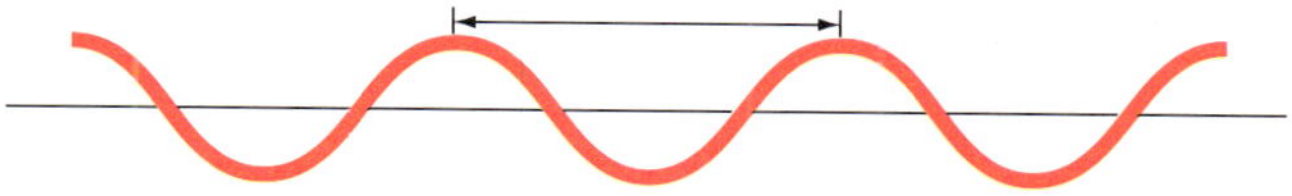

Faible amplitude = bruit faible

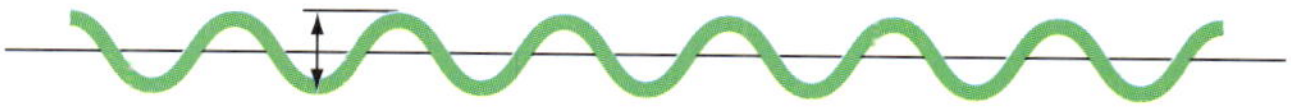

Forte amplitude = bruit fort

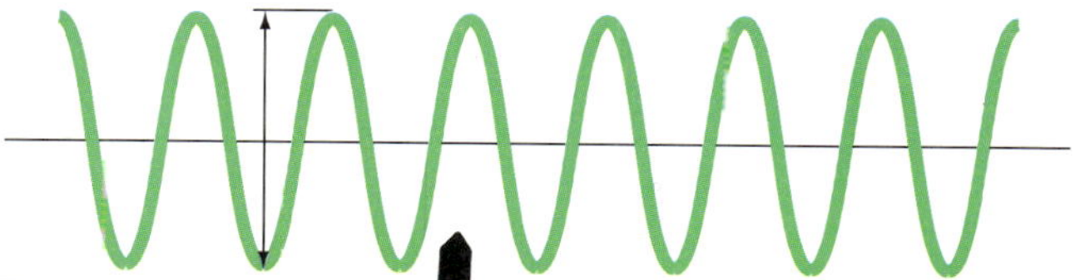

Orage
135 dB

Décollage d'une fusée
185 dB

dB : unité d'intensité de l'onde sonore

Un son est d'autant plus fort que son amplitude est forte. Un son est d'autant plus aigu que sa longueur d'onde est courte.

Voyages du son

Contrairement à la lumière, le son se propage plus vite dans les solides et les liquides que dans l'air. Comme la lumière sur un miroir, le son rebondit sur les parois dures, en produisant un écho.

Vitesse dans l'air

L'auteur et naturaliste romain Pline l'Ancien (23-79 apr. J.-C.) avait remarqué que la lumière se propageait plus vite que le son : en effet, lors d'un orage, on voit d'abord l'éclair, puis on entend le bruit du tonnerre. En 1738, les membres de l'Académie des sciences française firent tirer un canon à 18 km, et mesurèrent la différence de temps entre l'apparition de l'éclair et l'arrivée du son. Ils en déduisirent une vitesse de 332 m par seconde. Aujourd'hui, on estime la vitesse du son dans l'air à 344 m/s à 20 °C.

Liquides et solides

Le son se propage beaucoup plus vite dans les liquides et les solides que dans l'air (les molécules y étant plus rapprochées). La vitesse du son dans l'eau pure est de 1 430 m/s, tandis qu'elle passe à 5 700 m/s dans l'acier. Ce simple fait explique le comportement des Indiens à l'affût, écoutant l'arrivée d'un train l'oreille collée aux rails !

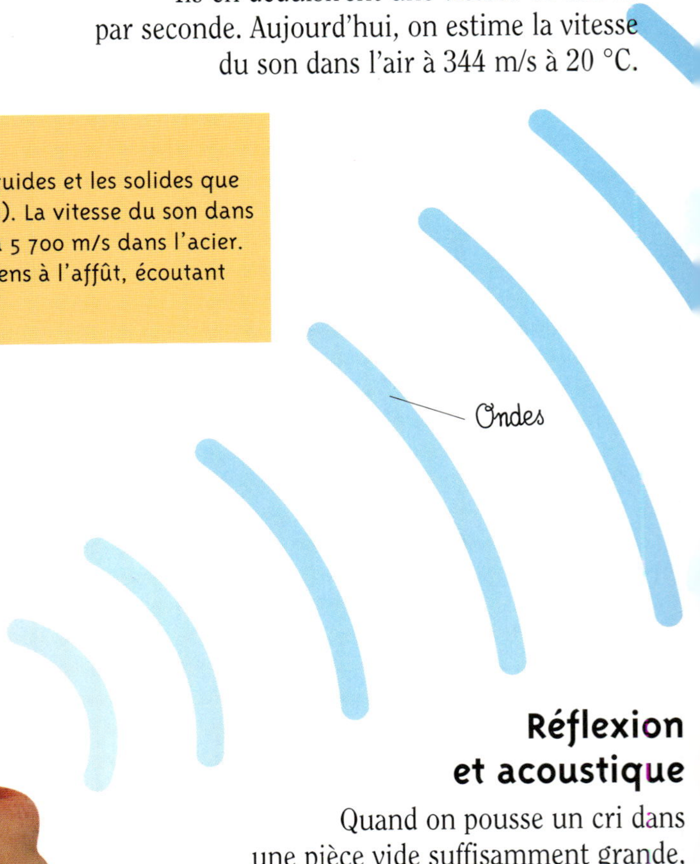

Réflexion et acoustique

Quand on pousse un cri dans une pièce vide suffisamment grande, ou face à une paroi, on entend parfois, un moment après, le son qui revient : c'est l'écho. Le son se réfléchit sur une paroi (surtout si elle est lisse et dure) comme la lumière sur un miroir.

Murmures

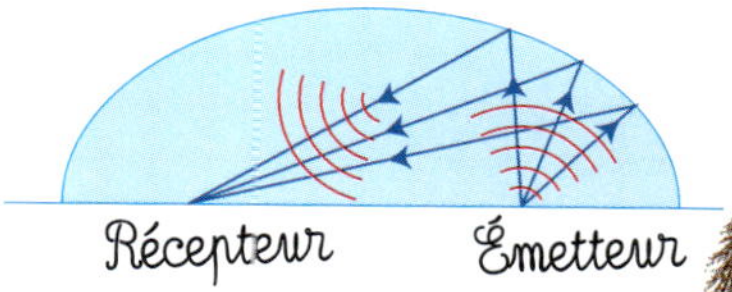

Il existe des galeries dans lesquelles on entend distinctement des conversations tenues à voix basse à une distance très importante. Ce phénomène s'observe dans le métro parisien (la station Cluny est célèbre). L'explication fut fournie par Kircher, jésuite allemand du XVIIe siècle, qui appliqua à l'acoustique les lois de l'optique géométrique : il y a réflexion, par la voûte, de tout rayon sonore issu de l'un des foyers en direction de l'autre foyer.

Quand un avion vole plus vite que le son qu'il crée, il rattrape et comprime les ondes sonores, créant une onde de choc : le célèbre bang.

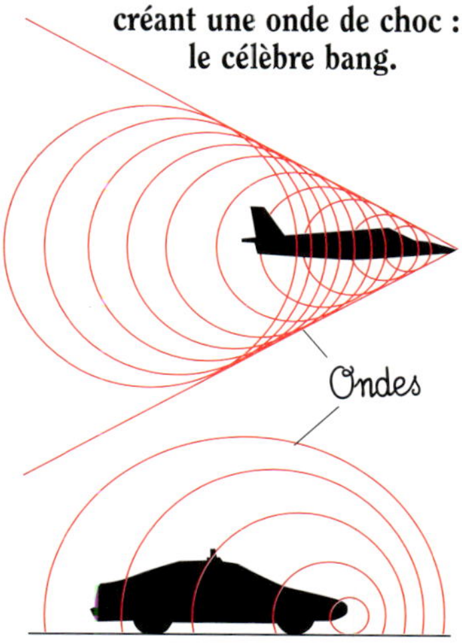

Quand une voiture vient vers l'observateur, le son émis paraît plus aigu (plus grave quand elle s'éloigne).

Fabrique un stéthoscope

❶ Insère le bout de l'entonnoir dans le tube de caoutchouc.

❷ Pose l'entonnoir sur des sources qui émettent très faiblement : montres, battements de cœur, etc.

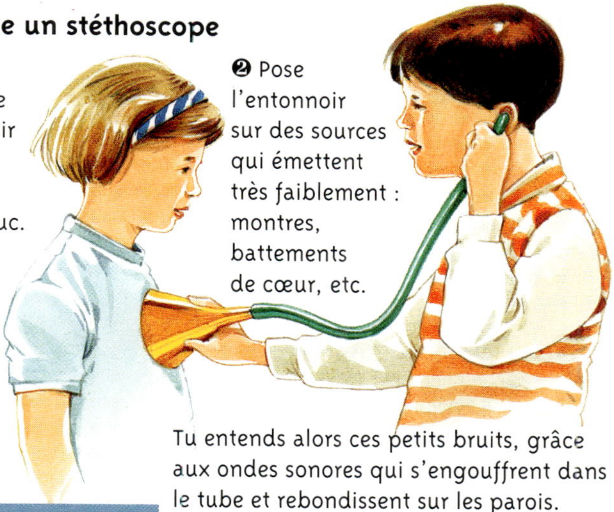

Matériel
- Entonnoir
- Tube de caoutchouc

Tu entends alors ces petits bruits, grâce aux ondes sonores qui s'engouffrent dans le tube et rebondissent sur les parois. Le médecin Laennec (1781-1826) inventa le stéthoscope en observant des enfants s'amusant à écouter des sons transmis par un morceau de bois.

Galeries circulaires

Les galeries circulaires présentent un cas particulier de galerie murmurante : l'église Saint-Paul à Londres en est un exemple : si quelqu'un chuchote contre le mur circulaire, on peut l'entendre en n'importe quel autre point du mur... et on l'entend d'autant mieux que celui qui chuchote se tient plus près du mur.

Voir avec les sons

Les sons ne permettent pas seulement d'entendre, mais aussi de voir, que ce soit dans l'obscurité ou au travers de milieux opaques. Une source, qui émet des ultrasons réfléchis par les obstacles, permet de construire une image de l'objet à percevoir.

Même dans le noir, la chauve-souris arrive à localiser sa proie.

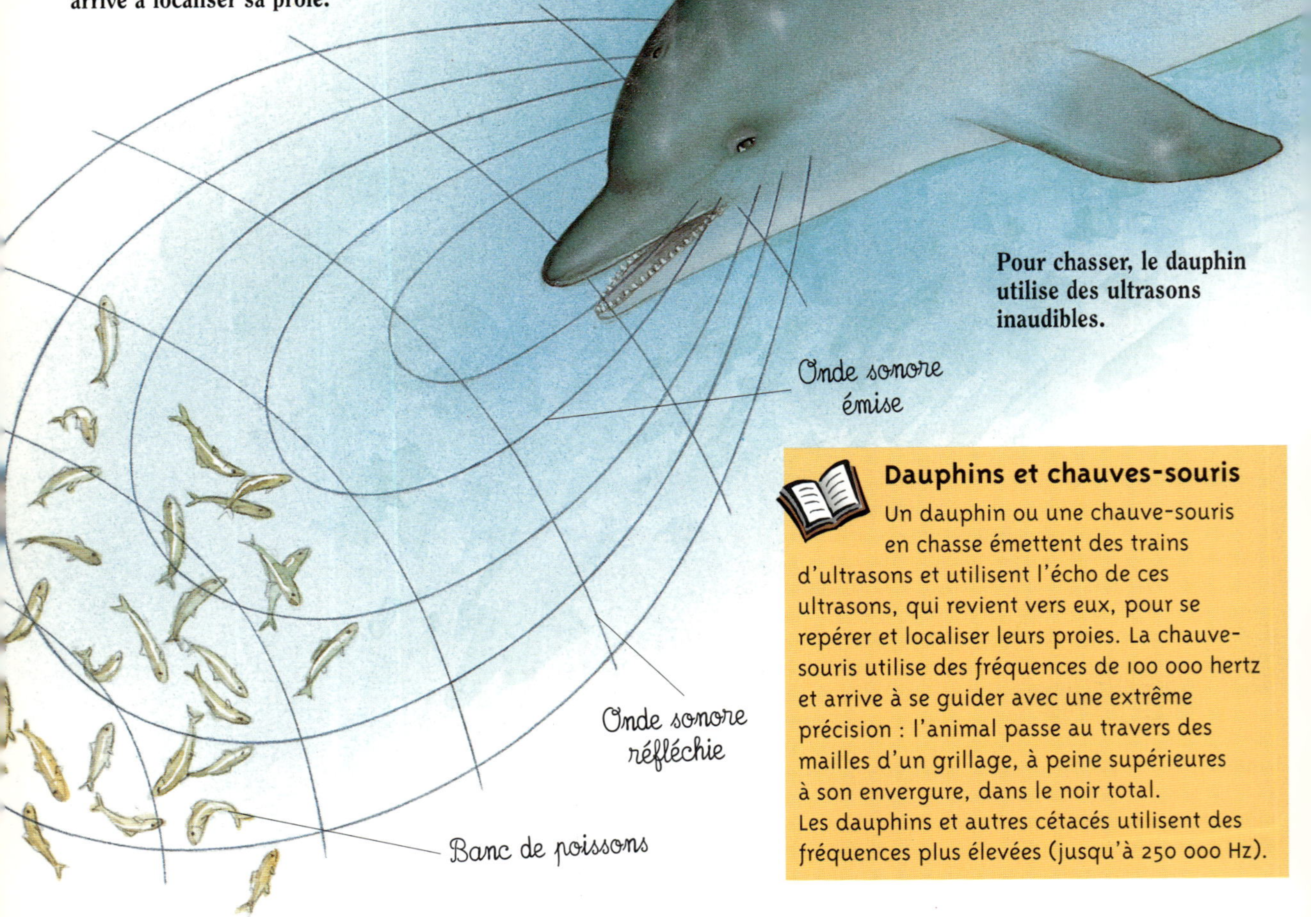

Pour chasser, le dauphin utilise des ultrasons inaudibles.

Dauphins et chauves-souris

Un dauphin ou une chauve-souris en chasse émettent des trains d'ultrasons et utilisent l'écho de ces ultrasons, qui revient vers eux, pour se repérer et localiser leurs proies. La chauve-souris utilise des fréquences de 100 000 hertz et arrive à se guider avec une extrême précision : l'animal passe au travers des mailles d'un grillage, à peine supérieures à son envergure, dans le noir total.
Les dauphins et autres cétacés utilisent des fréquences plus élevées (jusqu'à 250 000 Hz).

Les 2 sons des dauphins

Pour communiquer entre eux, les dauphins ont recours à des cris qui font penser à des grincements ou à des cliquetis.
Pour chasser, ils utilisent des ultrasons de fréquence trop élevée pour que nous puissions les entendre. Ces derniers ont l'avantage de bien rebondir sur les objets, et de fournir des détails très fins.

Les cris de communication des dauphins sont audibles pour l'homme.

Le sonar

Son nom complet est *sound navigation and ranging*. Il est utilisé en temps de paix, pour dresser la carte du fond des océans, en déterminer la profondeur ou repérer les bancs de poissons, et en temps de guerre pour localiser les sous-marins. Le navire envoie un faisceau d'ultrasons, et analyse l'écho renvoyé. On convertit ensuite cet écho en une image de l'objet observé, que l'on fait apparaître sur un écran.

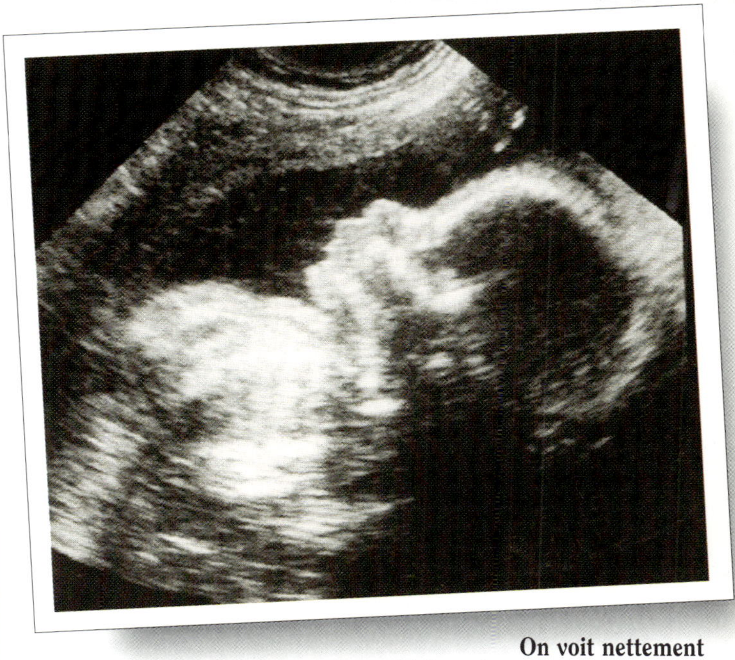

On voit nettement le profil d'un fœtus de 24 semaines.

L'échographie

En médecine, on utilise les ultrasons pour obtenir une image de l'utérus d'une femme enceinte, et observer le fœtus en développement. On utilise des fréquences de 10 000 000 Hz. Des échos sont renvoyés par les contours des organes, servant à reconstituer une image sur un écran d'ordinateur.

Harmonie des sons

La musique est l'art de combiner les sons de manière harmonieuse. Elle utilise les sons produits par des instruments divers (voix, instruments à vent, cordes, percussions, etc.)

Le diapason donne un son très pur : le graphique des pressions est une sinusoïde presque parfaite.

Le timbre

Très peu de sons sont purs et ne possèdent qu'une seule fréquence. La plupart possèdent une fréquence de base, et toute une série d'harmoniques, dont la fréquence est 2, 3, 4, 5 fois la fréquence de base. Ce sont ces harmoniques qui font la richesse et le timbre du son, permettant de distinguer les divers instruments jouant la même note (même fréquence de base).

Le son superbe du violon donne un graphique beaucoup plus compliqué.

Instruments à vent

Ces instruments fonctionnent par vibration d'une colonne d'air contenue dans un tuyau le plus souvent percé de trous. La hauteur de la note dépend de la longueur de la colonne d'air, donc de la longueur du tuyau : un tuyau court donne une note aiguë.

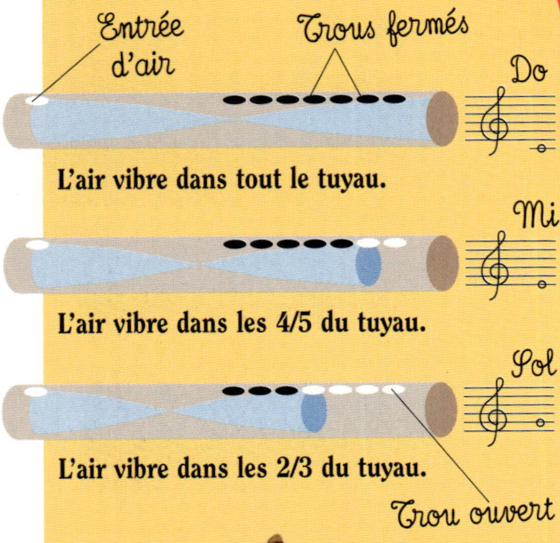

L'air vibre dans tout le tuyau.

L'air vibre dans les 4/5 du tuyau.

L'air vibre dans les 2/3 du tuyau.

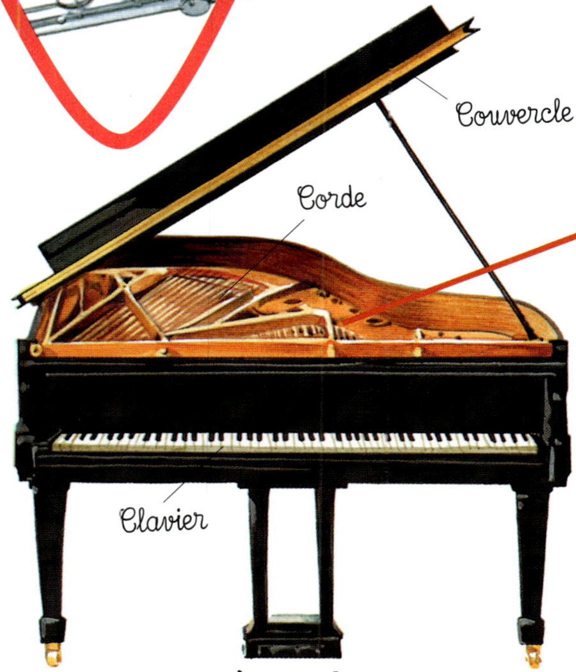

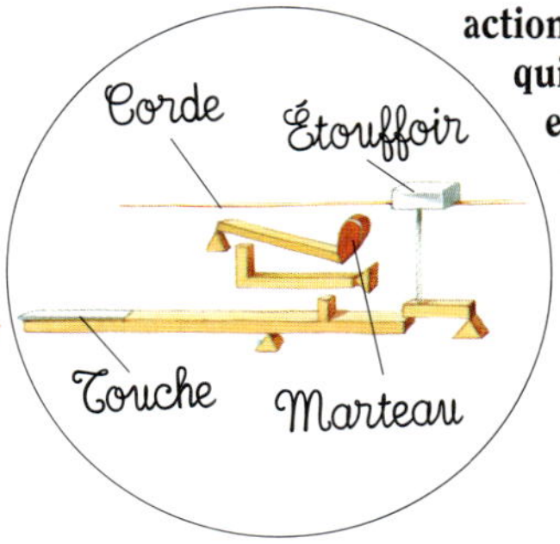

Instruments à corde

Le groupe de ces instruments comprend violon, guitare, harpe ou piano. Le son de ces instruments est produit par des cordes que l'on fait vibrer en les pinçant (harpe, guitare), en les frottant avec un archet (violon) ou en les frappant par l'intermédiaire de marteaux (piano). La note produite dépend de la longueur et de la tension de la corde : une corde courte et tendue donne une note aiguë. Les vibrations sont ensuite transmises au corps de l'instrument qui amplifie le son en résonnant.

Fabrique ton propre instrument de musique

❶ Coupe 8 tubes de longueurs 40 ; 35,6 ; 32 ; 30 ; 26,7 ; 24 ; 21,3 et 20 cm.

❷ Espace-les de 2 cm et noue-les grâce à la ficelle, au milieu et aux extrémités (dessin).

❸ Attache en haut une tige de bois qui servira à tenir l'instrument.

❹ La 2e tige sert à jouer.

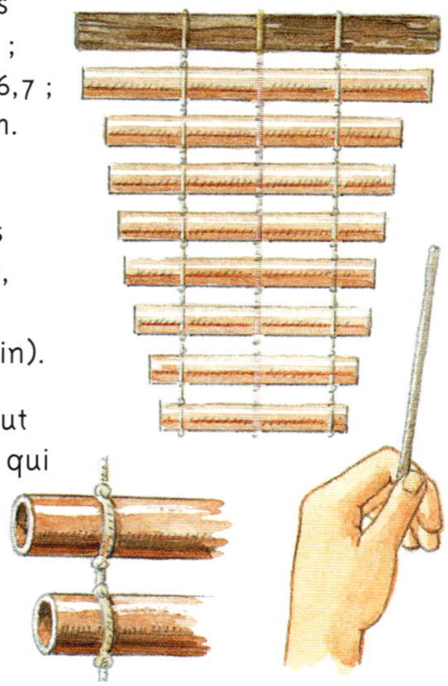

Matériel

- Tube de cuivre cylindrique (2 m)
- Scie à métaux
- Mètre
- Ficelle de cuisine
- 2 tiges de bois (règle écolier)

L'odorat : un détecteur chimique

Lorsqu'un incendie se déclenche, ou quand on oublie une casserole sur le feu, c'est l'odorat qui nous alerte le premier. C'est lui aussi qui nous fait saliver à la bonne odeur de pain frais, et induit une agréable sensation de faim.

Des parfums et des hommes

La vue et l'ouïe sont les sens les plus utilisés par les êtres humains. Bien que nous dépendions moins de notre odorat que beaucoup d'animaux, notre système olfactif est très sensible et nous influence sans doute à notre insu. Ses détecteurs sont enveloppés dans le tissu tapissant la cavité nasale. Notre odorat réagit plus aux changements qu'à des valeurs stables. C'est pourquoi on détecte immédiatement un parfum, quand on entre dans une pièce, parfum qui va sembler se dissiper au bout de quelques instants.

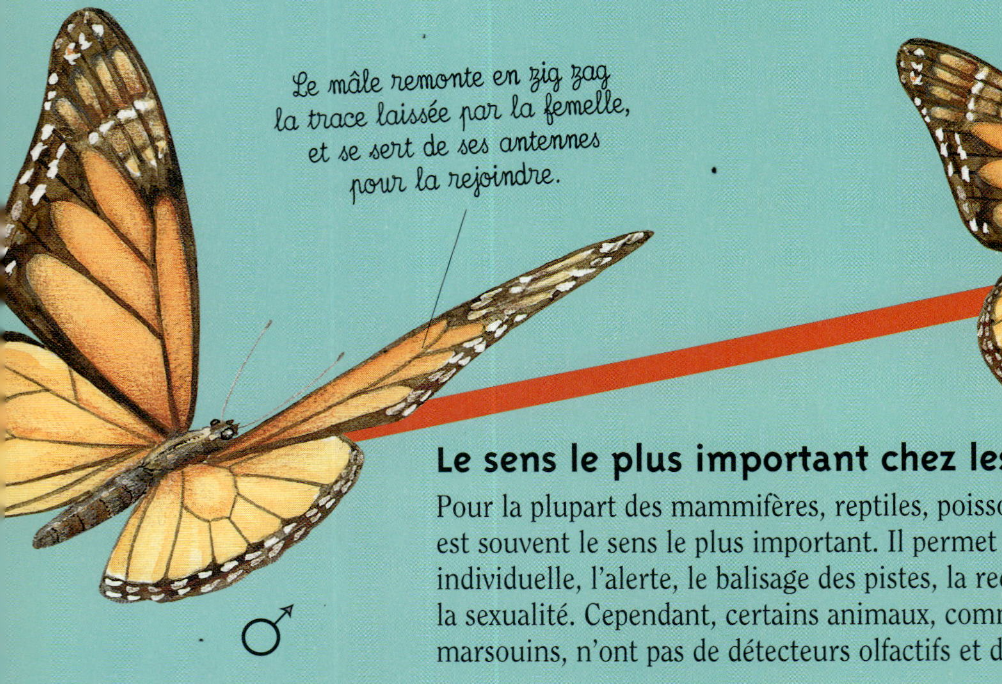

Le sens le plus important chez les animaux ?

Pour la plupart des mammifères, reptiles, poissons ou insectes, l'odorat est souvent le sens le plus important. Il permet la reconnaissance individuelle, l'alerte, le balisage des pistes, la recherche de nourriture, la sexualité. Cependant, certains animaux, comme les baleines et les marsouins, n'ont pas de détecteurs olfactifs et donc pas d'odorat.

La femelle du papillon émet, pour attirer le mâle, une substance appelée phéromone.

Messages odorants : du maïs à la guêpe !

Les messages odorants permettent aux animaux de communiquer. Mais on vient de prouver que les odeurs permettent même la communication de signaux d'alerte entre plantes et insectes. Une espèce particulière de maïs, dont les feuilles sont attaquées par une chenille, émet pour se défendre une bouffée d'odeurs : ces odeurs sont détectées à grande distance par la guêpe qui est l'ennemie de la chenille ! Ainsi, le maïs applique cette formule : l'ennemi de mon ennemi est mon ami !

Le mâle papillon a des antennes en forme de peigne qui lui permettent de détecter la femelle à des kilomètres.

L'odorat des bébés

L'odorat établit un lien très fort entre le nouveau-né et sa mère. Des expériences menées dans des maternités ont montré que plusieurs bébés, séparés provisoirement de leur mère et installés dans une pièce commune, protestent vigoureusement. Il suffit, pour rétablir le calme, de distribuer à chacun un vêtement imprégné de l'odeur de la mère. Si l'on s'amuse ensuite à permuter les vêtements, les cris de protestation reprennent de plus belle.

Goûts et odeurs

Le deuxième détecteur chimique dont nous disposions après l'odorat, c'est le goût. C'est lui qui nous permet de sentir la saveur des aliments, de la douceur sucrée des confitures à l'amertume de la bière. Cependant, nos sensations gustatives globales dépendent aussi beaucoup de l'odorat.

Voici les 4 régions de la langue correspondant aux 4 goûts que nous percevons.

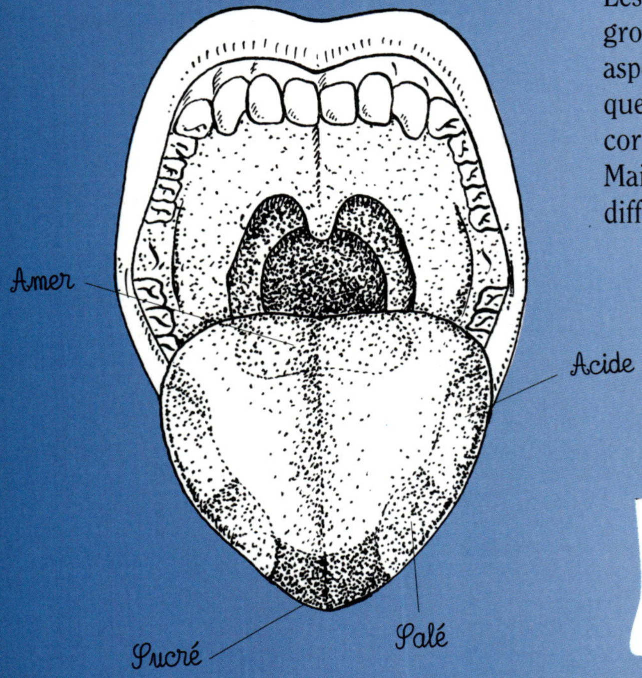

Des sensations complexes

Les 10 000 bourgeons gustatifs de la langue sont groupés en papilles : ce sont elles qui donnent cet aspect grumeleux à la surface ! On dit habituellement que nous ne percevons que 4 goûts différents correspondant à 4 régions particulières de la langue. Mais ces régions se chevauchent et il est parfois difficile de les distinguer.

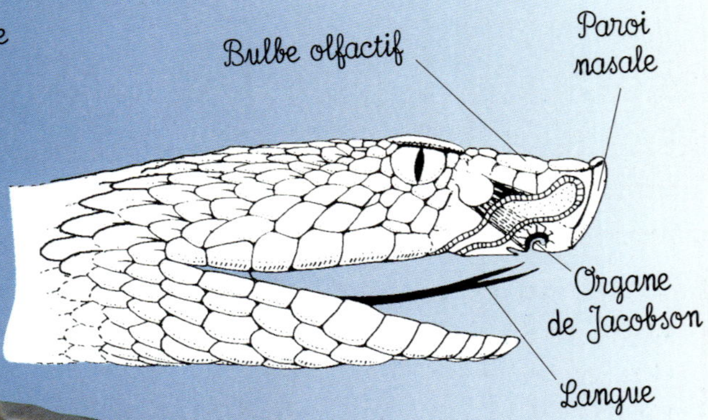

La langue du serpent

Le serpent, qui sort et rentre sa langue continuellement, ne goûte pas l'air avec celle-ci. Il prélève avec sa langue, quand il la sort, un échantillon d'air. Puis, il rentre la fourche de la langue et vient la loger dans le palais ; là se trouvent de nombreux récepteurs olfactifs. Ainsi le serpent se sert de sa langue pour sentir et non pour goûter son environnement !

La mouche goûte avec ses pattes.

Goûter avec les pattes

Les crabes et les mouches ont des cils chimiquement sensibles sur les pattes. Ils les utilisent pour goûter la nourriture en marchant dessus. Ainsi, après qu'une mouche a marché sur une traînée de confiture, et l'a ainsi goûtée, elle commence à la consommer.

Gros plan sur le cil d'une patte de mouche

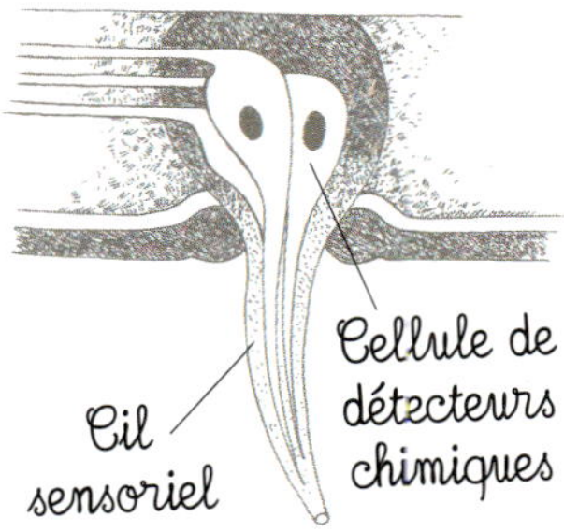

Pourquoi dit-on : Le ver est dans le fruit ?

La plupart des fruits véreux ne sont occupés que par un seul ver. Ainsi, la mouche pondeuse spécialisée dans la cerise pond un seul œuf par fruit. Elle signale ensuite la présence de cet œuf en déposant un produit chimique (une phéromone) à la surface de la cerise. Si une autre mouche se présente sur le même fruit, elle décèle avec ses pattes la présence de la phéromone, et est ainsi avertie que la cerise est occupée.

La mouche pond un seul œuf par fruit.

Goût et odorat sont difficiles à séparer !

❶ Bander les yeux du volontaire et lui demander de se boucher le nez.
❷ Lui présenter des cubes de même forme des 3 légumes, et lui demander de les identifier.

Chaque erreur montre bien que nos sensations gustatives dépendent aussi de l'odorat : un rhume fait perdre le goût des aliments, alors qu'il n'altère que l'odorat.

Matériel
- Volontaire
- Mouchoir
- Navet
- Céleri-rave
- Pomme de terre crue

Secrets de cuisine

Royaume de l'art culinaire, la cuisine te paraît sans doute loin de la science ; ses recettes se sont transmises de génération en génération, bien avant que physique et chimie ne se développent. La science permet aujourd'hui d'expliquer et de justifier beaucoup de procédés utilisés en cuisine... et d'en réfuter quelques-uns.

La cuisson des œufs

On peut considérer que l'œuf est un mélange de protéines et d'eau. Les protéines sont de longs fils repliés sur eux-mêmes et le blanc d'œuf est translucide. Quand on chauffe, on favorise le regroupement de plusieurs molécules : il apparaît un réseau dont les filaments sont composés de plusieurs protéines : le blanc devient opaque, en restant souple et moelleux. Si l'on prolonge la cuisson, les pelotes de filament se déroulent, l'eau s'évapore, la masse coagulée durcit.

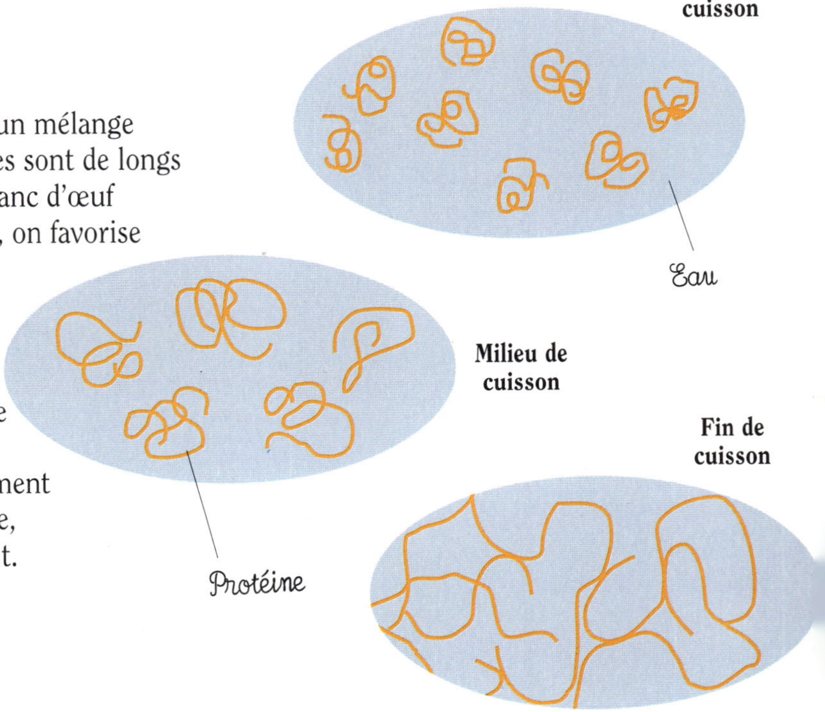

Œufs sur le plat

Quand on cuit un œuf sur le plat, il faut éviter de rendre le blanc caoutchouteux, et donc cesser la cuisson dès que le blanc d'œuf s'opacifie. Malheureusement, les parties du blanc proches du jaune cuisent plus difficilement : c'est que le jaune est entouré d'une protéine appelée ovomucine qui coagule plus difficilement que les autres. On favorisera la cuisson en salant le blanc autour du jaune : le sel (ou les acides) favorisent la cuisson des protéines, car leurs atomes électriquement chargés (ions) aident au déroulement et donc à la coagulation des protéines.

La mayonnaise

La mayonnaise est une émulsion, c'est-à-dire une dispersion de gouttelettes d'huile dans de l'eau. Normalement, eau et huile ne se mélangent pas, même quand on les brasse énergiquement. Cependant, la mayonnaise est stable car elle contient des tensioactifs provenant du jaune d'œuf (lécithine). Ces tensioactifs, comme les savons, ont une tête hydrophile (qui absorbe l'eau) et un corps hydrophobe (que l'eau ne mouille pas). La lécithine entoure les gouttes d'huile, permettant le mélange.

Les bons vieux « trucs » ne sont pas toujours les meilleurs !

La réaction de Maillard

C'est une réaction qui se produit quand un corps contenant des sucres et des protéines est suffisamment chauffé. Elle provoque l'apparition de composés aromatiques bruns, responsables, entre autres, des goûts et des odeurs de la croûte de pain ou du café torréfié. Si l'on veut l'utiliser, on chauffera vivement au début pour que la réaction se déclenche, puis plus doucement pour terminer la cuisson.

Champagne et petite cuillère

On raconte qu'une petite cuillère placée dans le goulot d'une bouteille de champagne entamée évite le dégagement des bulles. Trois œnologues ont effectué une série d'expériences rigoureuses en 1995 : ces expériences montrent qu'une petite cuillère plantée dans le goulot – même si elle est en argent – n'évite en aucune façon d'éventer le contenu de la bouteille.

Ener

Forces et M

C'est **l'énergie** qui crée les forces responsables de tous les changements de l'**Univers** : sans elle rien ne se passerait. Sur notre planète, le flux d'énergie qui vient du Soleil est capté par les plantes et se transmet le long des chaînes alimentaires.

gies
ouvements

Des formes multiples

Les scientifiques distinguent plusieurs formes d'énergie : l'énergie mécanique (potentielle ou cinétique), l'énergie calorifique, électrique, chimique, nucléaire, etc.

- **L'énergie potentielle** est l'énergie qui est là, prête à l'emploi, mais qui ne fait rien : il y en a dans l'élastique tendu, le ressort comprimé, le poids situé en hauteur…
- **L'énergie cinétique** (du grec *kine* = mouvement) est l'énergie que possède tout objet du fait de son mouvement.

L'énergie et ses transformations

Chaque fois qu'un corps se déplace ou se transforme, c'est sous l'effet de l'énergie. Cette énergie a de nombreux visages : lumière solaire, électricité, vent, carburants qui font tourner les moteurs, etc. Presque toute l'énergie présente sur Terre provient du Soleil.

Des transformations permanentes

L'essence brûlée dans un moteur d'automobile fournit de l'énergie calorifique. Une voiture qui pile transforme son énergie cinétique en chaleur. Une centrale hydraulique la transforme en électricité. Dans un grille-pain, l'énergie électrique est transformée en énergie thermique et lumineuse, dans une chaîne hi-fi en énergie sonore.

Une conservation parfaite

La loi de la conservation de l'énergie domine la physique. Cette loi affirme qu'on ne peut, à masse constante, ni créer ni détruire de l'énergie : on peut simplement la convertir d'une forme dans une autre forme. À la fin de la transformation, la quantité totale d'énergie est exactement la même qu'au début.

Les frottements

Un cycliste se laissant descendre sur une pente va transformer son énergie potentielle en énergie cinétique. Il devrait atteindre une vitesse suffisante pour remonter la pente suivante sans donner un seul coup de pédale… En réalité, il n'y arrivera pas sans pédaler, à cause de la perte d'énergie due aux frottements (résistance de l'air, des roues sur le sol, des roulements). Cette énergie perdue a été transformée en chaleur. Si l'on prend en compte cette perte, la loi de conservation de l'énergie s'applique parfaitement.

L'énergie des êtres vivants

Nous sommes des créatures du Soleil. C'est son énergie qui permet à tous les êtres vivants de la planète Terre de pouvoir maintenir leurs fonctions vitales.

Les êtres vivants

Les êtres vivants fabriquent des objets ou des formes en prélevant de l'énergie dans leur environnement. Bien que ces formes ou ces objets aient un but utilitaire, ils sont souvent superbes. Pour s'en rendre compte, il suffit par exemple d'observer l'architecture magnifique d'un rayon de ruche, la structure d'une cellule végétale ou la beauté d'une coquille d'escargot de mer.

Cette porcelaine a sécrété une coquille aux formes régulières.

Les multiples facettes d'un œil de mouche

Les alvéoles d'un rayon de ruche : une construction géométrique

À la frontière du vivant

Les virus se situent à la frontière du vivant et du non vivant. En milieu externe, ils ne présentent pas de signe de vie et sont incapables de prélever de l'énergie dans leur environnement ou de se reproduire. Par contre, s'ils arrivent à infecter une cellule vivante, ils peuvent en prendre les commandes, la détourner de son fonctionnement normal, lui faire fabriquer leurs propres copies et donc, se multiplier.

Les autotrophes

Ils élaborent des substances organiques à partir d'éléments minéraux simples. La plupart, comme les plantes, y arrivent par photosynthèse. À partir de la lumière du Soleil, de l'eau du sol et du dioxyde de carbone présent dans l'atmosphère, elles fabriquent leur propre substance et rejettent de l'oxygène.

Par photosynthèse, la plante se constitue, se nourrit et rejette de l'oxygène.

Cette chenille est un hétérotrophe.

Ce jeune léopard fait aussi partie du monde des hétérotrophes.

Les hétérotrophes

Ils subviennent à leurs besoins en se nourrissant d'autotrophes, ou d'autres hétérotrophes, en digérant les composés carbonés renfermant de l'énergie. L'homme est un hétérotrophe, ainsi que tous les autres membres du règne animal.

Chaînes alimentaires

La plante constitue le point de départ d'une chaîne alimentaire. Elle est appelée producteur primaire, car c'est la seule à faire entrer dans le circuit l'énergie du Soleil. Ensuite, arrivent les herbivores, les carnivores primaires et secondaires, les omnivores et les détritivores. Lorsqu'un animal mange une plante, ou un autre animal, l'énergie contenue dans la nourriture consommée passe dans l'organisme du mangeur. 10 % sont stockés dans son organisme, 90 % sont brûlés pour alimenter la vie de l'animal. Ainsi, les carnivores primaires ne récupèrent que 10 % de l'énergie des plantes, les carnivores secondaires que 1 % !

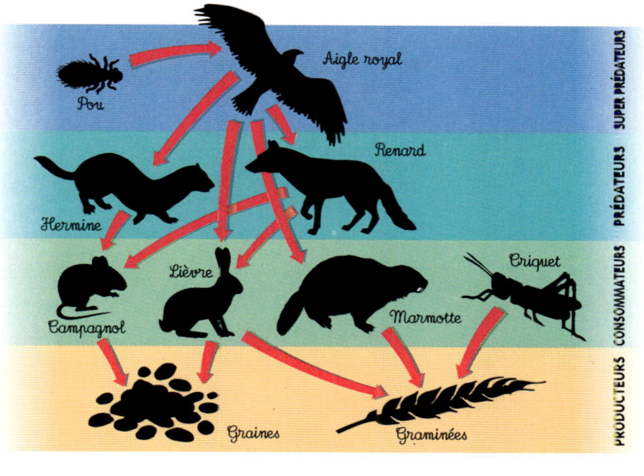

Chaleur et température

Si un corps reçoit de la chaleur, sa température s'élève ou il change d'état physique. Les effets de ces transformations permettent de mesurer les températures.

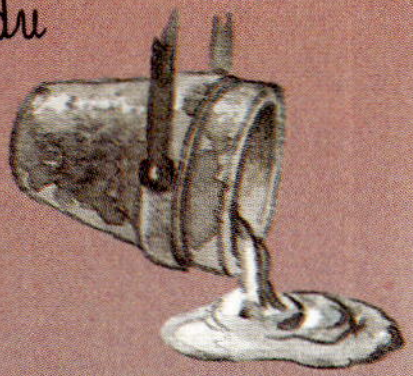

Qu'est-ce que la température ?

Les substances solides, liquides ou gazeuses, sont formées de molécules ou d'atomes qui bougent. Quand on les chauffe, on leur fournit de l'énergie, ce qui a pour effet d'augmenter le nombre des chocs. L'immobilité parfaite des atomes ou des molécules serait atteinte à - 273 °C, que les scientifiques nomment zéro absolu.

Les dilatations

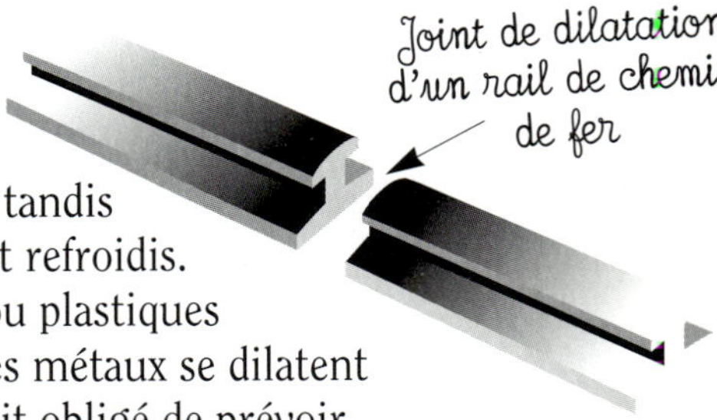

Les solides, liquides ou gaz qui sont chauffés se dilatent, tandis qu'ils se contractent s'ils sont refroidis. Les **solides** comme les bois ou plastiques se dilatent peu, tandis que les métaux se dilatent suffisamment pour qu'on soit obligé de prévoir des joints de dilatation sur les voies ferrées ! Les **liquides**, eux, se dilatent plus, et servent ainsi à mesurer les températures (thermomètre à alcool ou à mercure). Quant aux **gaz**, ils se dilatent encore plus que les liquides ou les solides, permettant ainsi la montée en pression d'une Cocotte-Minute.

Le thermomètre

Lorsqu'on veut mesurer la température, c'est-à-dire la vitesse de déplacement des molécules ou atomes qui bougent, on utilise un thermomètre gradué en degrés centésimaux ou Celsius (0 °C). Sur l'échelle Celsius, 0 °C correspond à la température de fusion de la glace, 100 °C à la température d'ébullition de l'eau sous pression normale.

L'air chaud du ballon est plus léger que l'air ambiant.

La première montgolfière

Premier à s'élever dans les airs, le ballon à air chaud fut inventé par les frères Montgolfier et expérimenté en public le 4 juin 1783. Les premiers passagers furent en septembre 1783 un coq, un canard et un mouton ! Enfin, en novembre 1783, le marquis d'Arlandes et Pilâtre de Rozier survolaient Paris pendant 25 minutes.

La chaleur travaille

La chaleur, qui est une forme d'énergie, peut être transformée en travail. On peut alors faire avancer des voitures, des trains ou des avions. Ainsi, dans une machine à vapeur, le combustible est brûlé en dehors du moteur, produisant de la vapeur. Celle-ci actionne un piston dont le mouvement, relayé par des bielles, fait tourner les roues.

La chaudière est alimentée en eau. Le bois et le charbon servent de combustible.

La chaleur voyage...

La chaleur peut passer d'un endroit à un autre par conduction, convection ou radiation. Limiter ce vagabondage permet d'économiser l'énergie.

La radiation

C'est un moyen de recevoir de la chaleur directement : ainsi, le feu transmet sa chaleur par rayonnement. Cette transmission a lieu même à travers de grandes distances : le Soleil chauffe la Terre par radiation !

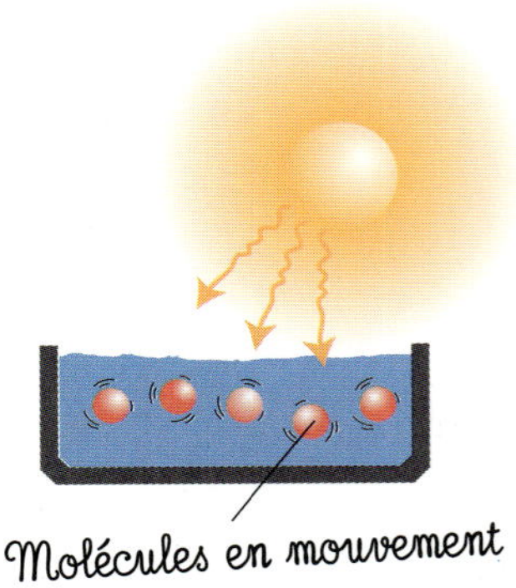

La conduction

C'est une transmission par contact analogue à une course de relais : les molécules qui vibrent rapidement transmettent leur mouvement aux voisines, et ainsi de suite de proche en proche. Les métaux sont de bons conducteurs de la chaleur tandis que l'air ou le polystyrène sont de mauvais conducteurs de la chaleur, et donc de bons isolants !

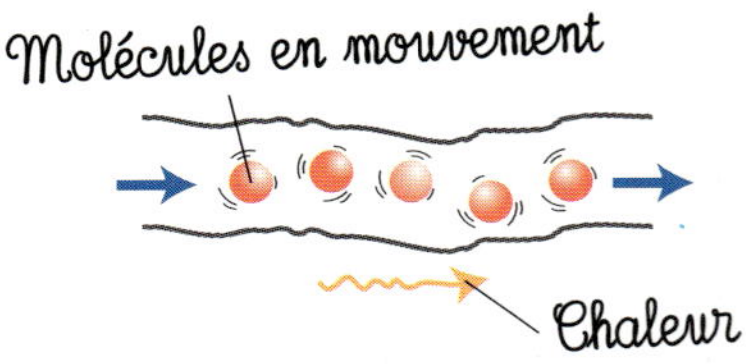

La convection

C'est un courant – d'air par exemple – qui, en devenant plus chaud, se dilate, devient moins dense et s'élève pour être remplacé par un fluide plus froid. Ces courants de convection permettent à la chaleur de se déplacer plus rapidement que par conduction.

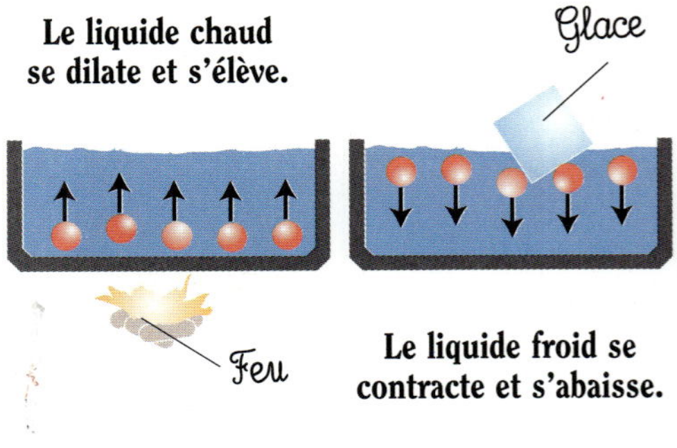

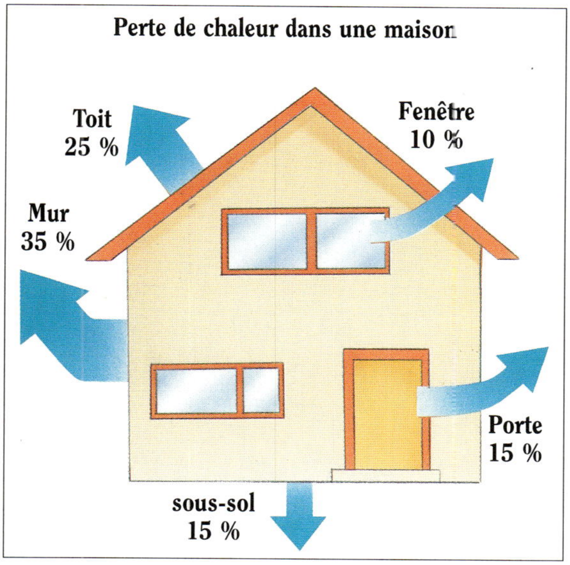

Conserver la chaleur dans la maison

Les pertes de chaleur d'une maison se font surtout par les murs, le toit, les fenêtres et les portes. On agit donc d'abord sur ces divers points, en isolant le toit et les murs (laine de verre ou de roche) ainsi que les ouvertures (fenêtres à double vitrage).

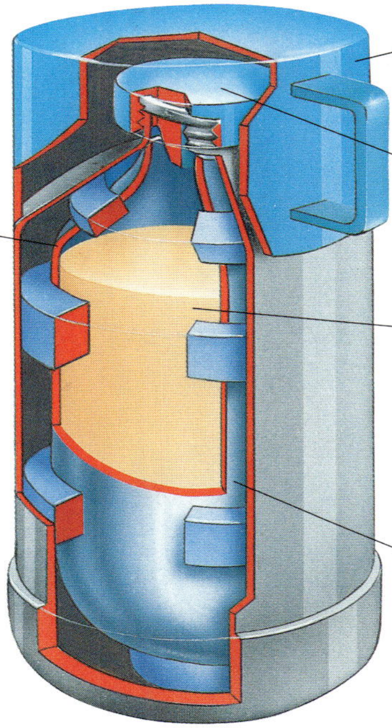

La bouteille Thermos

Elle permet de garder des boissons chaudes ou froides pendant des heures. L'intérieur est constitué d'un récipient à double paroi de verre qui est argentée pour réfléchir les rayons thermiques. Le vide est fait à l'intérieur, interdisant toute transmission de chaleur. Enfin, support et bouchon sont en matériau très isolant (liège ou polystyrène) ce qui réduit les pertes par conduction.

Économiser l'énergie

Matériel
- 2 casseroles
- 2 œufs
- Montre

Fais chauffer la même quantité d'eau dans les 2 casseroles. Quand l'eau bout, glisse un œuf dans chacune. Dès que l'ébullition reprend, baisse le feu et couvre la casserole 1, tandis que le feu est maintenu fort sous la casserole 2. Au bout de 10 min, enlève les œufs, refroidis-les et enlève leur coquille. Surprise, leur cuisson est identique !

Quand l'eau bout, que le feu soit fort ou réduit, elle a la même température. L'eau qui bout fort passe plus vite à l'état de vapeur, et nécessite plus d'énergie. Alors, baisse le feu : la cuisson sera aussi rapide, et tu feras des économies d'énergie !

L'énergie nucléaire

Chaque noyau atomique contient une fantastique quantité d'énergie. Dans les centrales nucléaires, cette énergie, libérée par fission des noyaux d'atomes d'uranium, sert à produire de la vapeur, puis de l'électricité.

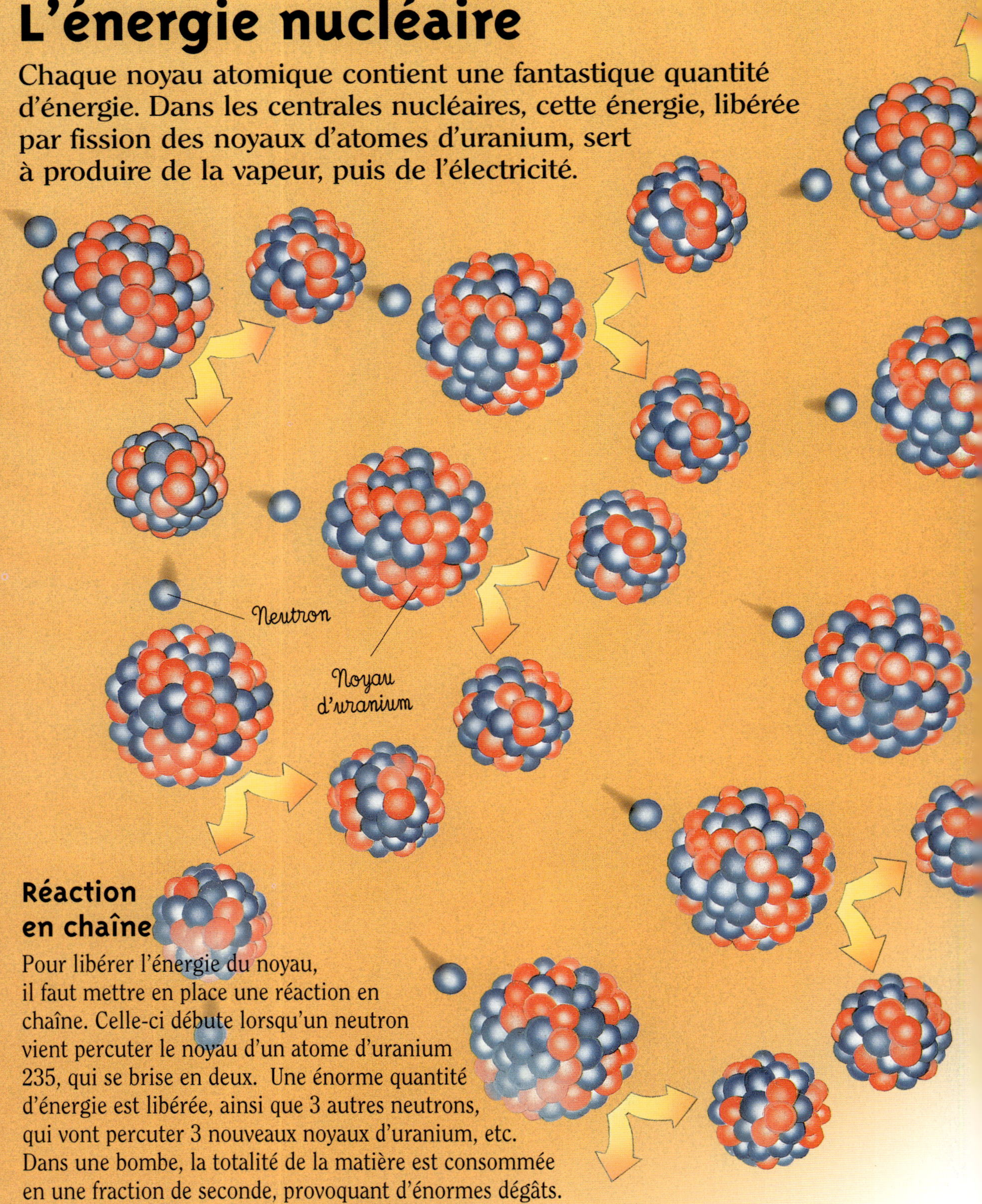

Réaction en chaîne

Pour libérer l'énergie du noyau, il faut mettre en place une réaction en chaîne. Celle-ci débute lorsqu'un neutron vient percuter le noyau d'un atome d'uranium 235, qui se brise en deux. Une énorme quantité d'énergie est libérée, ainsi que 3 autres neutrons, qui vont percuter 3 nouveaux noyaux d'uranium, etc. Dans une bombe, la totalité de la matière est consommée en une fraction de seconde, provoquant d'énormes dégâts. Dans une centrale, la réaction est ralentie, permettant un déroulement continu de la réaction en chaîne.

La centrale nucléaire

Elle utilise la chaleur produite par la réaction de fission pour transformer de l'eau en vapeur, le reste de la centrale fonctionnant comme une centrale thermique alimentée au charbon ou au fuel. Le cœur du réacteur comprend des barres de combustible (tubes de métal contenant l'uranium) et des barres de contrôle. Elles absorbent les neutrons et permettent le contrôle de la marche du réacteur : plus on les enfonce, plus on ralentit la réaction en chaîne.

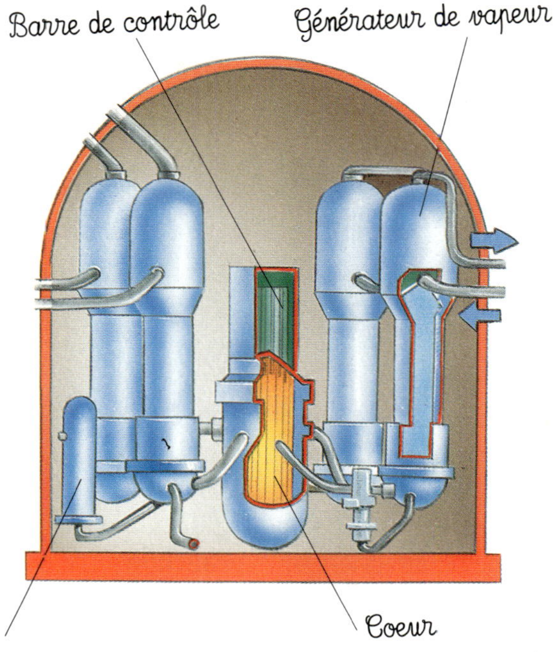

Salle de commande d'une centrale nucléaire

Centrale nucléaire de Golfech, Tarn-et-Garonne

Cadeau empoisonné

Le combustible usé en sortie de centrale est hautement radioactif. La plupart de ses constituants vont rester dangereux pendant plus d'un million d'années. Après avoir d'abord immergé les déchets en mer, on s'oriente maintenant vers leur enfouissement dans des zones où leur activité pourra décroître sans être dangereuse pour la vie et l'environnement. Il reste que nous allons ainsi laisser à nos descendants, pendant de nombreuses générations, la charge de surveiller nos déchets... et ce sans aucune contrepartie !

La sécurité nucléaire

L'industrie nucléaire est une industrie dangereuse, car elle traite des matériaux dont la radioactivité est élevée pendant des périodes extrêmement longues. Elle impose donc de grandes précautions : cœur logé dans une enceinte métallique entourée de parois de béton, règles de sécurité sévères, contrôle des rejets. Cependant, l'accident nucléaire de Tchernobyl (en 1986) est venu rappeler que des erreurs de conception (absence d'enceinte de confinement) jointes à des erreurs humaines pouvaient entraîner une catastrophe majeure, entraînant la pollution radioactive de vastes régions.

Les trois lois de Newton

Dans notre univers, et malgré l'immobilité apparente de toutes choses, tout bouge, des plus petites particules aux plus gigantesques galaxies... Ces mouvements obéissent aux lois établies par Newton.

1 • En l'absence de force, le mouvement ne change pas...

Une des lois physiques les plus importantes, la première loi de Newton, dit que tous les objets ont une inertie, c'est-à-dire qu'ils ne bougent pas tant qu'une force ne les y oblige pas, mais aussi qu'un objet en mouvement continue celui-ci, avec la même vitesse et la même direction, tant qu'aucune force ne lui est appliquée. En somme, mouvement ou immobilité continuent tant qu'aucune force n'est appliquée à l'objet.

Isaac Newton

En l'absence de force, les boules restent immobiles.

2 • Accélération et décélération

La deuxième loi de Newton s'intéresse aux objets soumis à une force. Dans ce cas, le mouvement, et donc la vitesse change ; l'objet accélère ou décélère, suivant la nature de la force appliquée ; cette accélération est d'autant plus grande que la force est plus importante et l'objet plus léger.

Ne pas confondre vitesse et accélération !

La vitesse, c'est l'espace parcouru, pendant l'unité de temps ; en sciences, les vitesses sont souvent exprimées en mètres par seconde (m/s). L'accélération mesure l'accroissement de vitesse pendant un temps donné. Par exemple, si tu passes d'une marche rapide (2 m/s) à la course (4 m/s) en 1 seconde, tu as gagné 2 m/s en 1 seconde soit une accélération de 2 m/s/s.

Le patineur retient sa partenaire avec une force égale à la traction de celle-ci.

Au décollage, la fusée est soumise à une énorme accélération.

3 • L'action et la réaction

Toute force appliquée de A sur B entraîne une force égale et opposée de B sur A : forces d'action et de réaction sont toujours égales et opposées. C'est cette égalité qui explique le recul du fusil, la bonne marche des avions à réaction ou des fusées, la possibilité de jouer au billard, etc.

Un ballon à réaction

Matériel
- Ballon à gonfler

Gonfle le ballon puis lâche-le : poussé par l'éjection vers l'arrière de l'air que tu viens de lui fournir, il va se déplacer rapidement, jusqu'à ce qu'il soit vide. Tu as ainsi mis en évidence le principe de l'action et la réaction !

Les frottements

Si tu es lancé sur ton vélo, sur une route parfaitement plane et horizontale, tu sais bien qu'arrêter de pédaler fera qu'au bout de quelques secondes, ton vélo s'arrêtera. C'est qu'une force de frottement s'opposant à ce mouvement vient d'agir.

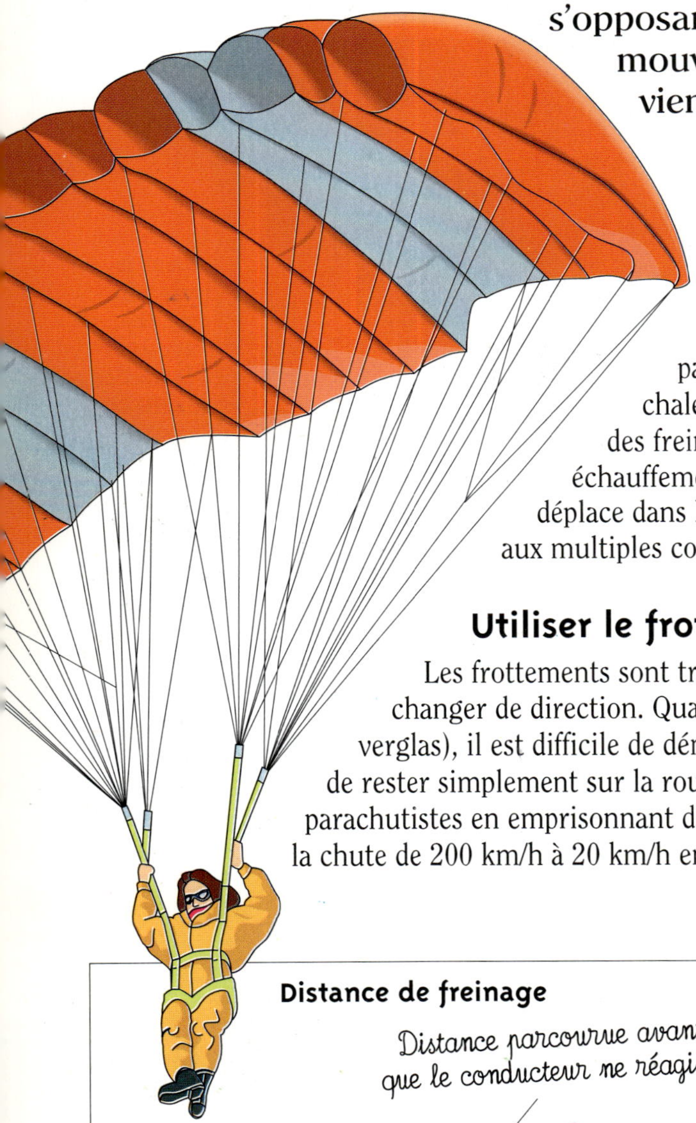

Qu'est-ce que le frottement ?

Le frottement est une force qui agit entre 2 objets lorsqu'ils se touchent. Il tend à s'opposer à leur mouvement relatif et à le ralentir, une partie de l'énergie cinétique se transformant en chaleur. Quand tu freines, le frottement des patins des freins de ta bicyclette sur la jante provoque un échauffement de la jante et du patin ! Lorsqu'un objet se déplace dans l'air, les frottements existent aussi : ils sont dus aux multiples collisions de l'objet avec les molécules d'air.

Utiliser le frottement

Les frottements sont très utiles aux voitures, pour s'arrêter, démarrer ou changer de direction. Quand les frottements sont très faibles (par temps de verglas), il est difficile de démarrer (les roues patinent), de s'arrêter, et même de rester simplement sur la route ! Les parachutes freinent la chute des parachutistes en emprisonnant de l'air sous la toile. Ce frottement de l'air ralentit la chute de 200 km/h à 20 km/h environ.

Distance de freinage

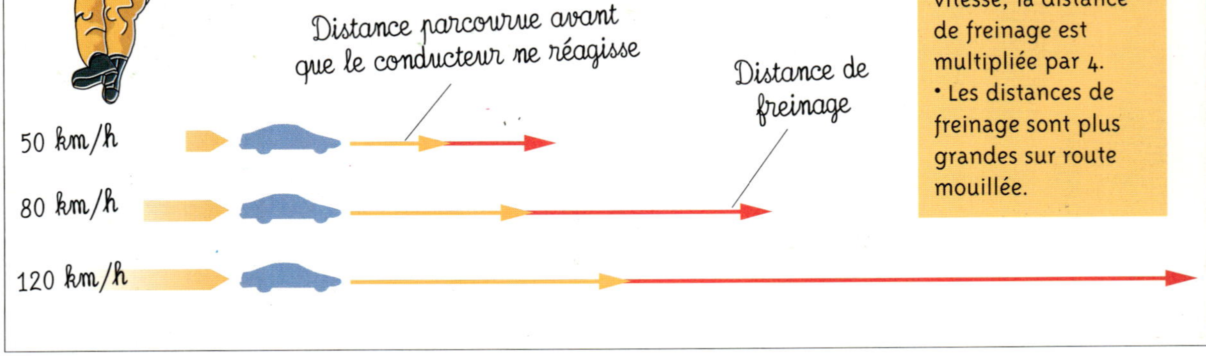

À savoir...

- Quand la voiture double sa vitesse, la distance de freinage est multipliée par 4.
- Les distances de freinage sont plus grandes sur route mouillée.

La 4 cv des années 1950

La Twingo des années 1990

L'aérodynamisme

Pour diminuer les frottements, il faut se glisser dans l'air en évitant les tourbillons qui vont freiner le mouvement. La résistance de l'air dépend de la forme, de la section et de l'état de la surface de l'objet qui se déplace. À des vitesses modérées (inférieures à 300 km/h) la meilleure forme est celle dite « en goutte d'eau », le corps fuselé ayant un rapport longueur/diamètre voisin de 4. Les physiciens mesurent la « qualité» aérodynamique d'une forme par le coefficient Cx (le Cx est d'autant plus faible que la forme est plus aérodynamique).

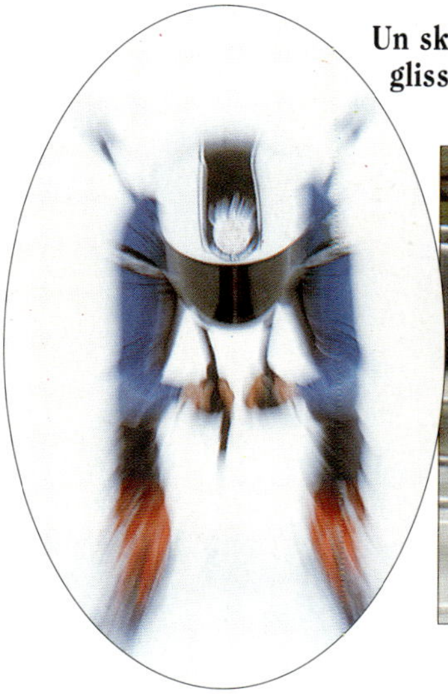

Un skieur de kilomètre lancé glisse à plus de 200 km/h.

Le cycliste de compétition prend une position aérodynamique.

Réduire les frottements

Commence avec un vélo qui a des pneus partiellement dégonflés. Lance-toi du haut de la pente sans pédaler et marque avec un trait de craie l'endroit où ton vélo s'arrête. Recommence l'expérience en gonflant au maximum les roues, et marque un deuxième trait. Enfin, recommence une troisième fois en conservant tes pneus gonflés et en te penchant pour prendre une position plus aérodynamique. C'est la dernière expérience qui permet d'aller le plus loin : tu as à la fois diminué la friction des pneus sur le sol et le frottement de ton corps dans l'air.

Matériel

- Vélo
- Craie
- Route en pente légère

Gravité et équilibres

Si on lâche un objet, il tombe. C'est qu'une force d'attraction invisible, la pesanteur, attire tous les corps vers le centre de la Terre. La loi de la gravitation indique que les forces d'attraction s'exercent entre toutes les masses de l'univers.

Qu'est-ce que la gravité ?

La gravité (ou pesanteur) est une force qui s'exerce entre 2 corps, en les attirant l'un vers l'autre. Chacun exerce sur l'autre sa propre attraction. À la surface de la Terre, la gravité se traduit par le poids d'un objet. Le poids est donc la force d'attraction exercée sur lui par la Terre. Inversement, la Terre subit elle aussi une force d'attraction égale et opposée exercée par l'objet.

La gravité, ailleurs...

La gravité à la surface d'une planète dépend de la masse de la planète et de son rayon. Ainsi, à la surface de la Lune la gravité est 6 fois moindre qu'à la surface de la Terre : c'est ce qui explique que les astronautes aient été aussi peu gênés par le poids de leur combinaison spatiale !

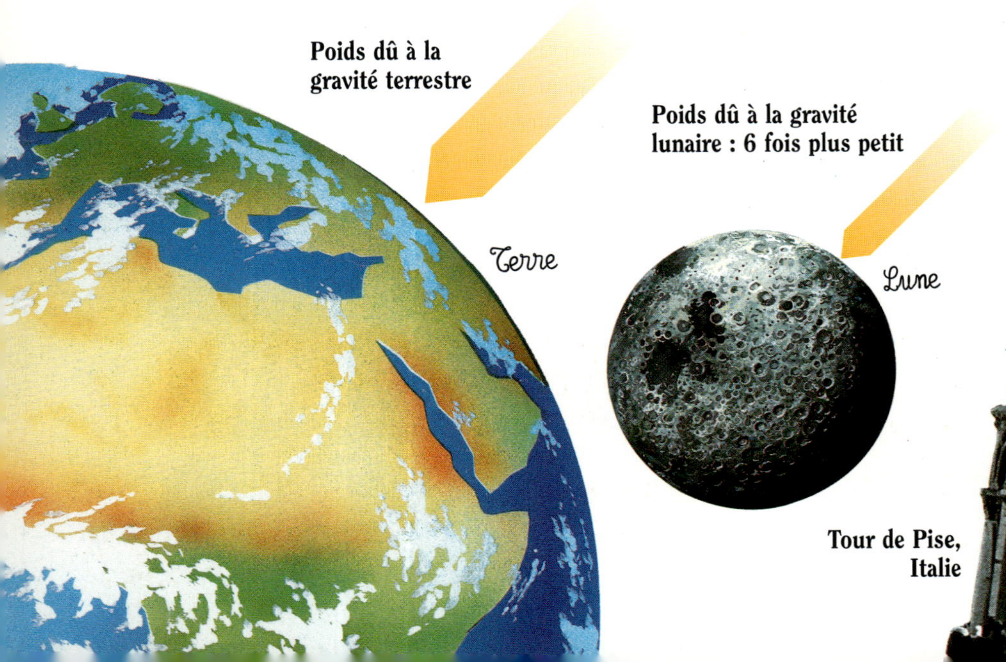

Tour de Pise, Italie

Les expériences de Galilée

Galilée conçoit de nombreuses expériences destinées à étudier la chute des corps. La légende raconte qu'il utilise pour cela la célèbre tour penchée de Pise, du haut de laquelle il lâche des boules de masse différente, mais de forme identique. En réalité, il les fait rouler sur des plans inclinés, et constate ainsi que tous les objets, quelle que soit leur masse, arrivent au sol en même temps, contrairement à ce qu'avait prévu Aristote.

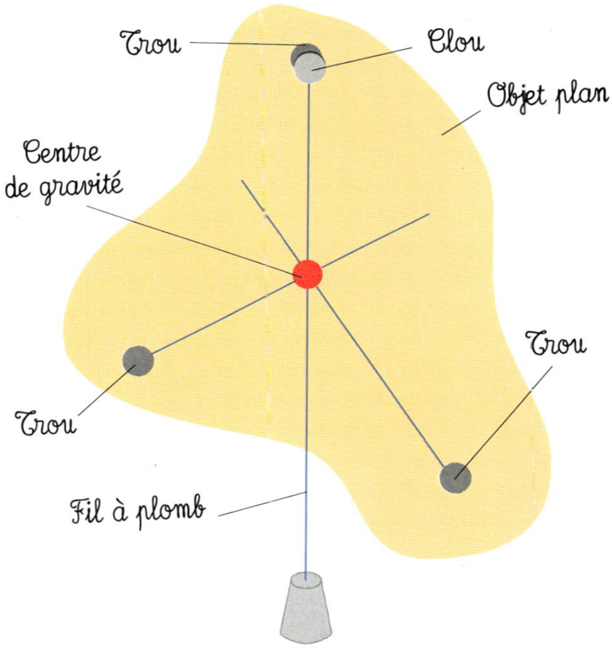

Théorie de Newton

Newton, en 1687, expose dans *Principes de la Philosophie* la loi de gravitation universelle. C'est en voyant tomber une pomme que Newton aurait eu « l'illumination de la loi » ! Les succès de la loi de Newton sont immenses et permettent de prévoir la plupart des événements observables en mécanique céleste.

Le bouchon stable

Plante une fourchette de biais dans un bouchon, puis place-le juste au bord d'une table : il ne tombe pas, car le centre de gravité est abaissé et déplacé vers la table !

Centres de gravité et équilibres

La gravité s'exerce sur chacun des points d'un objet ; mais tout se passe comme si le poids de l'objet était concentré en un seul point, le centre de gravité. Pour trouver le centre de gravité d'un objet plan, il suffit de tracer 2 droites, grâce à un fil à plomb. L'équilibre d'un objet dépend de la position de son centre de gravité. Il faut que la verticale qui passe par son centre de gravité soit à l'intérieur de la base d'appui. D'autre part, sa stabilité sera d'autant plus grande que le centre de gravité sera plus bas.

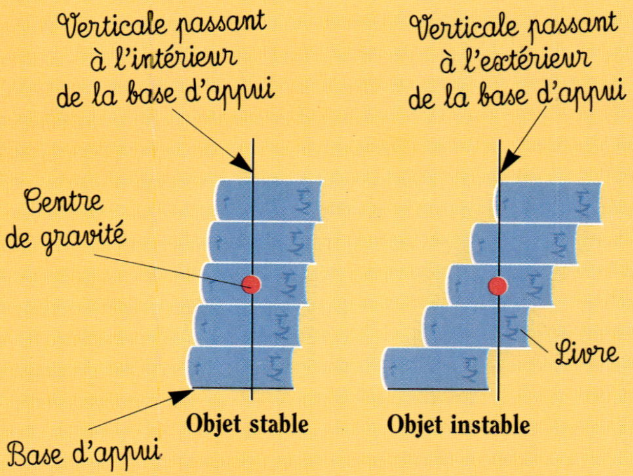

Les mouvements circulaires

Beaucoup d'objets ont un mouvement circulaire : les roues, les manèges, les ventilateurs, les disques, mais aussi les satellites ou la Lune autour de la Terre... et la Terre autour du Soleil !

Quand on lâche la fronde, le projectile s'échappe suivant la tangente au cercle.

La force centripète, et ses effets

En l'absence de force, tout objet lancé se déplace en ligne droite. Pour qu'il y ait mouvement circulaire, il doit y avoir action d'une force obligeant l'objet à changer de direction en permanence. Cette force appelée centripète est bien visible lorsqu'on fait tourner une fronde. La fronde a une vitesse telle que la force centrifuge compense exactement la force centripète exercée par la corde. Si l'on coupe la corde, l'objet qui décrivait le mouvement circulaire part en ligne droite, en suivant la tangente au cercle.

Force centrifuge

Quand un objet, ou un occupant, est installé à bord d'un véhicule en mouvement circulaire, son inertie a tendance à le faire continuer tout droit, tandis que la force centripète ramène le véhicule vers l'intérieur pour qu'il reste sur sa trajectoire. Ainsi, le conducteur d'une automobile est plaqué contre la portière lors d'un virage à droite. C'est ce qu'on nomme force centrifuge.

Satellites et planètes du système solaire

La gravité exercée par le Soleil, sur les 9 planètes du système solaire, est suffisante pour les maintenir sur des trajectoires stables, en équilibrant leur force centrifuge. Pour qu'un satellite artificiel reste en orbite autour de la Terre, il doit avoir aussi une vitesse qui compense l'attraction gravitationnelle de la Terre. Cette vitesse doit être supérieure à 28 000 km/h.

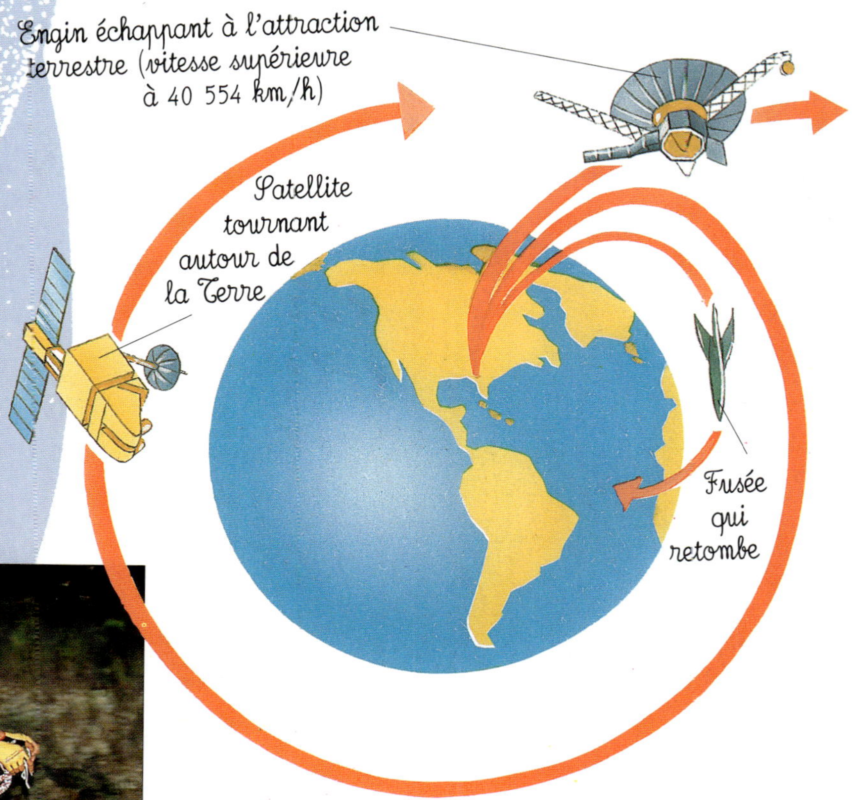

La stabilité de la bicyclette est due au mouvement circulaire des roues.

La résistance des objets en mouvement circulaire

De même que les objets en mouvement rectiligne, du fait de leur inertie, continuent leur mouvement en ligne droite et résistent à tout changement de direction, un objet en mouvement circulaire résiste quand on essaie de l'orienter différemment. C'est ce phénomène qui rend les bicyclettes ou motos plus stables à haute vitesse… Il permet la fabrication de gyroscopes.

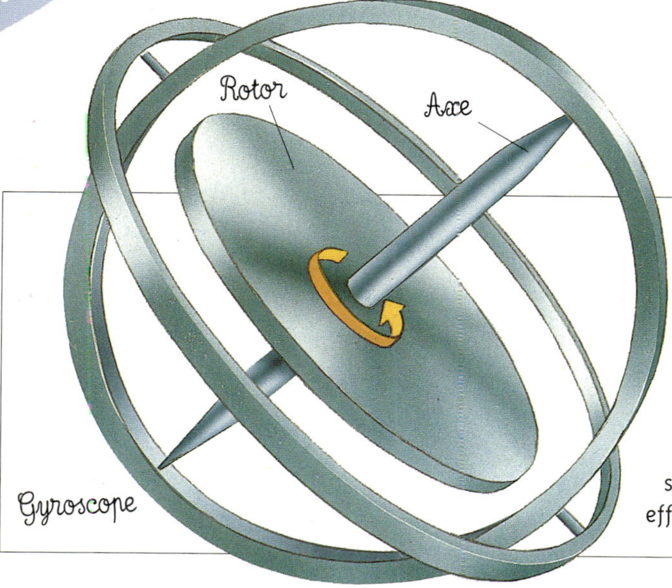

Gyroscope

Il est constitué d'une roue de masse élevée (rotor) fixée à un axe à mouvement libre. Quand la roue est mise en rotation rapide, le gyroscope résiste aux forces qui agissent sur lui. Ainsi, si l'axe pointe vers le nord lorsqu'on met en mouvement le rotor, le gyroscope conservera la même direction. On peut ainsi s'orienter avec un engin qui, lui, pointera effectivement vers le Nord géographique !

Plan incliné et roue

D'abord limités à leur seule force musculaire et à celle des animaux, les hommes ont très vite utilisé des machines simples pour faciliter leurs tâches et démultiplier ou prolonger leurs efforts.

Le plan incliné

Si tu as l'habitude de te promener en montagne, tu as déjà fait l'observation suivante : grimper par un chemin très escarpé réclame un effort très important mais de courte durée ; par contre, prendre une voie moins inclinée nécessite un effort plus faible mais plus long. De toute façon, le travail fourni dans les 2 cas est le même ! Le plan incliné est basé sur cette observation ; il va permettre de réduire l'effort en augmentant la distance parcourue. La cale est un plan incliné mobile. Elle est très utilisée dans les machines à couper, comme les haches, ciseaux ou rabot, mais aussi la charrue.

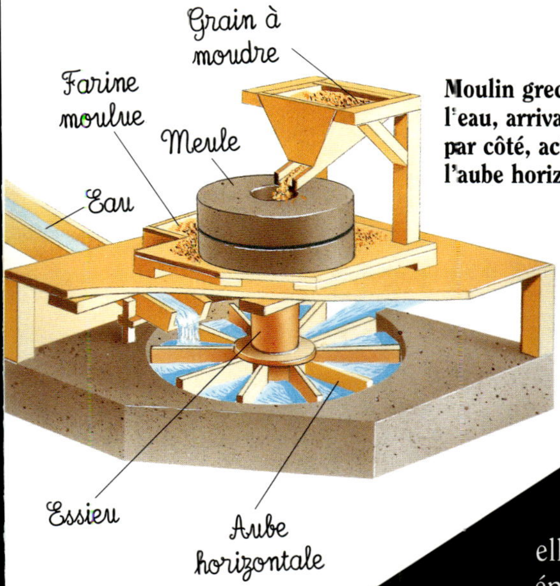

Moulin grec : l'eau, arrivant par côté, actionne l'aube horizontale.

La roue

Pour déplacer de très lourdes charges, il faut diminuer les forces de friction : pour cela, nos ancêtres se sont servis d'abord de troncs d'arbres ; c'était mieux que de tirer la charge sur le sol, mais chaque tronc qui était libéré à l'arrière devait être ramené devant la charge. La roue a donc constitué un progrès : elle reste en position sous la charge et permet de diminuer énormément la friction. La roue permet aussi d'augmenter la force : une force modérée appliquée à l'extérieur de la roue va permettre, au niveau de l'axe, d'obtenir une force importante. Les applications vont du vilebrequin au volant, en passant par la clé à molette, le moulin, etc.

Par un mouvement tournant, la clé d'une boîte de sardines retire le couvercle en fer.

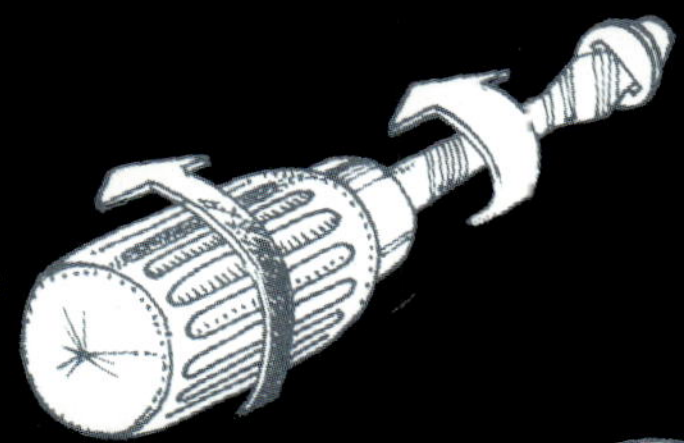

Le manche du tournevis amplifie la force de rotation.

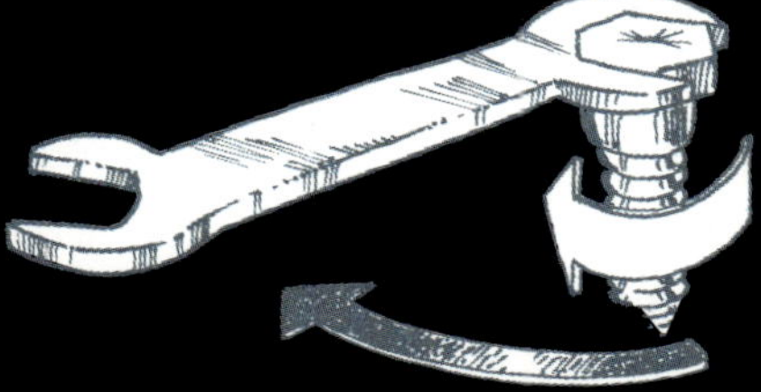

La clé permet avec une force modérée de visser le boulon.

La force du conducteur est amplifiée par le volant.

Comprendre le plan incliné

Coupe une longueur de 40 cm de ficelle. Noue les 2 cubes A et B aux 2 extrémités. Dans la position 1, livre vertical, les 2 cubes restent immobiles.
En inclinant lentement le livre, et pour une certaine inclinaison 2, le cube A situé sur le livre commence à glisser pour remonter la pente.
La force exercée par B sur A n'ayant évidemment pas changé, l'expérience montre que l'effort nécessaire pour déplacer A a été réduit.

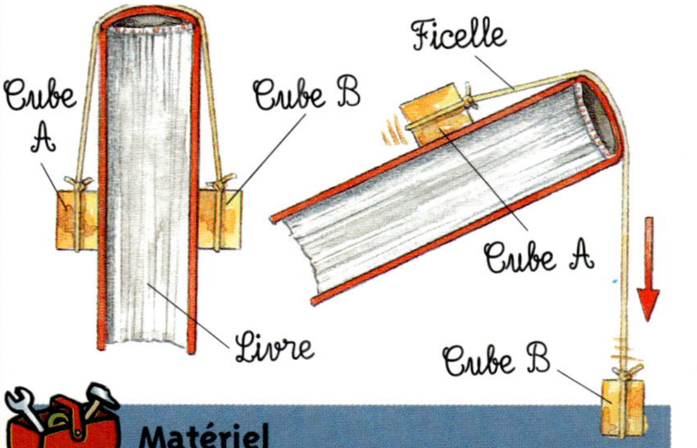

Matériel

- Livre à couverture lisse
- Ficelle de cuisine
- 2 cubes de bouillon concentré entourés de papier métallique

Leviers et poulies

Capables de démultiplier le mouvement, les leviers et poulies permettent une meilleure utilisation de la force musculaire... ou de la puissance des moteurs.

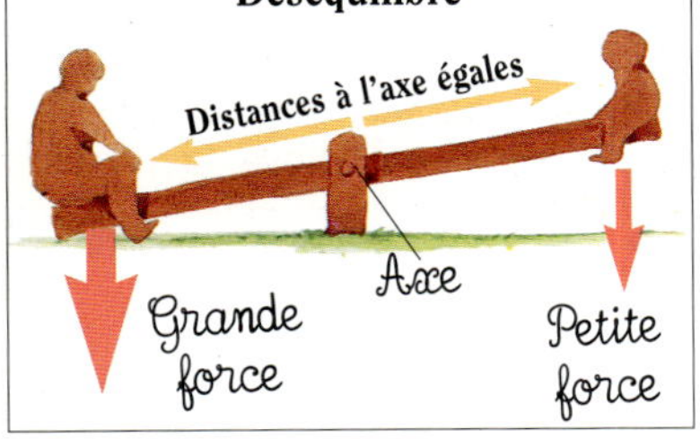

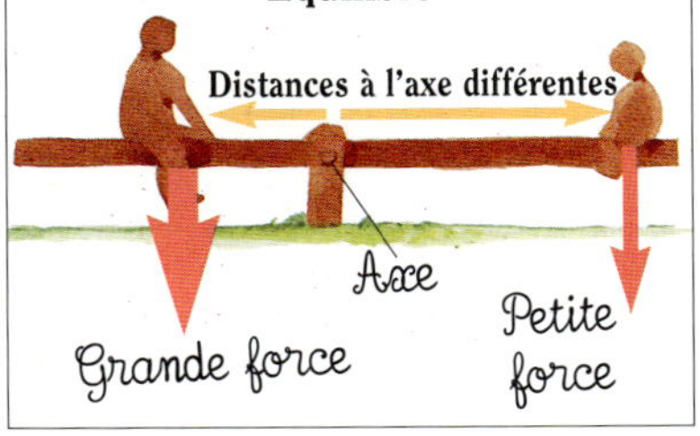

Les 3 types de leviers

La balançoire utilise le principe des leviers. Si les 2 personnes sont de poids identique, tout va bien. Dans le cas contraire, pour retrouver l'équilibre, le plus lourd doit avancer.

Levier du 1er type : L'axe du pivot est situé entre la charge et l'effort. Un effort faible équilibre la charge.

Levier du 2e type : L'axe du pivot est situé à une extrémité de la barre, l'effort à l'autre extrémité. La charge se situe entre les deux.

Levier du 3e type : L'axe du pivot se situe à une extrémité de la barre. L'effort est entre le pivot et la charge. Un gros effort sur un petit déplacement entraîne un mouvement important de la charge.

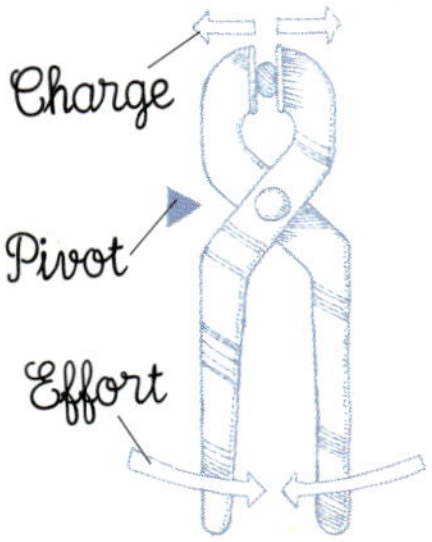

Levier du 1er type

Levier du 2e type

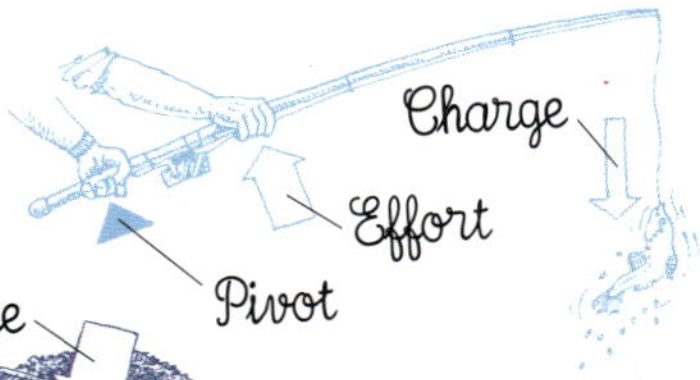

Levier du 3e type

Poulies simples, doubles, multiples

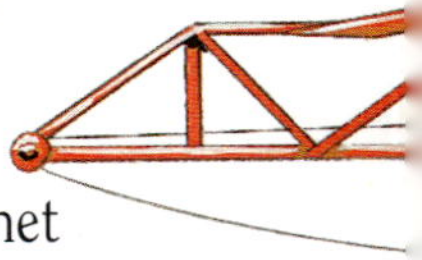

La poulie simple ne multiplie pas l'effort exercé : elle permet simplement d'exercer cet effort dans une direction différente. On choisit une direction descendante, ce qui permet à celui qui tire de se faire aider par la pesanteur.

Le poulie double ou composée permet, non seulement de changer la direction de l'effort, mais aussi de le multiplier. La charge ne se déplace que de la moitié du déplacement de la force de traction, mais on soulève ainsi une charge double.

La poulie multiple, ou palan, multiplie la force exercée par le nombre de poulies utilisées.

Travaux de force

Demande à 2 amis de tenir les manches à balai à 50 cm l'un de l'autre. Attache la corde au centre de l'un des manches à balai et enroule-la ensuite sur l'autre manche en faisant des boucles tout en gardant l'extrémité libre de la corde dans tes mains. Dis alors à tes amis d'essayer d'empêcher les 2 manches de se rejoindre. Malgré leurs efforts, ils n'y arriveront pas si tu tires sur la corde, profitant ainsi d'une poulie multiple : ta force est alors multipliée !

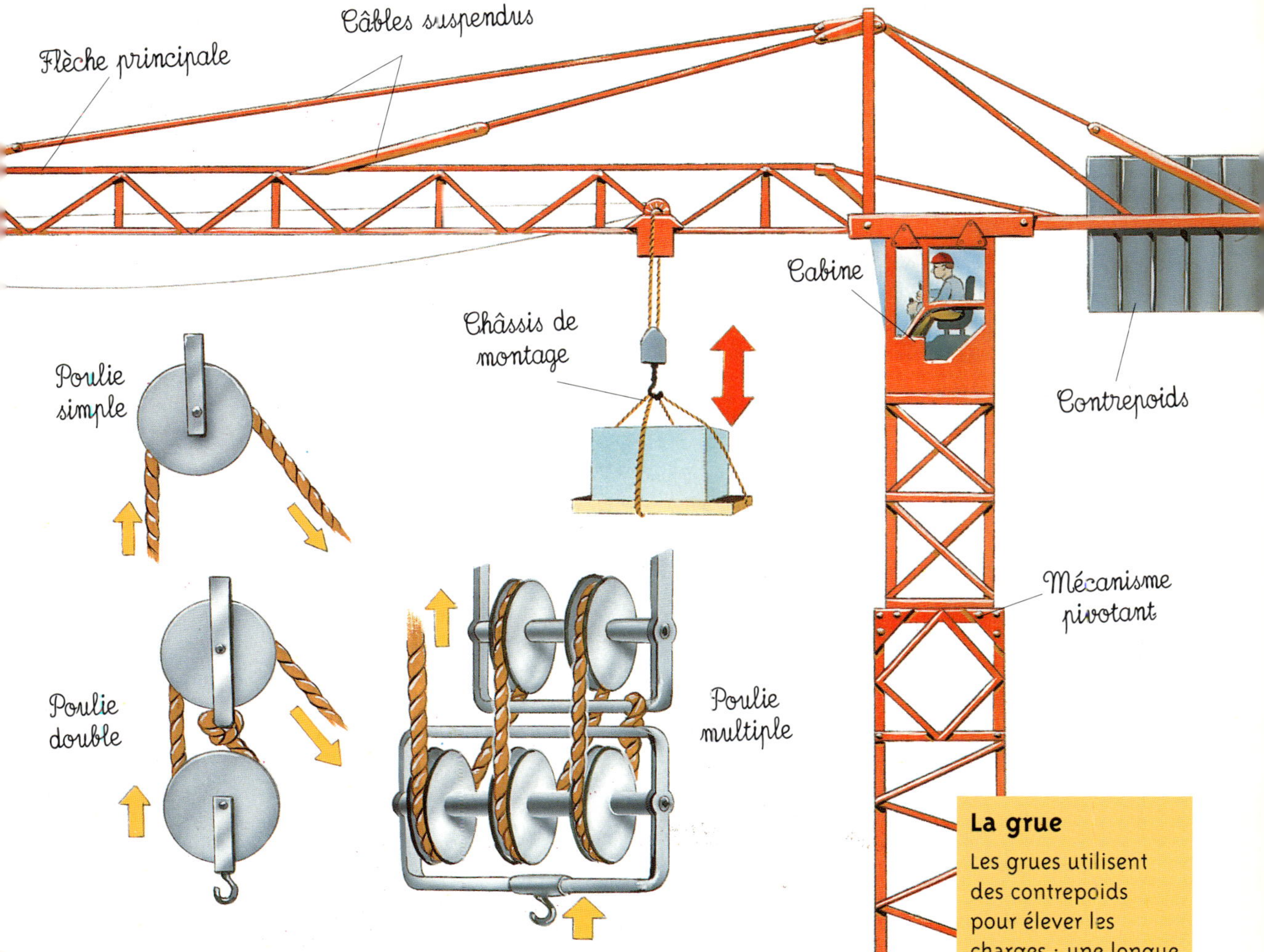

La grue

Les grues utilisent des contrepoids pour élever les charges : une longue flèche principale est soutenue par des câbles suspendus. Sur la flèche, d'où descend un crochet, un chariot peut bouger.

Matériel

- Corde
- 2 manches à balai vernis
- 2 amis

Engrenage à crémaillère : les dents du pignon entraînent les crans d'une pièce rectiligne qui se déplace.

Engrenages, chaînes et courroies

Quand on désire transmettre le mouvement, en modifiant éventuellement sa vitesse ou la force exercée, on utilise les courroies, chaînes ou engrenages.

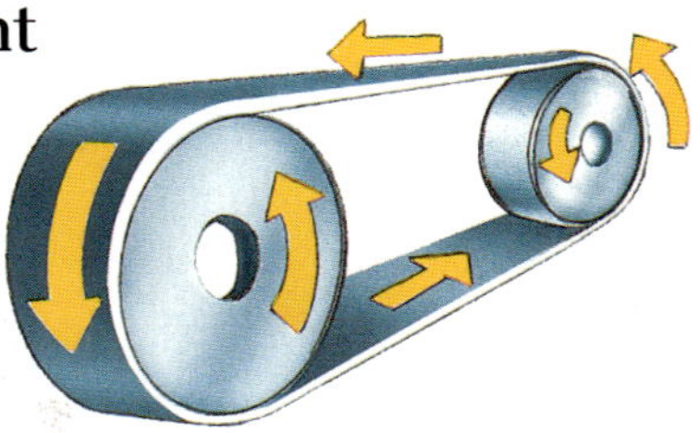

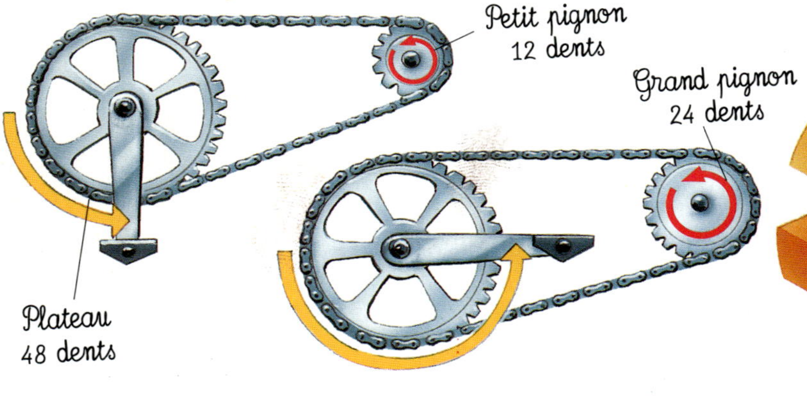

Chaînes et courroies

La modification de vitesse dépend du rapport de la taille du plateau à la taille du pignon. En plaine, le cycliste choisit 48 dents sur le pédalier et 12 dents sur le pignon arrière. Dans ces conditions, 1/4 de tour de pédalier fait progresser la roue arrière de 1 tour, puisque le plateau de pédalier a 4 fois plus de dents que le pignon arrière (rapport 1/4). Face à une côte, le cycliste choisit un pignon plus grand (24 dents). Un demi-tour de pédalier fait alors progresser la roue arrière de 1 tour (rapport 1/2). La démultiplication de l'effort est plus grande, et l'obstacle franchi plus facilement, mais la vitesse est divisée par 2 par rapport au cas précédent !

L'engrenage cylindrique est un système de 2 roues dentées. Si les roues sont de diamètre différent, la vitesse transmise d'une roue à l'autre sera modifiée.

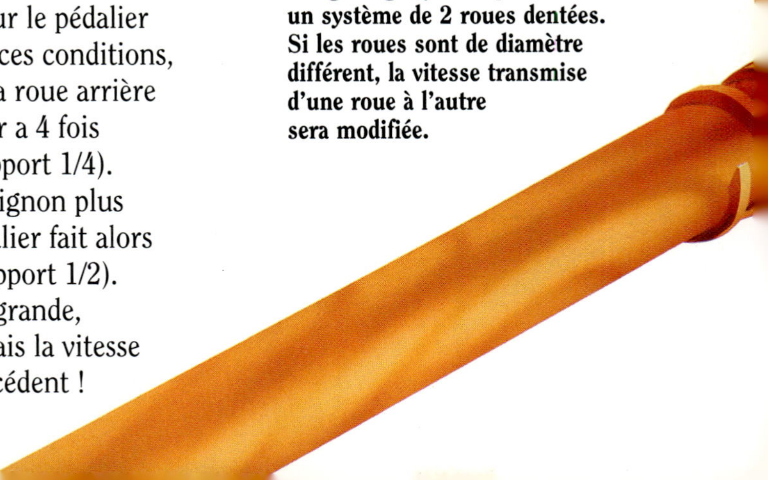

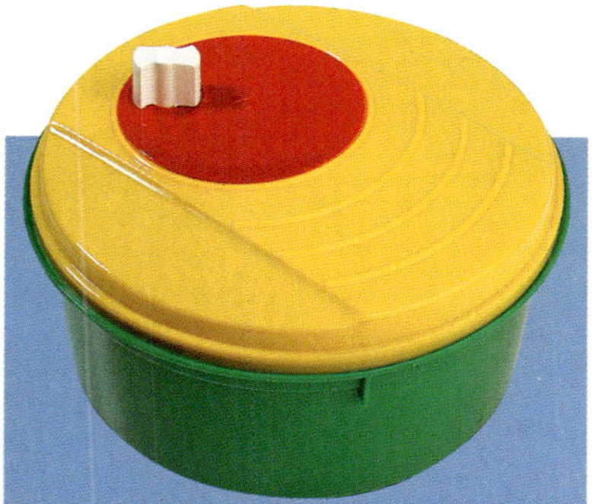

Les applications

L'essoreuse à salade tourne à grande vitesse, permettant d'expulser l'eau des feuilles. Un engrenage à anneau denté entraîné par le bouton attaque un engrenage planétaire intérieur beaucoup plus petit. Dans ces conditions 1 tour de bouton correspond à 7 tours du panier de l'essoreuse, ce qui permet d'atteindre la grande vitesse de rotation cherchée.

Direction d'automobile

La colonne de direction de la voiture, commandée par le volant, fait tourner un pignon qui entraîne la crémaillère vers la droite ou la gauche. Les roues suivent alors ce mouvement.

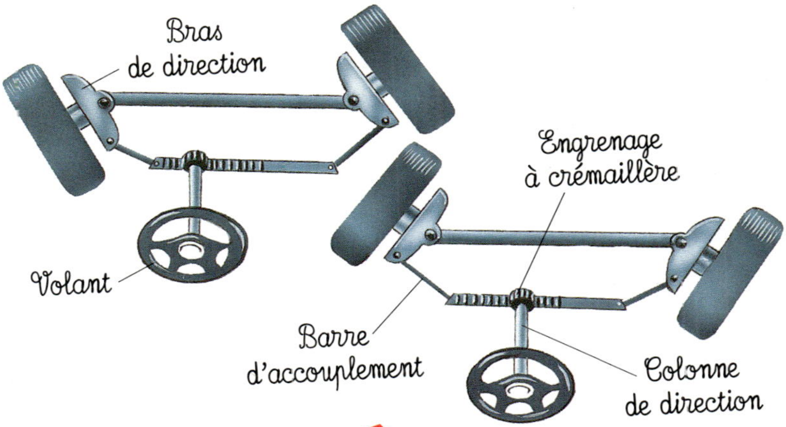

Engrenages coniques et vis sans fin permettent de changer la direction de rotation et la vitesse.

Le tire-bouchon met en action une crémaillère, ainsi que des leviers. Le tire-bouchon est positionné sur le goulot.

On enfonce en tournant, ce qui fait relever les bras.

Quand le tire-bouchon est complètement enfoncé, une faible force exercée sur l'extrémité des bras va se traduire (levier) par une force importante exercée, par l'intermédiaire de la crémaillère, sur le bouchon.

La bicyclette

Ancêtres de la bicyclette, célérifère et draisienne vont évoluer rapidement au XIXe siècle pour aboutir aux machines actuelles : la bicyclette est aujourd'hui une des machines les plus efficaces pour convertir le travail humain en mouvement.

Le slogan vantant cette draisienne disait « ...pour faire 14 lieues en 15 jours ».

1936 : les congés payés... et la bicyclette !

Du célérifère à la draisienne

La première ébauche de bicyclette est le célérifère, formé d'une poutre de bois portant 2 roues et actionné par les pieds appuyant sur le sol. L'Allemand Karl Friedrich Drais (1819) améliore le dispositif en rendant la roue avant pivotante, grâce à une fourche montée sur un axe : c'est la draisienne.

Dans les années 1950, le catalogue Manufrance dévoile les charmes de l'« Hirondelle ».

Vers la bicyclette moderne

Dès 1861, Pierre et Ernest Michaux adaptent sur le moyeu de la roue avant d'une draisienne une paire de manivelles en fer, les pédales. En 1870, le vélocipède possédait une roue avant de 1,50 m et une roue arrière de 60 cm, ce qui ne rendait pas la conduite facile ! En 1880, l'Anglais Starley lance une bicyclette à roue arrière motrice, grâce à une chaîne. La bicyclette « moderne » date du début du XXe siècle.

Cette bicyclette des années 1950 est munie d'un dérailleur arrière. Aujourd'hui, un dérailleur avant permet de changer la chaîne de plateau.

Une machine complexe et efficace

Les pédales de la bicyclette agissent comme des leviers pour entraîner les plateaux dentés du pédalier. La chaîne assure la liaison de ces plateaux avec les pignons de différentes tailles qui entraînent la roue arrière. Plateaux du pédalier et pignons sont des engrenages reliés par la chaîne : ainsi, la force appliquée par les pieds du cycliste sur le pédalier est transformée en une force capable d'entraîner la roue arrière. Légères et profilées, les bicyclettes de course sont extrêmement efficaces : elles permettent à un champion de parcourir 50 km en une heure, alors qu'un coureur à pied en fait 20 !

Autrefois inaccessibles, les terrains accidentés n'ont plus de secrets pour le VTT.

Les voiliers

De nombreux bateaux utilisent des voiles pour se propulser grâce à la force du vent : planches à voile, catamarans, voiliers, canots de pêche, etc. Tous utilisent une énergie naturelle, non polluante, qui fait avancer les bateaux depuis... plus de 5 000 ans !

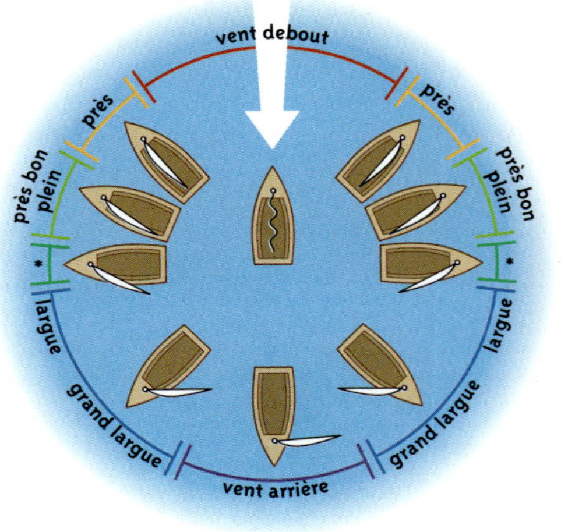

Remonter au vent et gouverner

Impossible pour un voilier de marcher face au vent : l'angle maximum avec le vent, pour les meilleurs voiliers actuels, est de 45° environ. Si l'on veut se diriger vers le vent (on dit remonter au vent), il faut donc tirer des bords, c'est-à-dire marcher en zigzag. Pour gouverner, on utilise le safran du gouvernail : il agit sur l'eau qui s'écoule le long du bateau en pivotant pour dévier son flux.

Trois allures

Vent arrière :
la voile est perpendiculaire au vent, donc à l'axe du bateau. La force du vent pousse le voilier droit devant, gonflant la voile : la dérive ne sert à rien.

Vent de travers :
la voile est orientée à 45° du vent. La poussée aérodynamique du vent sur la voile se décompose en 2 forces : une force de propulsion qui fait avancer le bateau et une force latérale de dérive.

Près serré :
la voile est approchée au maximum de l'axe du bateau. Par l'orientation de la voile, la dérive est maximale et la force de propulsion minimale : c'est l'allure la plus délicate !

De l'ancienne Égypte...

Les anciens Égyptiens étaient de grands navigateurs, et ils ont laissé beaucoup de dessins montrant les plans de construction de leurs navires (vieux de 5 000 ans). Leurs voiliers, avec leur voile unique et carrée, étaient incapables de remonter contre le vent.

... au Nouveau Monde

Les clippers étaient les navires les plus rapides de leur époque, construits pour des transports sur de longues distances. Ils furent surtout utilisés entre 1850 et 1870 pour transporter des émigrants en Californie, en doublant le cap Horn, de la laine d'Australie en Angleterre ou du thé de Chine jusqu'à Londres. Le record de traversée entre Londres et l'Australie est de 60 jours.

La caravelle : un vaisseau remontant au vent !

Avant l'invention de la caravelle, à la Renaissance, les meilleurs voiliers remontaient à 67° du vent. La caravelle, elle, pouvait remonter à 55°. Sur une même distance, on passe donc de 5 bords à 3 bords : énorme économie de parcours... et de temps.

Les planeurs

Il est possible de voler sans moteur, en utilisant simplement les mouvements de l'atmosphère. C'est ce que réalisent les planeurs et les deltaplanes, mais aussi les oiseaux planeurs, comme les mouettes, les fous ou les albatros.

Utiliser les mouvements de l'atmosphère

Les planeurs peuvent profiter des courants ascendants de l'atmosphère pour gagner des altitudes importantes et effectuer des vols sur de grandes distances. Ils utilisent les ascendances thermiques et les courants de relief.

Les ailes

L'air circule plus vite au-dessus de l'aile qu'au-dessous, puisqu'il a un chemin plus grand à parcourir. Cette différence de vitesse crée une différence de pression, d'où une aspiration vers le haut. Cependant, les ailes n'ont une portance que si l'air circule assez vite. Sinon, les filets d'air sont perturbés, c'est le « décrochage » et la chute !

L'effet Bernouilli !

Si tu places une feuille de papier devant ta bouche, et que tu souffles au-dessus, la feuille a tendance à monter. C'est le scientifique suisse Daniel Bernouilli (1700-1782) qui a découvert que plus un gaz – ou un liquide – se déplace rapidement, plus sa pression diminue !

Condamné à toujours descendre !

Les planeurs sont lancés par un treuil ou remorqués par un avion. Une fois lâchés à une altitude correcte, ils ne peuvent se maintenir à une vitesse suffisante que parce qu'ils descendent lentement par rapport à l'air qui les entoure, tirés par une partie de leur poids. On nomme finesse la distance horizontale parcourue par un planeur pour une perte d'altitude unité : un planeur de finesse 50 parcourt 50 m en perdant 1 m d'altitude.

Fabrique un planeur en papier

❶ Trace une ligne passant par le milieu des petits côtés de la feuille, puis 2 lignes joignant l'un de ces milieux A aux 2 points situés à 10,5 cm, sur les grands côtés. Plie suivant ces lignes.

❷ Trace à nouveau 2 lignes partant de A et arrivant à 5 cm des extrémités. Plie à nouveau suivant ces 2 traits.

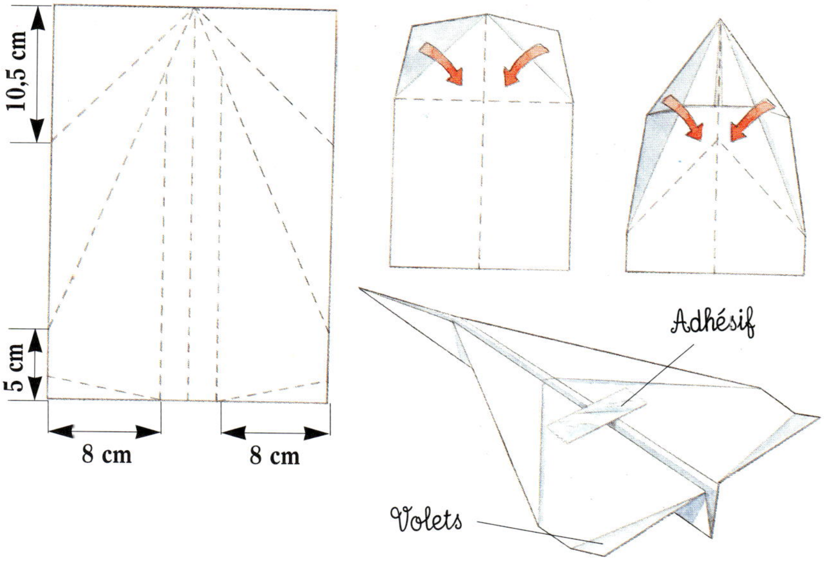

❸ À 8 cm des bords extérieurs de la feuille, trace 2 lignes parallèles à la ligne centrale. Plie suivant le schéma.

❹ Fixe les ailes avec de l'adhésif. Effectue les plis correspondant aux volets. Le planeur est prêt ! S'il a tendance à monter, diminue l'inclinaison des volets jusqu'à ce que le vol soit correct.

Matériel
- Feuille 21 x 29,7 cm
- Ruban adhésif
- Double décimètre
- Crayon

L'albatros utilise les courants ascendants et ne peut voler en l'absence de vent.

La cigogne est un oiseau migrateur.

Les animaux planeurs

Mouettes, goélands ou fous utilisent les ascendances de relief tandis que les ascendances thermiques sont exploitées par les cigognes et les grands rapaces. Avec une finesse de 24, les albatros sont les meilleurs planeurs naturels, surclassés cependant – et de loin – par les planeurs de performance qui atteignent une finesse de 60 !

Les moteurs

Pour créer du mouvement à partir de l'énergie, il faut disposer de moteurs. Moteur à explosion et réacteur sont les 2 types de moteurs les plus utilisés.

Moteur à explosion à 4 temps

Ce moteur brûle un mélange d'air et d'essence dans une chambre de combustion. La chaleur produite dilate l'air, repousse le piston, ce qui fait tourner un vilebrequin. Il convertit donc de la chaleur en énergie mécanique. Dans un moteur à 4 temps, le travail n'est produit que pendant 1 temps, donc pendant 1/4 de cycle. C'est pourquoi la plupart des moteurs à explosion sont constitués de 4, 6 ou 8 cylindres, ce qui permet d'obtenir un mouvement du vilebrequin beaucoup plus régulier ; l'ordre d'allumage des cylindres est choisi dans ce but.

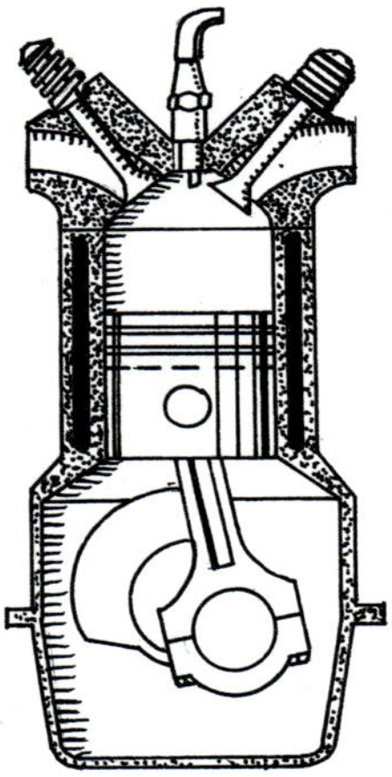

❶ Le mélange essence-air entre dans le cylindre par la soupape d'admission, pendant que le piston descend.

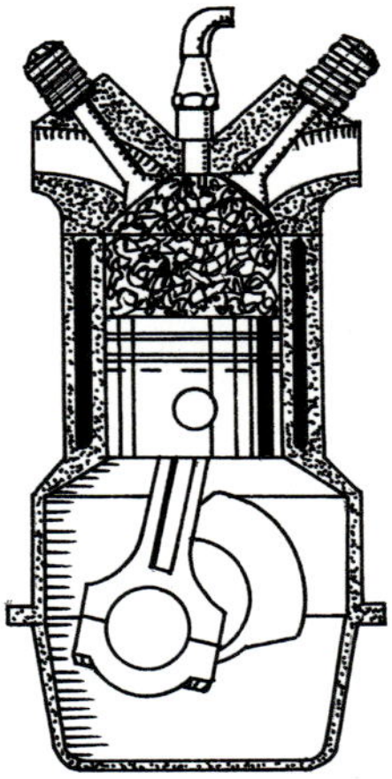

❷ La soupape d'admission est fermée. Le piston remonte, comprimant le mélange essence-air.

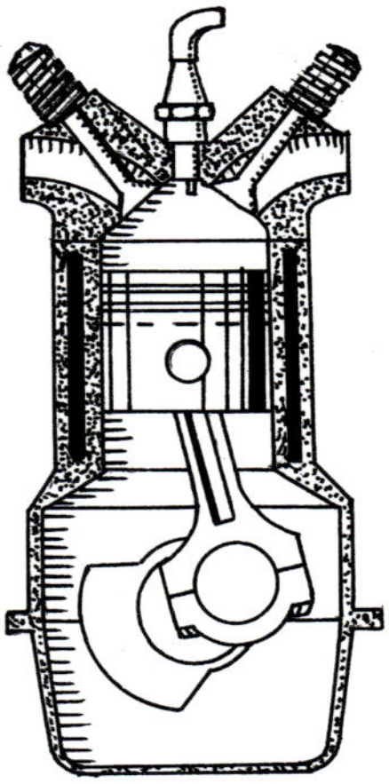

❸ La bougie d'allumage produit une étincelle qui enflamme le mélange gazeux. L'explosion pousse le piston vers le bas.

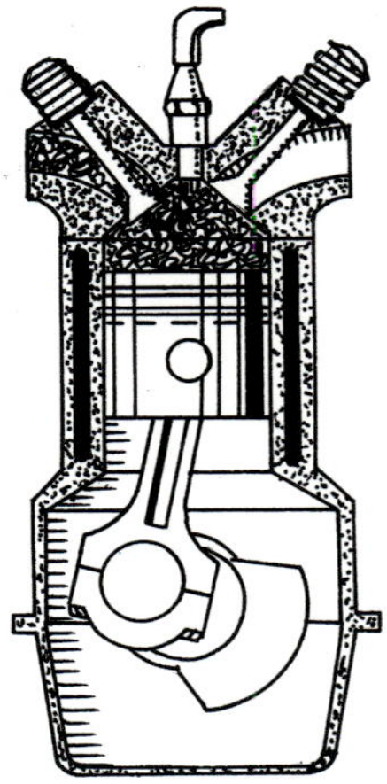

❹ La soupape d'échappement s'ouvre, permettant l'éjection des résidus gazeux à l'extérieur.

La compétition automobile permet de faire progresser les moteurs à explosion.

Moteurs d'avions

La plupart des moteurs d'avions sont des turboréacteurs qui fonctionnent grâce à la combustion de kérosène (pétrole) et qui propulsent les avions en application de la 3e loi de Newton : toute action produit une réaction égale et opposée. Les turboréacteurs absorbent l'air à l'avant et le rejettent à l'arrière avec une vitesse beaucoup plus élevée, ce qui a pour effet de propulser l'avion vers l'avant. Ces moteurs puissants, fiables et économiques ont révolutionné l'aviation.

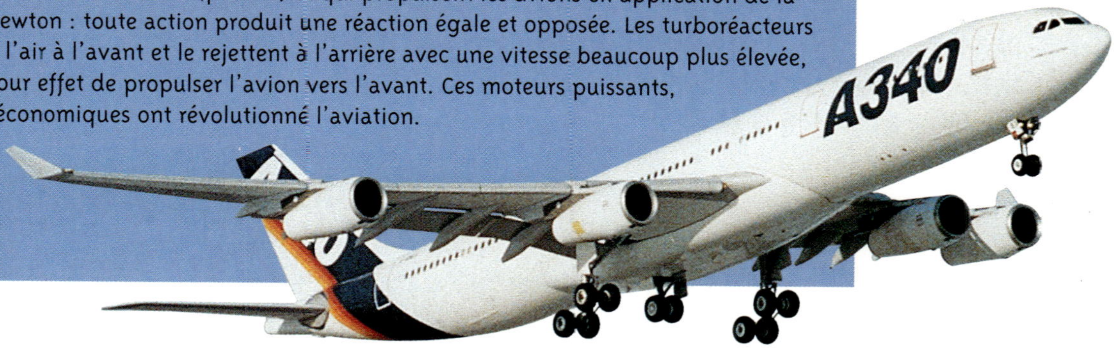

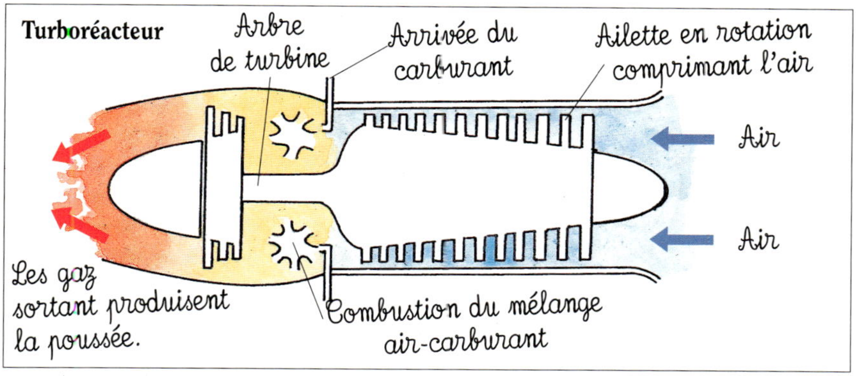

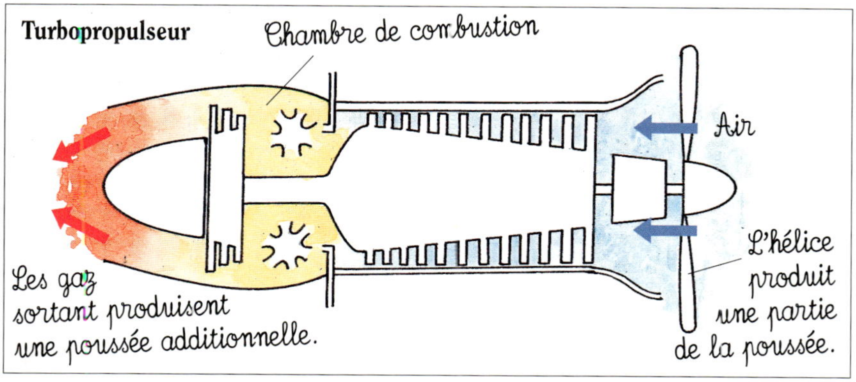

Turboréacteur

Une turbine en rotation aspire l'air dans le moteur. Une partie pénètre dans le compresseur, y est comprimée puis mélangée à du kérosène et enflammée. Les gaz chauds se dilatent, traversent la turbine arrière en la faisant tourner, et sont expulsés, provoquant la poussée. Le reste de l'air froid baigne l'ensemble du moteur, en le refroidissant. Cet air se réchauffe donc, puis est éjecté vers l'arrière, créant ainsi une partie de la poussée.

Turbopropulseur

Il fonctionne comme un turboréacteur mais il entraîne une hélice qui produit une partie de la poussée. Il consomme moins de carburant mais permet des vitesses moins grandes que les turboréacteurs.

L'automobile

Formée de milliers de pièces, l'automobile moderne est un assemblage d'éléments complexes qui vont du moteur aux freins, en passant par la suspension ou la boîte de vitesses.

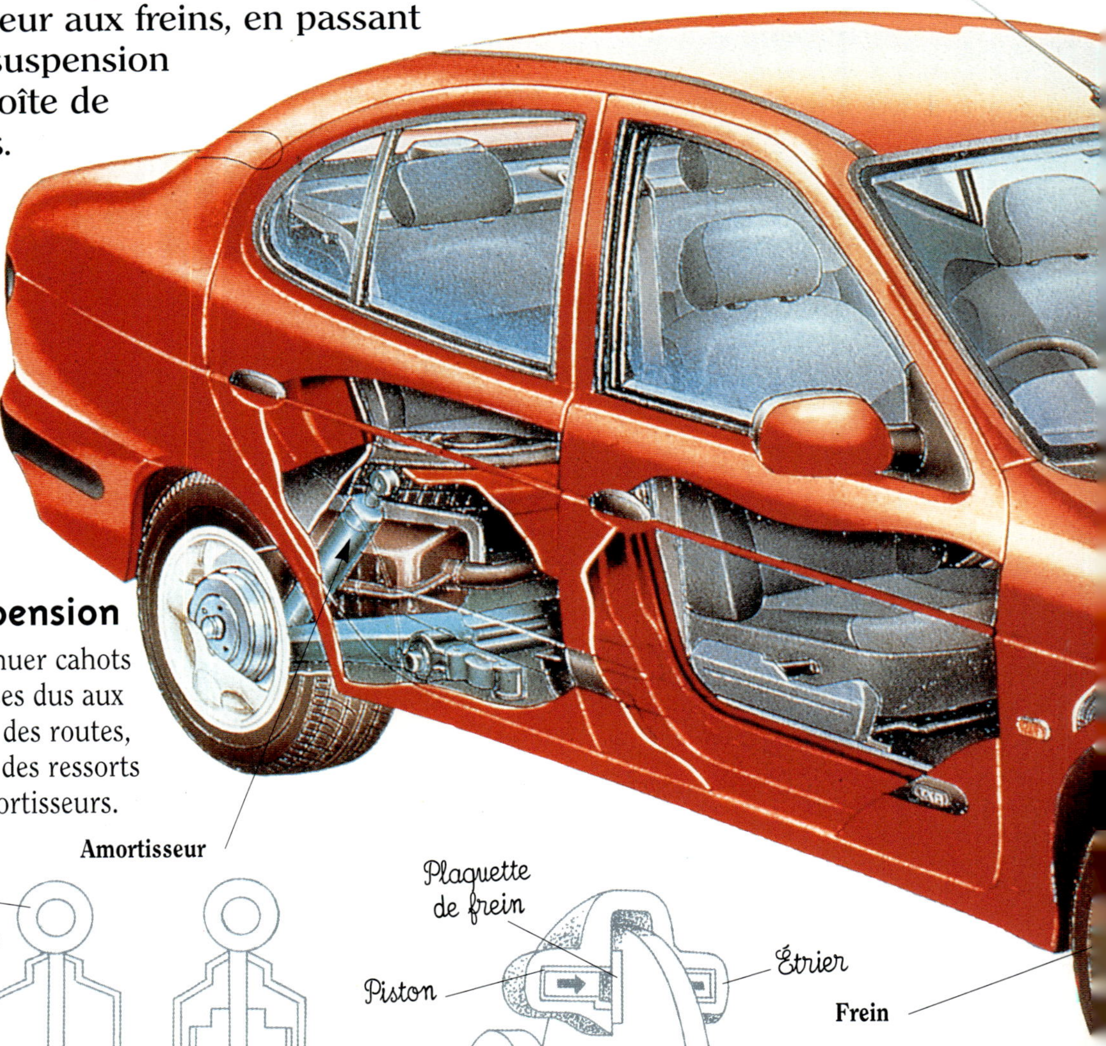

La suspension

Pour atténuer cahots et secousses dus aux inégalités des routes, on utilise des ressorts et des amortisseurs.

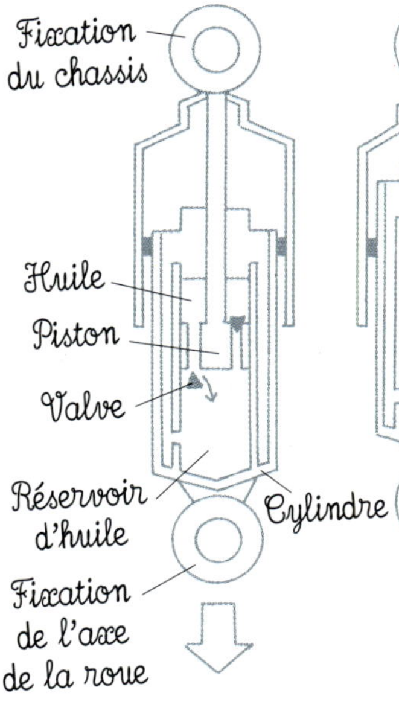

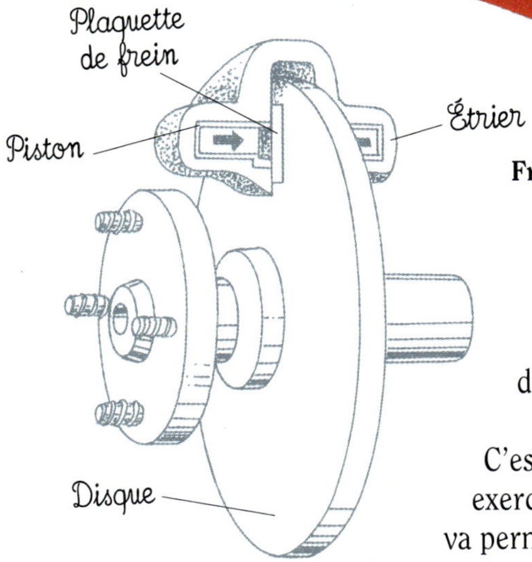

Les freins

Une voiture lancée à grande vitesse doit pouvoir s'arrêter très rapidement. C'est la force de friction exercée sur les freins qui va permettre d'atteindre ce but. La plupart des freins utilisés actuellement sont des freins à disque.

Les moteurs

La majorité des moteurs actuels possèdent 4 cylindres et 4 pistons disposés en ligne. Cependant de nombreux autres ont une architecture plus originale.

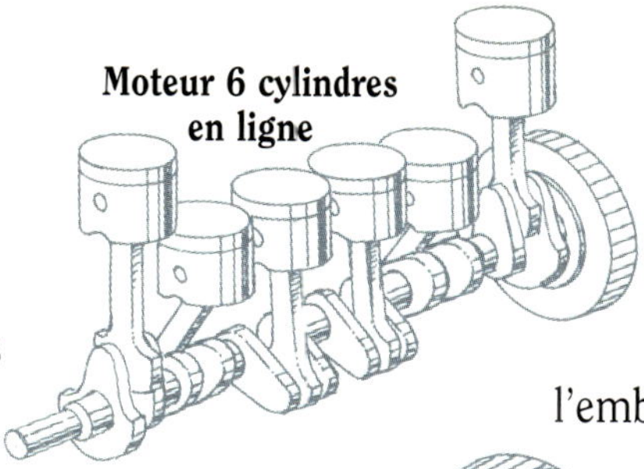

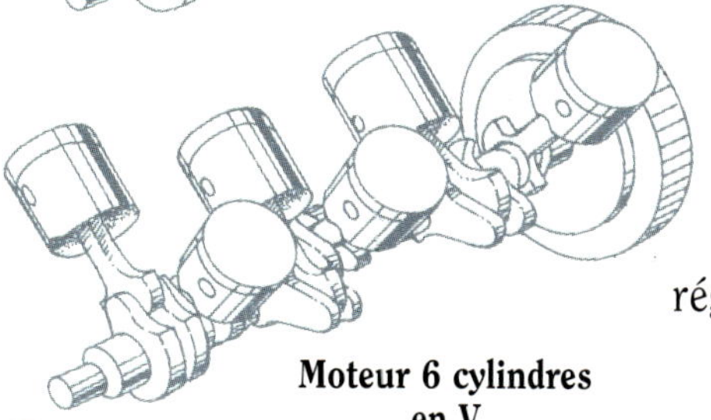

La boîte de vitesses

La boîte de vitesses relie le moteur (par l'intermédiaire de l'embrayage) à l'arbre de transmission et aux roues. Quand on change de vitesse, on connecte des pignons de taille différente, ce qui permet au moteur de se maintenir à son meilleur régime, bien que la voiture circule à des vitesses très différentes.

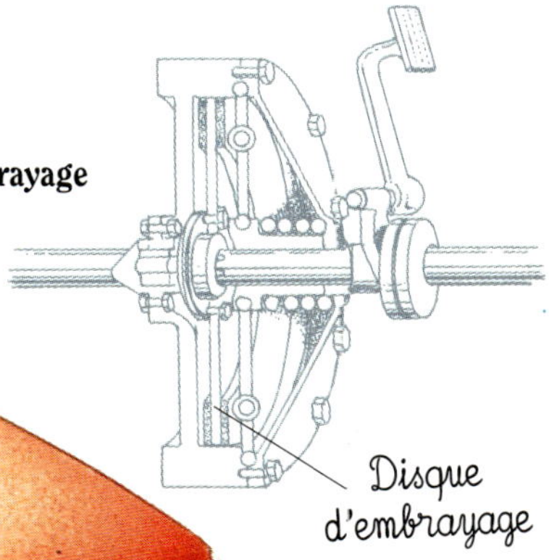

L'embrayage

L'embrayage utilise la friction pour transmettre le mouvement de rotation du vilebrequin vers la boîte de vitesses puis les roues.

Le différentiel

Dans un virage, la roue intérieure motrice doit tourner moins vite que la roue extérieure. Ceci est possible grâce au différentiel.

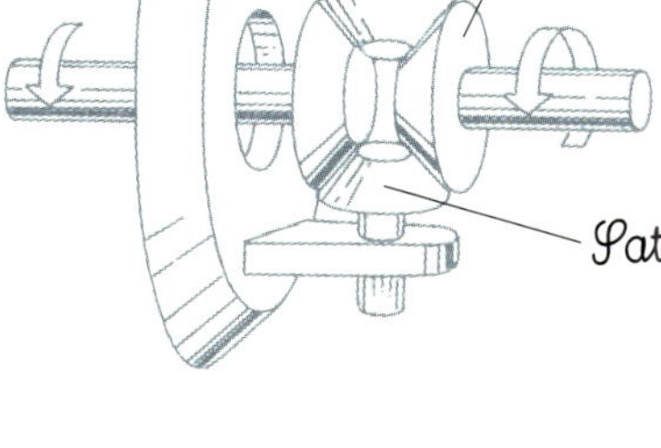

Les avions

Des chasseurs ultrarapides volant à près de 3 fois la vitesse du son aux ULM se traînant à 60 km/h, des gros porteurs de 400 tonnes aux avions à pédales de 200 kg, les engins volants peuplent notre ciel. Tous méritent le nom d'avion puisqu'ils descendent d'*Éole*, l'avion de Clément Ader, qui vola pour la première fois en 1890.

Avion à flèche variable

Certains chasseurs ultramodernes possèdent des ailes à flèche variable : ils déplacent leurs ailes vers l'arrière lorsque la vitesse croît, afin de pénétrer plus facilement dans l'air. Cependant, ces avions ne font jamais qu'imiter le comportement du faucon pèlerin : capable de piqués presque verticaux à 350 km/h cet oiseau-chasseur replie alors ses ailes vers l'arrière et les plaque contre son corps.

Les ULM (Ultra Léger Motorisé) ressemblent à des deltaplanes équipés d'un petit moteur.

Les avions de combat sont le fruit d'une technologie très sophistiquée.

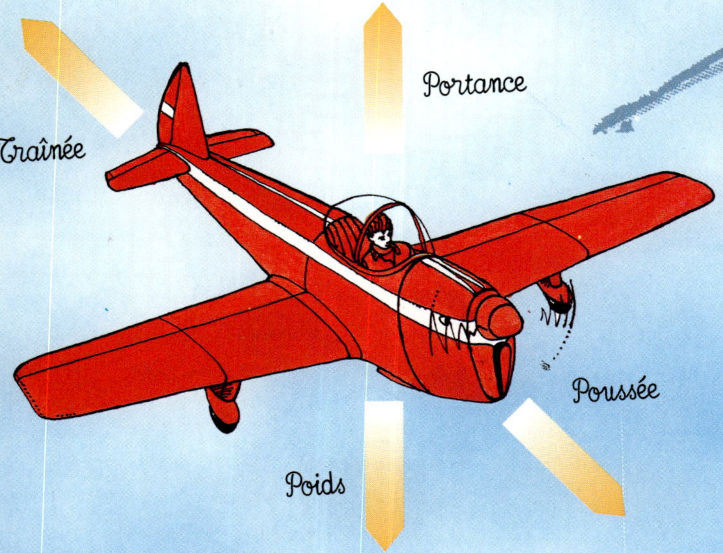

Les 4 forces agissant sur un avion

Poussée : force provoquée par l'hélice, actionnée par le moteur.
Traînée : le frottement de l'air sur les ailes et le fuselage produit une force qui retient l'avion.
Portance : force dirigée vers le haut, et due à la forme de l'aile.
Poids : l'avion est stabilisé quand la portance est égale au poids, et la poussée égale à la traînée.

Les gouvernes

Ce sont les gouvernes de direction et de profondeur ainsi que les ailerons disposés sur les ailes. Les gouvernes sont reliées au manche à balai et au palonnier par des câbles et des poulies. Quand le pilote pousse le manche à droite ou à gauche, il agit sur les ailerons. Quand il pousse ou tire le manche dans l'axe de l'avion, il agit sur la gouverne de profondeur. Enfin, quand il enfonce le palonnier à droite ou à gauche, il agit sur la gouverne de direction.

Tangage : le manche est poussé vers l'avant. La gouverne de profondeur s'abaisse. Les filets d'air font lever la queue, donc l'avion descend.

Roulis : le manche est poussé vers la gauche. L'aileron droit s'abaisse, le gauche se soulève. Les filets d'air font monter l'aile droite et baisser la gauche.

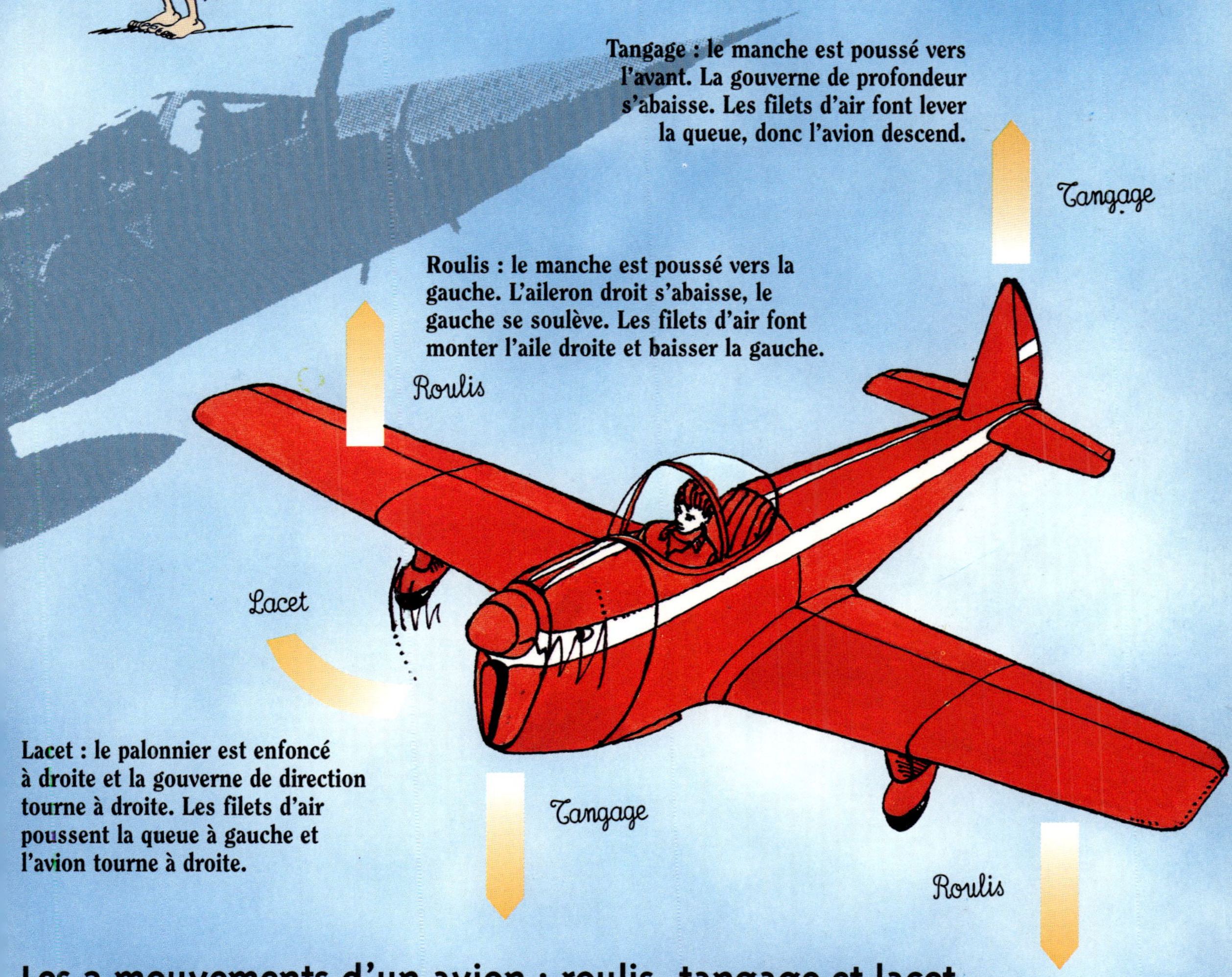

Lacet : le palonnier est enfoncé à droite et la gouverne de direction tourne à droite. Les filets d'air poussent la queue à gauche et l'avion tourne à droite.

Les 3 mouvements d'un avion : roulis, tangage et lacet

Roulis : quand le pilote pousse le manche à balai à droite ou à gauche, l'un des ailerons se soulève et l'autre s'abaisse, provoquant le balancement appelé roulis.

Tangage : le pilote tire ou pousse le manche, ce qui provoque le mouvement de la gouverne de profondeur et la montée ou descente de l'avion.

Lacet : le pilote enfonce le palonnier à droite ou à gauche, ce qui provoque le mouvement de la gouverne de direction et le changement de direction de l'avion.

Les fusées

Les vaisseaux spatiaux et les satellites sont lancés dans l'espace par des fusées très puissantes, qui fonctionnent selon le même principe que les réacteurs : elles éjectent vers l'arrière des gaz produits par la combustion de carburant.

Dans l'espace, le vide !

Rien ne peut brûler sans oxygène ; comme il n'y a pas d'air dans l'espace, les fusées sont obligées d'emporter leur propre réserve d'oxygène liquide ou d'oxydant (produit chimique contenant de l'oxygène) : c'est ce que l'on appelle le comburant. Mais cet inconvénient est aussi un avantage : l'absence d'air entraîne l'absence de frottements. Du coup, et contrairement à un avion, une fusée n'a besoin que d'une courte impulsion au départ pour s'élever au-dessus de l'atmosphère et se mettre en orbite. Elle n'a alors plus de raison d'être freinée, et les moteurs peuvent être coupés.

Boosters : brûler jusqu'au bout !

Les propulseurs à carburants solides ou « boosters » tirent leur énergie d'un mélange intime de carburant et de comburant. Ces propulseurs à poudre ont, en leur centre, une cheminée : la combustion s'effectue le long de la surface interne… mais quand celle-ci a commencé à brûler, elle brûle jusqu'au bout !

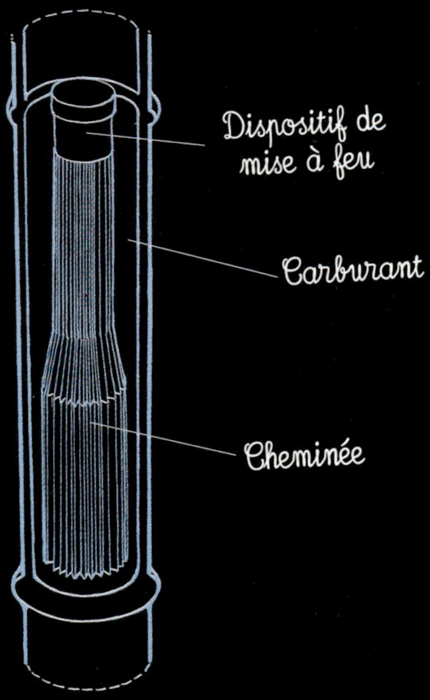

Glorieux ancêtre

Tsiolkovski

Konstantin Tsiolkovski est instituteur en Russie, loin de tout centre scientifique. Il s'initie seul, grâce à la lecture, aux mathématiques et à la physique. Vers 1880, il élabore les calculs fondamentaux de l'astronautique et imagine les fusées modernes à carburants liquides ! Faute de moyens matériels, il ne peut réaliser ses théories et se console en écrivant 2 livres de science-fiction. Ce grand théoricien est aussi un visionnaire : pour lui « la Terre est le berceau de l'humanité, mais l'on ne peut pas vivre toujours dans son berceau. »

Robert Goddard

Professeur de physique dans une université américaine, il imagine et teste dans les années 20 de nombreux dispositifs de refroidissement et de guidage adaptés aux fusées. Il dépose plus de 200 brevets et expérimente, avec l'aide du gouvernement américain, de 1926 à 1935. Sa dernière fusée atteint une altitude de 2 280 m et une vitesse de 880 km/h.

Expérience de lancement de V2, Allemagne, 1944

Carburants liquides

Le mélange de kérosène et d'oxygène liquide est assuré par des injecteurs, puis enflammé dans une chambre de combustion et éjecté dans une tuyère. Ces moteurs peuvent être coupés puis rallumés plusieurs fois.

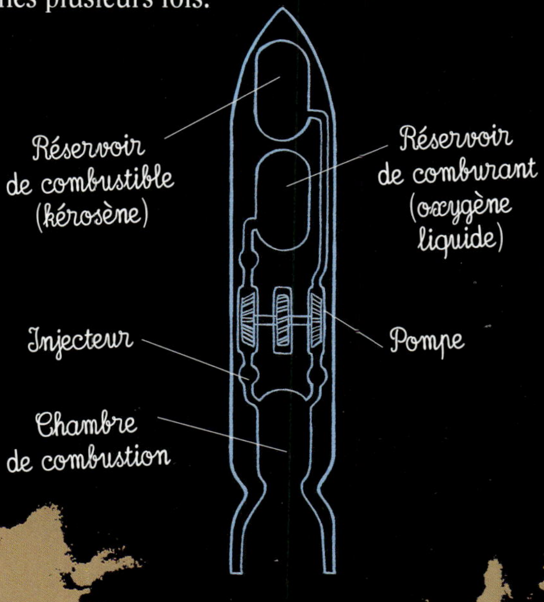

Wernher von Braun

Cet Allemand convainc l'armée de l'intérêt des fusées dès 1932. Il est le père du fameux V2, qui fait son premier vol le 13 juin 1942. Cette fusée pèse 13 tonnes, et atteint 5 000 km/h et 80 km d'altitude. Après la guerre, von Braun s'installe aux USA.

Des Ma
à l'Infor

Les **mathématiques**, qui étudient les nombres, les figures, les équations, sont nées en Grèce, il y a 2 700 ans. L'apparition récente de l'**informatique** a transformé les pratiques de cette discipline : la plupart des tâches fastidieuses peuvent désormais être confiées aux ordinateurs.

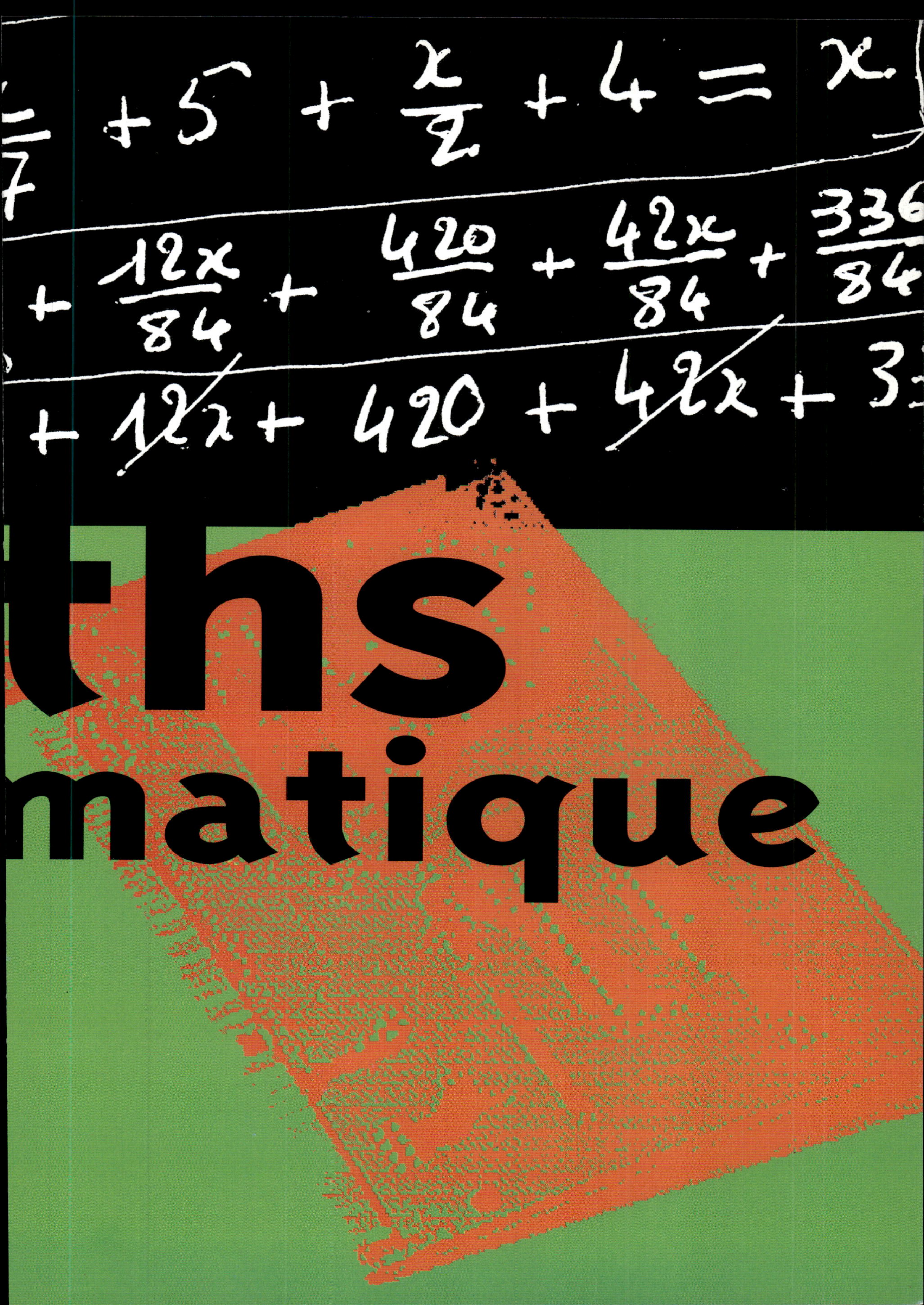
ths
matique

L'écriture des nombres

La nécessité d'utiliser des nombres remonte à 3 000 ans av. J.-C. D'abord utilisés pour compter ou mesurer les biens matériels, ils ont été ensuite étudiés par les Grecs comme des êtres abstraits.

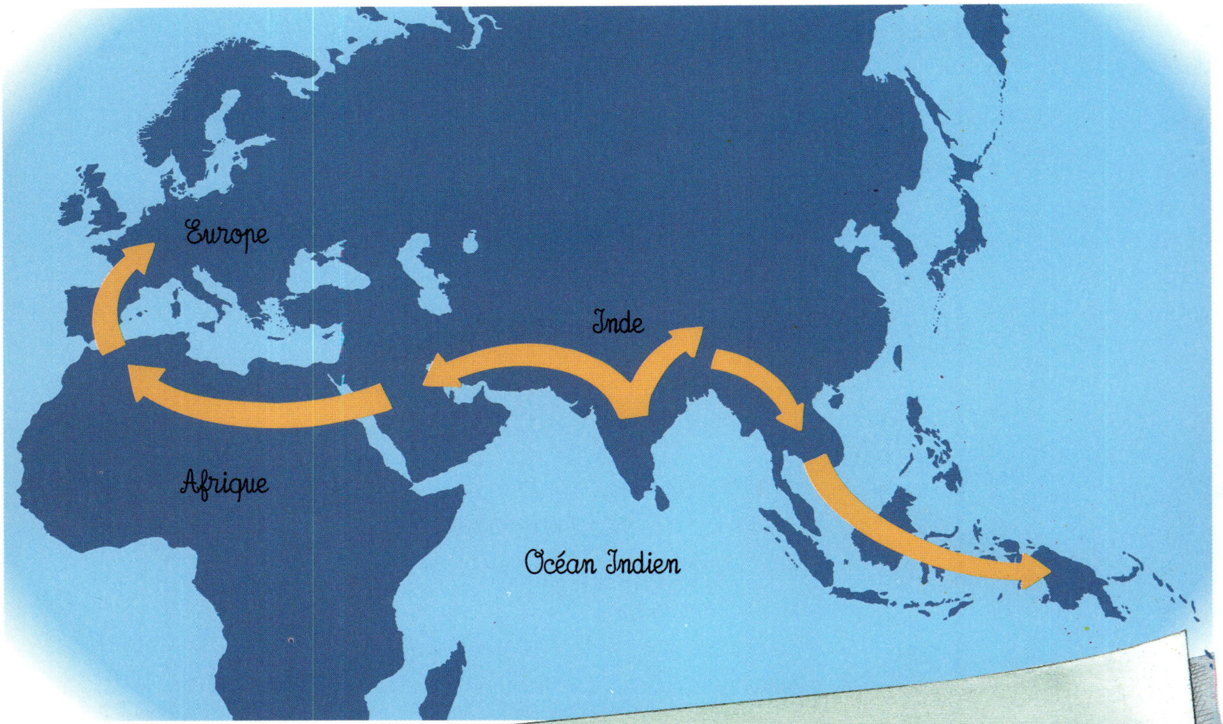

Il y a 15 siècles, les Indiens conçoivent un système d'écriture des nombres simple et universel, comportant 10 chiffres (dont un zéro). Les Arabes vont propager ce système dans le monde entier.

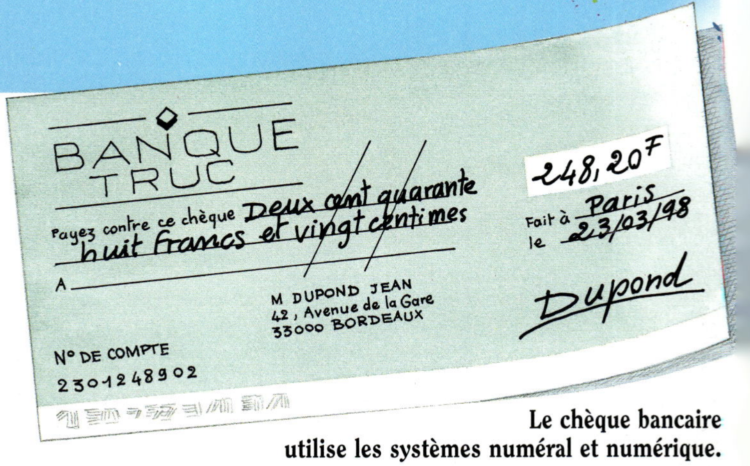

Le chèque bancaire utilise les systèmes numéral et numérique.

D'où viennent les nombres ?

Les nombres sont apparus très tôt (plus de 3 000 ans av. J.-C.) pour compter les troupeaux, mesurer les dimensions des terrains, peser les récoltes. C'est en Grèce, il y a 2 500 ans, que les nombres vont acquérir leur statut mathématique véritable en étant désormais pensés comme abstraits : ils cessent d'être des « nombres de quelque chose » pour devenir des nombres idéaux, étudiés pour eux-mêmes.

Écrire les nombres : des chiffres et des lettres

Alors que le mot « table », qui est le nom d'un objet, ne peut s'écrire en français que d'une seule façon, les nombres, eux, peuvent s'écrire de 2 façons : comme des mots, avec des lettres (numéral) ou (en numérique) avec des chiffres.

Les chiffres, les origines

Grecs	α	β	γ	δ	ε	ς	ζ	η	θ	ι
Romains	I	II	III	IV	V	VI	VII	VIII	IX	X
Arabes d'Occident	1	2	3	4	5	6	7	8	9	10
Arabes d'Orient	١	٢	٣	٤	٥	٦	٧	٨	٩	٠١
Mayas	•	••	•••	••••	—	• —	•• —	••• —	•••• —	— —

Ne pas confondre nombres et chiffres !

La langue courante confond souvent nombres et chiffres : on entend dire « le chiffre de l'inflation », le « chiffre des recettes ». En maths, il faut se souvenir que les chiffres sont un moyen d'écrire les nombres (dans un système à base 10 la plupart du temps), comme les lettres groupées en mots sont un moyen d'écrire les objets... Exemple : le chiffre des dizaines de 257 est 5 tandis que le nombre des dizaines de 257 est 25.

Systèmes de numération

Nous utilisons le système en base 10 pour compter, celui en base 60 – partiellement – pour mesurer le temps et le système binaire dans toute l'informatique.

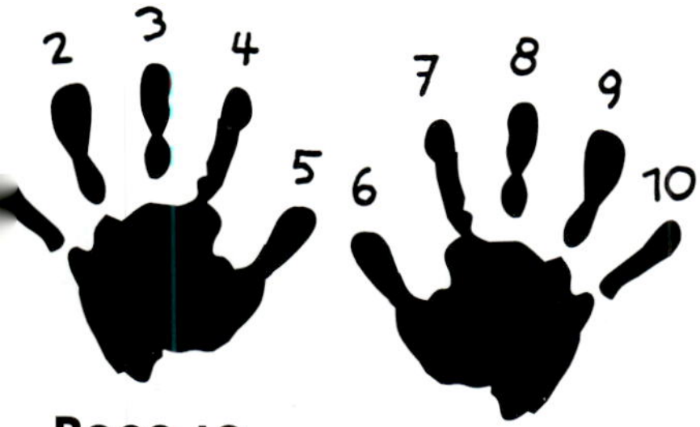

Base 10 (système décimal)

La suprématie du système décimal est due au fait qu'il est une base « naturelle » parce que nous avons 10 doigts, et que ces doigts ont été le premier « matériel » de comptage.

Base 60 (système sexagésimal)

Il y a 5 000 ans, les Sumériens utilisaient la base 60. C'est le plus petit nombre qui puisse se diviser par 2, 3, 4, 5 et 6. Il est donc très utile pour pouvoir partager facilement. Nous utilisons couramment, pour mesurer les durées, un système partiellement à base 60, pour les heures, minutes et secondes.

Base 2 (système binaire)

Les ordinateurs et les calculatrices fonctionnent en base 2, qu'on appelle système binaire : ils n'utilisent que 2 chiffres, le 0 et le 1.

Écriture décimale, écriture binaire

1000	100	10	unités
1	4	6	3

1000
+ 400
+ 60
+ 3
1463

Dans l'écriture décimale d'un nombre entier à plusieurs chiffres, seul le chiffre final « dit la vérité », c'est-à-dire donne les unités. Ceux qui sont à sa gauche servent à écrire des unités de 10 en 10 fois plus grandes : ainsi, dans 1 463, 3 dit vrai, 6 dit les dizaines, 4 les centaines, 1 les milliers.

32	16	8	4	2	unités
1	1	1	0	0	1

32
+ 16
+ 8
+ 1
= 57

De la même façon, dans l'écriture binaire d'un nombre entier, le chiffre final dit la vérité, ceux qui sont à sa gauche servant à écrire des unités de 2 en 2 fois plus grandes. Ainsi, dans 111 001, le 1 final dit vrai, 0 dit les deuxaines, 0 les quatraines, 1 les huitaines, etc. Finalement, 111 001 en base 2 s'écrit 57 en base 10.

Jeux de nombres

Les hommes se sont toujours intéressés aux propriétés des nombres entiers : pairs ou impairs, premiers ou non, les nombres sont prétextes à de multiples questions posées aussi bien par des mathématiciens amateurs que par des professionnels.

Impair ou pair ?

Un nombre pair est un entier multiple de 2. Ainsi 0, 2, 4, 6... sont pairs, tandis que 1, 3, 5... sont impairs. Cette classification des nombres naturels est très ancienne, elle remonte aux Égyptiens et aux Babyloniens. Elle s'est développée chez les pythagoriciens qui croyaient à la supériorité des impairs et à la faiblesse des pairs. Pour eux, les impairs sont masculins et émanent du divin, les pairs sont féminins et terrestres.

Le poète et les nombres

« De la musique avant toute chose
Et pour cela préfère l'impair
Plus vague, et plus soluble dans l'air
Sans rien en lui qui pèse ou qui pose. »

Paul Verlaine

Divisible ou pas ?

Un entier naturel A est divisible par un autre entier naturel B si A est un multiple de B. Ainsi 20 est un multiple de 2, 4, 5, 10 il est donc divisible par ces 4 nombres.
Mais comment savoir, sans calcul, si un naturel est divisible par un autre naturel : en appliquant les règles suivantes aux nombres.

Sont divisibles :
par 2 les nombres pairs terminés par 0, 2, 4, 6, 8 ;
par 5 les nombres terminés par 0 ou 5 ;
par 4 les nombres dont les 2 derniers chiffres constituent un nombre divisible par 4 ;
par 25 les nombres terminés par 00, 25, 50, 75 ;
par 3 les nombres pour lesquels la « somme des chiffres » est égale à 3, 6 ou 9 ;

par 9 les nombres pour lesquels la « somme des chiffres » est égale à 9. Par exemple 13 212 est divisible par 9, car 1 + 3 + 2 + 1 + 2 = 9.

par 11 si la différence entre la « somme des chiffres » de rang impair et pair est divisible par 11 (y compris 0). Par exemple 50 237 est divisible par 11, car (5 + 2 + 7) - (0 + 3) = 11.

Carrés magiques et hexagones magiques

Un carré magique est un tableau de nombres, tous différents, dans lequel la somme d'une ligne, d'une colonne ou d'une diagonale est constante.

Exemple : dans ces deux carrés magique, les solutions sont respectivement **34** et **46**.

5	10	11	8
4	15	14	1
16	3	2	13
9	6	7	12

4	18	17	7
15	9	10	12
11	13	14	8
16	6	5	19

Essaie de résoudre le carré magique suivant de manière à obtenir 125 dans toutes les directions.

15	?	33	30	31
37	?	?	?	13
?	29	?	21	14
?	24	23	28	32
19	34	17	?	35

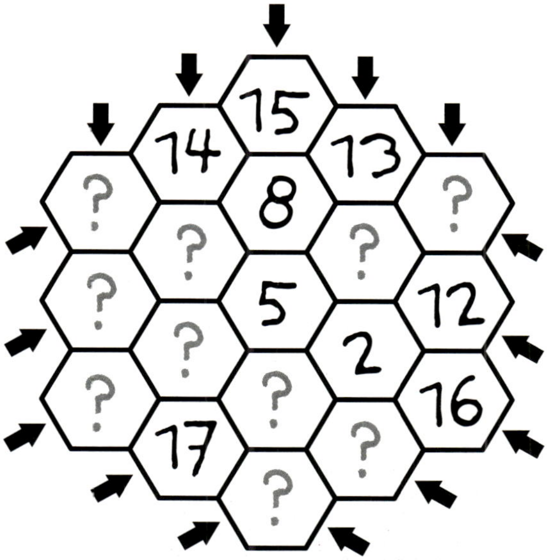

Résous l'hexagone magique de manière à obtenir 38 dans toutes les directions des flèches.

Fascination des nombres premiers

Un naturel A est premier s'il n'a pour diviseurs que 1 et lui-même…
Ainsi, 2, 3, 5, 7, 11, 13, 17, 19, 23, 29, etc., sont premiers. Depuis plus de 20 siècles, des milliers de mathématiciens amateurs ou professionnels se sont intéressés aux nombres premiers, se posant de multiples questions : combien y en a-t-il ? Comment se répartissent-ils ? Combien y en a-t-il avant d'arriver à mille, à 1 million, à 1 milliard ?

Harmonie des nombres

Des rapports de nombres « harmonieux » se rencontrent en musique et dans les arts graphiques, avec l'utilisation du rectangle d'or.

Harmonie et fécondité

Pour les pythagoriciens, si une corde tendue de longueur L donne un son dont la hauteur est prise comme référence, une corde de longueur L/2 donne, avec la même tension, un son plus aigu, mais que l'oreille perçoit comme étant le même son. Les musiciens parlent d'une « note à l'octave ». Le rapport 1/2 ou 2 chez les pythagoriciens, est harmonieux mais « infécond » puisque reproduisant toujours la même note à des octaves différentes. Par contre, une corde de longueur L/3 donne un son différent mais en harmonie avec le premier : le rapport 1/3 est « fécond ».

La musique des nombres

Pythagore, à partir de ces observations, a mis au point sa gamme : il réduit la longueur de la corde vibrante selon des rapports simples obtenus à partir de 1, 2, 3 et 4 (mais aussi de 3 x 3, 4 x 4, 2 x 2 x 2, 3 x 3 x 3, etc.), les sons produits ne pouvant alors être qu'harmonieux. Les plus simples de ces rapports peuvent être mesurés sur un manche de guitare : si la corde fait 66 cm de long, tu repéreras aisément les divisions situées à 33 cm (1/2), à 44 cm (2/3) et à 49,5 cm (3/4).

Le nombre d'or

Le nombre d'or sert à déterminer des proportions harmonieuses. Si l'on cherche sur une droite 3 points A, B et C tels que « AC soit à AB comme AB est à BC » (c'est-à-dire le grand segment est au moyen ce que le moyen est au petit) on obtient ce fameux « nombre d'or » : $\Phi = 1,618033989$.

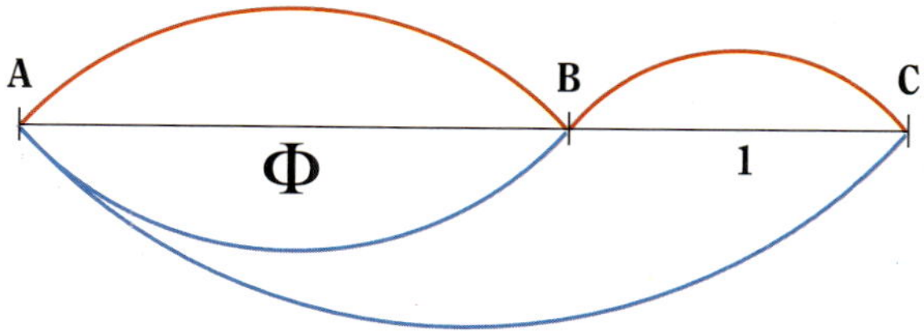

Le Parthénon est le monument le plus prestigieux le l'Acropole d'Athènes. Le nombre d'or a servi à établir certaines de ses proportions.

Dessin d'architecture réalisé par Léonard de Vinci.

Construis un rectangle d'or

Le rectangle d'or est un rectangle de côtés 1 et Φ (nombre d'or) considéré comme particulièrement agréable à l'œil.

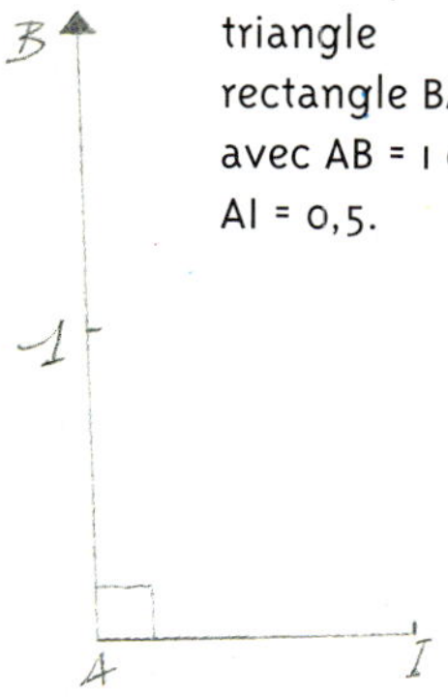

❶ Fabrique le triangle rectangle BAI, avec AB = 1 et AI = 0,5.

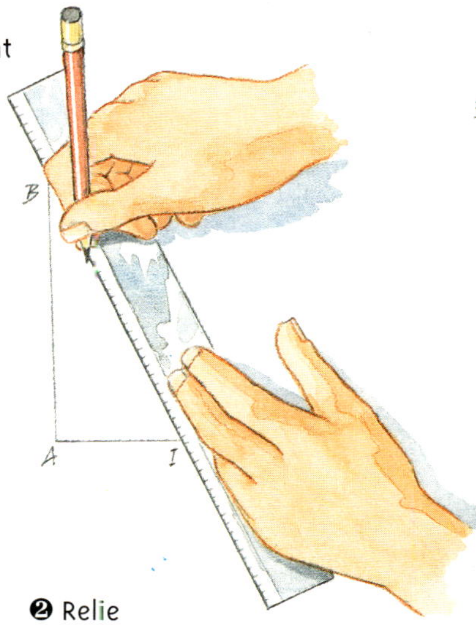

❷ Relie I à B à l'aide d'une règle.

❸ Trace un cercle de rayon IB avec un compas. Ce cercle coupe le prolongement de AI en un point D

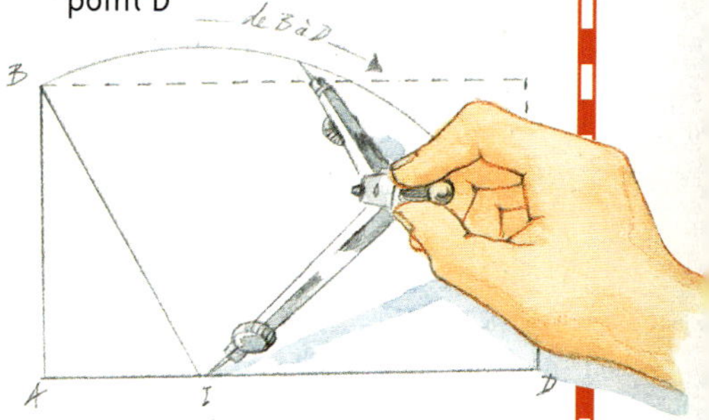

❹ Depuis D, complète le rectangle ABCD ; c'est un rectangle d'or.

Matériel

- 1 règle
- 1 compas
- du papier

$x^4-6x^2+7=0$ $\frac{x}{6}$

Algèbre, science des équations

L'algèbre est la science permettant de résoudre les équations. D'abord limitées à la résolution de questions pratiques, les équations vont permettre, grâce à leur écriture en algèbre symbolique, de résoudre une multitude de problèmes variés.

$\frac{2x+3}{x+1}$

$4x^2+3x$ x^2

$x^2+10x+25=39+25$
$(x+5)^2=64$
$x+5=8$
$x=3$

$\frac{x}{2}$

L'épitaphe de Diophante

Considérons ce célèbre problème d'algèbre posé en vers par l'historien romain Eutrope :

« Passant, sous ce tombeau repose Diophante
Ces quelques vers tracés par une main savante
Vont te faire connaître à quel âge il est mort.
Des jours assez nombreux que lui compta le sort,
Le sixième marqua le temps de son enfance ;
Le douzième fut pris par son adolescence.
Des sept parts de sa vie, une encore s'écoula.
Puis s'étant marié, sa femme lui donna
Cinq ans après un fils qui, du destin sévère
Reçut de jours hélas ! deux fois moins que son père.
De quatre ans, dans les pleurs, celui-ci survécut.
Dis, si tu sais compter, à quel âge il mourut. »

François Viète, magistrat et mathématicien

Viète, habile magistrat, fut aussi un mathématicien hors norme : il produisit ses œuvres au cours de 2 périodes de « loisirs » : la première de 1564 à 1568, la seconde 20 ans plus tard, de 1584 à 1589. Dans ces périodes, il méditait avec tant d'application qu'on l'a vu souvent demeurer 3 jours entiers sans manger et sans presque dormir !

L'algèbre symbolique

L'algèbre n'a d'abord été qu'un recueil de règles pratiques, de recettes : pour trouver une solution, on employait le discours. C'est Viète qui crée l'algèbre symbolique : celle-ci se dégage complètement des mots, et se sert de lettres pour désigner les quantités connues ou inconnues, et de signes pour les opérations. Là où une longue série de 12 vers était nécessaire pour énoncer le problème de Diophante, sa traduction en algèbre symbolique s'écrit en une ligne seulement.

Le cauchemar des maths

J'étais alors en proie
à la mathématique.
Temps sombre ! enfant ému
du frisson poétique (...)
On me livrait tout vif aux chiffres,
noirs bourreaux
On me faisait de force ingurgiter
l'algèbre (...)
On me tordait depuis les ailes
jusqu'au bec
Sur l'affreux chevalet des
x et des y
Hélas on me fourrait sous
les os maxillaires
Le théorème orné de tous
ses corollaires.

Victor Hugo

L'analyse : débrouiller l'inextricable

On va considérer que la situation – très embrouillée – est vraie et donc en faire une analyse précise.

Appelons x le nombre d'années de la vie de Diophante et y celui de son fils. Il suffit de traduire chacune des données dissimulées dans le texte :

vers 5 : l'enfance de Diophante a duré $\frac{x}{6}$ années

vers 6 : l'adolescence $\frac{x}{12}$ années

vers 7 : il s'écoule ensuite $\frac{x}{7}$ années

vers 8 et 9 : 5 ans s'écoulent encore avant la naissance

du fils de Diophante

vers 10 : le fils vit 2 fois moins que son père, donc $y = \frac{x}{2}$

vers 11 : le père survit 4 ans à la mort de son fils.

Le total de ces diverses périodes fournit la durée x de la vie de Diophante.

Finalement on écrit donc l'équation :

$$\frac{x}{6} + \frac{x}{12} + \frac{x}{7} + 5 + \frac{x}{2} + 4 = x$$

$$14x + 7x + 12x + 420 + 42x + 336 = 84x$$

$$75x + 756 = 84x$$

$$x = 84$$

Diophante mourut à 84 ans !

Une vue des jardins à la française du château de Villandry, Indre-et-Loire. Reconstitués d'après des documents d'époque, ils ont retrouvé leur aspect initial datant du XVIe siècle.

L'art et les sciences

Peintres, sculpteurs et architectes de la Renaissance italienne ont imaginé puis représenté un espace homogène, géométrique et sans limites. Ce nouvel espace a été aussi utilisé en sciences, permettant à Galilée et à Newton de développer leurs brillantes théories.

Dessin et géométrie

La géométrie traite des figures, qu'elles soient planes ou dans l'espace. Lorsqu'on dessine ces figures dans le plan de la feuille de papier, on en fait une représentation toujours imparfaite. Le géomètre doit donc « voir avec son esprit ».

Naissance du dessin en perspective

Au Moyen Âge, les peintres et les enlumineurs ne se soucient pas de donner l'impression de profondeur. C'est à Florence, au début du XVe siècle, que des peintres et des architectes vont inventer, puis diffuser le dessin en perspective. Cette perspective dite linéaire classique fait apparaître un point de fuite situé au milieu de la ligne d'horizon. Toutes les droites parallèles convergent vers ce point unique.

Voir avec son esprit

Les dessins des figures, dans le plan comme dans l'espace, sont toujours imparfaits. L'œil lui-même est soumis à de nombreuses illusions. Il ne reste donc plus au géomètre qu'à faire travailler son esprit, pour s'abstraire des « illusions du voir » et des imperfections du dessin.

Dessin plan

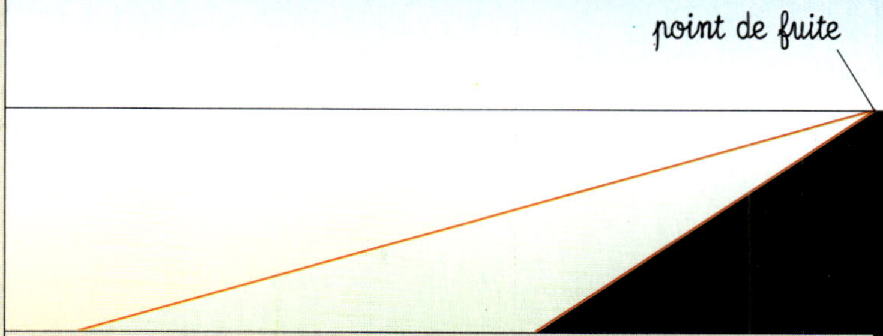

Perspective linéaire classique

Perspective cavalière

Autres systèmes

La perspective linéaire classique repose sur une simplification : l'œil qui regarde est supposé être seul et immobile. D'autres systèmes de représentation sont donc possibles, comme la perspective dite courbe ou curvilinéaire. En géométrie, on utilise une perspective dite « cavalière » où des segments parallèles et de même longueur sont rendus sur le dessin par des segments parallèles et de même longueur.

Les illusions du voir

Nos yeux sont trompeurs, et ces illusions peuvent t'amener à te méfier de ce que tu vois, ou crois voir ! Par exemple, ci-contre, les droites Δ et Δ' semblent courbes ; or elles sont rectilignes. Les droites D et D' semblent se rencontrer 2 à 2 ; or elles sont parallèles, tandis que les segments S_1 et S_2 semblent de grandeur inégale. Dans l'espace, on est obligé de représenter à plat (2 dimensions) ce qui est un objet à 3 dimensions ; il s'agit donc d'un trucage, et de nombreux artistes ont inventé toutes sortes de « pièges à regard », dessins de figures impossibles. Le choc éprouvé face à de telles images montre bien que nos yeux nous trompent... et qu'il y a lieu d'être attentif en géométrie !

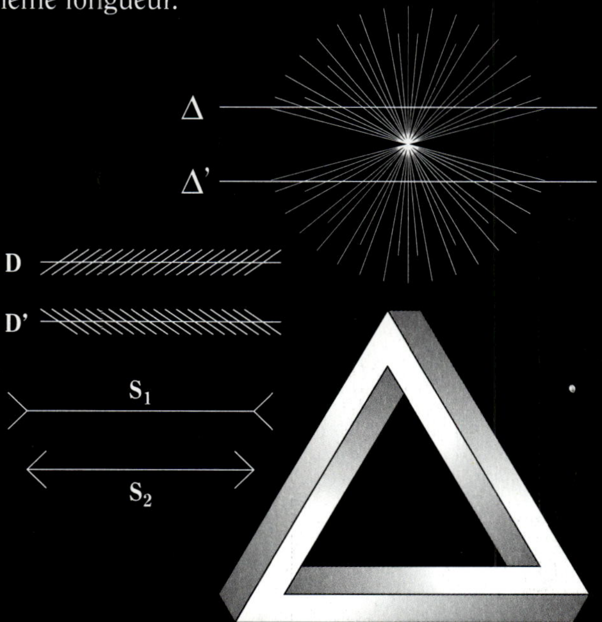

Les triangles

Figure plane déterminée par 3 points non alignés, le triangle a fait l'objet de recherches passionnées par les mathématiciens professionnels et amateurs, et ce depuis Euclide et les mathématiciens grecs.

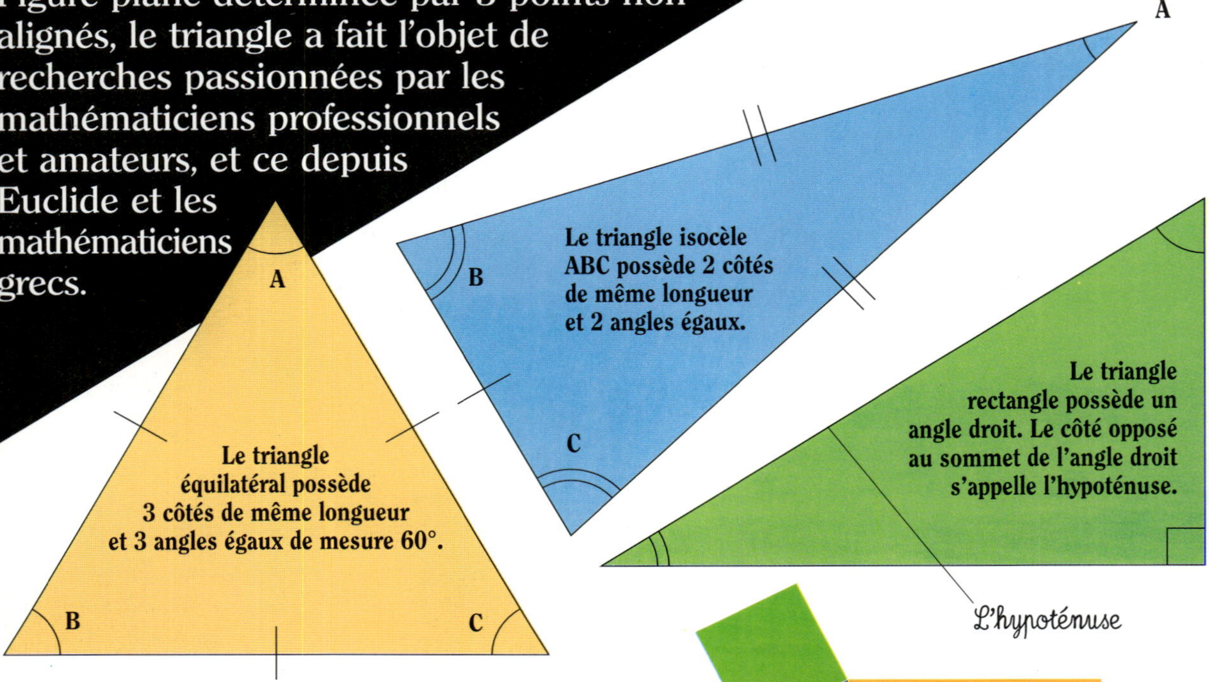

Le théorème de Pythagore

Dans un triangle rectangle, le carré de la longueur de l'hypoténuse est égal à la somme des carrés des longueurs des 2 autres côtés. Ainsi, l'aire du carré orange est égale à la somme des aires des 2 carrés verts.

L'aire de la plus grande des figures est égale à la somme de celles des 2 plus petites.

Un théorème en vers

Le théorème de Pythagore remonterait en fait à 1 300 ans av. J.-C. Pythagore n'en est donc sans doute pas l'inventeur. Ce théorème est une des propositions les plus célèbres et célébrées : on en recense 367 démonstrations différentes, et il a même inspiré à un chansonnier (Franc-Nohain) le quatrain suivant :

Le carré de l'hypoténuse
Est égal, si je ne m'abuse,
À la somme des carrés
Construits sur les autres côtés.

Les triplets pythagoriciens

Pythagore et ses disciples étaient très impressionnés par le fait que 3 nombres consécutifs (3, 4, 5) sont exactement les longueurs des côtés d'un triangle rectangle ($5^2 = 3^2 + 4^2$). Ce sont d'ailleurs les seuls, les autres triplets qui constituent les longueurs des côtés d'un triangle rectangle (5, 12, 13), (8, 15, 17)... ne sont pas consécutifs.

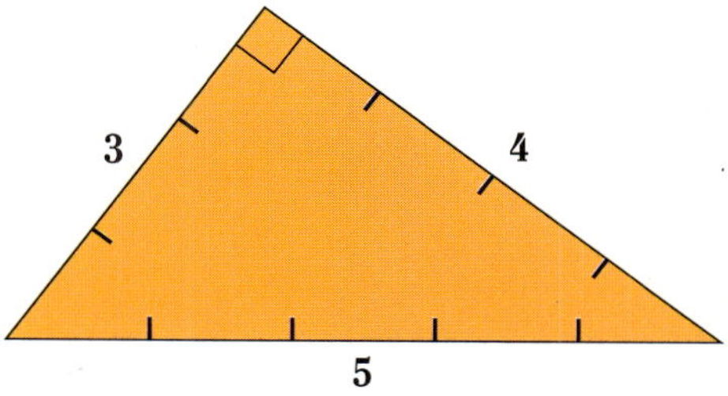

2 000 ans av. J.-C., les Égyptiens se servaient d'une corde à 13 nœuds pour tracer les angles droits.

Détermine une hauteur grâce aux triangles

Si l'ombre d'un bâton vertical est égale à sa hauteur, on obtient alors un triangle rectangle isocèle. Elle va te permettre de trouver la hauteur d'arbres trop hauts pour être mesurés.

Matériel

- 1 bâton de 1,2 m de long
- un fil à plomb
- un décamètre

Cette observation a permis à Thalès de Milet, mathématicien vivant 600 ans av. J.-C., de déterminer la hauteur de la Grande Pyramide de Khéops.

❶ Plante le bâton bien vertical (fil à plomb), en l'enfonçant de manière à ce qu'il dépasse du sol de 1 m exactement.

❷ Attends que l'ombre du bâton sur le sol mesure elle aussi 1 m.

❸ À ce moment précis, mesure l'ombre de l'arbre grâce au décamètre : elle est égale à sa hauteur !

La perfection du cercle

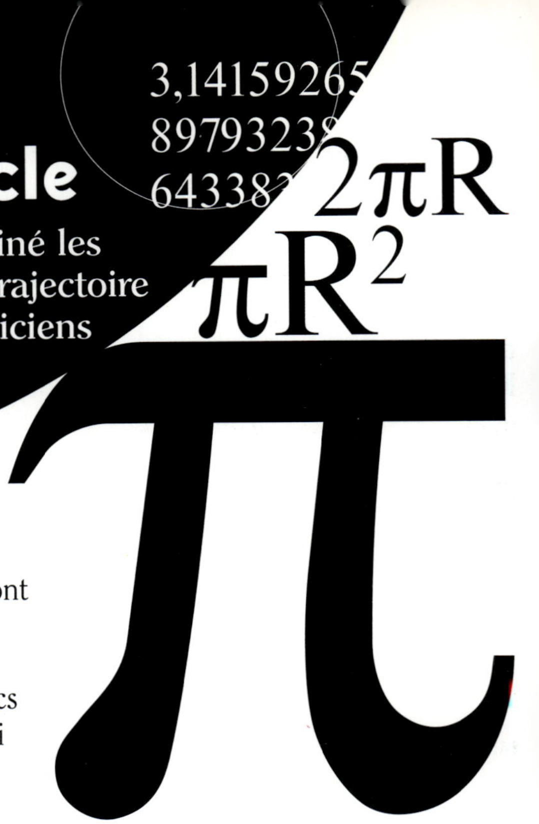

Le cercle est une figure qui a toujours fasciné les hommes : ils ont pensé longtemps que la trajectoire des planètes était circulaire. Les mathématiciens eux-mêmes ont tenté de résoudre la quadrature du cercle pendant plus de 2 000 ans.

Le cercle, figure du divin

Le cercle est une ligne plane fermée dont tous les points sont à égale distance d'un même centre. « C'est la première, la plus simple et la plus parfaite des figures » dit Euclide. Cette caractéristique en fait la figure du divin pour les Grecs puisqu'il n'a ni commencement ni fin. Il rend compte aussi de la périodicité de tout ce qui recommence indéfiniment, comme les saisons, les révolutions des astres, etc.

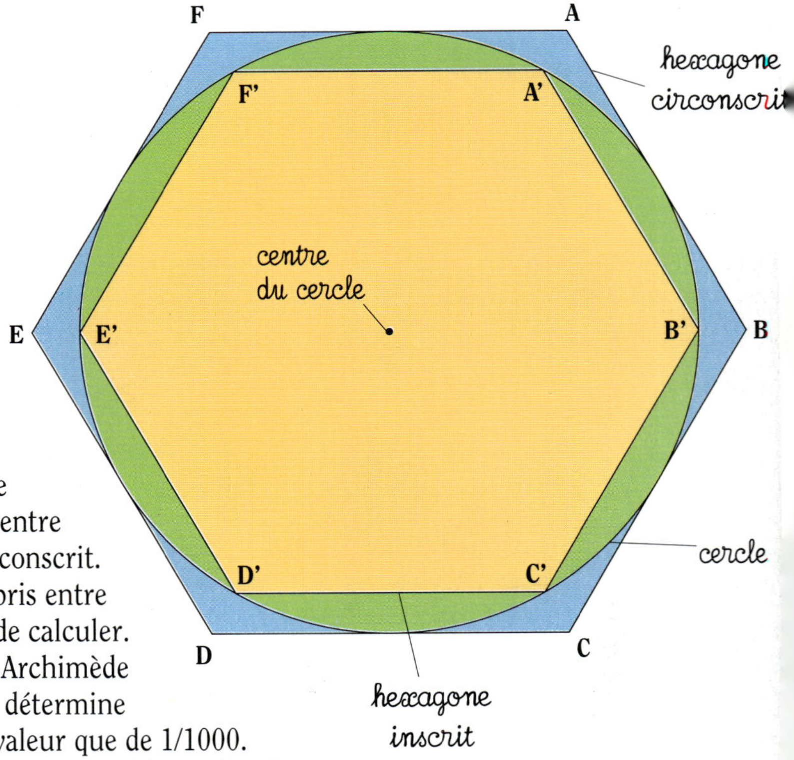

Les approches de pi (π)

La quantité notée π est le périmètre d'un cercle de diamètre unité. Pour le calculer **Archimède** enserre le cercle entre 2 polygones, l'un inscrit et l'autre circonscrit. Le périmètre du cercle est alors compris entre celui de ces 2 figures, qu'il est facile de calculer. En augmentant le nombre des côtés, Archimède arrive à des polygones de 96 côtés, et détermine un nombre qui ne diffère de la vraie valeur que de 1/1000. **François Viète** (1583) double les côtés jusqu'à 393 216 (6×2^{16}) et arrive à 9 décimales exactes. En 1974, les ordinateurs dépassent le million de décimales. Aujourd'hui, on connaît 50 milliards de décimales de π.

La quadrature du cercle

Les hommes ont tenté pendant plus de 20 siècles de réaliser la « quadrature » du cercle, c'est-à-dire la construction d'un carré de même aire que le disque borné par le cercle. Ce n'est qu'au siècle dernier qu'on a reconnu comme impossible la construction, à la règle et au compas, d'un carré d'aire égale à celle d'un disque.

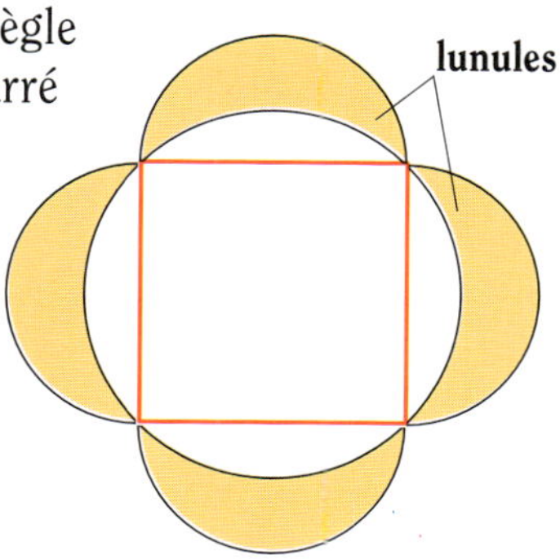

La somme des aires des lunules est égale à l'aire du carré.

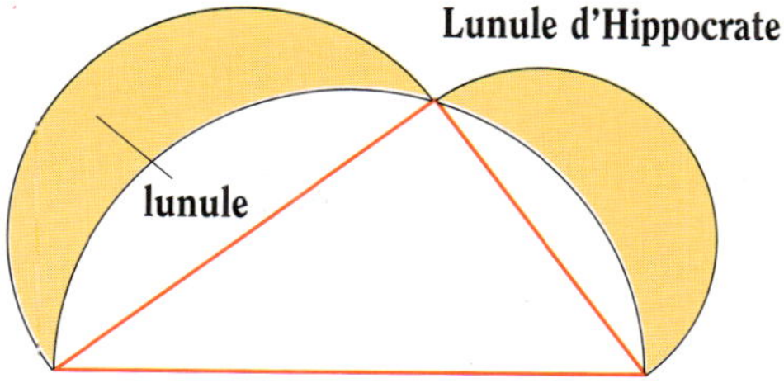

La somme des aires des lunules est égale à l'aire du triangle.

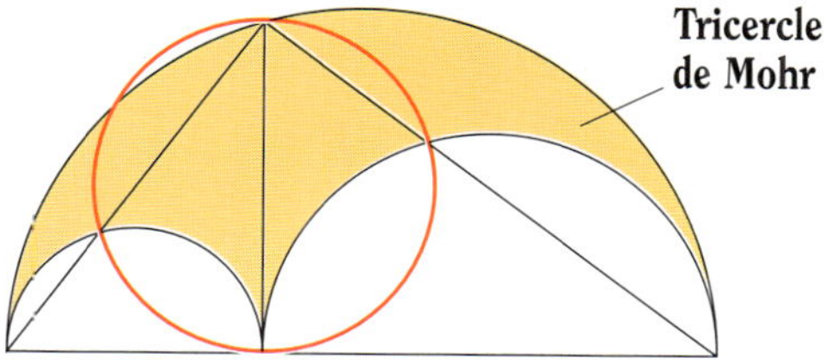

Le tricercle a la même aire que le cercle.

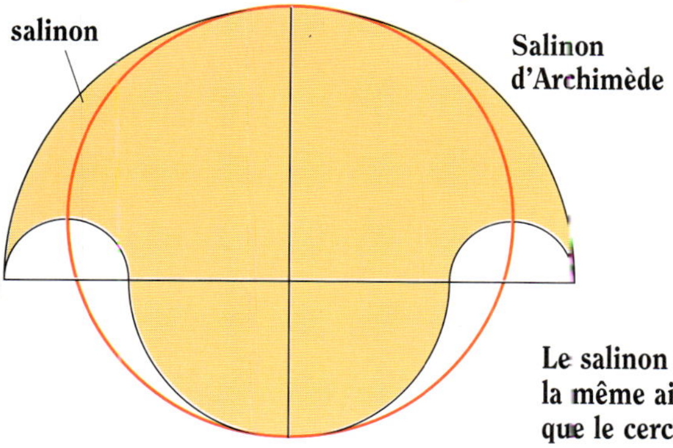

Le salinon a la même aire que le cercle

La formule d'Ahmès

C'est la première tentative de quadrature connue. Elle figure sur un papyrus, copié par le scribe égyptien Ahmès, vers 1650 av. J.-C. : pour trouver l'aire d'un disque de diamètre D, il faut diminuer ce diamètre d'un neuvième, puis multiplier ce résultat par lui-même. On trouve ainsi, pour un disque de diamètre 2, une aire dont la mesure est (8/9 x 2) x (8/9 x 2) soit 3,1605 alors que nous calculerions aujourd'hui 3,14159.

Une drôle de méthode !

On sait aujourd'hui que π est un nombre transcendant, qui ne peut finir de s'écrire. Toute opération qui vise à le calculer exactement est dite « infinissable ». La valeur des 31 premiers chiffres de π peut se retenir par ce quatrain (le nombre de lettres de chaque mot indique un chiffre) :

Que j'aime à faire apprendre un nombre utile aux sages
3 1 4 1 5 9 2 6 5 3 5

Immortel Archimède, artiste, ingénieur,
8 9 7 9

Qui de ton jugement peut priser la valeur
3 2 3 8 4 6 2 6

Pour moi, ton problème eut de pareils avantages.
4 3 3 8 3 2 7 9

π = 3,1415926535897932384626433832 79...

Polygones et polyèdres

Figures du plan ou de l'espace, les polygones et polyèdres ont longtemps été considérés par les Grecs comme des formes symboliques permettant d'expliquer l'Univers.

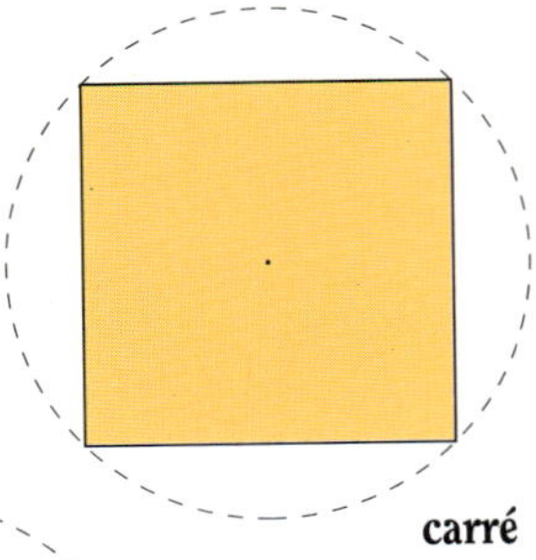

carré

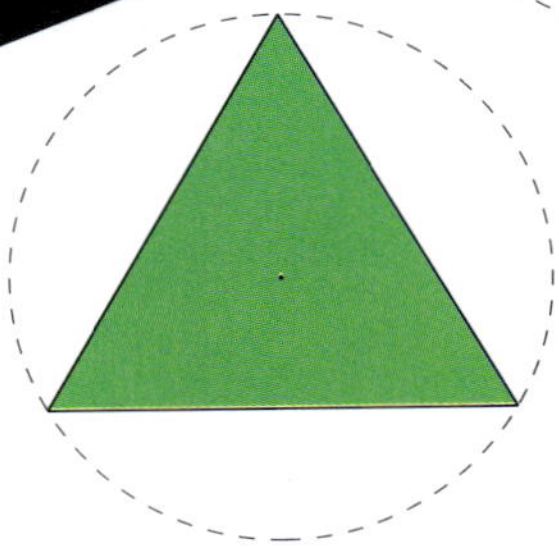

triangle

Les polygones réguliers

Un polygone régulier est un polygone dont tous les côtés sont égaux et qui permet de construire un cercle passant par tous ses sommets.

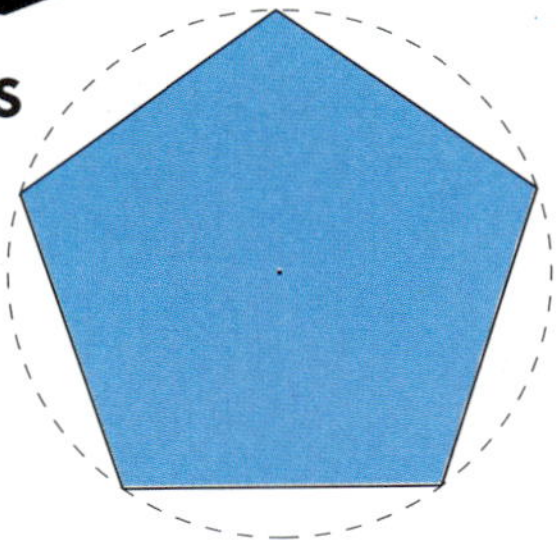

pentagone

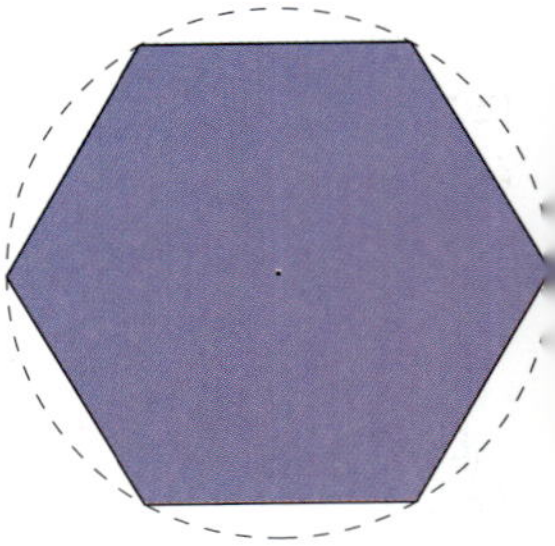

hexagone

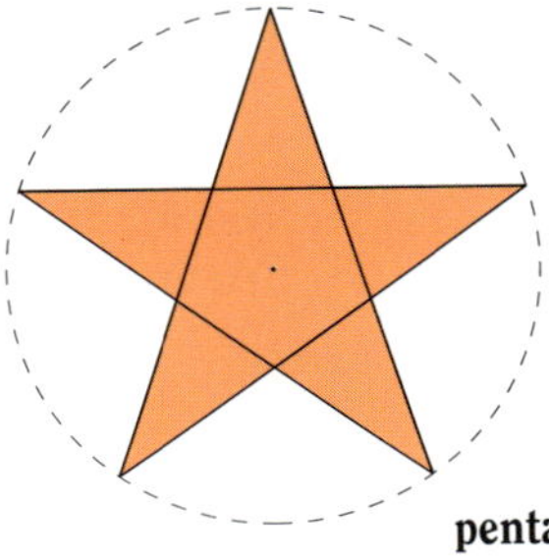

pentagone étoilé

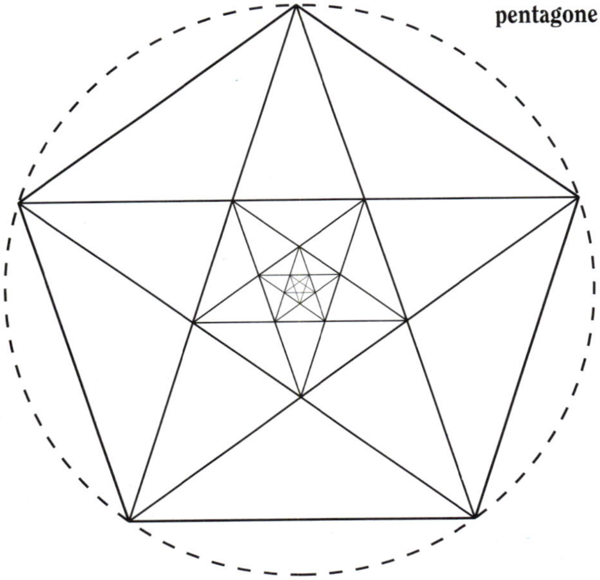

Le pentagone étoilé

Comme pour tout polygone étoilé, on peut reproduire indéfiniment la figure : l'intérieur dessine en réduction le pentagone convexe ; on peut joindre les sommets de ce pentagone convexe plus petit : on retrouve un pentagone étoilé dont l'intérieur dessine en réduction le pentagone convexe, et ainsi de suite, indéfiniment...

Construction de Ptolémée

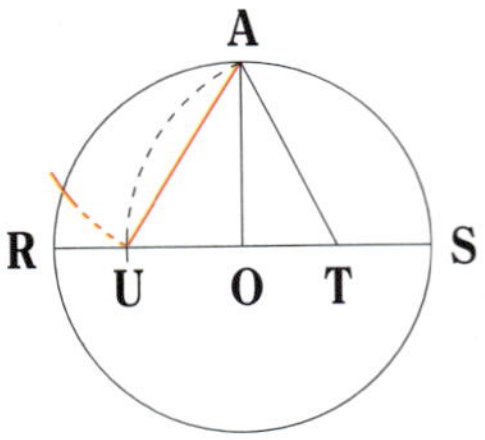

De T milieu du segment [OS], on trace le cercle de centre T et de rayon TA qui coupe le segment [RO] en U. AU donne l'ouverture du compas nécessaire pour tracer le pentagone.

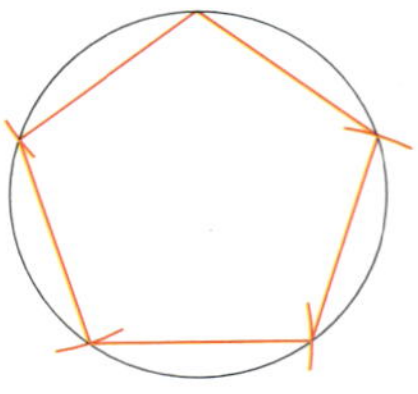

La bannière étoilée

Ces 2 pentagones, dont le dessin est appelé pentagramme, étaient l'emblème des pythagoriciens : évoquant le 5, union du 3 masculin et du 2 féminin, l'étoile symbolisait totalité, énergie, lumière, accomplissement... Les étoiles à 5 branches se retrouvent sur les drapeaux de 40 pays.

Polyèdres réguliers convexes

Le polyèdre régulier s'inscrit dans une sphère, et l'aire de toutes les faces est la même. Il est dit convexe si on peut poser une quelconque de ses faces sur une table. Il n'existe que 5 polyèdres réguliers convexes : le tétraèdre, dont les 4 faces sont des triangles équilatéraux, le cube, dont les 6 faces sont des carrés, l'octaèdre, dont les 8 faces sont des triangles équilatéraux, le dodécaèdre, dont les 12 faces sont des pentagones et l'icosaèdre, dont les 20 faces sont des triangles équilatéraux.

Pour la petite histoire

Le dodécaèdre a été dessiné par Léonard de Vinci. Il figure dans « De divina proportione », l'ouvrage du mathématicien italien Luca Pacioli.

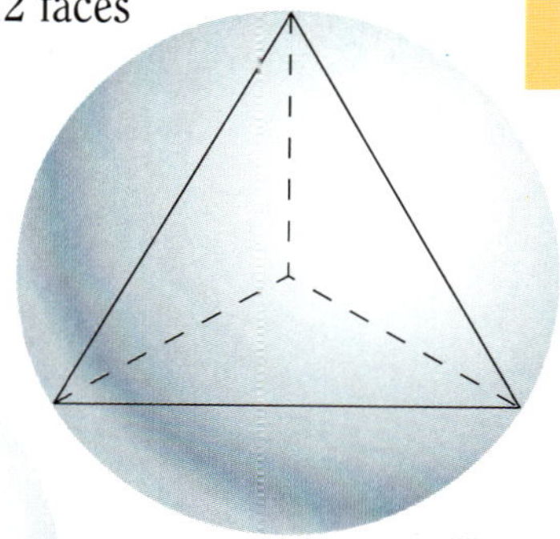

tétraèdre

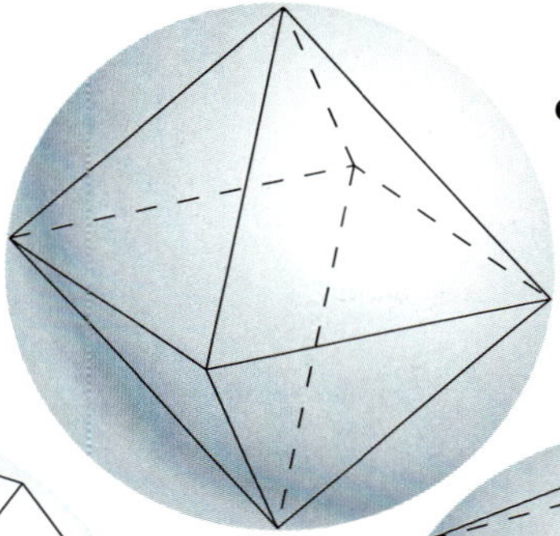

octaèdre

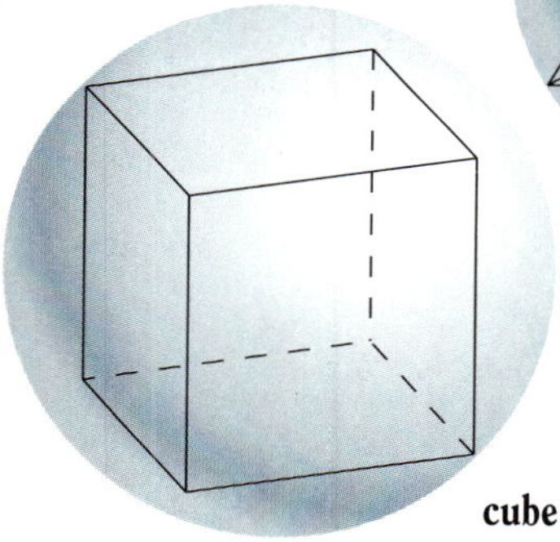

cube

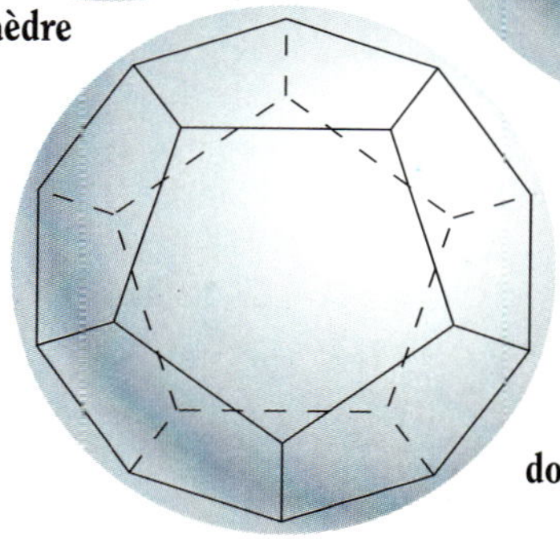

dodécaèdre

icosaèdre

Étonnantes propriétés

Ces polyèdres peuvent être associés 2 à 2 : cube et octaèdre, dodécaèdre et icosaèdre ; si on marque le centre de chacune des 6 faces du cube, on obtient l'octaèdre, et réciproquement, si on joint les centres des 8 triangles équilatéraux de l'octaèdre, on obtient le cube.

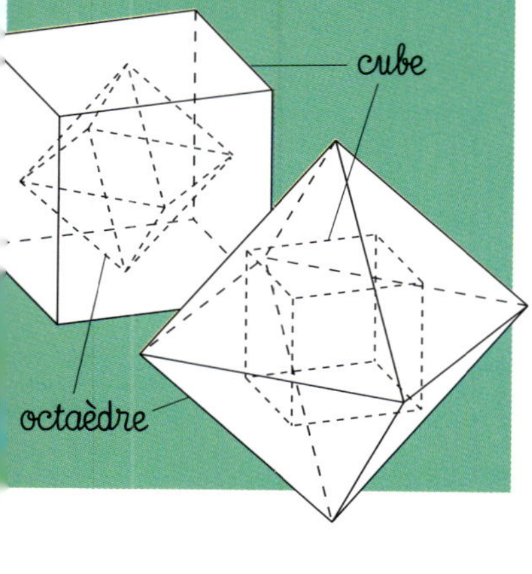

L'explication du monde

Dans un de ses dialogues appelé *Timée*, Platon a utilisé les 5 polyèdres réguliers convexes pour expliquer le monde : le cube est attribué à la terre, le tétraèdre au feu, l'octaèdre à l'air, l'icosaèdre à l'eau, enfin le dodécaèdre à l'Univers. Cette chimie géométrique a l'avantage de rapporter le complexe au simple : elle ferait sourire un scientifique actuel, mais elle eut une grande importance dans l'histoire des idées.

Sur ce tableau de Raphaël, l'*École d'Athènes*, on aperçoit à gauche, Platon tenant le *Timée*.

Le zéro et l'infini

L'infini est présent dès le début de l'histoire des mathématiques. Le zéro, lui, n'a été utilisé que très récemment.

Le zéro : une arrivée tardive !

Si l'on veut traduire sur un boulier le nombre 4 021, on est amené, puisqu'il n'y a pas de chiffre des centaines, à écrire un signe particulier, indiquant le manque, le chiffre zéro. Il apparaît pour la première fois en tant que chiffre à Gwalior, en Inde, sur une inscription que l'on a datée de 876. Mais il fait une arrivée encore plus tardive en tant que nombre comme dans l'égalité $1 - 1 = 0$.

Achille et la tortue

Zénon d'Élée, philosophe grec, désirait prouver que le mouvement n'est qu'illusion ; il imagine donc qu'Achille – héros grec – court derrière une tortue et doit la rattraper ; comme Achille court 10 fois plus vite, on lui donne 10 m d'avance. Pendant qu'il parcourt les 10 m qui le séparent de la tortue, celle-ci en fait 1 et ne se trouve plus à sa place initiale. Lorsqu'il parcourt 1 m, la tortue en fait 0,1 et ainsi de suite, si bien qu'Achille ne rejoint jamais la tortue. Ce paradoxe, basé sur la division à l'infini du temps, est toujours jeune, et fait bien toucher du doigt le mystère... de l'infini.

Une existence nécessaire

Au cours du Moyen Âge, zéro fut souvent considéré comme la création du diable ! Cependant, le zéro a ajouté aux possibilités d'écriture des nombres ; on n'imagine pas de mathématiques sans zéro, qui permet de concevoir le très grand, le très petit, de résoudre les équations, etc.

À propos du zéro

Une fois rien... c'est rien ! Deux fois rien... ce n'est pas beaucoup ! Mais trois fois rien !... Pour trois fois rien, on peut déjà acheter quelque chose... et pour pas cher ! Maintenant, si vous multipliez trois fois rien par trois fois rien : rien multiplié par rien = rien. Trois multiplié par trois = neuf. Cela fait rien de neuf ! Oui... ce n'est pas la peine d'en parler !

« Parler pour ne rien dire », tiré de l'ouvrage de Raymond Devos *Sens dessus dessous*, Éditions Stock.

Difficile à imaginer !

2 auteurs américains, Kasner et Newman, racontent qu'un enfant, voulant exprimer l'infini, écrivit au tableau :

10000000000000000000000000000000000000000000000000
000000000000000000000000000000000000000000000000000,

soit 1 suivi de 100 zéros. Ce nombre fut baptisé googol par le neveu de Kasner. Bien sûr, ce nombre est plus grand que les plus grands nombres utilisés en physique ou en astronomie, mais il n'a rien d'infini. Finalement, aucune quantité existante n'est infinie. Aucun nombre, s'il peut s'écrire ou se dire n'est infini. L'infini des maths, c'est toujours plus grand que le plus grand des nombres, aussi grand soit-il !

L'infini et les mathématiques

Le thème de l'infini est présent dans les mathématiques, et ce depuis le début ; compter les entiers successifs, c'est compter 1, 2, 3, 4, 5... et ça n'arrête pas ! Définir une droite, c'est mettre en place un fourmillement infini de points, etc.

« L'égal, le plus et le moins sont des attributs qui ne conviennent pas aux infinis, mais seulement aux quantités limitées. Aussi, quand le signor Simplicio me présente plusieurs lignes inégales et me demande comment il se peut faire que les plus grandes ne contiennent pas plus de points que les plus petites, je lui réponds qu'elles n'en contiennent ni plus, ni moins, ni autant, mais qu'en chacune d'elles ils sont infinis... »
Galilée, *Dialogues et Lettres choisies*
Éditions Hermann 1966, Paris.

L'ordinateur et ses programmes

Piloté par l'intermédiaire d'une séquence d'ordres appelée programme, l'ordinateur est capable de résoudre des taches extrêmement variées.

L'ordinateur

Il comprend les mêmes éléments fondamentaux que ceux d'une calculatrice capable d'effectuer les 4 opérations, mais avec en plus un programme pouvant piloter la machine. Un même ordinateur va ainsi pouvoir résoudre n'importe quel problème, à condition qu'on puisse lui indiquer exactement et dans les moindres détails, la marche à suivre.

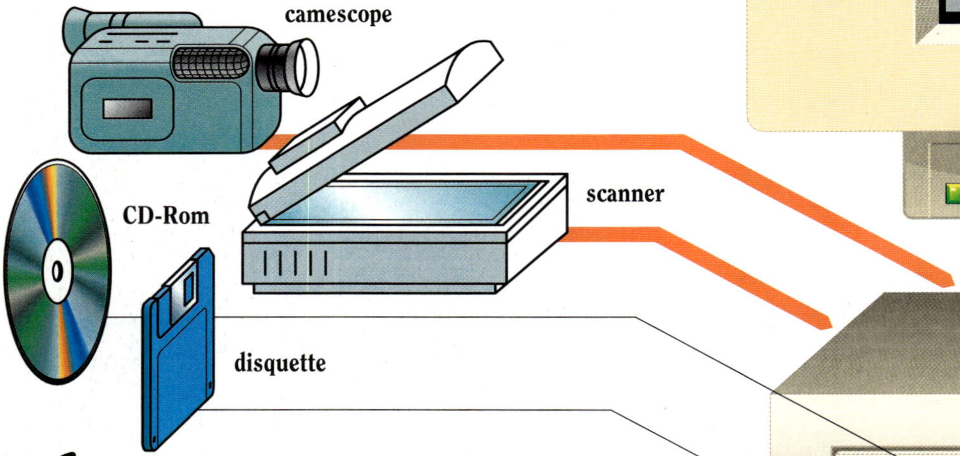

L'algorithme : préalable au programme

Un algorithme est une succession de manœuvres à accomplir toujours dans le même ordre, et de la même façon ; ce procédé automatique pourra être confié à un ordinateur. On connaît depuis l'enfance des algorithmes de calcul, comme celui de la somme de 2 nombres à plus d'un chiffre. Lorsqu'on connaît l'algorithme de résolution d'un problème, on peut le programmer dans un langage qui permettra à la machine de l'exécuter.

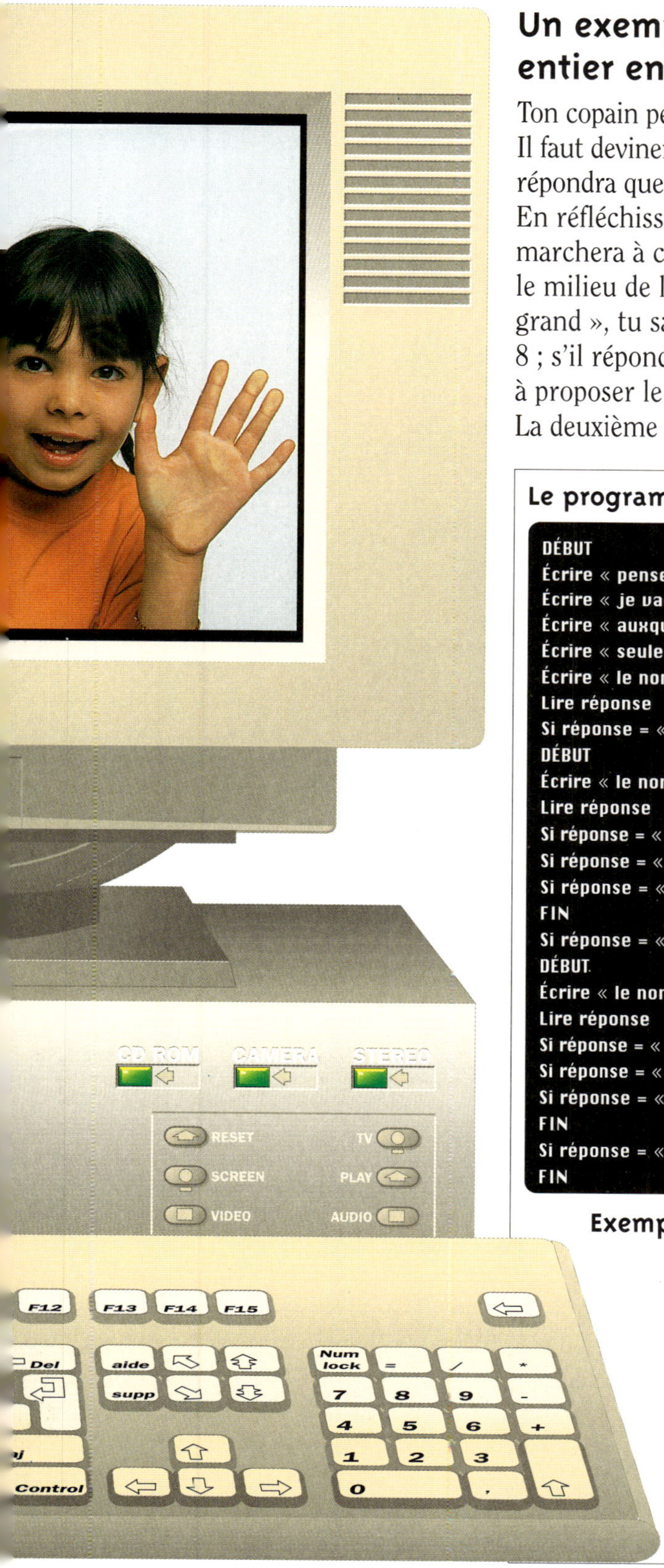

Un exemple : deviner un nombre entier entre 2 et 8

Ton copain pense à un nombre entier compris entre 2 et 8. Il faut deviner le nombre en 2 questions auxquelles il ne répondra que par plus petit/plus grand/égal.
En réfléchissant un peu, tu te dis qu'un algorithme qui marchera à coup sûr consistera à proposer 5 d'abord (soit le milieu de l'intervalle 2 - 8). Si le copain répond « plus grand », tu sais que le nombre cherché est 6, 7 ou 8 ; s'il répond « plus petit », 2, 3 ou 4. Il te reste alors à proposer le milieu du nouvel intervalle (7 ou 3).
La deuxième réponse permet de trouver le nombre cherché.

Le programme

```
DÉBUT
Écrire « pense à un nombre entier compris entre 2 et 8 »
Écrire « je vais le deviner en te posant 2 questions »
Écrire « auxquelles tu devras répondre »
Écrire « seulement par plus grand, plus petit ou égal »
Écrire « le nombre est-il 5 ? »
Lire réponse
Si réponse = « plus grand » alors
DÉBUT
Écrire « le nombre est-il 7 ? »
Lire réponse
Si réponse = « plus grand » alors Écrire « j'ai trouvé ! le nombre est 8 »
Si réponse = « plus petit » alors Écrire « j'ai trouvé ! le nombre est 6 »
Si réponse = « égal » alors Écrire « j'ai trouvé ! le nombre est 7 »
FIN
Si réponse = « plus petit » alors
DÉBUT
Écrire « le nombre est-il 3 ? »
Lire réponse
Si réponse = « plus grand » alors Écrire « j'ai trouvé ! le nombre est 4 »
Si réponse = « plus petit » alors Écrire « j'ai trouvé ! le nombre est 2 »
Si réponse = « égal » alors Écrire « j'ai trouvé ! le nombre est 3 »
FIN
Si réponse = « égal » alors Écrire « j'ai trouvé ! le nombre est 5 »
FIN
```

Exemple d'exécution : Damien a pensé à 6

```
Le nombre est-il 5 ?
```

Damien : Plus grand

```
Le nombre est-il 7 ?
```

Damien : Plus petit

```
J'ai trouvé, le nombre est 6 !
```

Le tout-binaire

L'ordinateur traite les informations qui peuvent être des nombres, des mots, des images, des sons : toutes ces informations sont codées en binaire.

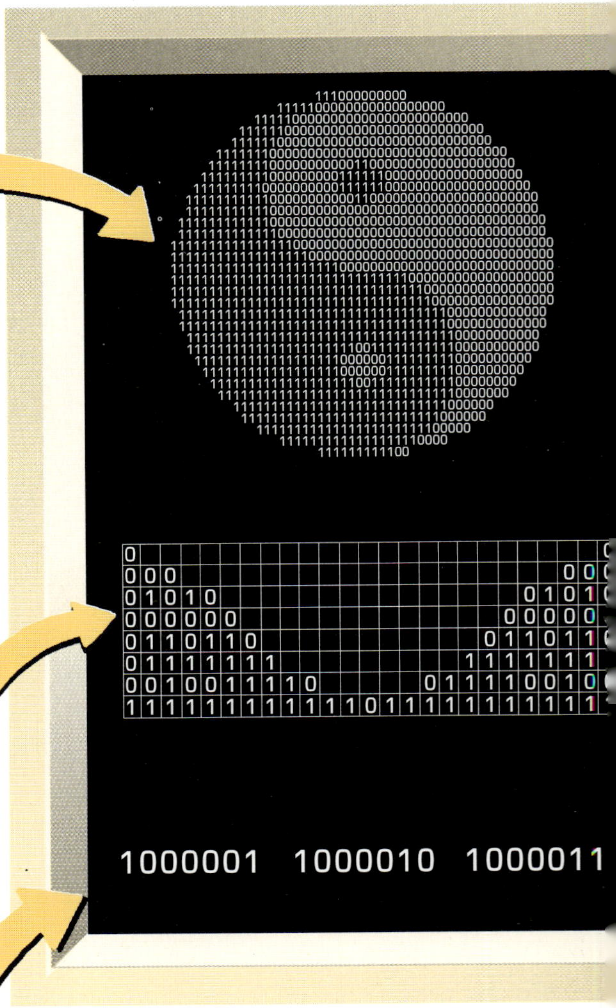

Le binaire, pour tout coder

Les nombres, mais aussi tous les autres types de données manipulées par les ordinateurs, comme les lettres, les images et les sons, sont codés en binaire. Les ordinateurs manipulent donc des millions de 0 et de 1.

Lettres codées

Il est possible de coder les lettres et donc les mots, les phrases et les textes, par un ensemble de bits. Le code ASCII représente chaque caractère par 7 chiffres binaires. A s'écrit 1 000 001, B 1 000 010, etc.

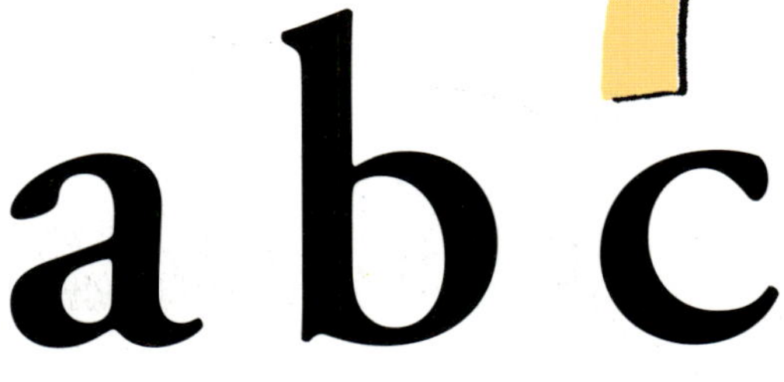

Pourquoi le binaire

Alors que tu es habitué à calculer en système décimal, les ordinateurs calculent en système binaire, et de façon plus générale traitent les informations en binaire : c'est parce que les opérations y sont plus simples et aussi parce qu'il est très facile de disposer de supports physiques capables de représenter ces 0 et ces 1 (on dit que ces supports ont seulement 2 états d'équilibre). Ce pourra être un interrupteur (ouvert ou fermé) un transistor (bloqué ou débloqué), etc.

Le calcul en binaire

Les tables de multiplication et d'addition sont beaucoup plus simples qu'en décimal : ainsi 1 + 0 = 0 + 1 = 1 tandis que 1 + 1 = 0 et 1 de retenue.

Addition en binaire

Addition en décimal

Multiplication en binaire

Multiplication en décimal

Des aiguillages : les transistors PNP

Avant d'étudier la manière dont les ordinateurs effectuent leurs calculs, il est important de comprendre comment un transistor peut laisser passer des 1 ou des 0 suivant qu'il est débloqué ou bloqué. Le transistor est formé de 2 couches de type N (électrons libres nombreux) et d'une couche de type P (défaut d'électrons).

Quand la ligne d'adressage reçoit un 0, les électrons libres remontent, et le transistor se met à conduire. Il y a 1 en sortie.

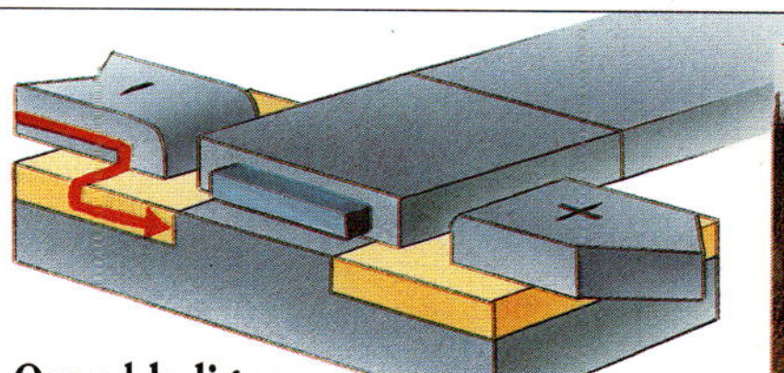

Quand la ligne d'adressage reçoit une impulsion 1, cette impulsion s'oppose au passage du courant car elle repousse les électrons libres : le transistor est bloqué. Il y a 0 en sortie.

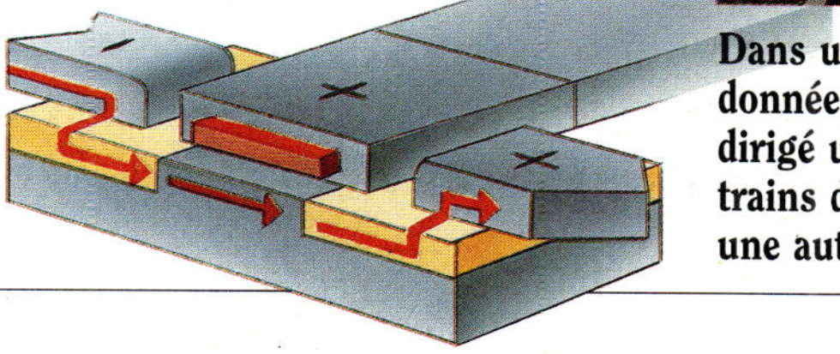

Dans un ordinateur, le flux des données formées de 0 et de 1 est dirigé un peu à la manière des trains dirigés vers une voie ou une autre par des aiguillages.

De la logique avant toute chose

Les ordinateurs ont été conçus pour être capables de calculer, mais aussi pour prendre des décisions logiques. C'est pourquoi leurs « neurones » sont des circuits logiques simples. Le calcul lui-même s'effectue dans un ordinateur à partir de la combinaison de ces circuits.

Circuits de base

Un ordinateur va contenir, dans son unité centrale, des portes logiques qui traitent l'information binaire. Ces portes sont fabriquées à partir des aiguillages élémentaires (transistor PNP). On rencontre 3 types principaux de portes qui mettent en œuvre les fonctions logiques NON, ET et OU. À partir de ces portes, il est facile de fabriquer un bloc de calcul, capable de traiter des nombres codés en binaire.

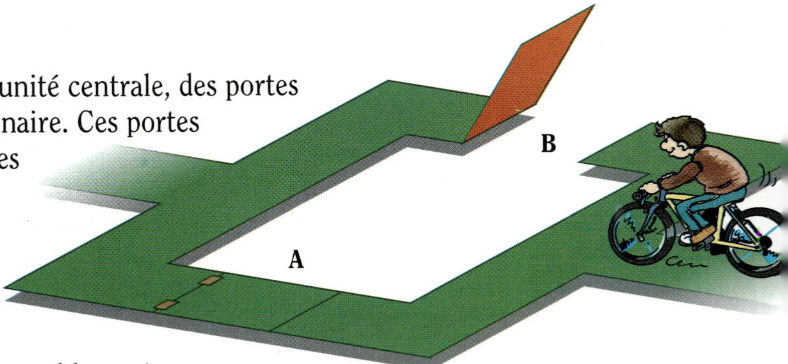

Fonction OU : le passage du cycliste n'est possible que si le pont A ou le pont B sont abaissés.

De la logique humaine

Lorsque tu raisonnes en langage courant, tu utilises les mots ET, OU, NON pour exprimer tes choix. Ainsi, tu pourras dire : « J'irai en vacances au bord de la mer s'il fait beau ET si j'ai suffisamment d'argent. »
Les logiciens traduisent cette proposition par le tableau :

Il fait beau	J'ai de l'argent	Je pars en vacances
Faux	Faux	Faux
Faux	Vrai	Faux
Vrai	Faux	Faux
Vrai	Vrai	Vrai

À celle de l'ordinateur

La machine va traduire ce tableau rempli de Faux et de Vrai par des 0 et des 1.
Le tableau deviendra donc, si l'on appelle « Il fait beau » A, et « J'ai de l'argent » B :

A	B	A et B
0	0	0
0	1	0
1	0	0
1	1	1

Porte ET

Il faut ensuite réaliser un circuit électronique capable de fonctionner selon le tableau précédent. Il va comporter 3 transistors PNP, comme représenté sur le schéma. Si A et B sont différents de 1, un des 2 transistors d'entrée (T1 ou T2) conduit, ce qui bloque le dernier T3 d'où 0 en sortie. Si A et B égalent 1, les 2 transistors d'entrée sont bloqués et le transistor de sortie T3 conduit d'où 1 en sortie. Le circuit fonctionne donc bien comme l'indique le tableau ci-contre.

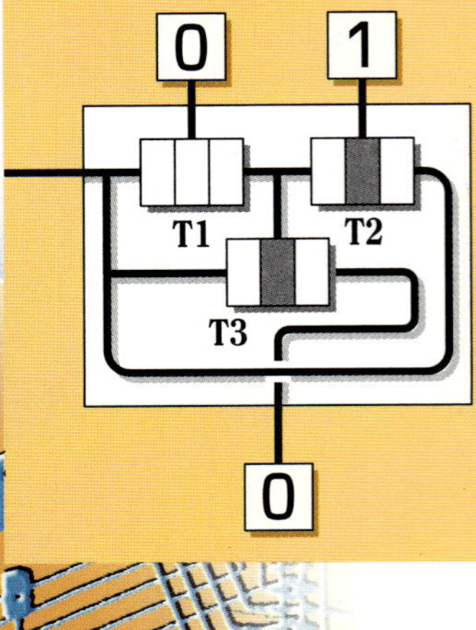

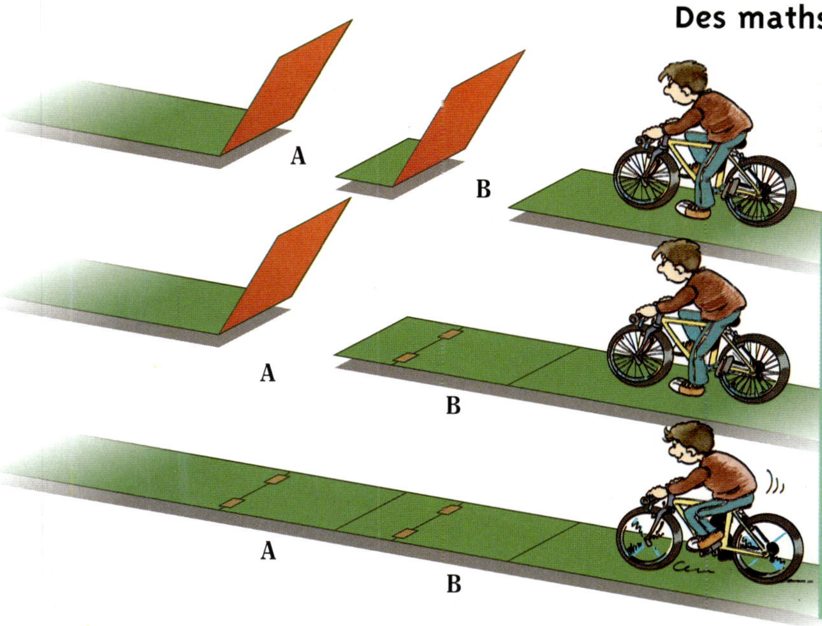

Fonction ET : le passage du cycliste n'est possible que si le pont A et le pont B sont abaissés.

Importance de l'addition

La multiplication est une opération qui se ramène facilement à l'addition : ainsi, 2 x 3 = 2 + 2 + 2.
On arrive également à traiter la soustraction, et même la division, à partir de l'addition. Le demi-additionneur est donc bien le circuit de base le plus important dans un ordinateur lorsqu'il s'agit de calculer.

Fabrique un demi-additionneur

Le demi-additionneur effectue la somme de 2 nombres binaires 0 ou 1, représentés par les 2 attache-lettres A et B en position 0 ou 1. Le résultat se lira, pour la retenue, sur l'ampoule de retenue (allumée veut dire retenue 1, éteinte retenue 0).
La somme vaut 1 si l'une des ampoules de somme est allumée, 0 si les deux sont éteintes.

❶ Plante les pointes sur la planche, tel qu'indiqué, en les laissant dépasser de 1 à 2 cm.

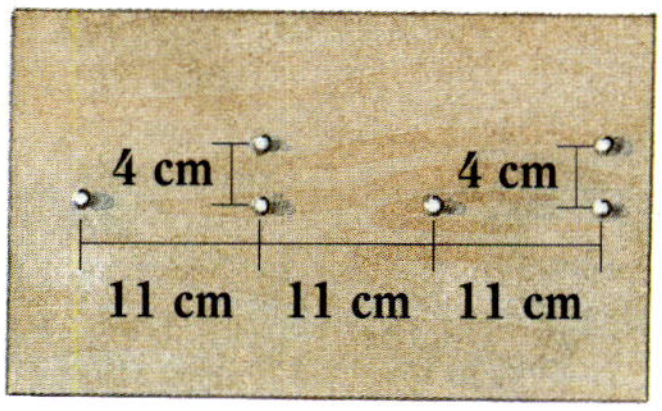

❷ Ouvre les attache-lettres géants.

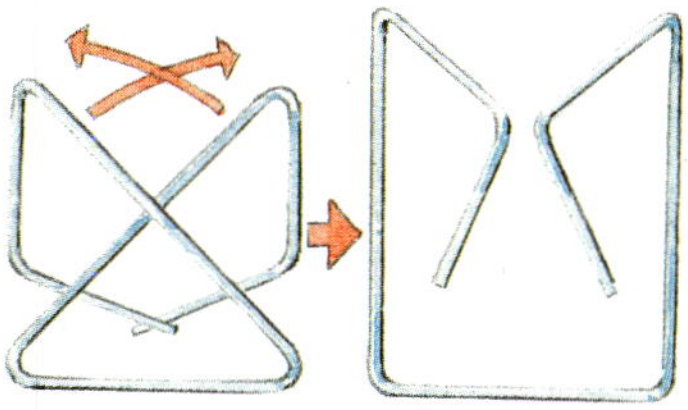

❸ Fixes les à 5,5 cm des pointes, comme indiqué.

❹ Termine le câblage du circuit.

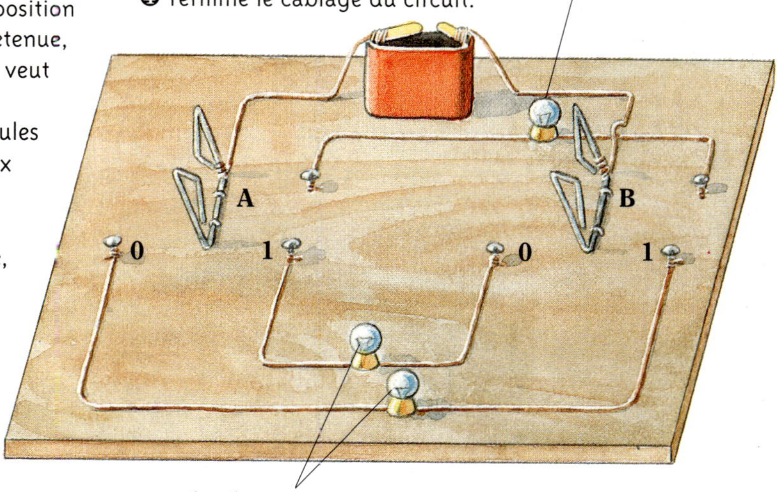

Quand tu bascules A en position 1 et B en 1, les ampoules de somme restent éteintes et la retenue s'allume (1 + 1 donne 0 en somme et 1 en retenue). Quand A est en position 0 et B en 1 (ou A en 1 et B en 0), une ampoule de somme s'allume, la retenue restant éteinte (0 + 1 comme 1 + 0 donne 1 en somme et 0 en retenue).

Matériel

- 1 planche de 40 x 30 cm
- 2 attache-lettres géants
- 1 marteau et des pointes
- 3 ampoules de lampe de poche et leur support
- 1 pile de 4,5 volts
- fil électrique
- 6 pointes

« Surfer » sur Internet

Permettant à tous les ordinateurs reliés au réseau de communiquer à travers le monde, Internet couvre la planète d'un maillage serré : ses utilisateurs peuvent ainsi échanger textes, images ou sons avec une grande facilité.

Né pour résister à une attaque

À la fin des années 60, les chercheurs de la RAND (firme américaine) travaillent pour le gouvernement américain et le ministère de la Défense. Ils veulent développer un réseau capable de résister à une attaque et continuer à transmettre les informations, même si certaines parties sont détruites. L'idée est de faire circuler l'information en la découpant en paquets. Ces derniers circulent de manière indépendante et peuvent prendre des chemins différents pour rejoindre leur destination.

Un succès immédiat

Adopté rapidement par les scientifiques et les chercheurs, qui furent vite rejoints par des écoles de commerce, des bibliothèques, et maintenant des particuliers issus de tous les pays, le réseau garde aujourd'hui les qualités qui étaient les siennes quand il a été conçu : en cas d'incident, l'information continue de circuler en empruntant un autre chemin, qui évite les ordinateurs en panne.

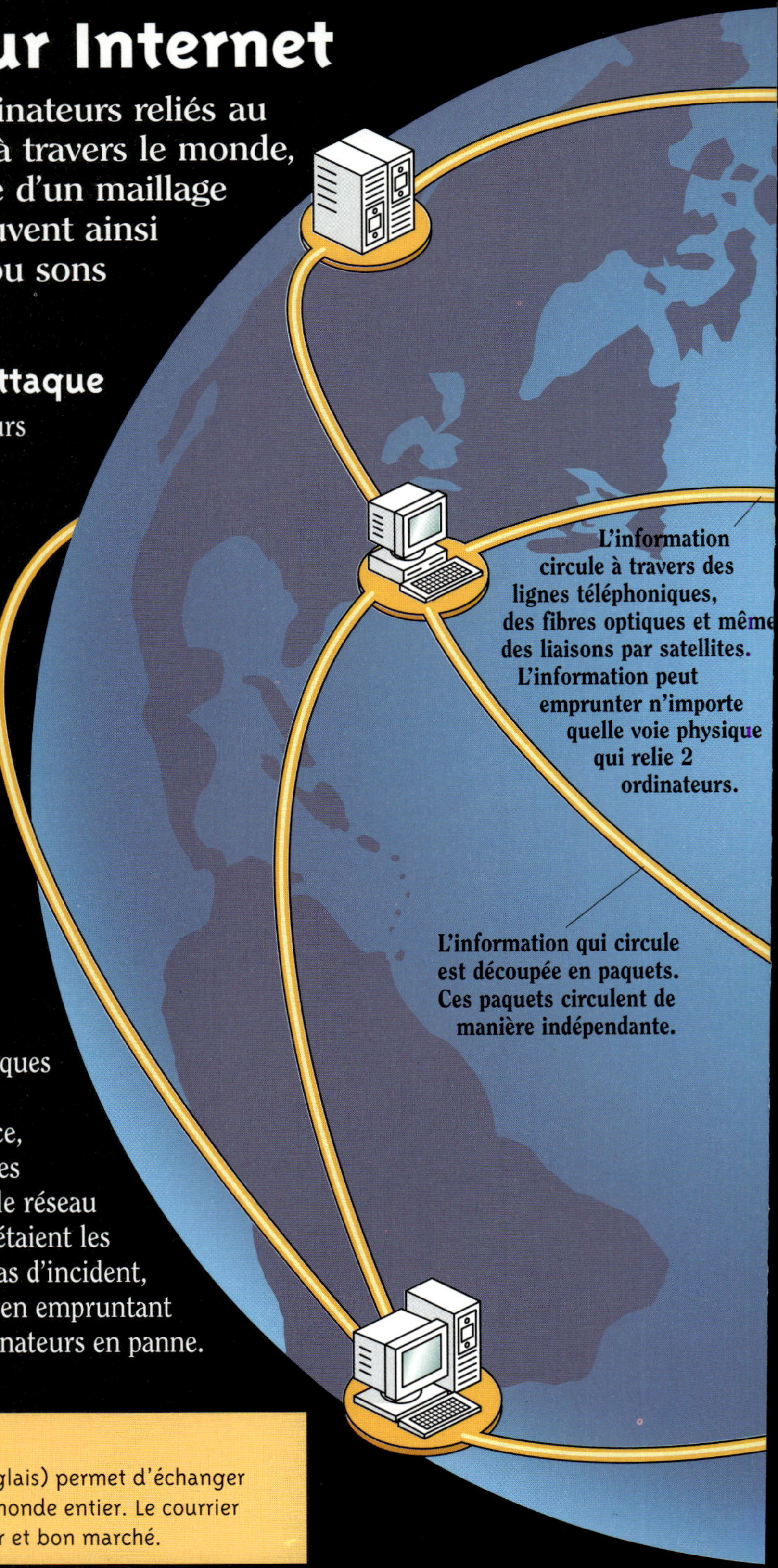

Courrier électronique

Le courrier électronique (*e-mail* en anglais) permet d'échanger des messages avec des personnes du monde entier. Le courrier électronique est rapide, facile à utiliser et bon marché.

Autres services

On peut aussi charger des logiciels gratuitement, jouer, participer à des groupes de discussion, et même faire du commerce électronique.

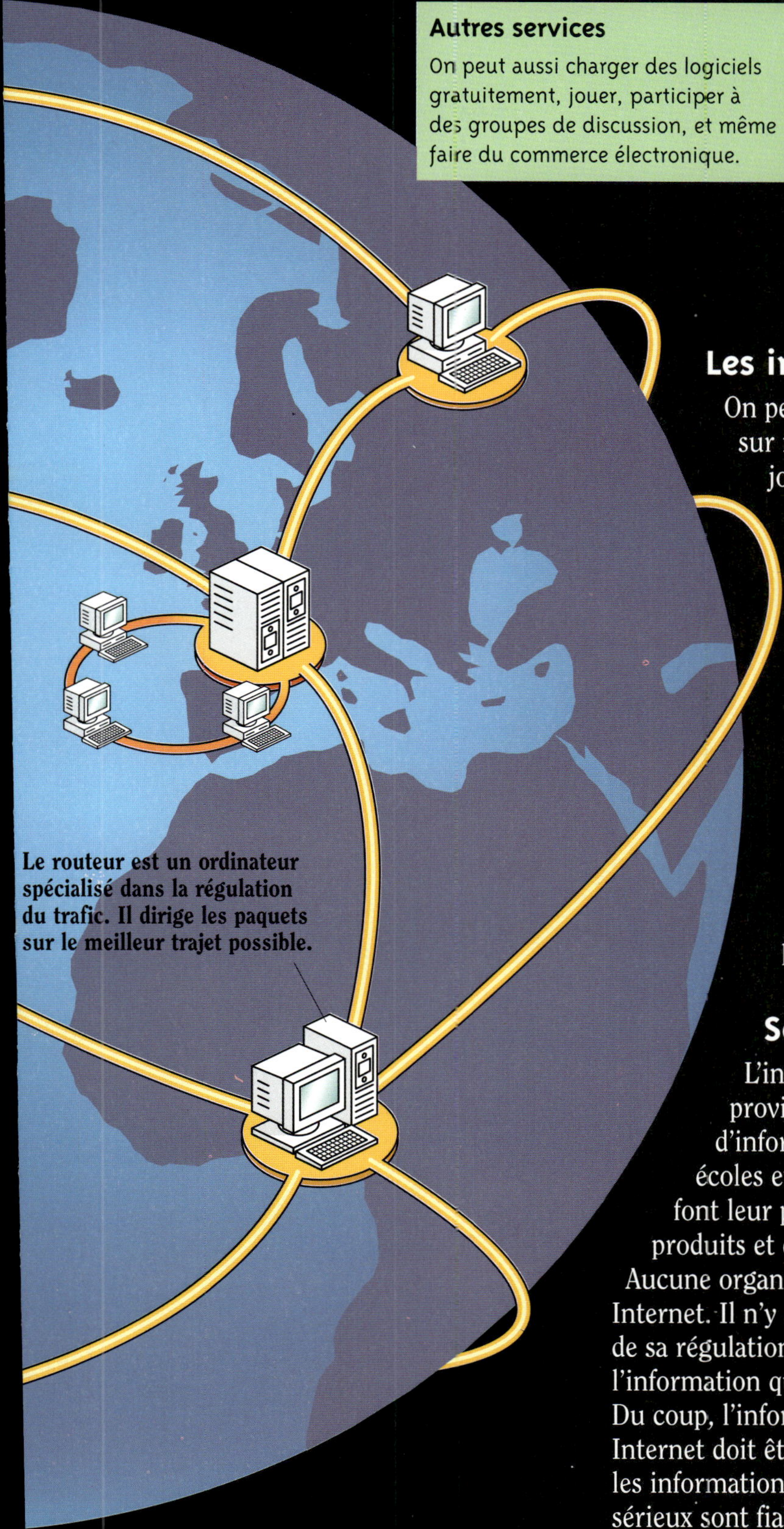

Le routeur est un ordinateur spécialisé dans la régulation du trafic. Il dirige les paquets sur le meilleur trajet possible.

Les informations

On peut obtenir des renseignements sur n'importe quel sujet et consulter journaux, magazines, documents, musées, etc. Ainsi, si tu t'intéresses à l'astronomie, tu peux te connecter sur l'observatoire de Paris ou le National Space Science Data Center. Si c'est l'art qui te passionne, les grands musées – dont le Louvre – possèdent leur site. Et même les organisations non gouvernementales comme Greenpeace ou Amnesty International sont présentes sur le réseau.

Sens critique

L'information présente sur le réseau provient des États (soucieux d'informer leurs citoyens), des grandes écoles et universités, des entreprises qui font leur promotion et celle de leurs produits et des individus.

Aucune organisation ne possède ni ne contrôle Internet. Il n'y a aucun gouvernement chargé de sa régulation, et aucun censeur ne supervise l'information qui y circule.

Du coup, l'information qu'on trouve sur Internet doit être soumise à « critique » : les informations en provenance de centres sérieux sont fiables, les autres...

Mon
lointai

Depuis des millénaires, les hommes contemplent et étudient le **ciel**. Il y a 30 ans à peine qu'ils ont pour la première fois quitté la Terre pour poser le pied sur la Lune. Mais cette exploration n'a pas encore permis de répondre à la grande question : **y a-t-il de la vie ailleurs** ?

des
ns

Observer le ciel

Depuis des millénaires, les hommes observent le ciel à l'œil nu. À partir de la Renaissance, des instruments de plus en plus perfectionnés nous ont permis d'élargir notre horizon.

En 1900, les astronomes observaient déjà le ciel.

Télescopes

Depuis Galilée, la plupart des objets célestes ont été observés à l'aide d'instruments astronomiques appelés lunettes ou télescopes. Les télescopes sont des instruments destinés à recueillir la plus grande quantité possible de lumière émise par un corps céleste ; ils sont donc utilisés pour observer des objets très lointains, et sont munis d'un objectif de très grand diamètre (jusqu'à 6 m de diamètre) formé d'un miroir concave.

Observatoire de Saint-Michel-de-Provence

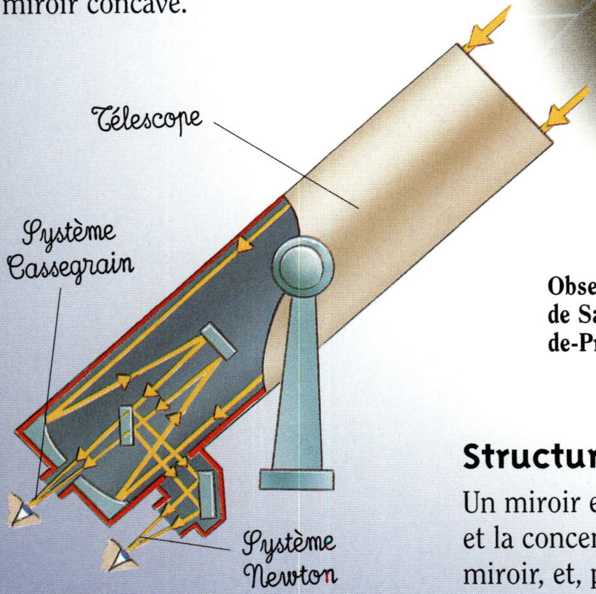

Structure d'un télescope

Un miroir en forme de parabole capte la lumière des étoiles et la concentre. L'image obtenue est renvoyée sur un autre miroir, et, par ricochet, jusqu'à l'œil de l'observateur.

Les radiotélescopes, pourquoi ?

Les télescopes ne permettent d'observer que les objets lumineux. Or, les objets galactiques émettent aussi des ondes radiométriques, d'une longueur d'onde qui varie de quelques centimètres à quelques mètres. Pour les capter, on construit des antennes géantes, convenablement orientées, les radiotélescopes. Comme leurs frères optiques, plus leur surface est grande, et plus les chances de capter une radioémission céleste sont importantes.

Structure

L'élément principal est une antenne qui joue le rôle du miroir principal du télescope : elle réfléchit les ondes et les concentre vers un foyer. En ce point, les ondes sont transformées en signaux électriques dirigés vers un ordinateur pour y être traités.

Radiotélescope de Goldstone, Californie.

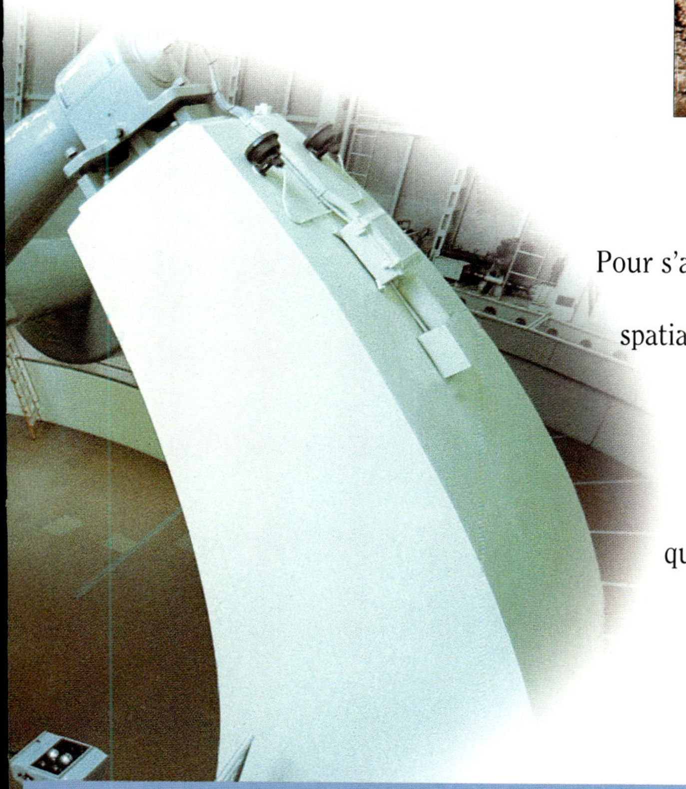

Télescope spatial *Hubble*

Pour s'affranchir de l'absorption des rayons lumineux par l'atmosphère, on utilise des laboratoires spatiaux. *Hubble* a été développé par les Américains et les Européens. Il héberge un télescope de 2,40 m. Après sa mise en orbite, un défaut de courbure sur son miroir a été corrigé en décembre 1993. Il a permis l'examen approfondi de certaines régions du ciel, ainsi que l'étude du spectre d'absorption des quasars.

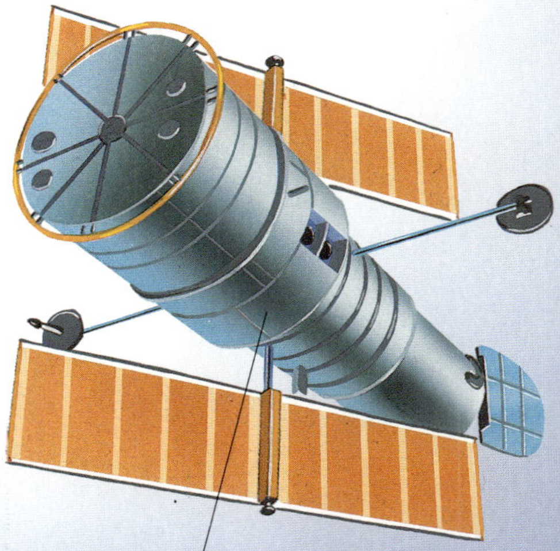

Hubble a été mis en orbite autour de la Terre le 25 avril 1990.

Toujours plus grand !

Pour aller à la rencontre d'objets célestes de plus en plus lointains, il a fallu que l'entonnoir du miroir parabolique soit d'un diamètre toujours plus grand, donc toujours plus gros. Ainsi, le télescope du mont Palomar, qui fait 5 m de diamètre, possède une épaisseur de 60 cm.

Au clair de la Lune

L'astre le plus proche de la Terre a inspiré les poètes et les rêveurs ; ses phases ont permis à de nombreuses civilisations de fabriquer leur calendrier. Les scientifiques l'étudient depuis la Renaissance.

Une face cachée

La Lune est l'astre le plus proche de la Terre (384 400 km seulement). Quand on la regarde, on voit toujours la même face. C'est que la Lune tourne sur elle-même en même temps qu'elle tourne autour de la Terre. La durée de ces 2 mouvements est exactement la même si bien qu'une de ses faces nous est toujours cachée. Si on l'observe avec des jumelles ou une longue-vue, on y voit des cirques et de vastes étendues grises ou plaines.

Les phases de la Lune vues depuis la Terre sont dessinées sur la circonférence extérieure.

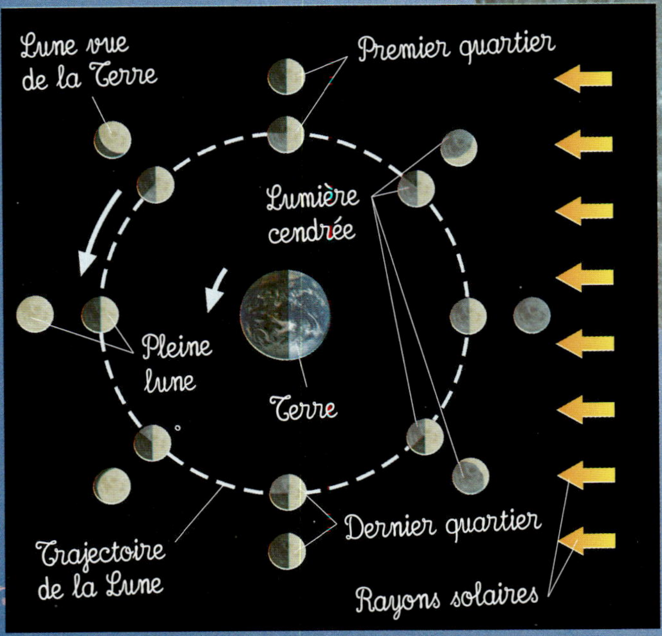

Les phases de la Lune

Périodiquement, la Lune change d'aspect : elle passe du premier quartier à la pleine lune puis au dernier quartier. C'est que la Lune tourne autour de la Terre en 29 jours, 12 heures et 44 minutes. On appelle lunaison l'intervalle qui sépare 2 nouvelles lunes consécutives.

Lumière cendrée de la Lune

Cette pâle lumière qu'on peut observer lorsqu'on ne voit qu'un fin croissant de lune est appelée lumière cendrée. Le Soleil se reflète sur la Terre qui éclaire ainsi la Lune.

La Lune et le calendrier

Les premiers calendriers étaient basés sur la Lune. Les mois lunaires durant un peu plus de 29 jours, l'année solaire et ses 365 jours ne peut en contenir un nombre entier. Le judaïsme utilise le calendrier lunaire et doit, pour rester en phase avec le Soleil, ajouter 1 mois les 3e, 6e, 8e, 11e, 14e, 17e et 19e année de chaque période de 19 ans. L'année musulmane comprend 12 mois lunaires de 29 ou 30 jours et fait abstraction du Soleil : les mois y sont indépendants des saisons.

Notre Terre vue de la Lune

Les cartes de la Lune

C'est Galilée qui publia les premiers dessins de la surface de la Lune. Les étendues foncées furent appelées mers. Au XVIIe siècle on désigna des golfes, baies ou marais. Les termes en sont restés, alors que nous savons maintenant qu'il n'y a pas d'eau dans les mers lunaires. La carte la plus précise a été réalisée à partir des sondes américaines *Orbiter*.

Intérieur de la Lune : du solide !

Grâce à l'étude des séismes lunaires, nous pouvons nous faire une idée sur ce que cet astre renferme. La Lune est essentiellement formée de roches solides (et peut-être d'un petit noyau liquide) contrairement à la Terre, dont la mince croûte flotte sur un épais manteau chaud et visqueux de roches fondues.

Le Soleil, notre étoile

Le Soleil est la seule étoile qui soit juste à côté de nous. C'est son énergie qui permet à la vie de se maintenir à la surface de la Terre.

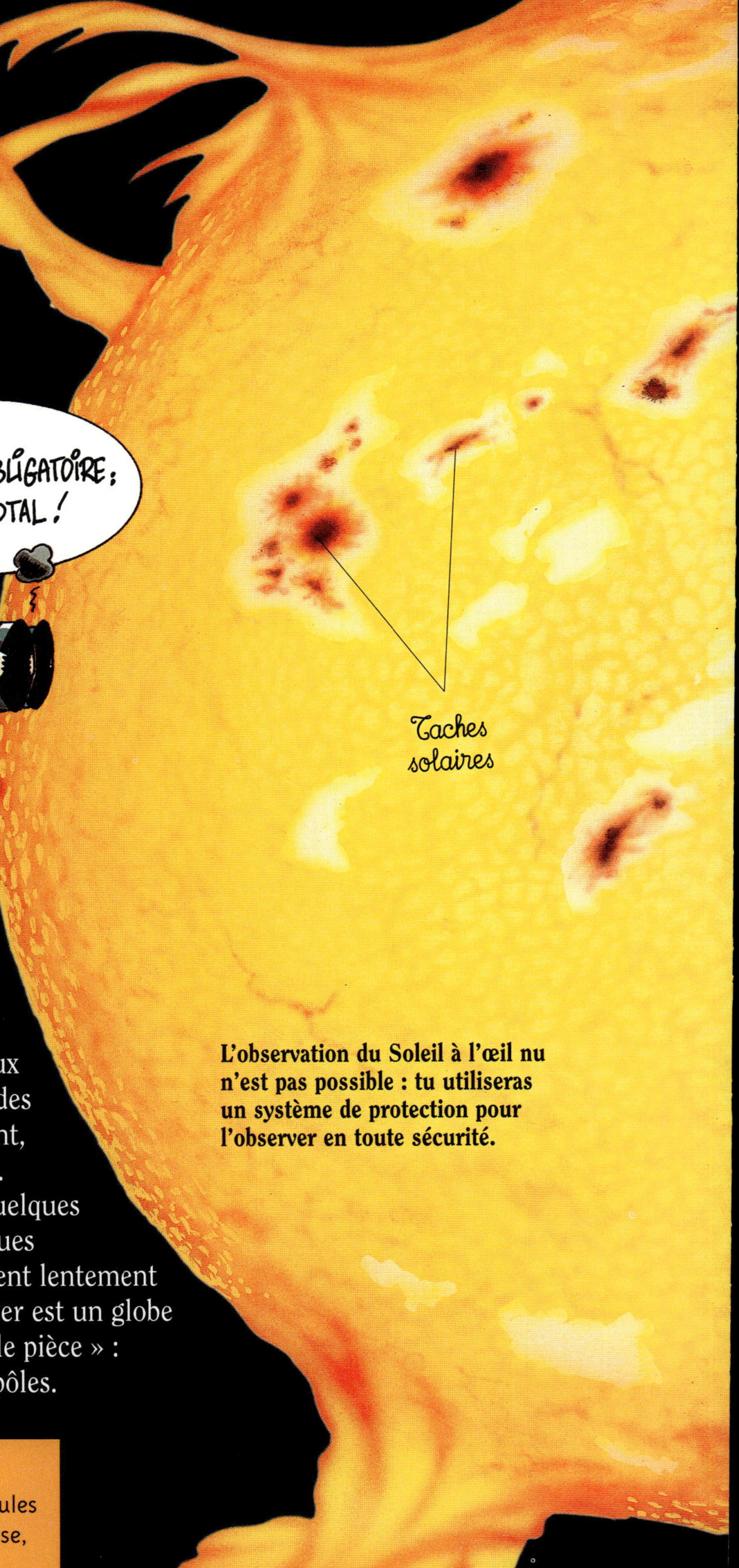

L'observation du Soleil à l'œil nu n'est pas possible : tu utiliseras un système de protection pour l'observer en toute sécurité.

Des taches en mouvement

Quand on observe le Soleil, on constate que le centre du disque est plus lumineux que les bords et que ce disque présente des points noirs appelés taches. Elles naissent, augmentent, diminuent et disparaissent. La durée de vie des plus petites est de quelques minutes, celle des plus grosses de quelques semaines à 2 mois. Ces taches se déplacent lentement à cause de la rotation du soleil. Ce dernier est un globe « fluide » qui ne tourne pas « d'une seule pièce » : 25 jours à l'équateur, 32 jours près des pôles.

Aurore polaire

En frappant l'atmosphère, les particules émises par le Soleil rendent l'aurore lumineuse, provoquant un drapé caractéristique.

Une activité périodique

Le Soleil n'est pas aussi calme qu'il le paraît : il est parfois le siège de phénomènes violents, les éruptions, avec de grands jets de gaz pouvant s'élever jusqu'à 500 000 km de la surface. Ces phénomènes ont des répercussions sur la Terre, puisqu'ils sont à l'origine des aurores polaires et de la perturbation des ondes radio. On a remarqué que tous les 11 ans en moyenne, on retrouve des maximums d'activité du Soleil. Le prochain maximum est prévu pour 2002, le prochain minimum pour 2006-2007.

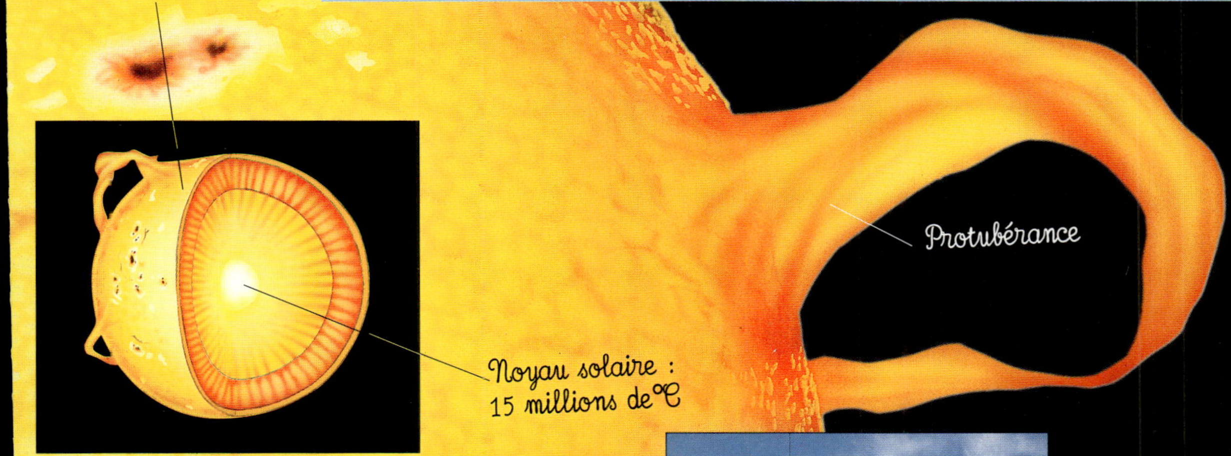

L'intérieur du Soleil

Le Soleil est extrêmement chaud ; presque toute sa lumière visible provient de la photosphère (4 500-6 500 °C). Dans l'immense noyau solaire, règne une température de 15 millions de degrés. On sait aujourd'hui que c'est une réaction thermonucléaire qui fournit l'énergie du Soleil. Chaque seconde, le Soleil transforme 700 millions de tonnes d'hydrogène en hélium. Mais il a encore assez d'hydrogène pour briller 5 milliards d'années.

À la centrale solaire d'Odeillo, le rayonnement du Soleil est réfléchi par 63 miroirs qui éclairent le grand miroir parabolique. Au foyer, on obtient un maximum d'énergie.

Cuisine solaire

❶ Tapisse l'intérieur de la caisse avec les plaques de polystyrène.
❷ Dispose ensuite le papier aluminium sur le plolystyrène.

Matériel

- Cocotte en fonte avec couvercle noir
- Caisse en bois
- Papier aluminium
- Polystyrène
- Vitre

❸ Mets la cocotte fermée munie de ses ingrédients (eau, viande, légumes, sel) dans la caisse.

❹ Recouvre le tout de la vitre et dispose l'ensemble au soleil 4 heures un jour de plein été.

La valse des planètes

Depuis 4 000 ans, les hommes observent le ciel : l'aspect des constellations est stable mais il existe des astres mobiles, tantôt visibles, tantôt invisibles, et qui se déplacent parmi les étoiles : ce sont les planètes.

Planètes et étoiles

Ces planètes, à la différence des étoiles, ne brillent pas par elles-mêmes mais se contentent de réfléchir la lumière du Soleil, comme le fait la Lune. Les planètes sont, en somme, d'autres Terre, tandis que les étoiles sont d'autres soleils. Tu peux les différencier facilement : les étoiles scintillent, les planètes non ! Cela s'explique par le fait que les planètes sont de petites sphères lumineuses plus proches de nous, dont l'éclat est moins sensible que celui des étoiles aux perturbations de l'atmosphère.

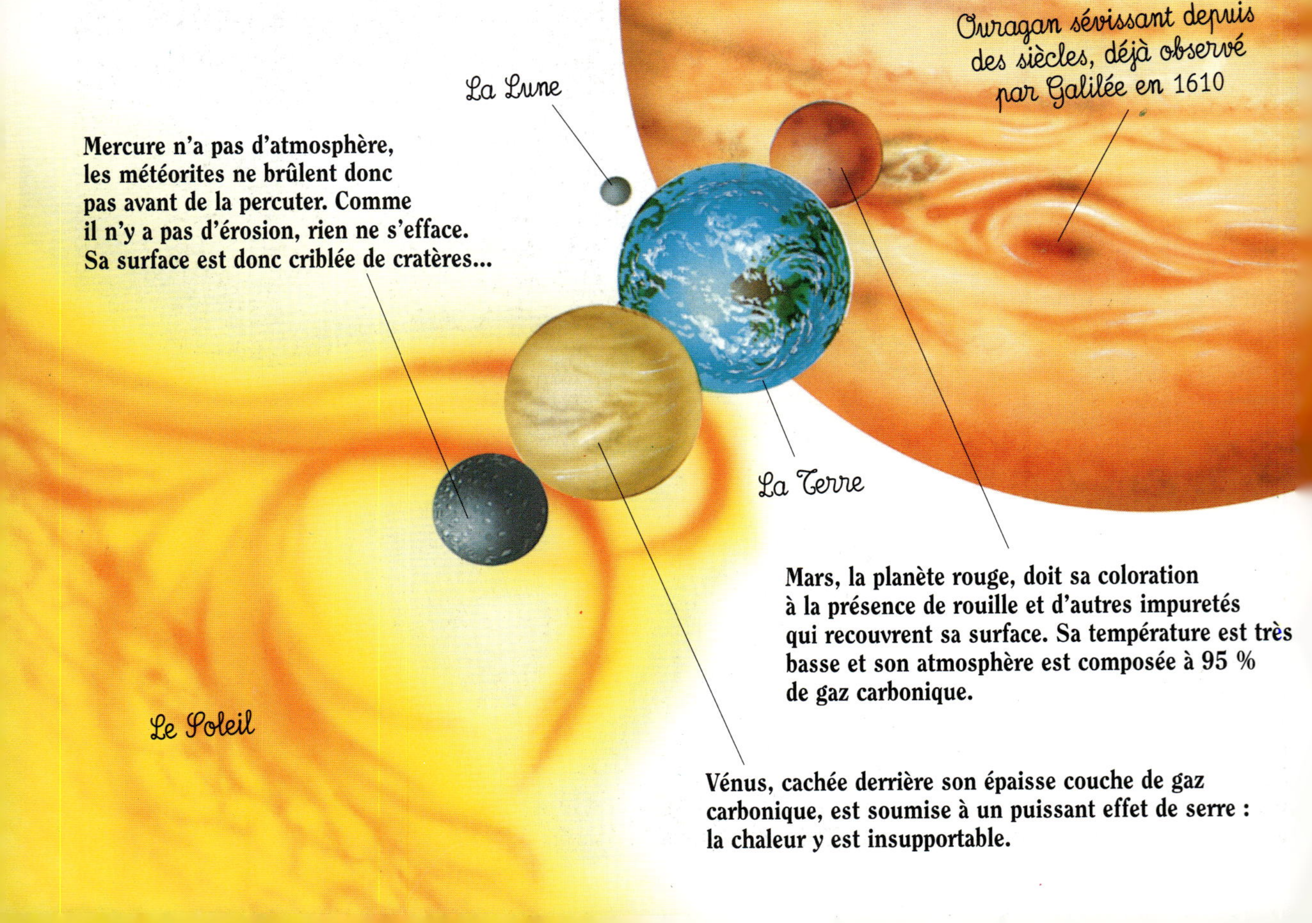

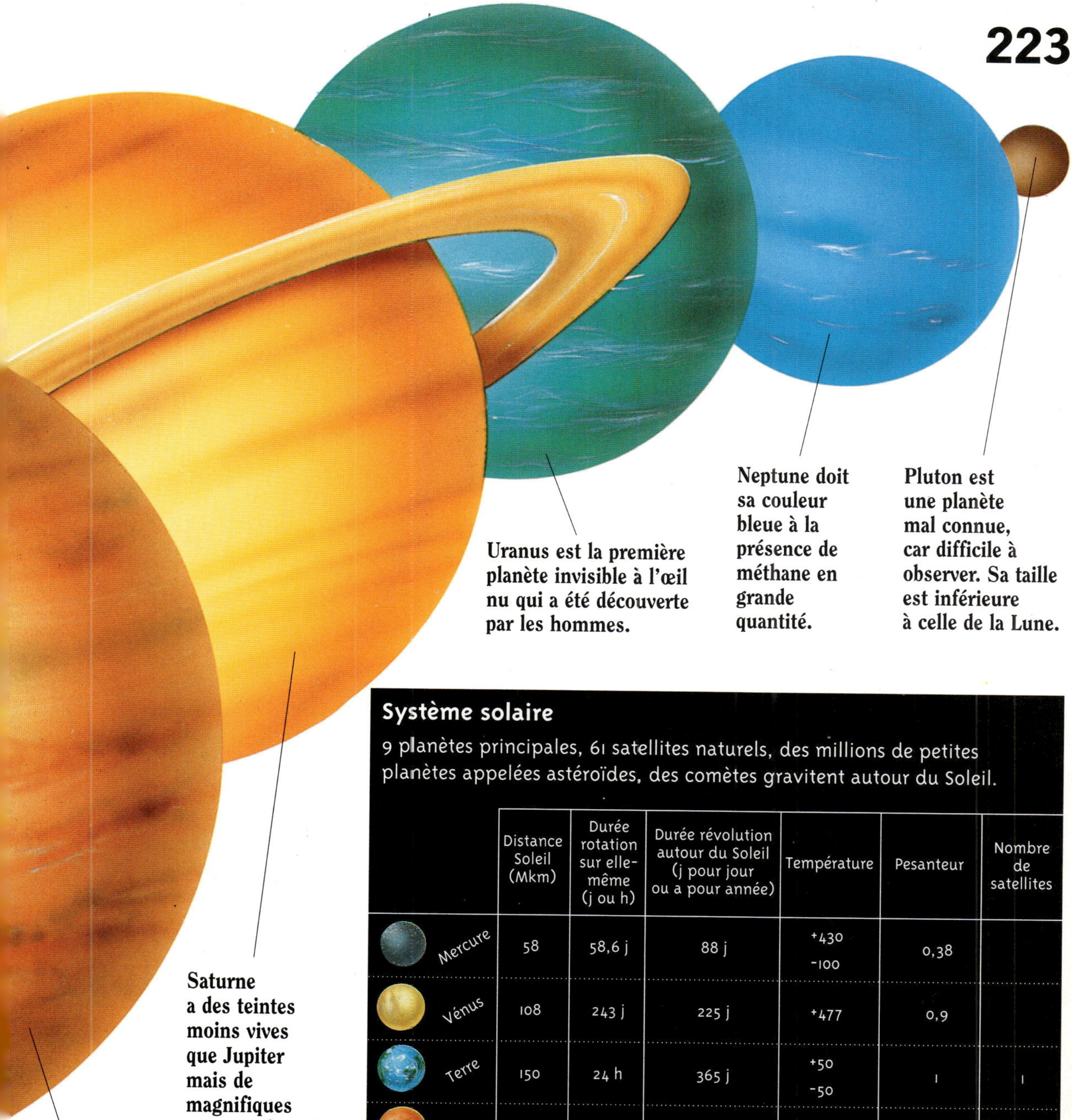

Uranus est la première planète invisible à l'œil nu qui a été découverte par les hommes.

Neptune doit sa couleur bleue à la présence de méthane en grande quantité.

Pluton est une planète mal connue, car difficile à observer. Sa taille est inférieure à celle de la Lune.

Saturne a des teintes moins vives que Jupiter mais de magnifiques anneaux formés d'une infinité de particules de glace.

Jupiter est essentiellement composée d'hydrogène. C'est la plus grosse des planètes avec ses belles couleurs parallèles à l'équateur : des rouges, roux, marron et gris bleu... Le dessin de ses bandes se modifie sans cesse.

Système solaire

9 planètes principales, 61 satellites naturels, des millions de petites planètes appelées astéroïdes, des comètes gravitent autour du Soleil.

	Distance Soleil (Mkm)	Durée rotation sur elle-même (j ou h)	Durée révolution autour du Soleil (j pour jour ou a pour année)	Température	Pesanteur	Nombre de satellites
Mercure	58	58,6 j	88 j	+430 / -100	0,38	
Vénus	108	243 j	225 j	+477	0,9	
Terre	150	24 h	365 j	+50 / -50	1	1
Mars	228	25 h	687 j	-20	0,38	2
Jupiter	778	10 h	12 a	-110	2,54	16
Saturne	1 427	10 h	29 a	-180	0,9	19
Uranus	2 871	17 h	84 a	-220	0,8	15
Neptune	4 497	18 h	165 a	-230	1,1	8
Pluton	5 914	6 j	248 a	-240	0,04	1

Satellites, astéroïdes et comètes

En dehors des planètes escortées de leurs satellites, d'autres objets de tailles très diverses gravitent autour du Soleil : les astéroïdes, les comètes et les météorites.

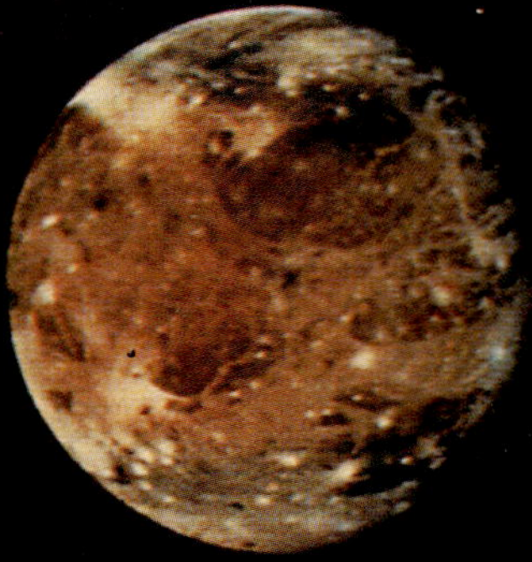

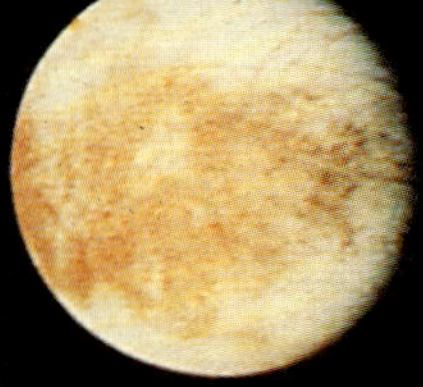

Les satellites : l'escorte des planètes

Dans leur ronde autour du Soleil, les planètes sont accompagnées de satellites très variés : Miranda, pour Uranus, possède une falaise de glace plus haute que l'Everest. Titan, pour Saturne, a une atmosphère dense où flottent des nuages orange. Il semble en partie recouvert par un océan. Les 4 satellites de Jupiter (Io, Europe, Ganymède et Callisto) sont visibles avec des jumelles et ont été observés pour la première fois par Galilée.

Construis une ellipse

Planètes, astéroïdes et comètes tournent autour du Soleil en décrivant des ellipses. Construis donc quelques ellipses en plaçant 2 punaises à 15 cm l'une de l'autre, sans les enfoncer complètement.

❶ Coupe 25 cm de fil.
❷ Noue chaque extrémité autour d'une punaise.
❸ Avec le crayon, dessine en maintenant le fil tendu : tu obtiens alors une ellipse !

Les astéroïdes

Entre Mars et Jupiter, il existe un anneau de débris rocheux qui tourne en orbite autour du Soleil. La taille de ces débris est très variable : le plus gros, Cérès, fait 1 000 km de long, tandis que la plupart se contentent de quelques kilomètres. Ce sont les astéroïdes ou petites planètes, débris résultant de la formation des astres. On en connaît plusieurs milliers, mais les orbites de beaucoup d'entre eux restent encore mal précisées.

L'astéroïde Gaspra peut être comparé à l'île de Manhattan, à New York.

Les comètes

Aux confins du système solaire, gravitent sans doute de grandes quantités de débris formés de glace, de blocs rocheux et de poussières. Parfois, nous recevons la visite d'un de ces blocs sous la forme de comète. Ce sont de grosses « boules de neige sale », dont le noyau se réchauffe en approchant du Soleil. Des gaz s'en échappent entraînant ainsi des poussières, le tout produisant la chevelure. Celle-ci entraînée par le rayonnement solaire s'épanouit en une queue de gaz (fine et rectiligne) bleue et une queue de poussières (plus large et incurvée) blanche. La queue est toujours opposée au Soleil.

Halley (1656-1742)

Astronome et physicien, Edmond Halley a donné son nom à la plus célèbre des comètes. L'observant en 1682, il put se rendre compte que sa trajectoire correspondait à celle qui avait été décrite par Kepler en 1607 (75 ans plus tôt). Il en déduisit que certaines comètes repassent régulièrement dans le ciel et prédit que celle-ci repasserait en 1759. La comète fut bien au rendez-vous, mais pas Halley, mort en 1742 !

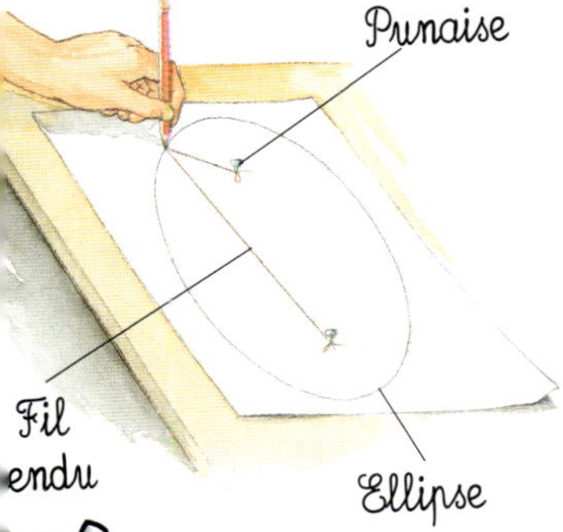

Matériel

- 2 punaises
- Feuille de papier
- Crayon
- Fil

Les météorites

Entre les planètes, circulent des fragments d'astéroïdes et des débris de comètes. À proximité de la Terre, ils tombent dans l'atmosphère et y brûlent plus ou moins complètement : ce sont les étoiles filantes.

Débris venu de l'espace

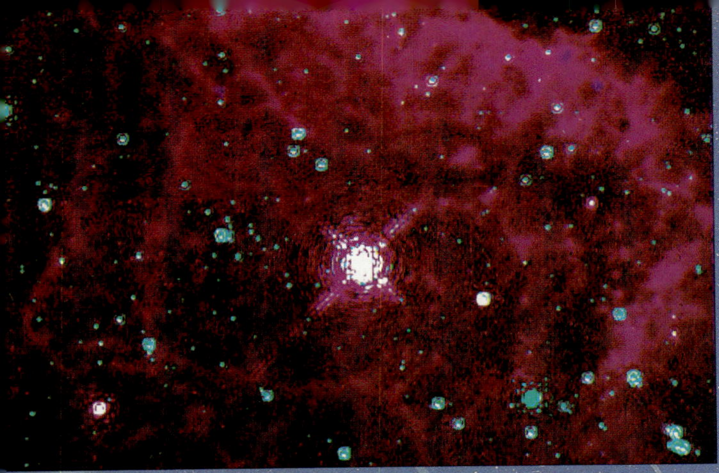

Étoile brillant au milieu de la Voie lactée.

Les étoiles

En regardant un beau ciel nocturne, il est intéressant d'apprendre à reconnaître les étoiles, ou plutôt les groupements d'étoiles appelés constellations.

Les constellations

D'un point quelconque de la Terre, on peut voir à l'œil nu 2 600 étoiles, par nuit claire et sans Lune. Depuis les Babyloniens, les hommes ont imaginé des figures familières dans les étoiles, en les réunissant par des traits imaginaires : Lion, Verseau, Bélier, Ourse, etc.

Un mini-ciel pour nommer les étoiles

C'est une carte mobile dans un étui cartonné, format 30 x 30. On affiche le jour et l'heure, on oriente et on compare la carte (qu'on tient au-dessus de soi) et le ciel qu'on a devant les yeux.

L'éclat des étoiles

Depuis Hipparque (astronome grec du IIe siècle av. J.-C.) on classe les étoiles en 6 grandeurs de brillance, que l'on appelle les magnitudes : les plus brillantes (1) et les moins brillantes (6).
Plus récemment, on a défini l'échelle mathématiquement : l'éclat d'une étoile de magnitude 1 est 100 fois celui d'une étoile de magnitude 6. Il y a donc un rapport de 2,5 entre 2 magnitudes.
Mais des astres brillent plus que la magnitude 1. On a donc imaginé une magnitude 0, -1, -2 : Sirius, par exemple, est à une magnitude de -1,5 et le Soleil à une magnitude de -26,8.

Du bleu au rouge

Par l'observation à l'œil nu, à la jumelle ou à la lunette, on peut remarquer que les étoiles les plus brillantes sont différemment colorées : du bleu de Véga au rouge d'Antarès, en passant par le jaune de Capella ou l'orangé d'Arcturus. Ces différences de couleurs, comme celles de tous les corps chauffés, sont dues à des différences de températures. Ainsi, à 3 000 °C, les étoiles sont rouges, jaunes à 5 800 °C, bleues de 11 000 à 25 000 °C. Il existe un lien direct entre la luminosité et la couleur d'une étoile : plus elle est lumineuse, plus elle est bleue.

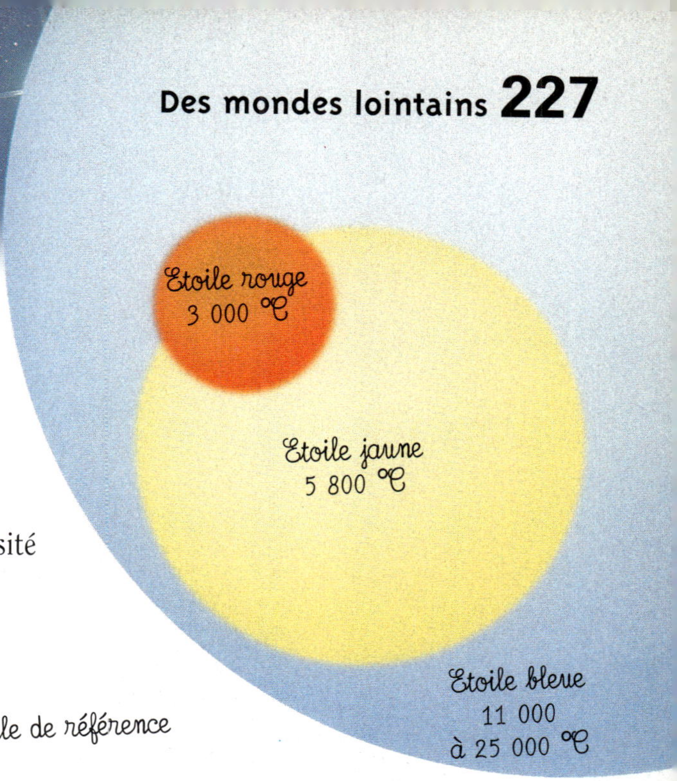

Estimer la distance des étoiles proches

Quand on observe une étoile au cours d'une année, elle semble effectuer une ellipse par rapport aux étoiles lointaines. On appelle parallaxe l'angle alpha (α). À partir de cet angle, et du diamètre de l'orbite terrestre, les astronomes peuvent calculer la distance de l'étoile.

Galaxie d'Andromède

Elle est si loin (2,2 Ma) que si par hasard un astronome d'Andromède regardait aujourd'hui la Terre, il verrait l'australopithèque se promener. Nous ne percevons ainsi que le passé des astres. L'état actuel de l'univers est inconnaissable.

Distance des étoiles : l'année-lumière

Les étoiles sont fantastiquement éloignées : l'unité favorite des astronomes est l'année-lumière, intervalle parcouru en une année par un rayon lumineux progressant en ligne droite à raison de 300 000 km par seconde. En kilomètres, une année-lumière est environ égale à 9 461 000 000 000 km !

Le ciel de l'hémisphère Nord

Voici l'ensemble des constellations visibles depuis l'hémisphère Nord.

Autour de l'étoile Polaire

Septembre est le mois le plus favorable aux observations astronomiques dans l'hémisphère Nord. Il conviendra d'éviter les nuits de pleine lune, ainsi que le premier quartier, pour choisir le dernier quartier ou les nuits de nouvelle lune. L'observation pourra débuter 2 heures après le coucher de soleil. La Grande Ourse, cette constellation en forme de casserole, est la clé du ciel de l'hémisphère Nord. Elle ne se couche jamais, et est appelée pour cela circumpolaire. Elle permet de découvrir ensuite facilement l'étoile Polaire, autour de laquelle les astres semblent tourner, la Petite Ourse, et le W de Cassiopée.Il sera facile à l'observateur d'observer la couleur de certaines étoiles : Véga est bleue, Capella jaune, Arcturus orangé.

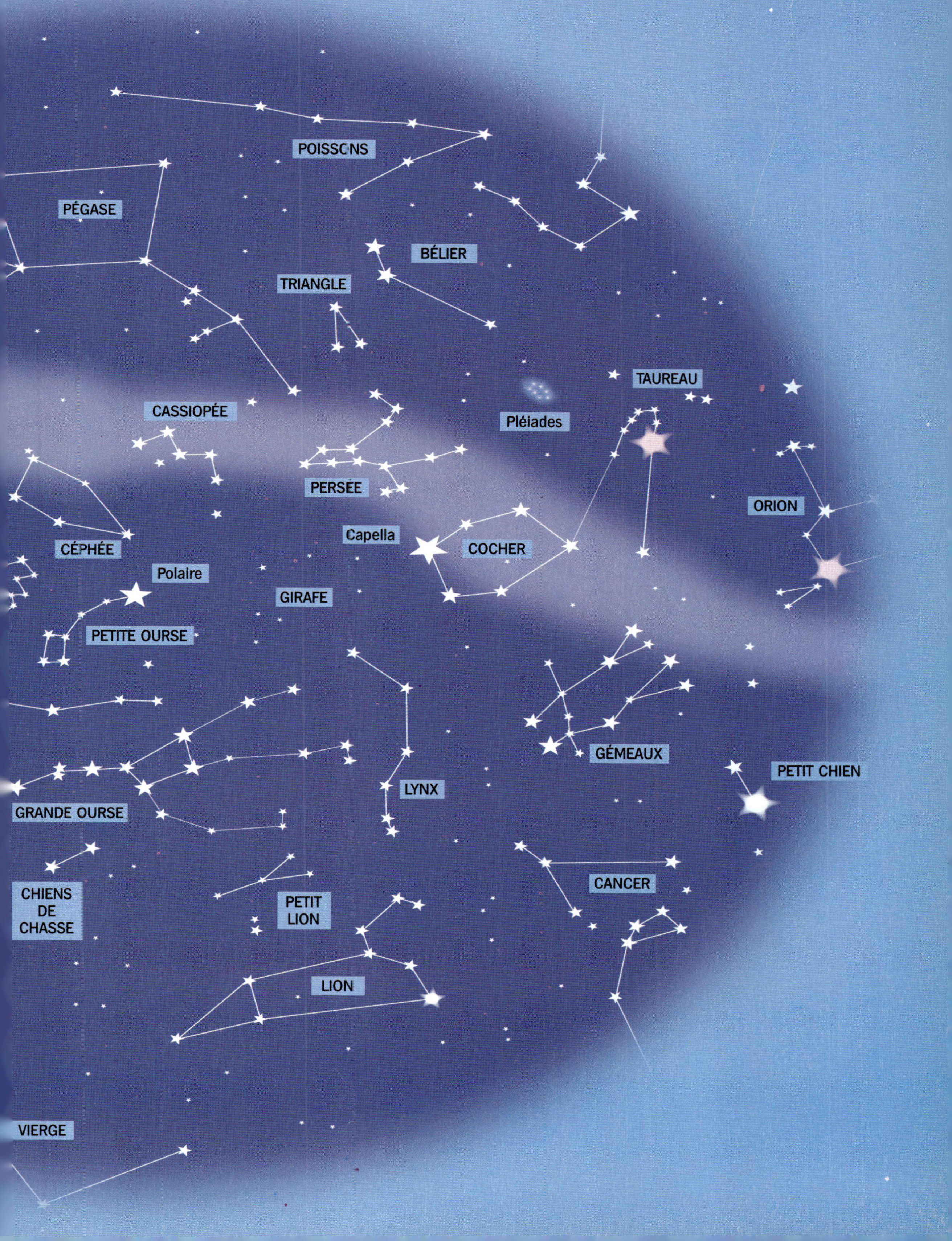
POISSONS
PÉGASE
BÉLIER
TRIANGLE
TAUREAU
Pléiades
CASSIOPÉE
PERSÉE
ORION
Capella
COCHER
CÉPHÉE
Polaire
GIRAFE
PETITE OURSE
GÉMEAUX
LYNX
PETIT CHIEN
GRANDE OURSE
CANCER
CHIENS DE CHASSE
PETIT LION
LION
VIERGE

Le ciel de l'hémisphère Sud

Ensemble des constellations visibles depuis l'hémisphère Sud.

Splendeurs australes

Les astronomes d'autrefois avaient laissé un vide immense sur leurs globes célestes ; les grands navigateurs de la Renaissance ont donc éprouvé le besoin de nommer les constellations australes qui leur permettaient d'établir leur route sur les océans. Le ciel se caractérise ici par un grand vide au pôle : il n'y a pas d'étoile analogue à l'étoile Polaire pour matérialiser le pôle sud ! La Croix du Sud est une des constellations les plus célèbres de ce ciel austral. Le Grand et le Petit Nuage de Magellan rappellent le souvenir du grand navigateur : ce sont 2 petites galaxies satellites de la nôtre. Enfin, c'est ici que se trouve la partie la plus extraordinaire de la Voie lactée, un des spectacles naturels les plus grandioses que nous puissions contempler depuis notre observatoire terrestre.

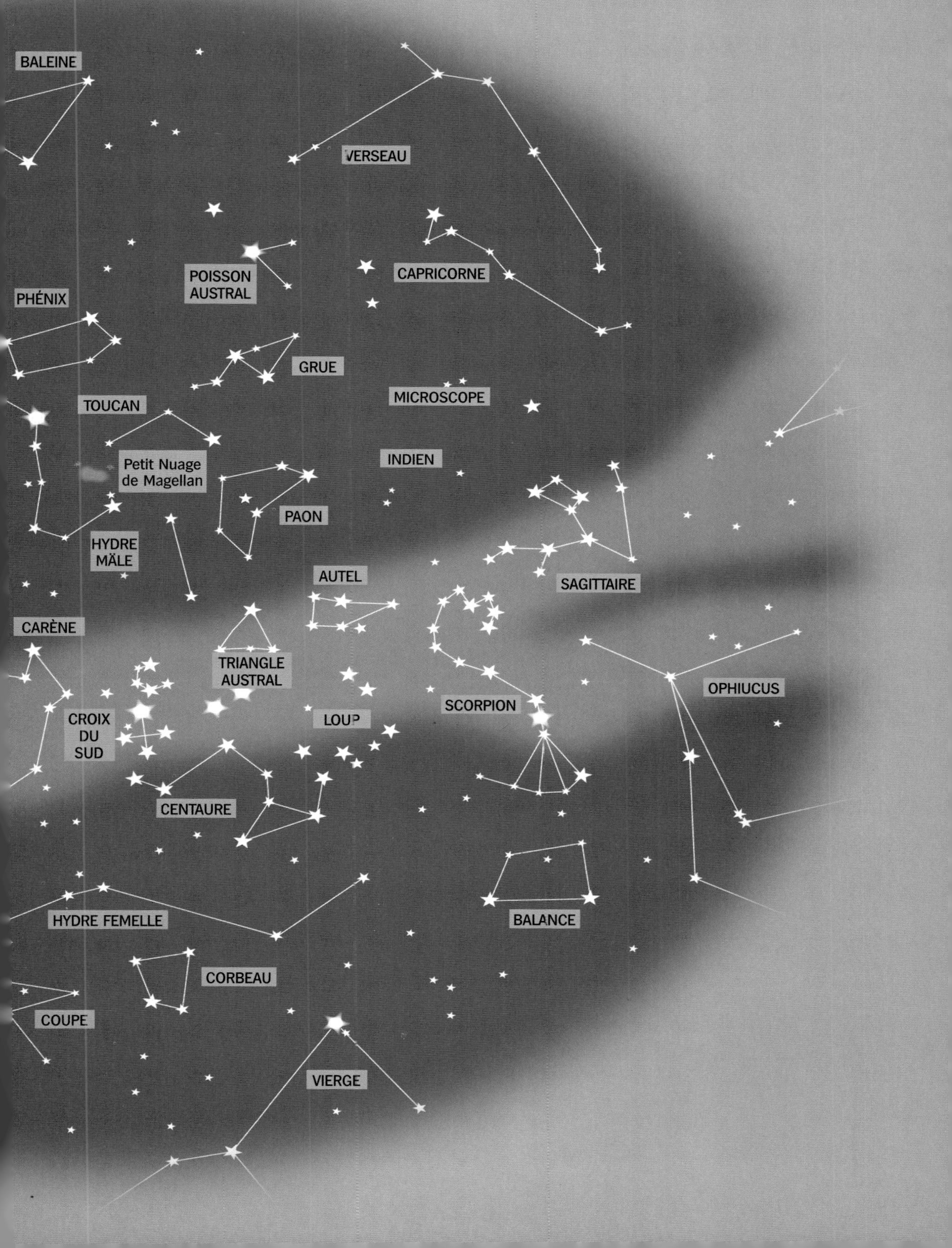
BALEINE
VERSEAU
POISSON AUSTRAL
CAPRICORNE
PHÉNIX
GRUE
MICROSCOPE
TOUCAN
Petit Nuage de Magellan
INDIEN
PAON
HYDRE MÂLE
AUTEL
SAGITTAIRE
CARÈNE
TRIANGLE AUSTRAL
OPHIUCUS
SCORPION
LOUP
CROIX DU SUD
CENTAURE
HYDRE FEMELLE
BALANCE
CORBEAU
COUPE
VIERGE

Vie et mort des étoiles

Comme des organismes vivants, les étoiles naissent, grandissent puis meurent. Leur durée de vie est pourtant si longue (au moins quelques millions d'années) qu'il nous est impossible d'assister à tout le processus.

❶ Les étoiles se forment à partir de nébuleuses, nuages de gaz et de poussières dispersés dans l'Univers.

❷ Sous l'effet de l'explosion d'une étoile, ou de l'attraction d'étoiles proches, le nuage se contracte en commençant à tourner sur lui-même. Une proto-étoile se forme, avec un cœur brûlant.

❹ Si la masse est supérieure, la fusion s'amorce quand la matière atteint 10 millions de degrés, produisant une formidable quantité d'énergie.

❺ Les restes de gaz et de poussières refroidissent rapidement et se condensent en fragments qui vont constituer les planètes.

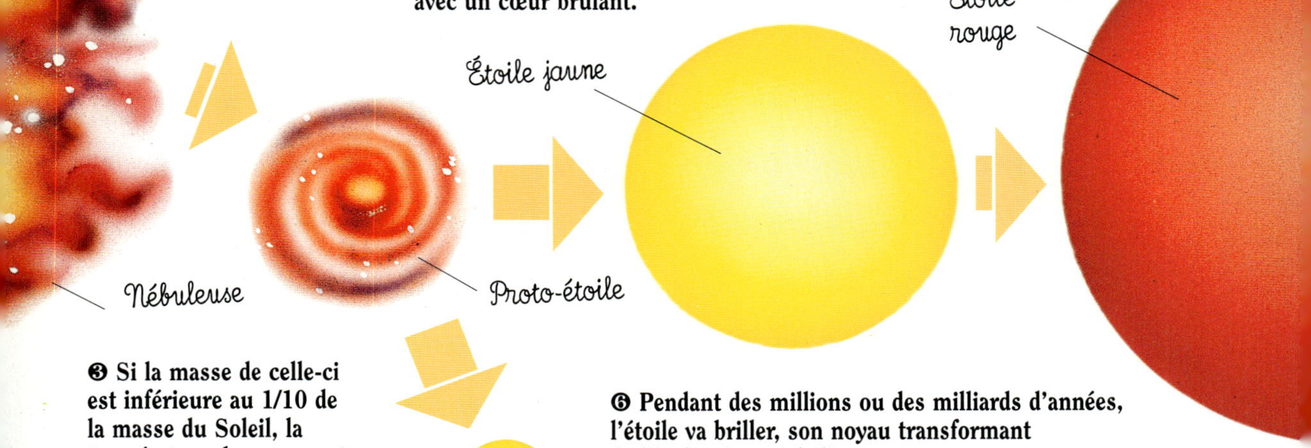

❸ Si la masse de celle-ci est inférieure au 1/10 de la masse du Soleil, la température du noyau est trop faible pour déclencher la réaction thermonucléaire : l'étoile restera une naine brune.

❻ Pendant des millions ou des milliards d'années, l'étoile va briller, son noyau transformant de l'hydrogène en hélium.

Nébuleuse d'Orion

Des étoiles naissent au sein des nuages obscurs de cette nébuleuse.

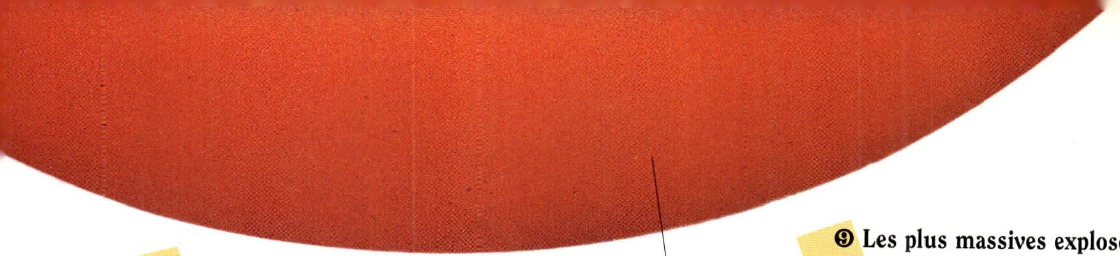

❼ **Lorsque l'hydrogène s'épuise au centre de l'étoile, celle-ci se contracte et l'hydrogène continue de brûler sur des couches moins profondes, tandis que l'enveloppe se dilate : l'étoile devient une géante rouge.**

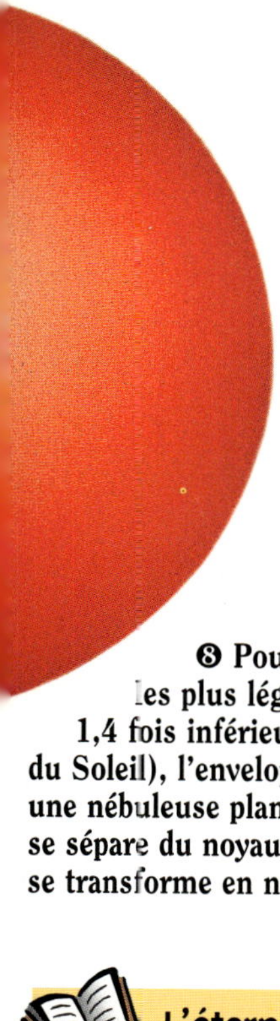

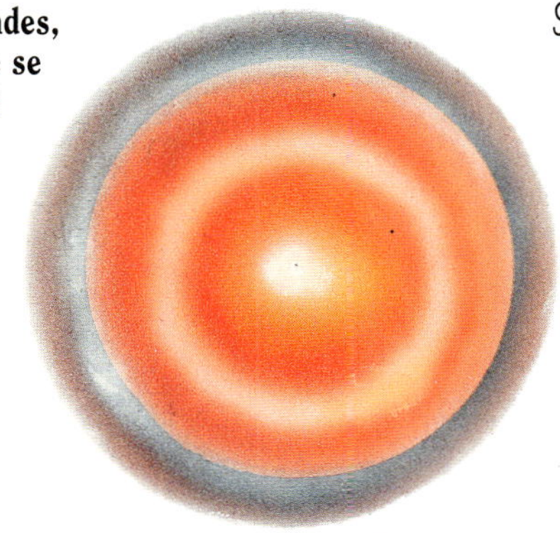

❾ **Les plus massives explosent, augmentant brutalement d'éclat (elles peuvent devenir 10 milliards de fois plus lumineuses que le Soleil). Ce sont des supernovæ (elles ressemblent à des étoiles nouvelles !).**

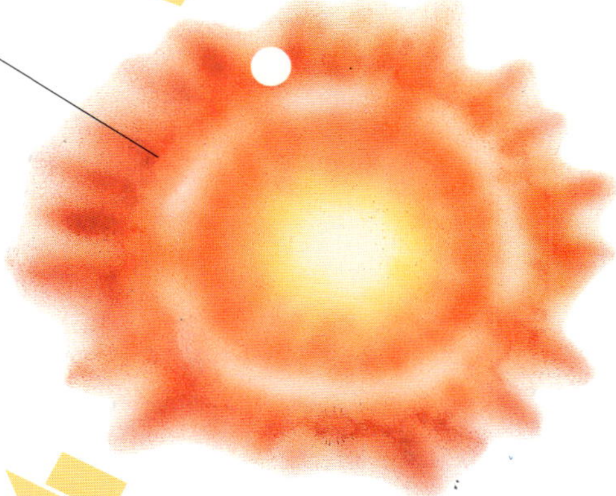

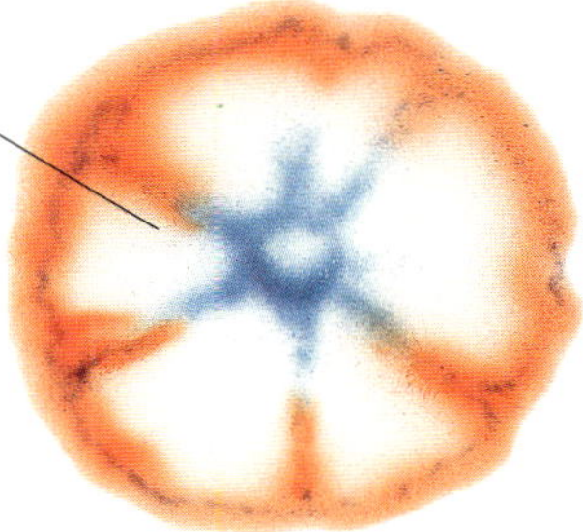

❽ **Pour les étoiles les plus légères (masse 1,4 fois inférieure à celle du Soleil), l'enveloppe donnant une nébuleuse planétaire se sépare du noyau, refroidit, se transforme en naine blanche.**

❿ **La matière devient nébuleuse laissant au centre une étoile à neutrons ou un trou noir.**

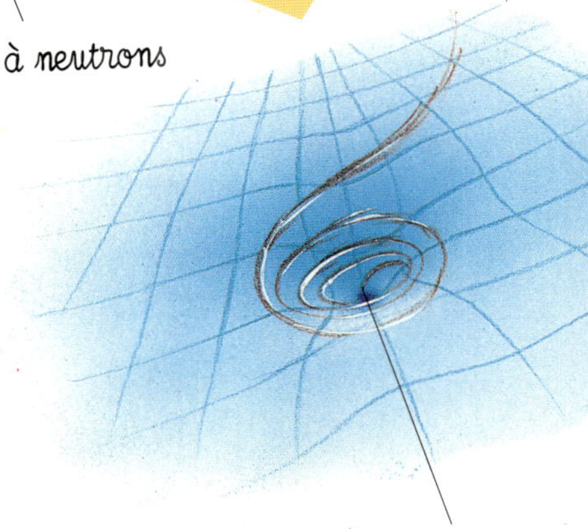

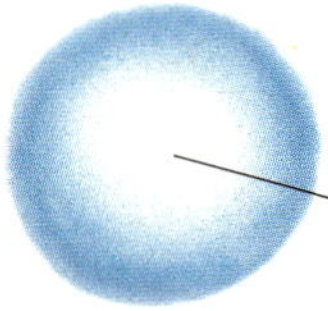

L'éternel combat

À chaque étape de son évolution l'étoile se trouve en équilibre sous l'action de 2 forces antagonistes : la force gravitationnelle qui tend à la contracter sur elle-même et la pression produite par le réacteur central qui tend à la dilater.
Les étoiles légères comme le Soleil tiennent 10 milliards d'années, les lourdes (15 fois la masse du Soleil) 10 millions d'années seulement.

Pulsars et trous noirs

Les étoiles à neutrons peuvent être en rotation rapide : leur rayonnement nous parvient alors sous forme d'impulsions très brèves à intervalles réguliers (1,5 ms à 4 s). Ce sont les pulsars. Quant aux trous noirs, ce sont des régions où la matière est comprimée à un point tel que même la lumière ne peut s'en échapper. La gravité est extrêmement forte : les trous noirs sont donc invisibles mais on peut les repérer par les perturbations qu'ils exercent sur les astres voisins.

Un monde de galaxies

Notre Soleil est une étoile parmi les milliards d'étoiles rassemblées dans notre galaxie, la Voie lactée. Pourtant, la Voie lactée n'est que l'une des myriades de galaxies plus ou moins semblables à la nôtre qui composent l'Univers.

Galaxies visibles à l'œil nu

Les galaxies visibles à l'œil nu sont peu nombreuses : on peut citer dans l'hémisphère Nord, la galaxie appelée Andromède, tout juste visible mais nettement distinguable à la jumelle et dans l'hémisphère Sud les Nuages de Magellan, que l'on peut très bien distinguer à l'œil nu.

Notre Galaxie

La Galaxie tourne selon les lois de la gravitation autour de son centre. Le Soleil fait un tour complet en 240 millions d'années (année galactique) et se promène à la vitesse de 250 km/s (pas mal !).

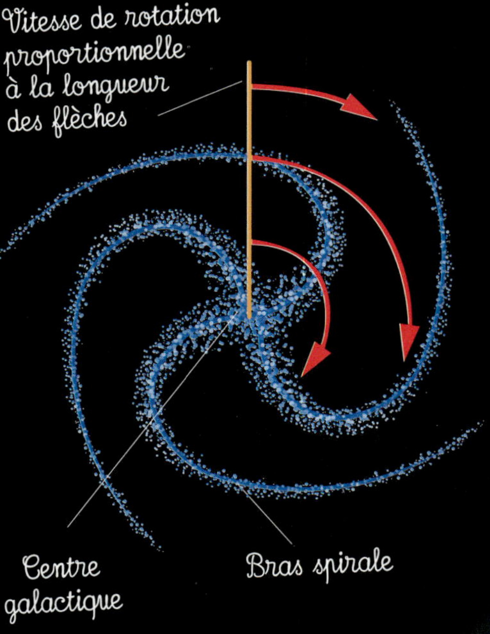

La Voie lactée

Quand on observe la voûte céleste loin des villes, on ne peut manquer de remarquer un long ruban faiblement lumineux qui se déroule comme une arche immense, d'un horizon à l'autre : c'est la Voie lactée. D'après la légende la Voie lactée était l'étalement d'une goutte de lait, échappée du sein de Junon allaitant Hercule. Galilée fut le premier à l'observer à la lunette et découvrit que cette bande blanche est en réalité une multitude d'étoiles impossibles à déceler à l'œil nu. Ce système stellaire géant est appelé Galaxie (du grec *gala*, « lait ») et contient 200 milliards d'étoiles, dont notre Soleil.

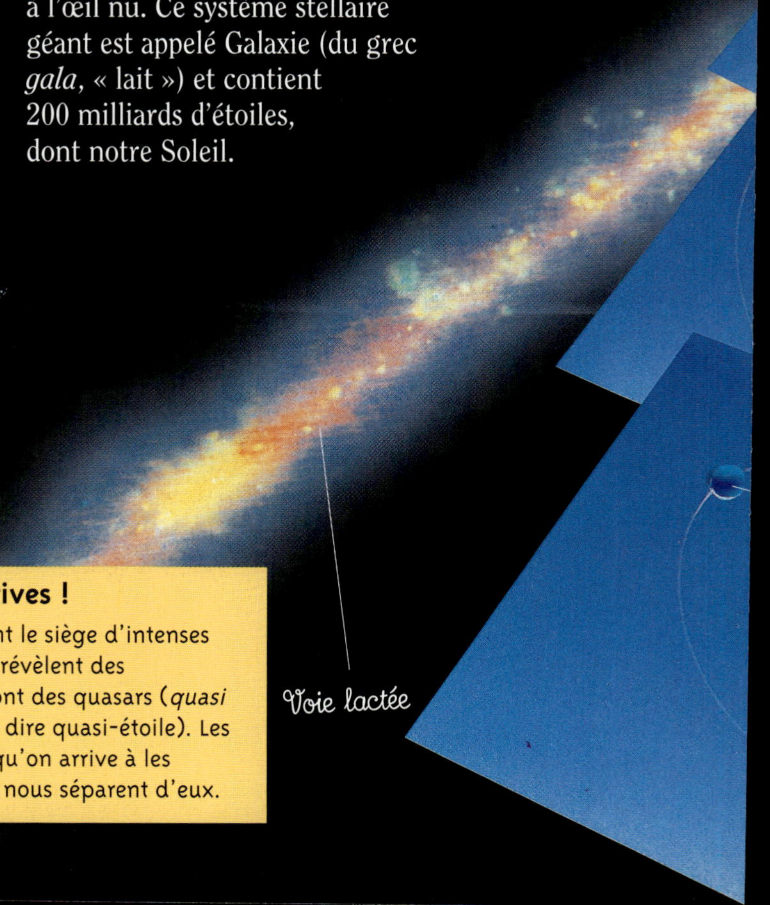

Quasars : des galaxies suractives !

Les noyaux de certaines galaxies sont le siège d'intenses rayonnements invisibles (RX, UV, radio) qui révèlent des phénomènes violents. Ces galaxies actives sont des quasars (*quasi stellar astronomical radiosource*, ce qui veut dire quasi-étoile). Les quasars sont des galaxies tellement actives qu'on arrive à les détecter malgré les distances fabuleuses qui nous séparent d'eux.

Une galaxie parmi tant d'autres

L'apparition au XXe siècle de télescopes géants a permis d'identifier les objets diffus classés au siècle précédent sous le nom de nuages ou nébuleuses. C'étaient en fait des groupements d'étoiles analogues à la Voie lactée. On les a donc appelés galaxies, par comparaison avec notre Voie lactée, qu'on appelle la Galaxie.

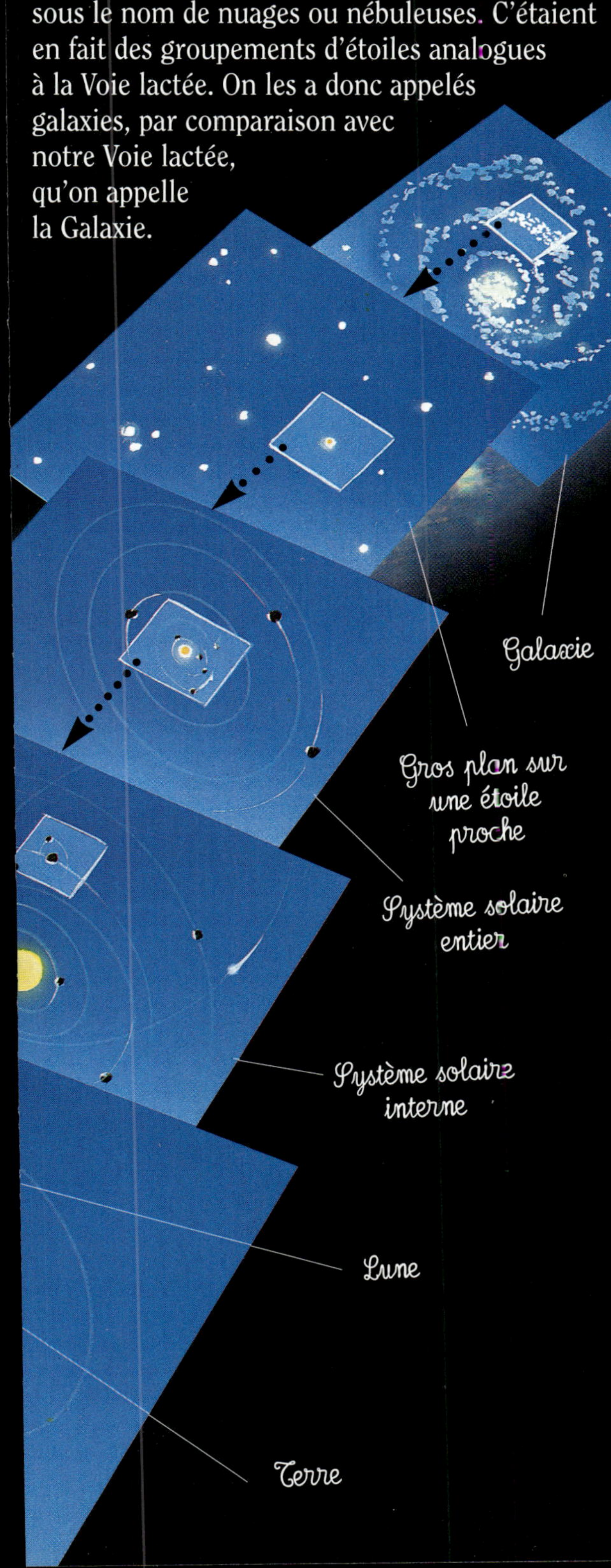

Des galaxies par millions dans l'Univers

Elles se classent en 4 grandes catégories : les spirales 60 %, les elliptiques 15 %, les lenticulaires 20 % et les irrégulières 5 %.

Galaxie spirale observée par *Hubble*.

Spirale

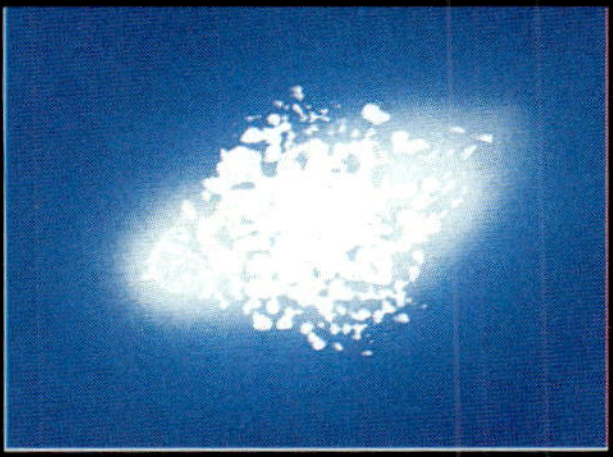

Elliptique

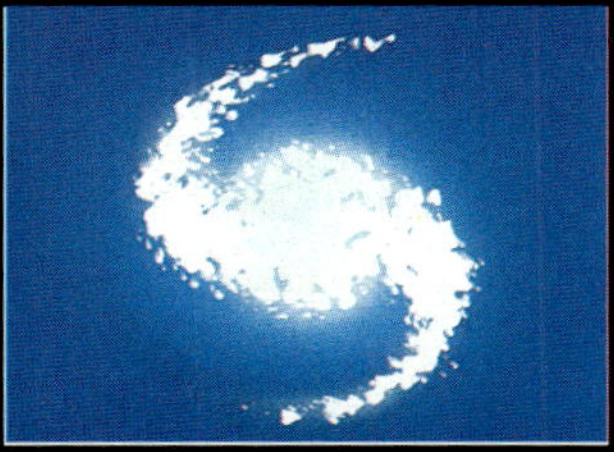

Lenticulaire

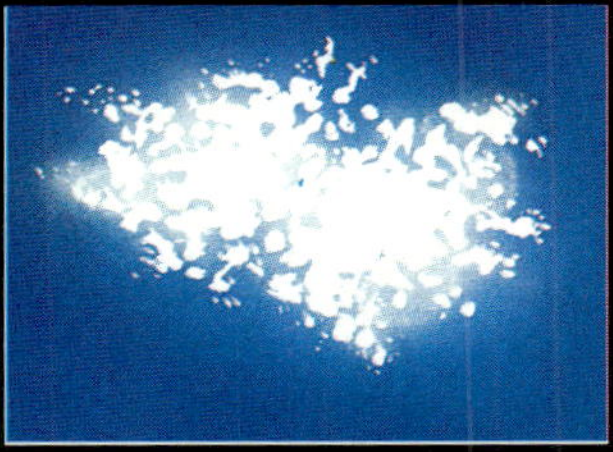

Irrégulière

Passé et futur de l'Univers

La lumière des galaxies lointaines nous parvient décalée vers le rouge. Ce phénomène semble montrer que l'Univers est en expansion et les scientifiques ont tendance à penser qu'il a « commencé » par une gigantesque explosion : le « Big Bang ».

Décalage vers le rouge

Un spectromètre, utilisant un prisme, permet de décomposer la lumière blanche en ses diverses composantes ou d'analyser la longueur d'onde émise par un objet. Lorsqu'on utilise cet engin pour analyser la lumière émise par un objet immobile, on trouve λ0. Si l'objet se rapproche, cette longueur d'onde est décalée vers le bleu, s'il s'éloigne, vers le rouge. Ce phénomène est analogue à celui qu'on peut observer avec les ondes sonores : c'est l'effet Doppler.

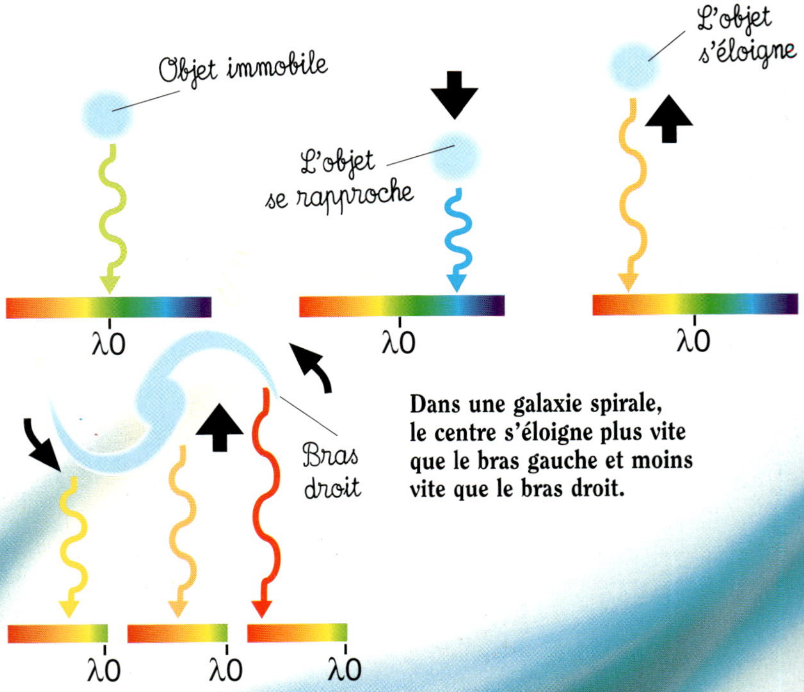

Dans une galaxie spirale, le centre s'éloigne plus vite que le bras gauche et moins vite que le bras droit.

Quand les galaxies s'éloignent

On a constaté, que la lumière émise par les galaxies lointaines était décalée vers le rouge (*redshift* en anglais). Ce décalage est d'autant plus grand que les galaxies sont plus éloignées. Les astronomes en ont déduit, en s'appuyant sur l'effet Doppler, que les galaxies s'éloignent de nous !

La théorie du Big Bang

Si l'Univers est en expansion, on peut remonter par la pensée au moment où il était beaucoup plus dense. Ces observations ont incité George Gamow en 1948 à proposer la théorie du Big Bang : l'Univers aurait « commencé » il y a environ 15 milliards d'années par une explosion qui a créé la matière des étoiles, des planètes et des galaxies. Le modèle du Big Bang est maintenant admis par la majorité des astrophysiciens.

3 possibilités pour le futur de l'Univers

Si l'expansion actuelle se poursuit, que va-t-il se passer ? Tout va dépendre de la masse (inconnue) de l'Univers. En effet, la gravité, liée à la masse, s'oppose à l'expansion. Les astrophysiciens envisagent donc 3 possibilités détaillées ci-dessous.

❶ Une expansion infinie mais de plus en plus lente (masse moyenne).

❷ Une expansion infinie, et donc un Univers devenant de plus en plus vide et froid : les étoiles finiront par s'éteindre (masse faible).

❸ - Une expansion suivie d'un effondrement ou Big Crunch (masse forte).

Respiration calme...

Adversaire résolu du Big Bang, Hoyle imagine un Univers en oscillation perpétuelle, une phase de contraction succédant à une phase d'expansion. Il s'agit d'une respiration calme puisque chaque soupir dure quelque 30 milliards d'années.

Rayonnement fossile

À cause du temps que met la lumière pour nous parvenir, nous voyons aujourd'hui les étoiles telles qu'elles étaient il y a des milliers ou des millions d'années. Quand nous scrutons le ciel, nous regardons donc le passé de l'Univers ; plus nous regardons loin, plus nous remontons dans ce passé. Nous savons ainsi que l'Univers était autrefois beaucoup plus chaud qu'aujourd'hui. Le rayonnement du fond du ciel, émis à une époque où la température de l'Univers était de 3 300 °C est ainsi le plus ancien vestige d'un univers primitif aujourd'hui disparu.

Aller sur la Lune

La conquête de la Lune a marqué la fin de la première étape de la conquête spatiale par l'homme. Pour la première fois, l'homme est sorti de son berceau pour faire un pas à l'extérieur de la planète Terre.

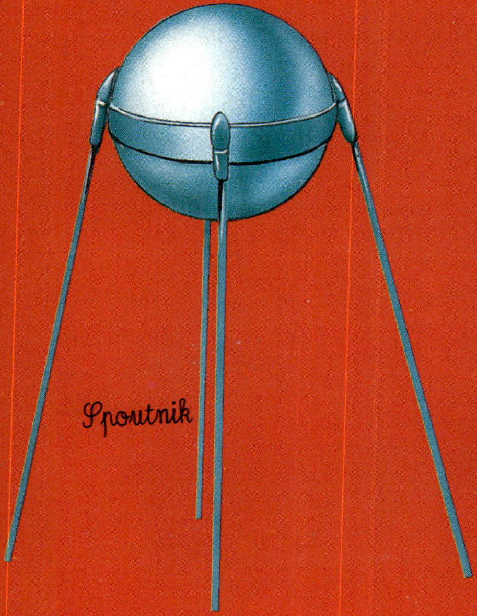

Premiers satellites artificiels

Le 4 octobre 1957, est lancé le premier satellite artificiel *Spoutnik 1*, une sphère de 58 cm de diamètre contenant 2 émetteurs. Le 3 novembre 1957, c'est le tour de *Spoutnik 2* et sa chienne passager Laïka. Enfin Spoutnik 3 est lancé le 15 mai 1958 : c'est un véritable laboratoire de l'espace doté de près d'une tonne d'instruments.

Gagarine, premier voyageur

Le 12 avril 1961, Youri Gagarine fait un vol autour de la Terre de 89 minutes et revient se poser sur notre planète. En 1962, les États-Unis envoient John Glenn en orbite autour de la Terre. Enfin, en 1965, c'est Alexei Leonov qui est le premier homme à sortir en scaphandre de la cabine de son vaisseau.

Des robots sur la Lune

Dans les années 60, on confie à des robots le soin de vérifier le sol et le relief de la Lune. En 1966, *Luna 9* se pose dans l'océan des Tempêtes, suivi de *Surveyor 1*. Autour de la Lune, *Lunar Orbiter*, ci-dessus, va permettre une cartographie précise de 99,5 % de la surface lunaire.

La formation de la Lune

Les roches lunaires rapportées à l'occasion des missions *Apollo* ont révélé la composition et l'origine de la Lune et fourni des indications précieuses sur l'histoire de la Terre. La Lune semble s'être formée à la suite de l'impact d'un énorme projectile, qui arracha à la Terre en formation les matériaux qui ont ensuite formé la Lune. L'eau se serait alors évaporée de la surface de la Lune, la collision ayant dégagé beaucoup de chaleur.

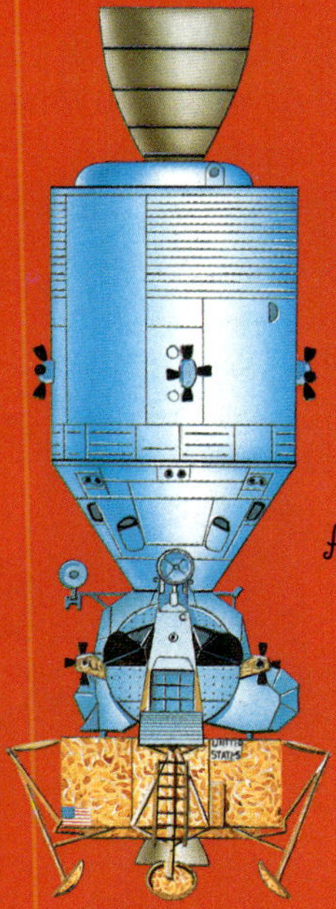

Apollo 8

Autour de la Lune

Le 21 décembre 1968, les Américains envoient *Apollo 8* vers la Lune. Mis d'abord en orbite terrestre, le vaisseau spatial se sépare de sa fusée et part vers la Lune, autour de laquelle il se place en orbite.

De gauche à droite, Neil Armstrong, Michael Collins et Edwin Aldrin

Un grand pas pour l'humanité

Le 16 juillet 1969, Neil Armstrong, Edwin Aldrin et Michael Collins partent du centre spatial Kennedy, dans leur vaisseau *Apollo 11* au sommet d'une gigantesque fusée *Saturne V*. Le 19 juillet, *Apollo 11* se place en orbite lunaire. Le 20 juillet, le module d'alunissage se sépare d'*Apollo* et va se poser dans la mer de la Tranquillité. Le 21 juillet, à 3 h 56, Armstrong marche pour la première fois sur la Lune.

Module lunaire

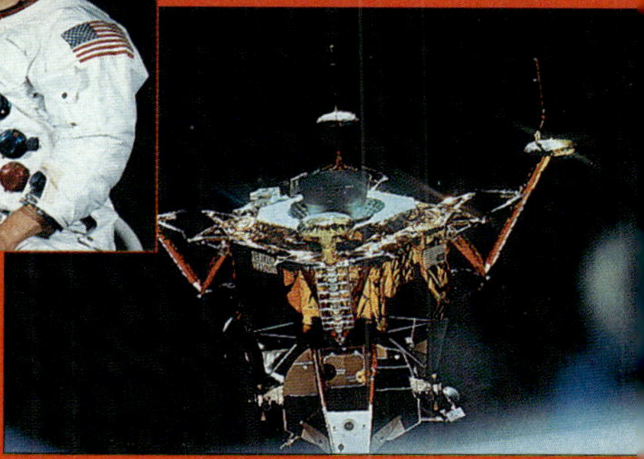

Tir de la fusée *Saturne V*

À la conquête de l'espace !

La fabrication et le lancement de la station orbitale russe et de la navette spatiale américaine, ainsi que l'envoi de sondes d'exploration du système solaire montrent bien que la conquête de l'espace n'en est qu'à ses débuts.

L'Europe vue par satellite

L'observation de la Terre

Des satellites placés sur orbite basse (quelques centaines de kilomètres seulement) survolent la totalité de la planète en quelques heures. Grâce à leurs caméras particulièrement performantes, rien n'échappe à leur regard.

Localisation par satellite

Grâce à des récepteurs GPS (*global positionning system*) portables, il est maintenant possible d'obtenir sa position, et même son altitude, en n'importe quel point de la surface de la Terre. Il suffit que le récepteur capte les signaux codés émis par 4 satellites. Il détermine alors à quelle distance se trouvent ces 4 satellites. À chaque distance correspond une sphère de positions possibles : on détermine alors l'intersection des 4 sphères, qui donne la position exacte, à 10 m près.

Trouver la distance

Les impulsions radio des satellites sont émises à des instants connus. En mesurant les temps d'arrivée des signaux, il est facile à un récepteur GPS de calculer sa distance par rapport au satellite.

Satellite Spot

Global Positionning System

Une navette réutilisable

La navette spatiale américaine a été une révolution pour l'astronautique : elle peut resservir 100 fois, alors qu'une fusée classique n'est utilisée qu'une seule fois. La partie essentielle de la navette est l'*orbiter*, sorte d'avion à aile delta de la taille d'un DC 9 et d'un poids de 68 tonnes. Le coût d'un lancer de navette est 2 fois moins élevé qu'un lancer classique.

Explorer le système solaire

La quasi-totalité des connaissances que nous avons des planètes ont été transmises par des sondes spatiales. La sonde *Galileo* d'une masse 2 223 kg (118 kg d'instruments scientifiques) a été lancée par la NASA en octobre 1989. Elle se trouve en orbite autour de Jupiter depuis décembre 1995. Elle fournit d'extraordinaires images des satellites de cette planète, en particulier d'Europe et de Ganymède.

Sonde *Galileo*

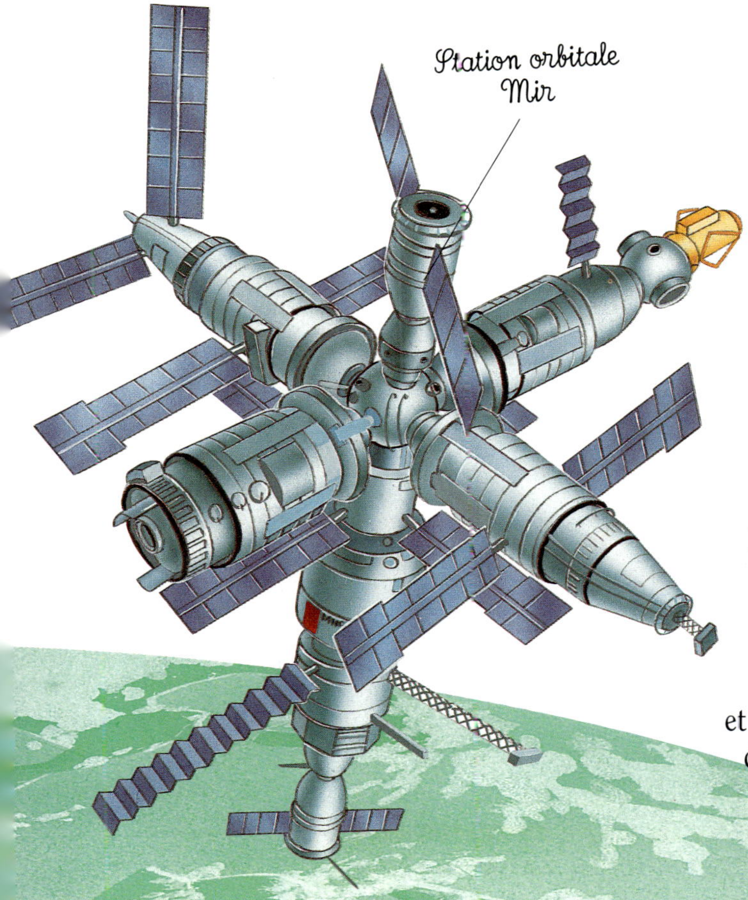

Les stations orbitales

Elles marquent la présence permanente de l'homme dans l'espace. Désormais, celui-ci travaille des mois durant pour photographier la Terre, fabriquer des matériaux nouveaux, étudier l'espace et entretenir le matériel. Périodiquement, des vaisseaux ou des navettes y amènent des hommes, des vivres et des équipements.

Vers une vie extraterrestre ?

Sommes-nous les seuls dans l'Univers ? Les scientifiques se posent la question et déploient des trésors d'ingéniosité pour essayer d'y répondre.

Le système solaire : un monde mort ?

Malgré tous les rêves qui ont fait naître les « histoires de Martiens » les caméras embarquées dans les sondes spatiales, et les échantillons de sol martien prélevés par les sondes américaines n'ont pas montré pour l'instant de vestiges de la vie. Ailleurs, les conditions de vie sur les autres planètes du système solaire rendent improbable une forme de vie analogue à la nôtre.

***Le jour où la Terre s'arrêta*, film de Robert Wise, 1951**

***Rencontres du troisième type*, film de Steven Spielberg, 1977**

Le message de Frank Drake

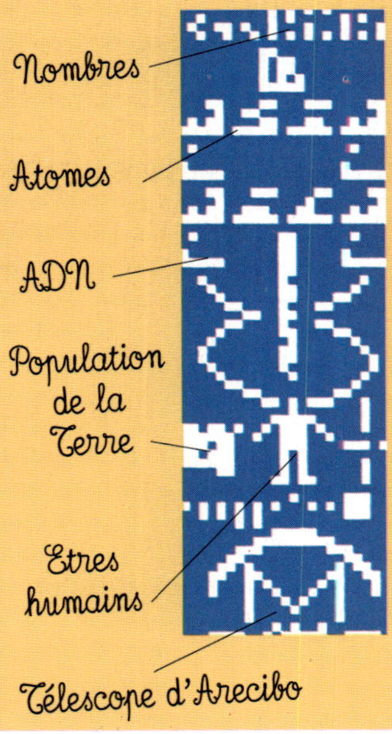

De nouvelles planètes autour d'autres soleils...

Nous savons depuis peu que des planètes tournent autour d'autres étoiles que le Soleil : on les détecte par des méthodes indirectes dont l'une consiste à remarquer que quand un objet tourne autour d'une étoile, son attraction fait osciller celle-ci comme un patineur qui tourne en tenant une partenaire. Ces planètes ont été découvertes en 1995 autour du système 51 Pegasis, système 70 Virginis et système 47 Ursae Majoris. On prévoit une multiplication des découvertes de planètes extra-solaires.

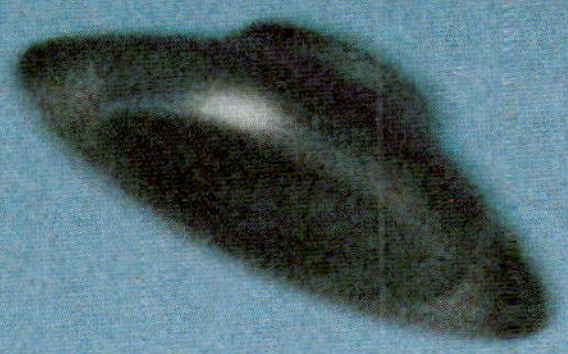

Une bouteille à la mer...

La sonde *Voyager 2* lancée en 1977 vers la constellation d'Ophiucus, emportait un disque d'or destiné à envoyer des informations concernant la Terre et ses habitants. Les schémas inscrits sur l'enveloppe permettraient à un extraterrestre de retrouver le point de lancement de la sonde.

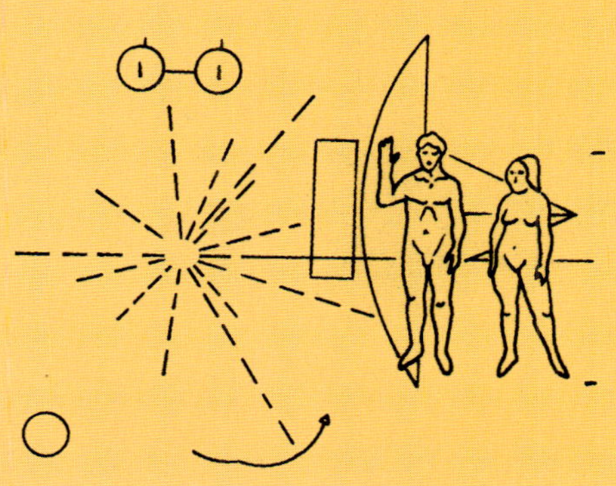

Monsieur Spock est un des héros de *Star Trek*.

Les ondes radio

Pour essayer de détecter la vie, sur des planètes extérieures au système solaire, le plus simple consiste à repérer les signaux radio émis par des extraterrestres pour communiquer à travers l'espace. Depuis octobre 1992 un récepteur écoute, sur ses 10 millions de canaux, les 1 000 étoiles les plus proches de nous et ressemblant le plus au Soleil. C'est le programme SETI (*Search for Extra Terrestrial Intelligence*) de recherche international lancé par la NASA. Ce programme n'a pour le moment donné aucun résultat.

Chercher la signature de la vie...

Les planètes lointaines pourraient cependant abriter de la vie, sans qu'il y ait message radio : après tout, nous ne possédons la radio que depuis peu de temps ! Les scientifiques se sont donc demandé qu'elle était la « signature de la vie » : c'est la présence d'oxygène, fruit de la photosynthèse.

Analyser la lumière réfléchie

L'oxygène présent modifie la lumière réfléchie par une planète : un observateur extraterrestre étudiant la lumière réfléchie par la Terre détecterait la présence d'oxygène.
Les scientifiques comptent installer en orbite autour de la Terre un système capable d'analyser en infrarouge la lumière réfléchie par des planètes lointaines. Un jour peut-être sera-t-on capable de détecter la vie.

***Mars attacks*, film de Tim Burton, 1996**

le mond
et la Ma

Tout les **objets** qui nous entourent, la terre sur laquelle nous marchons, l'air que nous respirons les étoiles qui sont au-dessus de nos têtes mais auss notre propre substance, ou celle des autres êtres viva sont faits de **matière** apparaissant sous divers états

e
tière

Qu'est-ce que la matière ?

La matière est tout ce qui est substance, de la plus petite poussière à la plus gigantesque étoile. Ce sont les Grecs qui ont élaboré les premières théories sur la matière, avant qu'on en arrive aux conceptions modernes de Lavoisier ou Dalton.

Empédocle (490-435 av. J.-C.)

Il pense que toutes les formes de matière ne sont que des mélanges de 4 éléments : la terre, l'eau, l'air et le feu. Chaque élément, au repos, a un lieu déterminé : la terre se trouve au niveau le plus bas, l'eau juste au-dessus, puis l'on trouve l'air et le feu. Quand on l'en éloigne, l'élément tend à revenir vers son lieu d'origine, ce qui explique que les pierres tombent et les flammes montent.

Les mêmes composants

Quel que soit son aspect ou son état physique (solide, liquide ou gazeux), la matière est constituée des mêmes composants agencés différemment. Cette idée novatrice est apparue chez les philosophes, savants de l'ancienne Grèce, au VIe siècle av. J.-C.

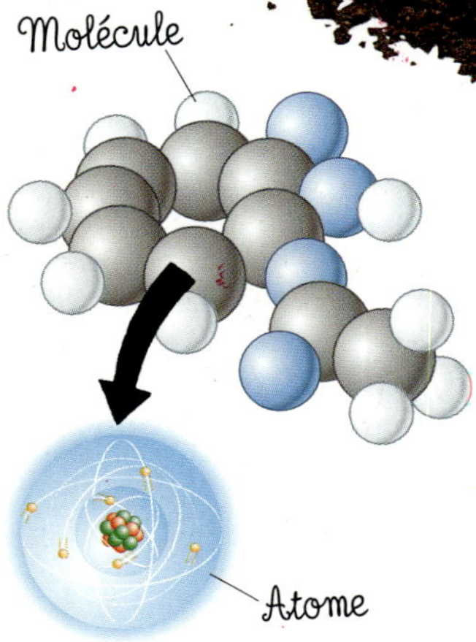

Aristote (384-322 av. J.-C.)

Il ajoute aux 4 éléments précédents un cinquième, l'éther, constituant des corps célestes. Mais il ne croit pas à l'existence des atomes. C'est le point de vue d'Aristote qui va faire autorité, et dominer les 20 siècles suivants.

Démocrite (v. 460-v. 378 av. J.-C.

Il se pose la question de savoir si la matière est continue. Il pense que si on la coupe indéfiniment, on finit par arriver à une parcelle indivisible, qu'il appelle atome (atome veut dire « indivisible »). Il affirme donc finalement que la matière est formée de petites particules séparées par de l'espac vide – ce qui est très proche de ce que pensent les scientifiques aujourd'hui.

Les alchimistes : l'or et la jeunesse

Les alchimistes cherchent à fabriquer de l'or, à partir de métaux vulgaires, comme le plomb. Ils essayent aussi de découvrir « l'élixir de jouvence », capable de redonner la jeunesse et de rendre l'homme immortel. Pour tenter de réaliser ces prodiges, ils utilisent les connaissances des teinturiers et des métallurgistes. Leur quête est restée stérile, mais leur étude systématique de la matière a été utile. Ainsi en 1669, un marchand ruiné de Hambourg, Hennig Brandt, qui cherchait de l'or dans l'urine concentrée, a découvert le phosphore.

L'alchimie : un vieux rêve jamais réalisé

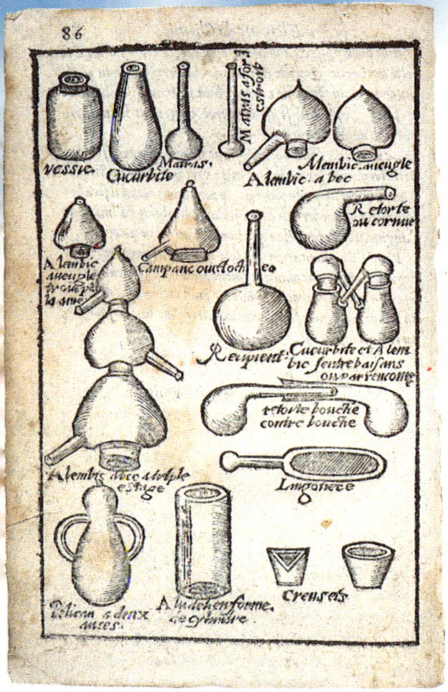

Ce document datant du XVIIe siècle, représente des instruments d'alchimie.

Le déclin d'Aristote

Lavoisier (1743-1794) montre par ses expériences d'analyse de l'air que celui-ci est un mélange de gaz comprenant l'oxygène et l'azote. Il montre également que l'eau est formée d'un mélange d'hydrogène et d'oxygène, traitant ainsi 2 des éléments d'Aristote. En 1808, l'anglais John Dalton (1766-1844) confirme l'hypothèse atomique de Démocrite sur la constitution de la matière en affirmant qu'un composé chimique est formé d'une combinaison d'atomes.

Éléments chimiques et atomes

La matière, dans toute sa diversité, est formée d'un petit nombre d'éléments chimiques. La plus petite quantité possible d'un élément est l'atome.

Les éléments

Une des grandes réussites de la chimie a été de montrer que la matière constituant le monde qui nous entoure est fabriquée à partir d'une centaine d'éléments chimiques seulement. On peut citer par exemple le carbone, l'hydrogène, l'oxygène ou le fer. Ils sont dits élémentaires car on ne peut les décomposer en éléments plus simples par les méthodes de la chimie. Seuls les physiciens y arrivent grâce à des accélérateurs de particules !

Un atome peut, à lui seul, changer les propriétés d'une molécule. La molécule responsable du rouge des coquelicots et du bleu des bleuets est la cyanidine. Les 2 formes (bleue et rouge) ne diffèrent que par un seul atome d'hydrogène.

Les atomes

La plus petite quantité d'un élément qui puisse exister, c'est bien – comme l'avait anticipé Démocrite – l'atome. On peut représenter ces atomes par des sphères ayant un rayon caractéristique de chaque élément. Le rayon de l'atome de carbone est de 15 milliardièmes de centimètre. Ces atomes sont donc extrêmement petits : il en tiendrait environ 60 milliards sur le point qui termine cette phrase. Tout morceau de matière contient plus d'atomes qu'il n'y a d'étoiles dans notre galaxie ! Le monde est formé de constituants presque négligeables en quantités colossales.

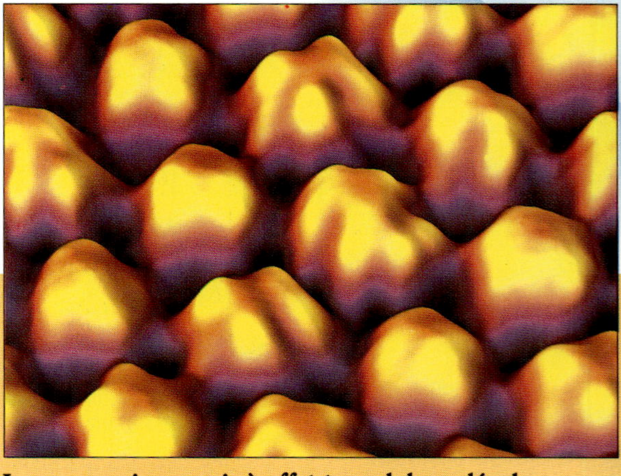

Image en microscopie à effet tunnel de molécules en C_{60} disposées sur une surface d'or.

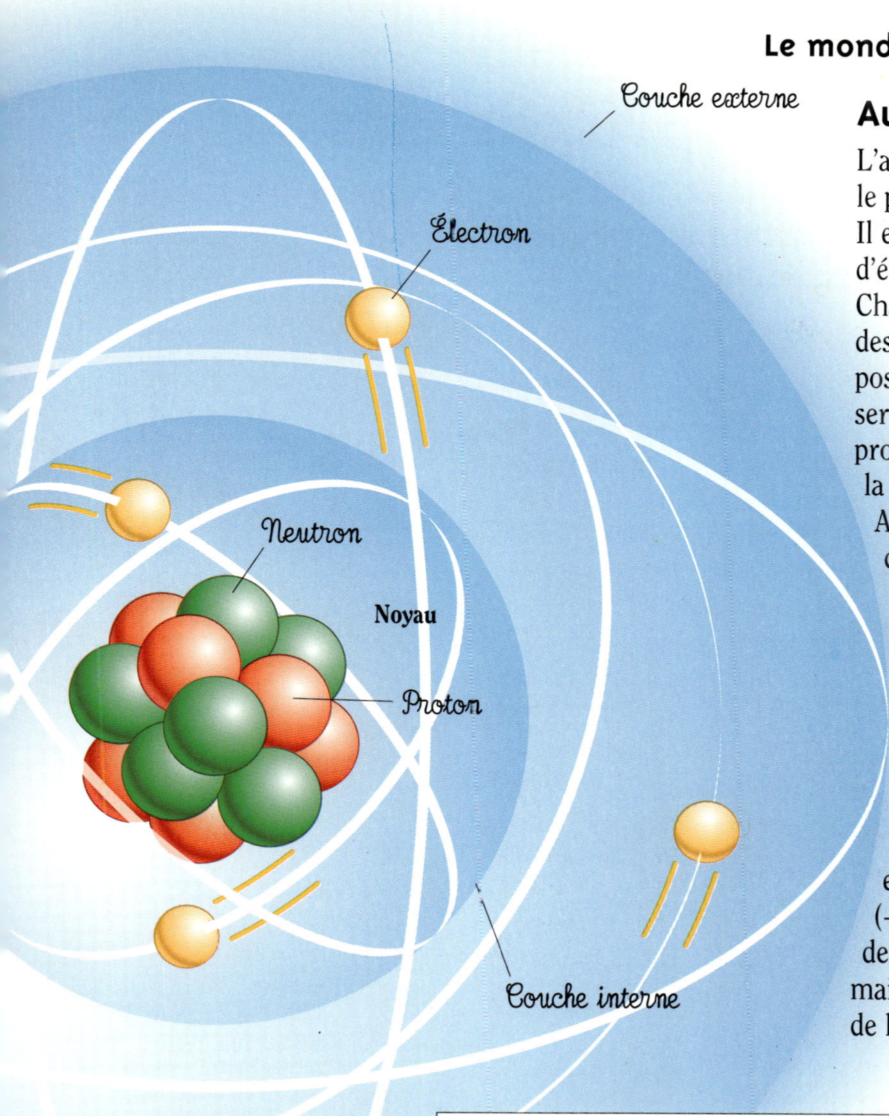

Au cœur de l'atome

L'atome n'est pas le constituant le plus simple de la matière. Il est formé lui-même d'électrons, protons et neutrons. Chaque noyau d'atome contient des protons (qui ont une charge positive) et des neutrons qui servent de « colle » entre les protons. Le noyau constitue la masse principale de l'atome. Autour du noyau, comme des satellites tournant autour de la Terre, tournent des particules très petites et chargées négativement, les électrons. Il y a autant d'électrons que de protons ce qui rend l'atome neutre. Globalement, c'est l'attraction électrique entre électrons (-) et protons (+) qui maintient la cohésion de l'atome, comme la pesanteur maintient les satellites autour de la Terre.

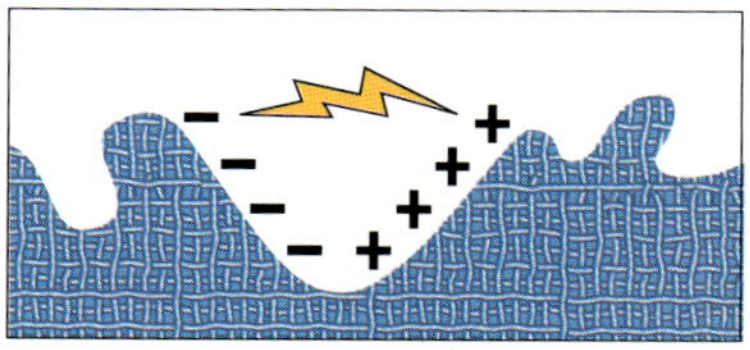

Le pull et les électrons

Les électrons de la couche externe de l'atome sont loin du noyau et ils peuvent s'arracher facilement. C'est ce qui se produit quand on enlève un pull en acrylique : les électrons sont arrachés par le frottement et déposés sur une autre surface, qui se charge ainsi négativement. Entre ces 2 surfaces, se produit alors une étincelle qui émet un crépitement caractéristique.

Voir les atomes et les molécules

Malgré leur dimension minuscule, il est maintenant possible, grâce à la microscopie à effet tunnel, de voir les atomes ou les molécules présents à la surface des solides.

Structure et propriétés des atomes

Les électrons qui gravitent autour du noyau sont répartis par couches. L'occupation de la couche externe explique la plus ou moins grande réactivité de l'élément considéré.

La trajectoire des électrons

L'orbite des électrons qui tournent autour du noyau n'est jamais fixe, mais ces particules se maintiennent à une distance fixe du noyau. Les altitudes possibles ne sont pas quelconques, mais forment une série de couches dont le nombre peut aller jusqu'à 7.
Chacune de ces couches ne peut abriter qu'un nombre d'électrons limité. La première, la plus proche du noyau, peut comporter 2 électrons. La 2e, plus éloignée, peut en comporter 8.
La 3e, encore plus éloignée, peut monter à 18, etc.

Structure et réactivité

La dernière couche d'un atome, appelée encore couche externe, joue un grand rôle dans la réactivité d'un élément. Cette couche externe contient rarement plus de 8 électrons pour les atomes les plus légers.

Hydrogène

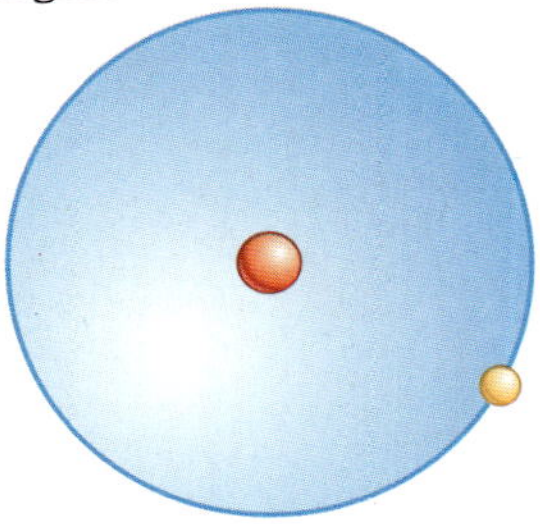

Les atomes qui ont sur leur couche externe un seul électron, comme l'hydrogène, le sodium ou le potassium, perdent ce dernier facilement, et sont donc très réactifs.

Néon

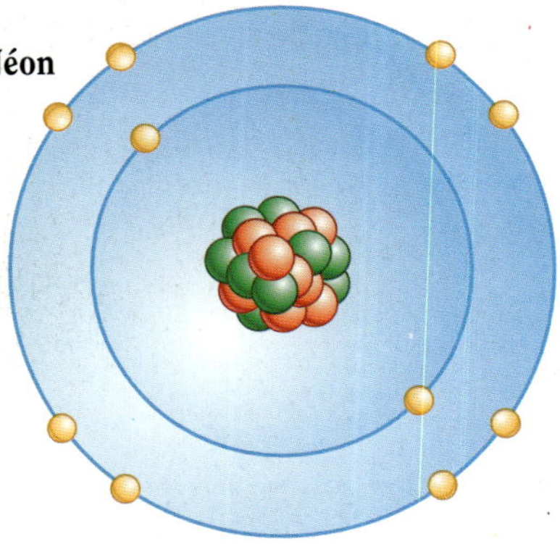

Lorsque cette couche possède effectivement 8 électrons, les atomes sont très stables, et leur réaction avec d'autres éléments est très lente, parce qu'il faut beaucoup d'énergie pour capturer ou perdre un électron.

Fluor

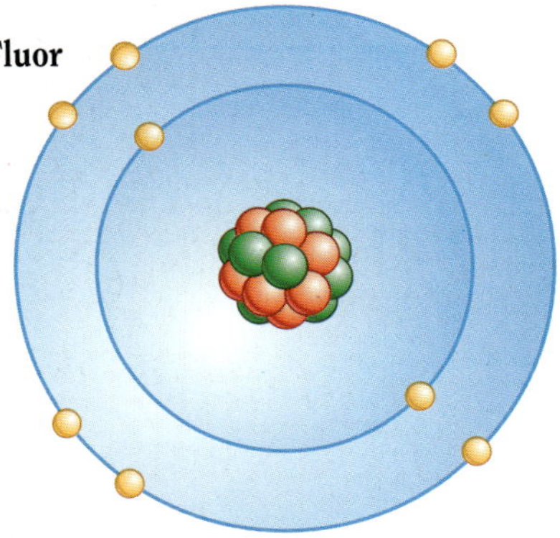

Quand la couche externe comporte 7 électrons (fluor, chlore ou brome) elle capture facilement un électron. L'élément est donc très réactif.

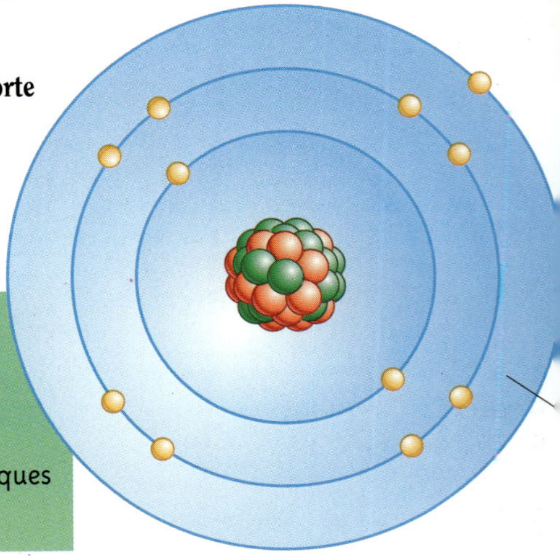

Classification périodique

Un élément est défini par son symbole, son numéro atomique Z (nombre d'électrons) et son nombre de masse M (nombre de protons + nombre de neutrons). Ainsi le fluor est défini par F, Z = 9 et M = 19.
La classification périodique présente les éléments par nombres atomiques croissants. Elle est due au chimiste russe Mendeleiev (1834-1907).

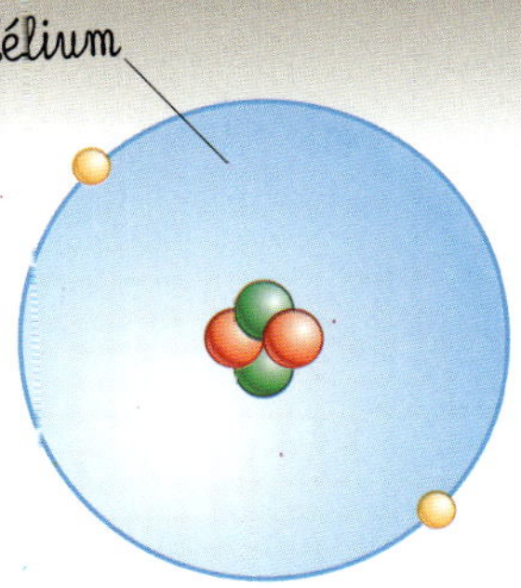

Quelques exemples de modèles atomiques

Sodium

Aujourd'hui, les dirigeables sont gonflés à l'hélium.

Les dirigeables

Les dirigeables actuels sont remplis d'hélium, gaz plus léger que l'air et très stable, avec sa couche externe à 2 électrons, saturée. Autrefois, on les gonflait à l'hydrogène, gaz plus léger encore que l'hélium, mais très dangereux : l'incendie du grand dirigeable *Hindenburg* rappelle que l'hydrogène s'enflamme très facilement.

Les molécules

Certains atomes comme l'hélium existent seuls – on dit à l'état libre – dans les gaz mais la plupart vivent en association, dans les molécules. Une molécule est un assemblage d'atomes, dans une disposition géométrique bien définie.

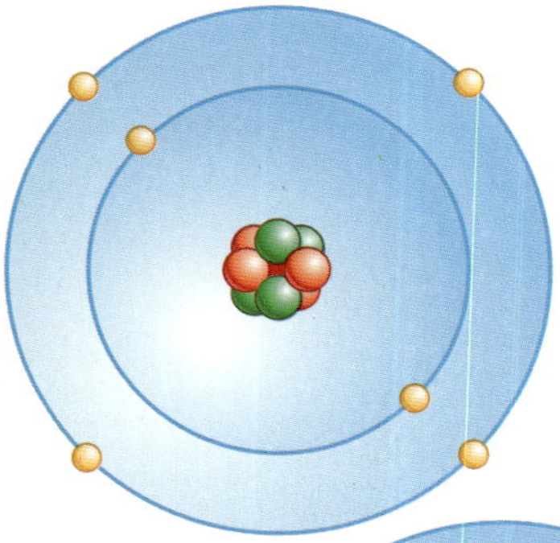

Un atome de carbone forme 4 liaisons (CH_4).

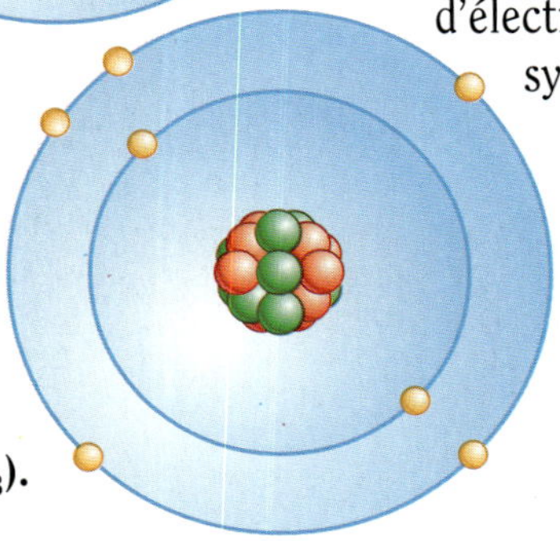

Un atome d'azote forme 3 liaisons (NH_3).

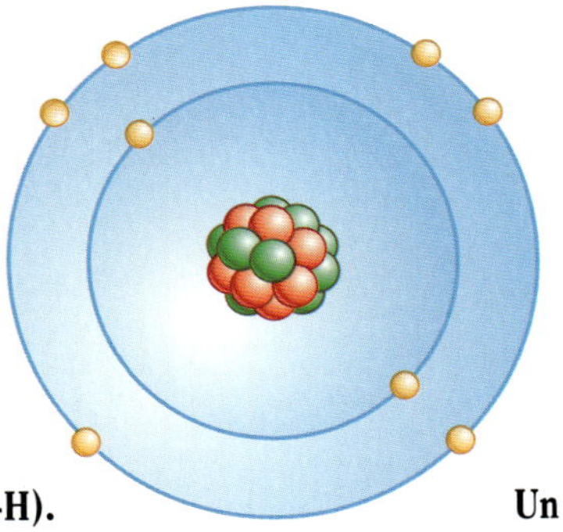

Un atome d'oxygène forme 2 liaisons (H-O-H).

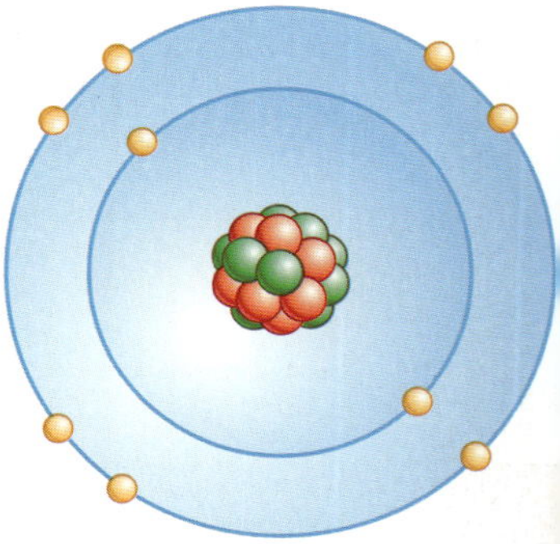

Un atome de chlore forme une liaison

Des atomes très liés

Une liaison entre 2 atomes, dans une molécule, est due à la mise en commun de leurs électrons célibataires pour former une paire d'électrons ; les 2 électrons circulent autour et entre les atomes qu'ils vont lier, agissant comme une colle électrostatique entre les noyaux. Cette liaison s'écrit au moyen d'un petit trait qui joint les symboles chimiques des atomes liés (H-Cl). Certains atomes peuvent être liés à d'autres par mise en commun de 2 ou 3 paires d'électrons : on parle alors de double ou de triple liaison, symbolisée par 2 ou 3 tirets.

Mesurer une molécule

Il est possible de déterminer la taille d'une molécule grâce à une expérience simple qui a été imaginée par Benjamin Franklin. Depuis les Grecs, on sait qu'un film d'huile répandu sur la mer tend à calmer les vagues. Franklin va au bord d'un étang et verse doucement une cuillerée d'huile d'olive sur l'eau ; la zone calme est énorme : de l'ordre de 100 m^2 ! Il suffit alors de diviser le volume d'huile par la surface d'étalement, pour trouver la hauteur du film, qui est égale à 1 milliardième de mètre. Cette hauteur, c'est (en gros) la taille des molécules du constituant le plus abondant de l'huile d'olive (le trioléate de glycérol) !

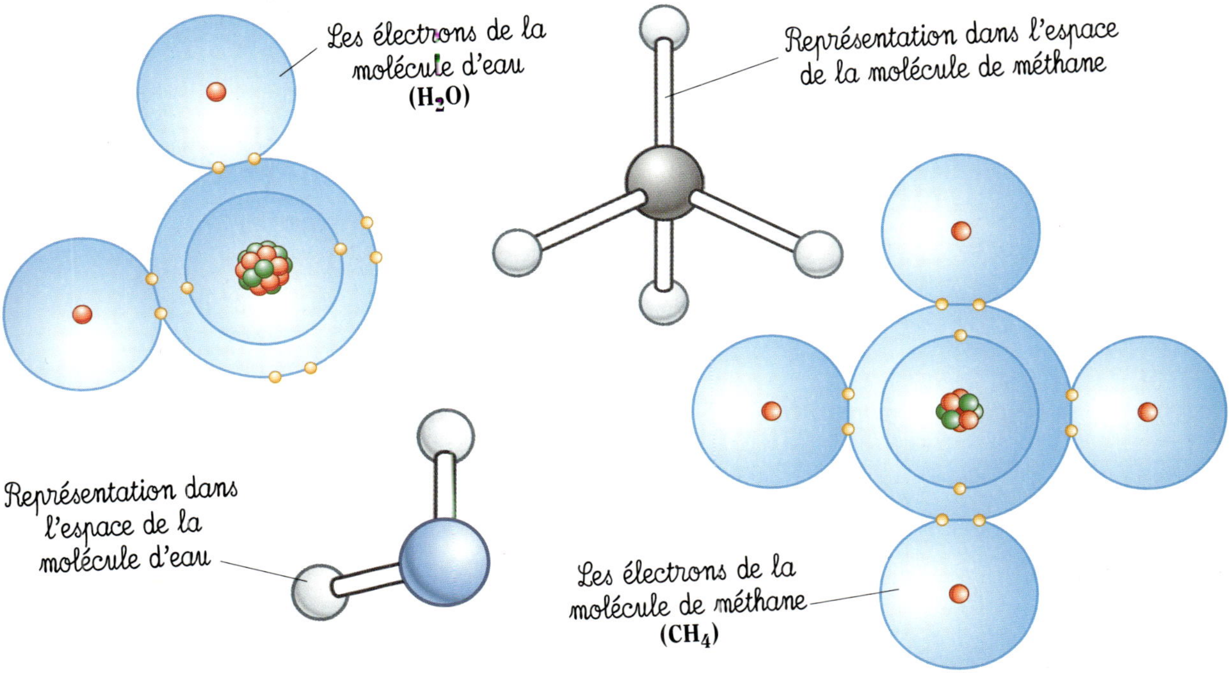

Le rôle particulier du carbone

La capacité unique du carbone à former des enchaînements avec lui-même est tout à fait remarquable : c'est le seul élément capable de former des enchaînements aussi longs et variés. Il le doit à sa position médiane : son aptitude à attirer les électrons d'autres atomes est très moyenne, tandis que ses électrons s'arrachent assez facilement.

Planeur : le fuselage et les ailes sont fabriqués en fibre de carbone.

Hydrofoil à structure de fibre de carbone.

Automobile de compétition à coque de fibre de carbone.

Aspirine

$(CH_3CO)OC_6H_4COOH$

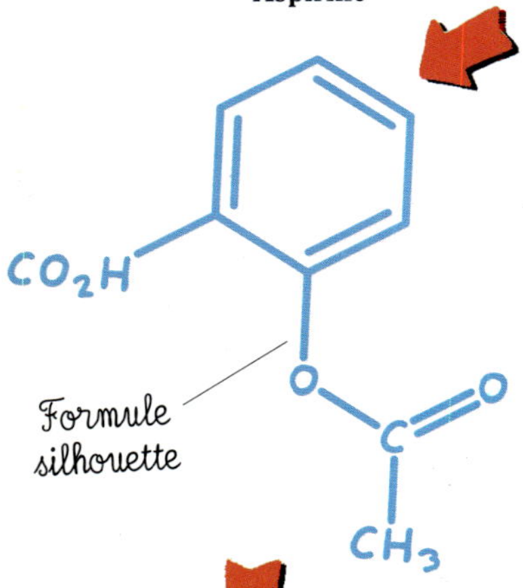

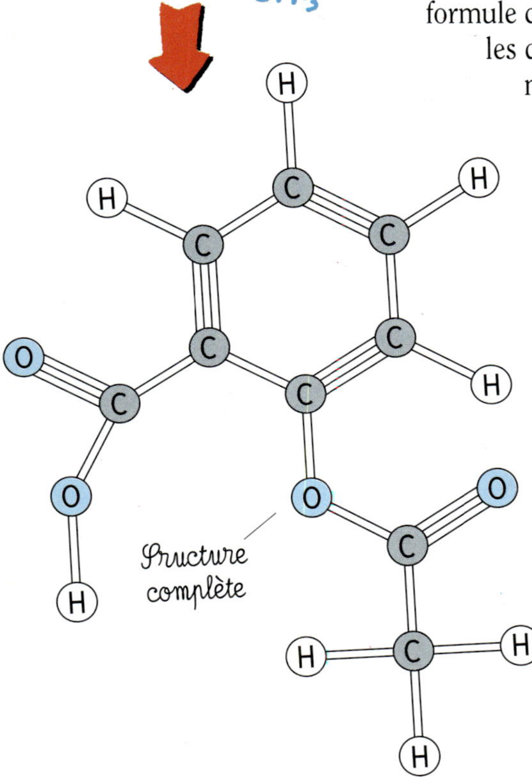

Représenter les molécules

Pour décrire les produits chimiques, et leur structure de façon claire, on emploie des mots, des lettres, des chiffres, et des modèles à 2 ou 3 dimensions.

Nom et formule

La meilleure façon de décrire une substance, c'est d'utiliser sa formule chimique. Pour y arriver, on emploie des lettres, représentant les différents éléments chimiques (C, H, Cl, Zn, etc.) suivies du nombre d'atomes de cet élément dans la molécule considérée. Ainsi, la formule chimique de l'eau, c'est H_2O (2 atomes d'hydrogène pour un atome d'oxygène). Celle du benzène, c'est C_6H_6 (6 atomes de carbone, pour 6 atomes d'hydrogène). C'est un des rares alphabets compris par tous les chimistes du monde.

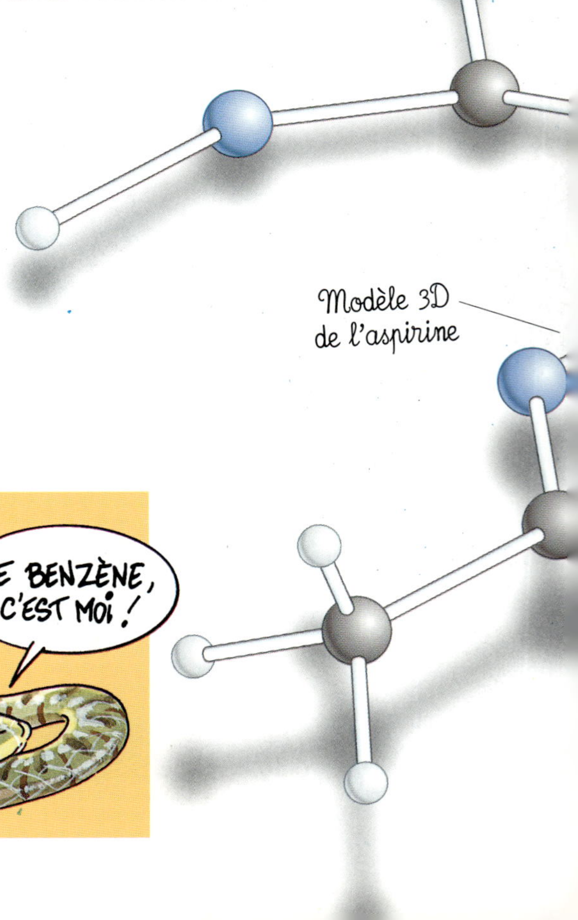

La formule du benzène

C'est au cours d'un rêve que Kekulé von Stradonitz (1829-1896) eut l'idée de la structure en hexagone du noyau de benzène en voyant d'abord des atomes mobiles, puis un serpent se mordant la queue. C'est sans doute la preuve que, même endormi, notre cerveau continue à essayer de résoudre des problèmes posés à l'état de veille !

Représentation écrite et modèles

Le nom et la formule d'une substance permettent de l'identifier et d'écrire des réactions chimiques de façon claire. Mais si l'on veut en savoir plus sur la forme de la molécule, on va utiliser 3 types de représentations : la formule silhouette, la structure complète et le modèle dans l'espace appelé 3D. Dans les 2 premiers types, on affiche la structure de la molécule en utilisant les lettres symboles de chaque élément, jointes par 1, 2 ou 3 traits suivant qu'il s'agit d'une simple, double ou triple liaison. En représentation 3D, on représente la structure réelle du composé dans l'espace : les atomes sont représentés par des boules, les liaisons par des tiges.

Fabrique des modèles moléculaires 3D

À partir de leur formule développée, fabrique les modèles des molécules suivantes :

Méthane CH_4

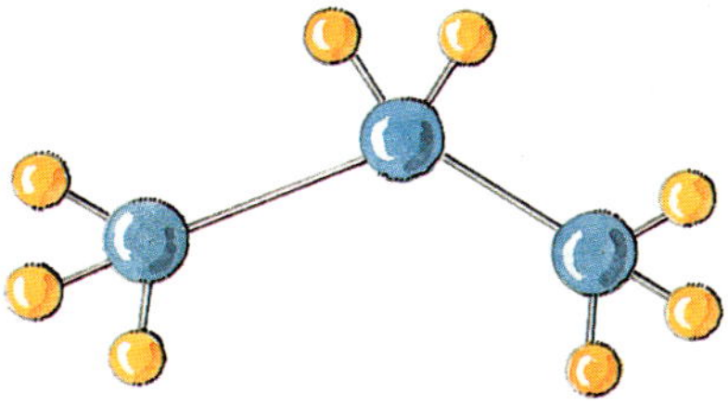

Propane C_3H_8

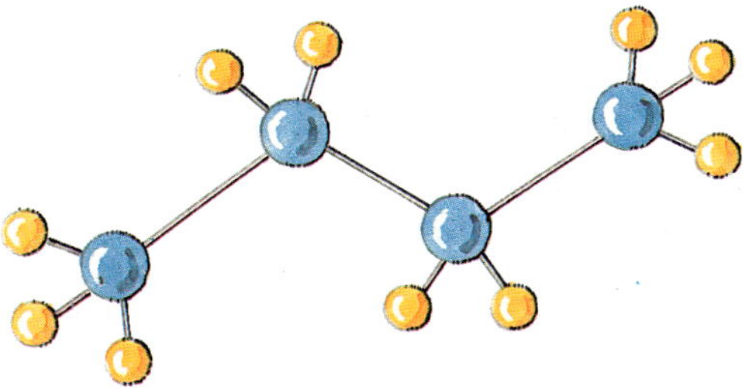

Butane C_4H_{10}

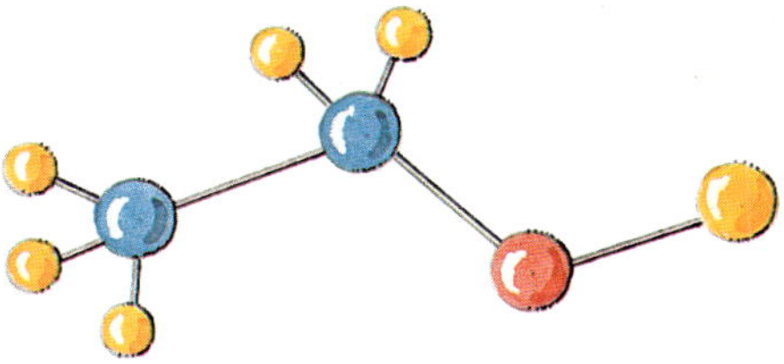

Éthanol C_2H_6O

Tu dois simplement respecter les règles indiquées page précédente : 4 piques dans le carbone, 1 pour l'hydrogène, etc.

Matériel

- boules de polystyrène
- piques à cocktail

Solides, liquides et gaz

Chaque substance présente dans le monde est soit solide, soit liquide, soit gazeuse ; cependant chacune d'entre elles peut changer d'état si les conditions extérieures se modifient.

Les solides plus denses que les liquides ?

Verse le miel liquide dans le pot en le remplissant à ras bord. Mets-le au congélateur. Après quelques heures de refroidissement, observe la surface en creux : le miel solide occupe bien moins de volume que le liquide. Les solides sont (en général) plus denses que les liquides : leurs atomes ou molécules sont plus serrés que ceux des liquides, et ils prennent donc moins de place !

Matériel

- petit pot
- casserole
- miel liquide
- couteau

Les solides

Les atomes ou molécules constituant un solide forment un réseau en se maintenant très rapprochés et pratiquement immobiles. Lorsque le solide est chauffé, ses constituants vibrent plus énergiquement et des trous apparaissent dans le réseau : les molécules peuvent alors commencer à se déplacer ; la substance coule, le solide a fondu et s'est transformé en liquide.

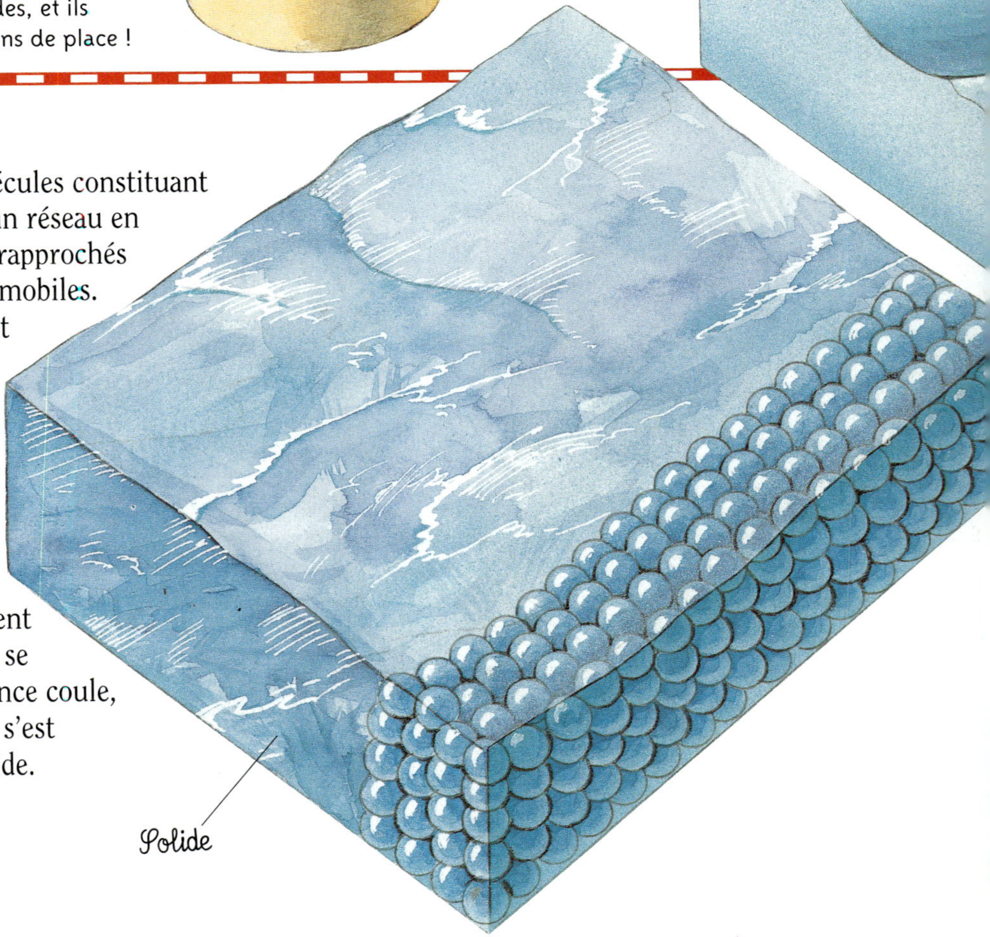

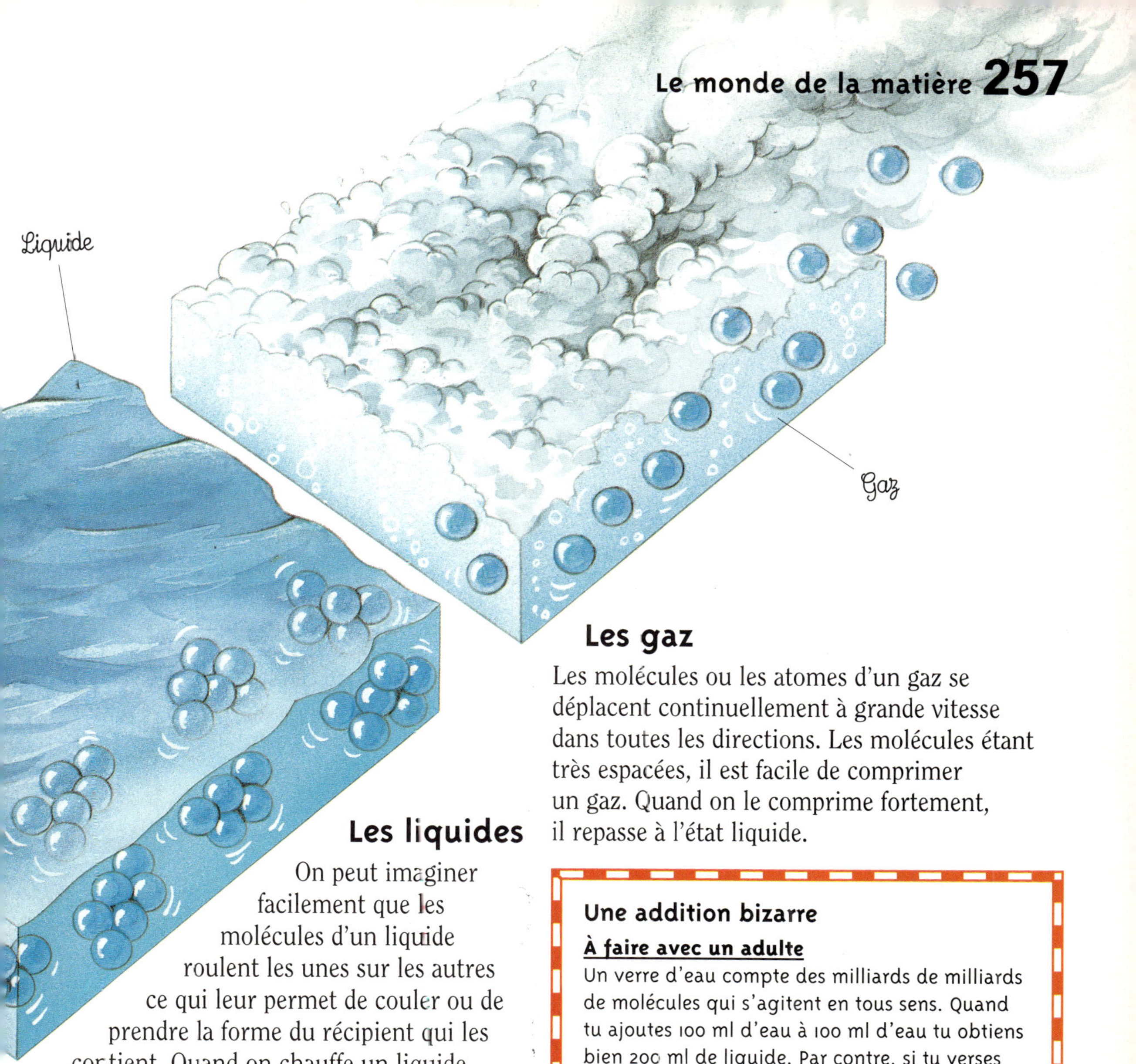

Les gaz

Les molécules ou les atomes d'un gaz se déplacent continuellement à grande vitesse dans toutes les directions. Les molécules étant très espacées, il est facile de comprimer un gaz. Quand on le comprime fortement, il repasse à l'état liquide.

Les liquides

On peut imaginer facilement que les molécules d'un liquide roulent les unes sur les autres ce qui leur permet de couler ou de prendre la forme du récipient qui les contient. Quand on chauffe un liquide, le mouvement des molécules augmente et quelques-unes peuvent s'échapper de la surface. Elles se déplacent ensuite rapidement en s'écartant les unes des autres et forment un gaz.

Une addition bizarre

À faire avec un adulte

Un verre d'eau compte des milliards de milliards de molécules qui s'agitent en tous sens. Quand tu ajoutes 100 ml d'eau à 100 ml d'eau tu obtiens bien 200 ml de liquide. Par contre, si tu verses 100 ml d'eau, puis 100 ml d'alcool à brûler dans le récipient, tu constates avec surprise que le volume total est inférieur à 200 ml (194 ml exactement). Le mélange des 2 liquides a rapproché les molécules, qui se sont serrées les unes contre les autres : le volume du mélange est inférieur à la somme des 2 volumes d'eau.

Matériel

- verre mesureur
- récipient
- eau
- alcool à brûler

Voir les mouvements des particules de gaz

Même en utilisant un microscope très puissant, il n'est pas possible de voir le mouvement de perpétuelle agitation des particules de gaz. On peut s'en rendre compte de façon indirecte en observant les mouvements désordonnés des particules de poussières illuminées par un rayon de soleil oblique, dans une pièce sombre et sans courants d'air. Elles s'agitent continuellement car elles subissent les chocs multiples des particules de gaz (l'air de la pièce).

Réactions chimiques

Lorsque tu regardes un comprimé effervescent se dissoudre dans l'eau, un poulet rôti prendre une belle couleur caramel, ou un feu d'artifice illuminer une nuit d'été, tu observes des réactions chimiques.

Qu'est-ce qu'une réaction chimique ?

Lorsque des produits chimiques différents entrent en contact, ils peuvent réagir et se transformer. Les liaisons entre atomes se modifient et de nouvelles molécules apparaissent. À l'intérieur de notre corps, comme dans le monde qui nous entoure, il se produit une foule de réactions chimiques, dont certaines, les moins nombreuses, sont l'œuvre de l'homme. Les expériences suivantes vont te montrer quelques réactions chimiques classiques.

Les traînées colorées sont dues à la présence de métaux dans les explosifs : blanc du magnésium, jaune-orange du sodium, vert du baryum, etc.

Antoine Lavoisier (1743-1794)

« Rien ne se perd, rien ne se crée, tout se transforme »... Cette théorie fut démontrée en pesant soigneusement les ingrédients avant et après une réaction chimique. L'oxydation du mercure, menée par Lavoisier, lui permit de se rendre compte que l'oxygène de l'air qui semblait avoir disparu en fin de réaction avait en réalité réagi avec le mercure pour former l'oxyde de mercure, de couleur rouge, qui est un solide.

Combustions colorées

La combustion est une réaction chimique classique : une substance qui brûle dans l'air se combine à l'oxygène pour former de l'eau plus du carbone ou du gaz carbonique (CO_2) en produisant de la chaleur.

Matériel
- réchaud à gaz
- sel de cuisine
- fil de fer
- acide borique
- acide tartrique (en droguerie)

❶ Fabrique une boucle avec le fil de fer. Trempe-la dans l'eau, puis dans le produit à tester.
❷ Mets ensuite avec précaution ta boucle au-dessus de la flamme.

Celle-ci se colore en jaune (sodium) pour le sel de cuisine, en vert pour l'acide borique, et en violet pour l'acide tartrique.

Fabrique du dioxyde de carbone (CO_2)

Ce gaz est dangereux : un chien ne peut vivre là ou l'air en contient plus de 30 %. Incolore, inodore, il est plus lourd que l'air, et s'accumule dans les caves (fermentation du vin) ou dans les garages (moteur). Le CO_2 est utilisé pour éteindre les incendies !

Matériel
- 3 bougies de longueur différente
- récipient en verre plus large que haut
- bouteille
- bicarbonate de soude
- vinaigre
- paille
- pâte à modeler

❶ Mets le vinaigre dans la bouteille.

❷ Fixe les bougies dans le récipient et allume-les.

❸ Verse une cuillère à soupe de bicarbonate de soude dans la bouteille.

❹ Fixe la paille en bouchant le goulot avec de la pâte à modeler.

❺ Le bol se remplit de gaz en commençant par le fond.

Le CO_2, provenant de la réaction du vinaigre (acide acétique) sur le bicarbonate de soude, s'échappe et éteint les bougies.

La séparation des mélanges

La plupart des substances que tu es habitué à rencontrer sont des mélanges de plusieurs constituants : l'air, les aliments, le lait, le pétrole, l'encre, etc. Les chimistes sont souvent amenés à séparer les constituants de ces mélanges.

Quand les grains de blé s'envolent

Autrefois, les épis de blé étaient battus, pour faire sortir les grains de la balle. Le mélange était ensuite lancé en l'air, ce qui permettait de séparer l'enveloppe légère (emportée par le vent) du grain plus lourd qui retombait à terre.

Au Bhoutan, État himalayen situé entre la Chine et l'Inde, on bat encore le blé « à l'ancienne ».

Nous sommes loin de la ruée vers l'or, mais les chercheurs d'or existent encore.

L'or dans la bâtée

Les chercheurs d'or mettent une pelletée de sable de rivière dans une bâtée et l'y font tourner avec un peu d'eau. L'or, plus lourd, tombe au fond du récipient…

Séparer par centrifugation

Mélange la terre et l'eau dans le flacon en l'agitant. Ferme le flacon et attache-le avec la ficelle sur le panier de l'essoreuse, le bouchon vers le centre. En 5 minutes de rotation, le mélange se séparera (il faudrait plus d'une heure autrement).

Matériel

- essoreuse à salade
- petit flacon avec un bouchon
- eau
- terre
- ficelle

La chromatographie

La chromatographie fut découverte en 1903 par le botaniste russe Tswett, qui mit en évidence les constituants de la chlorophylle. Elle sert à séparer les constituants de mélanges liquides ou gazeux. Le liquide solvant monte vers le haut du papier, et les composants migrent à différentes vitesses et se séparent en bandes de couleur.

❶ Découpe 3 bandes de papier buvard

❷ Dépose une goutte d'encre près de leur extrémité.

❸ Mets un peu d'alcool dans le pot.

❹ Fixe les bandes de papier buvard au moyen des pinces à linge en bordure du pot à confiture et fais en sorte que leur extrémité touche à peine l'alcool.

❺ Observe la montée de l'alcool, qui entraîne les divers pigments.

Les bandes de couleur montrent la séparation des colorants de l'encre le long du papier.

Matériel

- papier buvard ou filtre
- alcool à brûler
- pinces à linge
- pot à confiture
- encres de différentes couleurs

À Guérande, depuis plus de 1 000 ans, les paludiers recueillent le sel avec les mêmes gestes et les mêmes instruments.

Marais salants de Guérande

Des bassins peu profonds sont remplis d'eau de mer. L'eau pure s'évapore au soleil, laissant le sel s'accumuler sous la forme d'un solide grisâtre.

La distillation

L'alcool est fabriqué à partir de vins (90 % d'eau et 10 % d'alcool). Le vin est chauffé à 70 °C, point d'ébullition de l'alcool. L'alcool s'évapore et vient se condenser dans l'alambic.

Améthyste

Solutions et cristaux

Les mélanges sont souvent formés de molécules solides mélangées avec celles d'un liquide : ce sont des solutions. C'est le cas du café, du thé, de l'eau de mer, des eaux minérales.

Pyrite

Saturation et cristaux

Dans une solution, les chimistes appellent le solide soluté, et le liquide solvant. On peut arriver à dissoudre presque 2 kg de sucre dans un litre d'eau à 20 °C. Au-delà, le sucre ne se dissout plus : la solution est dite saturée. Il est cependant possible de faire encore mieux en chauffant.

Mais lorsque la température redescend, ou lorsque l'eau s'évapore, la solution devient sursaturée et les molécules du soluté commencent à réapparaître en se liant et formant des cristaux.

Faire un cristal

❶ Fais une solution très concentrée de sel d'alun dans un verre d'eau froide.
❷ Choisis, à la loupe, le plus gros cristal du sel d'alun restant et colle-le au cheveu.
❸ Laisse pendre le cristal dans la solution, en le fixant par un scotch au bristol posé sur le verre.
❹ En quelques jours, ce germe donnera un magnifique cristal aux formes régulières.

Matériel

- eau
- cheveu
- récipient
- bristol
- sel d'alun (chez un droguiste)
- colle

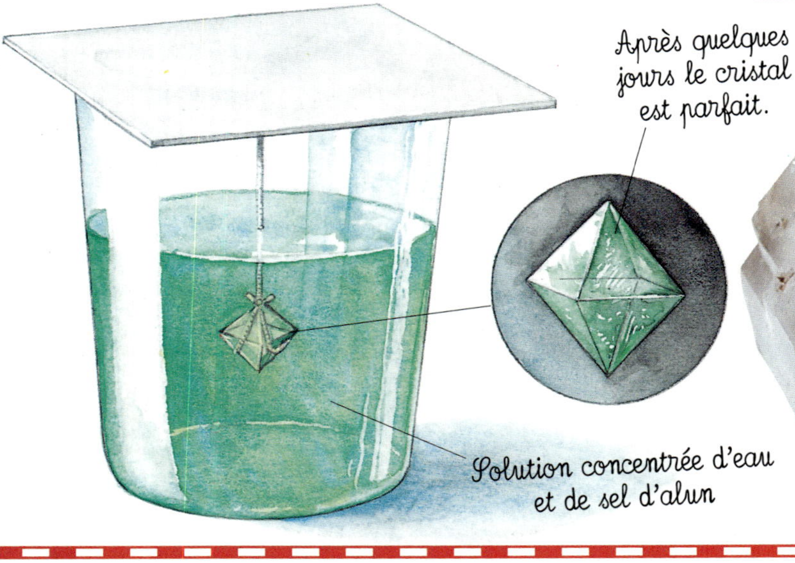

Fluorine

Mesurer la solubilité

Détermine une hauteur et remplis ton verre d'eau.
❶ Verses-y autant de cuillerées de sucre que possible jusqu'à ce que la solution soit saturée.
❷ Note combien de cuillerées tu as versées.
❸ Recommence l'expérience avec autant de sel, de sable et de bicarbonate de soude.

Matériel
- verre gradué
- eau
- sel
- sucre
- sable
- bicarbonate de soude

On va en conclure que le sable ne se dissout pas dans l'eau, que le sel se dissout, mais moins que le sucre. Les solubilités sont vraiment très différentes !

Structure et beauté des cristaux

Beaucoup de solides, de la glace aux métaux et aux roches, sont des cristaux. Bien que les cristaux que nous voyons aient des formes et tailles diverses, ce ne sont que des empilements plus ou moins réguliers de cristaux individuels. Ceux-ci ne peuvent avoir que 7 formes régulières, et pour une substance donnée, ils ont tous la même forme.

Quartz

Sylvinite

Les acides et les bases

Les acides et les bases sont présents dans de multiples produits de la vie quotidienne, du vinaigre au savon. En solution, ils ont des propriétés opposées.

Le vinaigre contient de l'acide acétique.

Ça pique !

Le vinaigre ou le citron sont utilisés en cuisine pour rehausser le goût des salades ou du poisson : ils piquent la langue, leur goût est acide. Ce sont des acides faibles. Plus haut dans l'échelle des acidités, l'acide sulfurique ou l'acide nitrique sont corrosifs et dangereux : ils brûlent la peau ou les tissus et attaquent les métaux.

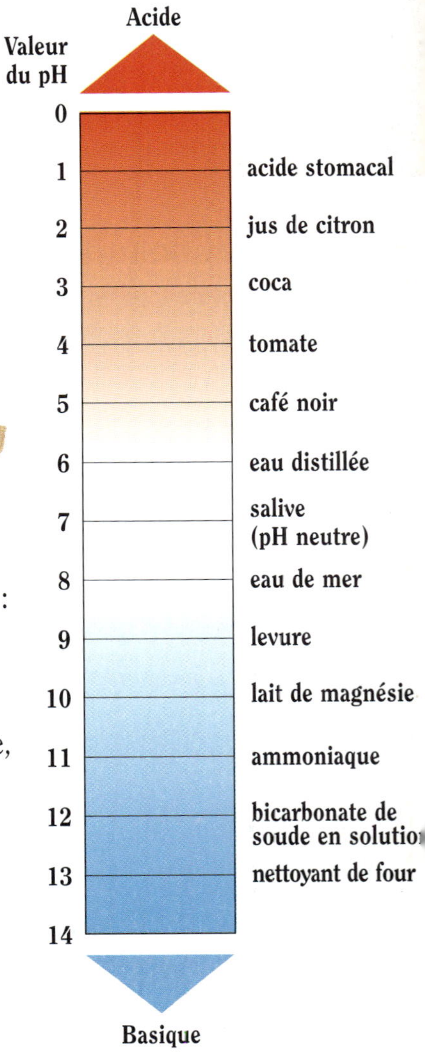

Ça mord !

L'opposé d'un acide est une base : le bicarbonate de soude par exemple est une base faible, son toucher est savonneux. Les bases fortes (soude caustique, ammoniaque) sont, comme les acides forts, dangereuses. Elles détruisent la saleté et certains déchets organiques (cheveux, laines...). Quand on ajoute une base à un acide, on neutralise l'acide. Tous deux réagissent pour former un sel et de l'eau.

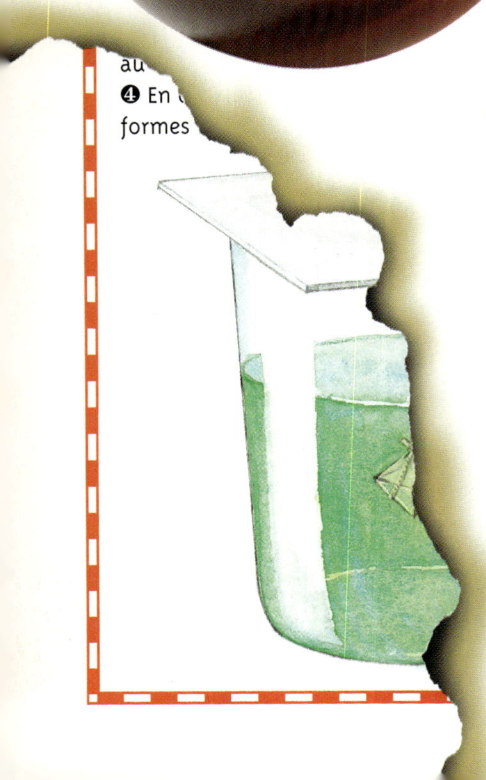

L'acide formique, de formule CH_2O_2

Cet acide est – comme son nom l'indique – l'un des constituants du venin injecté par les fourmis (*Formica* signifie fourmi en latin). C'est également un constituant du venin sécrété par les chenilles.

L'acide lactique de formule $C_3H_6O_3$

Présent dans le lait fermenté on le retrouve souvent dans la nature et la cuisine : yaourts, choucroute. Il est responsable de l'odeur acide de la transpiration et, en forte concentration dans les muscles fatigués, provoque des crampes.

Les chenilles, comme les fourmis, sécrètent un venin à base d'acide formique.

Acide ou base ? L'indicateur coloré

❶ Fais bouillir 1/2 l d'eau distillée.
❷ Pendant ce temps hache le chou.
❸ Verse dans l'eau bouillante le chou haché, arrête le feu et couvre l'ensemble.
❹ Dès refroidissement, filtre en utilisant le filtre à café. Tu obtiens un liquide violacé, ou rouge foncé, qui te servira d'indicateur coloré.
❺ Verse de l'indicateur coloré à travers un filtre dans chacun des verres ; si on verse de l'acide il vire au rouge-rose ; si on verse de la base il vire au bleu-vert.

Matériel

- quelques verres
- chou rouge
- casserole
- couteau
- bocal
- citron
- vinaigre
- eau distillée
- eau du robinet
- bicarbonate de soude
- nettoyant ammoniaqué

Tu peux donc tester successivement tous tes liquides, jus de citron, vinaigre, bicarbonate, nettoyant ammoniaqué...

Sels et savons

Le sel de cuisine (appelé encore sel « ordinaire » ou sel marin), et les sels de bains sont quelques-uns des nombreux composés que les chimistes appellent « sels ».

Fabrication des sels

La plupart des minéraux sont des sels : quand un acide réagit avec une base, il se forme de l'eau et un sel. Tous les sels ne sont pas, comme le sel de table, solubles. Certains rendent l'eau « dure » (il est difficile de la faire mousser avec du savon) d'autres sont des adoucissants, comme le savon lui-même.

Le savon peut se présenter sous plusieurs formes.

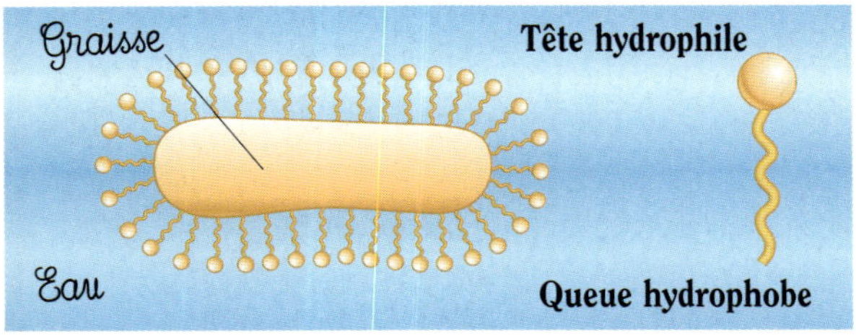

La goutte de graisse, entourée des molécules de savon, est facilement éliminée.

Le savon est un être double

Les savons sont tous formés d'une longue chaîne « hydrophobe » (qui ne supporte pas l'eau) et d'une tête hydrophile. La chaîne tend donc à se dresser hors de l'eau ou à se dissimuler dans les graisses, permettant la séparation puis l'élimination de ces graisses. C'est leur pouvoir détergent.

Fabriquer des sels de bains

On va utiliser des cristaux de carbonate de sodium pour fabriquer des sels de bains permettant de rendre l'eau mousseuse et parfumée : les cristaux « précipitent » (séparent) les sels de l'eau, éliminant ainsi les agents responsables de sa « dureté ».

Matériel

- cristaux de carbonate de sodium
- pilon
- mortier
- eau de toilette
- récipient

❶ Écrase les cristaux de carbonate de sodium jusqu'à ce qu'ils se transforment en poudre.

❷ Dissous la poudre dans l'eau jusqu'à saturation.

❸ Ajoute de l'eau de toilette (4 cuillères à soupe) et verse dans un flacon.

Une petite quantité de ce mélange donnera un bain doux et moussant.

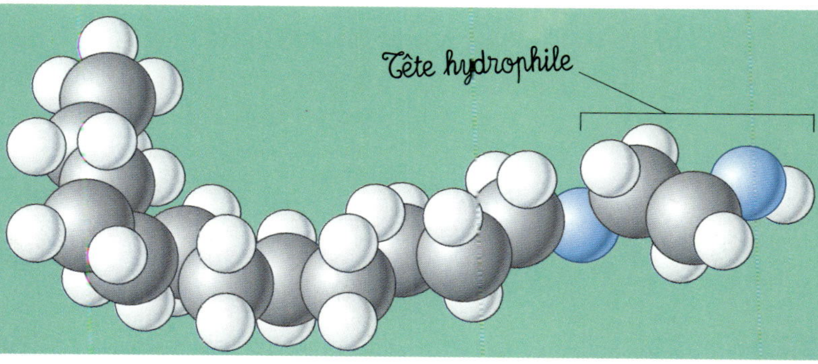

Le polyoxyéthylène $C_{14}H_{30}O_2$

Ce détergent est particulièrement efficace à basse température, en produisant peu de mousse. Il est donc bien adapté au lavage en machine.

Faire des bulles

❶ Fabrique le mélange : 6 verres d'eau + 1/2 verre de liquide vaisselle + 1,5 verre de glycérine.
❷ Mélange et prépare des formes à boucles fermées avec le fil de fer.
❸ Trempe dans le produit et souffle pour faire des bulles.

Matériel

- détergent vaisselle liquide
- eau
- glycérine (pharmacie) ou sucre en poudre
- fil de fer
- pinces

La chimie organique

L'ensemble de la nature – à l'exception des roches et des océans - est constitué de composés organiques. Ces composés organiques contiennent du carbone et généralement de l'hydrogène.

Pourquoi organique ?

On croyait autrefois que ces composés contenaient une « force vitale », d'où le terme organique. Cette idée a été abandonnée au XIXe siècle. Ces composés organiques sont responsables, entre autres, de la couleur et de l'odeur des fleurs ainsi que du goût de la nourriture. Les molécules les plus longues et les plus complexes de la chimie organique sont des polymères. La pétrochimie, et les industries pharmaceutiques, reposent sur la synthèse – et la modification – de composés organiques.

En automne, le carotène jaunit les feuilles et nous offre, comme ici au Québec, un merveilleux été indien.

Goûts, odeurs, couleurs :

La saccharine $C_7H_5O_3NS$ a un goût sucré. Elle fut découverte en 1879 par un chimiste sale et peu soigneux qui avait oublié de se laver les mains ! Elle sucre 300 fois plus que le sucre, mais sans entraîner d'obésité. L'ionone $C_{13}H_{20}O$ est responsable de l'odeur de foin fraîchement coupé, et de l'odeur de violette. Les framboises fraîches contiennent elles aussi de l'ionone. Le carotène $C_{40}H_{56}$ est présent dans les carottes, les mangues et les kakis. En automne, c'est lui qui jaunit les feuilles.

C'est l'ionone qui donne son odeur au foin.

Fais du plastique à partir du lait

Matériel

- 1/2 litre de lait entier
- vinaigre
- porte filtre à café dans lequel tu placeras du tulle

❶ Fais chauffer le lait sans le faire bouillir.

❷ Ajoute 2 cuillères à café de vinaigre et mélange.

❸ Laisse refroidir et filtre.

❹ Récupère le dépôt et lave-le.

❺ Modèle à la main et laisse sécher.

❻ Fais chauffer 15 min au four à 60 °C pour faire durcir.

Les molécules de protéines du lait s'attachent les unes aux autres pour former une longue chaîne appelée polymère.

Diamant et mine de crayon (graphite) ont la même origine : tous deux sont des formes du carbone. La différence vient de l'assemblage.

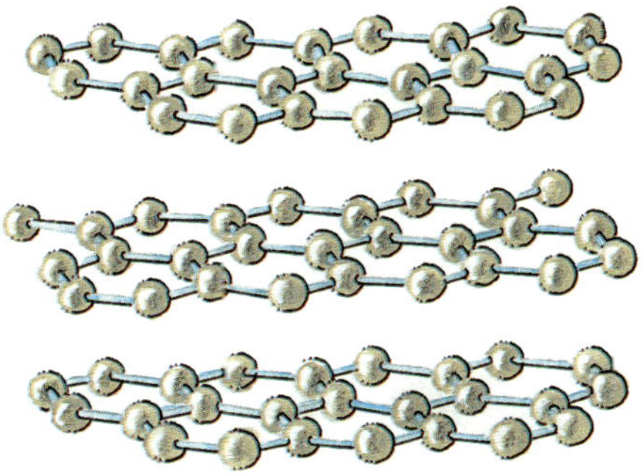

Graphite

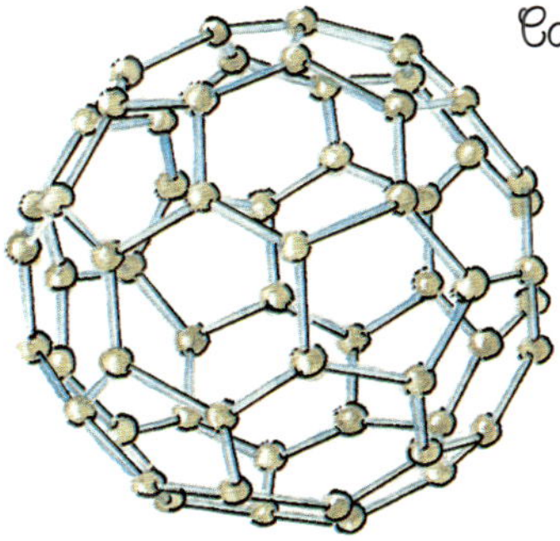

Carbone

La forme la plus étrange du carbone est un amas globulaire. Chaque globe contenant 60 atomes est présent dans les particules de suie... On l'appelle « Buckminster fullerene » du nom de B. Fuller, architecte américain.

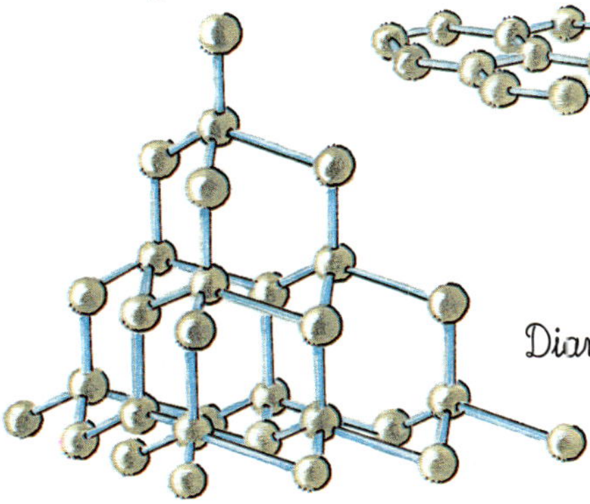

Diamant

Le carbone, un élément unique

Le carbone (comme nous l'avons déjà vu) est remarquable par le nombre et la complexité des corps dans lesquels il est présent : il existe plus de 7 millions de composés du carbone contre 100 000 pour tous les autres éléments !

La Sci

Les **sciences** naissent de la confrontation entre la **théorie imaginée** par le chercheur et l'**expérience réalisée** par celui-ci. Les succès de la science sont impressionnants, mais nous devons savoir éviter une utilisation imprudente de ses résultats.

ence

L'astrologie et l'alchimie

Les hommes ont élaboré 2 doctrines qui se situent aux frontières de la magie, de la religion et de la science : l'astrologie et l'alchimie.

L'astrologie

Cet art divinatoire cherche à déterminer l'influence des astres sur le cours des événements terrestres. L'astrologue, à partir du jour et même de l'heure de la naissance, établit le signe et l'ascendant de la personne afin de prédire l'avenir.

Autrefois, les astronomes étaient aussi astrologues.

Un art ancien

Les Babyloniens élaborent les premiers une grille faisant correspondre les événements du ciel et de la terre. Dans ces sociétés rurales, les récoltes dépendent du ciel, du soleil et de la pluie. Il leur paraît donc naturel que les astres influencent la destinée. L'Inde, l'Égypte, la Grèce et Rome vont perpétuer ces idées. L'astrologie aura même une vogue particulière à la Renaissance.

L'astrologie n'est pas une science !

Malgré l'intérêt des Anciens pour l'astrologie, malgré les horoscopes réalisés sur ordinateur ou les rubriques astrologiques des journaux, l'astrologie n'a aucun caractère scientifique : c'est une description poétique de l'avenir dont les racines plongent dans la nuit des temps.

Un pas vers la science

La prédiction de l'avenir se faisait autrefois par examen du foie d'un animal sacrifié, interprétation des rêves ou du vol des oiseaux, etc. Par rapport à ces divers types de prédiction, l'astrologie marque un progrès : elle affirme l'influence de forces naturelles agissant à distance, forces que l'on peut calculer.

Astrologues du Moyen Âge

L'alchimie

Les alchimistes s'efforcent, par des manipulations répétées, d'effectuer la transformation des métaux en or. Ils souhaitent aussi trouver la panacée ou l'élixir de jouvence, remède miracle permettant de lutter contre les maladies et le vieillissement.

Héritière des connaissances des métallurgistes, l'alchimie a été pratiquée en Chine, en Égypte, chez les Arabes et en Occident.

Alchimistes à la recherche de la pierre philosophale.

L'or du millième matin

Ce qui soutient l'alchimiste, durant les longues veilles, les expériences de purification de la matière sans cesse recommencées, ce n'est pas l'espoir de l'or matériel et vulgaire, c'est celui de l'or mythique symbolisant la purification de l'âme. Alors, l'adepte pourra enfin se retrouver un beau matin, la grâce au front et des flammes dans le regard : rajeuni et enfin maître du temps !

L'alchimie et les sciences

Précédant de plus de 20 siècles la naissance de la chimie, l'alchimie va mettre au point des instruments et des méthodes que les chimistes vont pouvoir utiliser. Un grand scientifique comme Newton s'est énormément intéressé à l'alchimie.

La méthode scientifique

La science étudie tous les objets de l'Univers. Pour y arriver, elle utilise une méthode appelée hypothético-déductive.

Observer ne suffit pas

La science étudie tous les objets de l'Univers, de la plus minuscule poussière à la plus gigantesque étoile. Peut-être crois-tu que faire des sciences consiste à observer et décrire le monde en accumulant mesures et observations ? Si c'était vrai, le meilleur scientifique serait celui qui aurait la meilleure mémoire, un « puits de science », capable de répondre aux nombreuses questions d'un jeu télévisé… Les sciences sont différentes d'un simple exercice d'observation et de mesures : quand on fait des sciences, observer est nécessaire, mais cela ne suffit pas !

De l'observation à l'hypothèse

Les scientifiques ont depuis longtemps observé que les chenilles brillantes, bien que très visibles, sont rarement attaquées par les geais. Les chenilles ternes, elles, sont peu attaquées car elles se confondent parfaitement avec leur environnement. Ils ont alors émis l'hypothèse que les chenilles brillantes étaient peu attaquées par les geais parce qu'elles étaient toxiques ou avaient mauvais goût, tandis que les ternes étaient comestibles, mais peu attaquées parce que difficiles à voir.

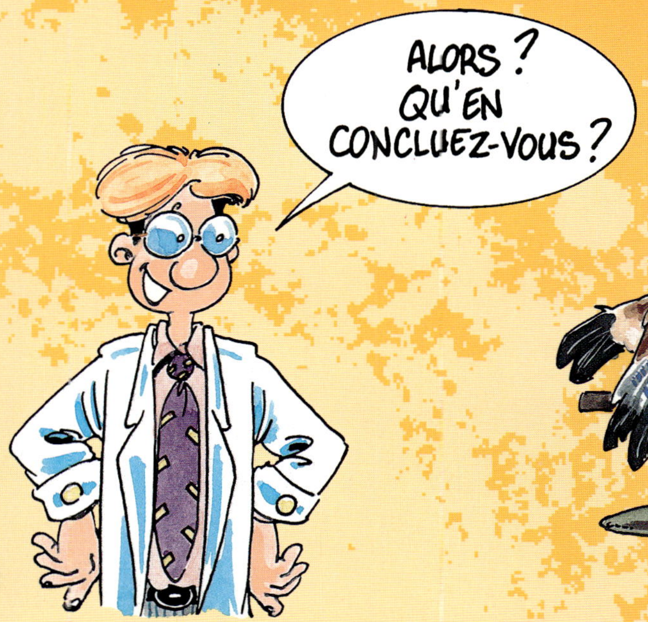

La vérification

La vérification de l'hypothèse a consisté à nourrir des geais affamés de chenilles brillantes : un seul morceau ingurgité provoque des vomissements, et les geais affamés n'en mangent plus. Par contre, dans la même situation, les chenilles ternes sont toutes mangées. L'hypothèse est donc vérifiée.

La méthode hypothético-déductive

À partir de ses observations, le scientifique doit donc imaginer une hypothèse, ou encore fabriquer un modèle. Cette hypothèse va ensuite permettre des prévisions. Enfin, il suffit de mettre en œuvre la vérification de l'hypothèse, grâce à une expérience. Cette expérience confirmera ou non l'hypothèse. Si l'expérience contredit l'hypothèse, il faudra abandonner celle-ci et en proposer une autre. Cette suite ordonnée d'observations, d'hypothèses, puis de prévisions et de vérifications est appelée méthode hypothético-déductive.

Importance de l'imaginaire

Les sciences ne sont pas seulement l'œuvre de la raison. Lorsqu'un scientifique élabore une théorie ou un modèle, il effectue une opération créatrice, il est donc conduit à mettre en action son intuition, son imagination, ses rêves, sa culture, voire sa philosophie ou sa religion. Ainsi, Kékulé a été aidé par un rêve dans sa détermination du cycle du benzène, Galilée par sa croyance en la primauté des mathématiques et Newton par sa théologie.

L'erreur rectifiée

L'erreur est inévitable, et sa correction est l'essentiel de la démarche scientifique. Faire des sciences, c'est pourchasser, puis rectifier ses erreurs.

Kepler a longtemps pensé que les planètes décrivaient des cercles autour du Soleil.

Des erreurs célèbres

De nombreux scientifiques ont longtemps affirmé que la Terre était immobile au centre de l'Univers. Ce n'est qu'après les publications de Copernic puis les plaidoyers de Kepler et de Galilée, que la réalité a fini par s'imposer.

Repérer les erreurs

Le premier critère d'une erreur est l'écart qui existe parfois entre théorie et expérience. Ainsi, les mouvements de la grenouille de Galvani ont d'abord été expliqués par une « électricité animale ». Mais cette théorie ne pouvait dire pourquoi la grenouille tressaillait seulement quand elle était suspendue à un fil de cuivre. Volta comprit ainsi que la théorie de Galvani était fausse, et qu'il fallait l'abandonner.

Linus Pauling, prix Nobel de chimie, affirmait il y a quelques années que la prise massive de vitamine C est efficace contre la grippe. Il s'est trompé.

L'opinion du professeur Lidenbrock

« La science, mon garçon, est faite d'erreurs, mais d'erreurs qu'il est bon de commettre, car elles mènent peu à peu à la vérité. »
Voyage au centre de la Terre (Jules Verne).

Le doute, moteur de la science

La science est la recherche de la vérité. C'est cette recherche qui entraîne le changement des lois ou des théories. Mais nous ne disposons jamais de la certitude d'avoir atteint cette vérité. C'est pourquoi le vrai scientifique va toujours douter : l'erreur est toujours possible, et donc la science toujours susceptible de subir remaniements profonds ou remises en question.

La réalité des comètes

Galilée, un des plus grands savants de l'histoire, affirmait que les comètes n'étaient pas des objets réels, mais des effets d'optique de la lumière solaire jouant dans les vapeurs de l'atmosphère, ce qui est faux.

Archimède, géomètre-ingénieur

« Dieu des mathématiques » pour Pline l'Ancien, Archimède fut aussi physicien et ingénieur. Cet homme du IIIe siècle av. J.-C. possédait la liberté d'esprit, l'humour et le génie. Il est l'un des plus grands scientifiques de tous les temps.

Archimède, le plus grand savant de l'Antiquité.

Le principe d'Archimède

Le roi Hiéron désirait savoir si l'orfèvre ayant fabriqué sa couronne n'avait pas remplacé un peu d'or par de l'argent. Archimède se contenta de peser la couronne dans l'air puis dans l'eau. Le rapport des 2 mesures, différent de celui de l'or pur, lui fournit la preuve de la malhonnêteté de l'orfèvre. Le roi fut si émerveillé qu'il ne voulut désormais croire que ce qu'Archimède dirait être possible.

L'amour des mathématiques

Sans aucun système de numération, Archimède résolut des problèmes mettant en jeu de très grands nombres : il calcule ainsi, dans l'*Arénaire*, un de ses ouvrages, le nombre de grains de sable qu'il faudrait pour remplir l'Univers. Il est celui qui, il y a plus de 20 siècles, a évalué π. Enfin, il découvre les relations entre une sphère et un cylindre. Il en fut tellement satisfait qu'il demanda que l'on place un cylindre contenant une sphère sur son tombeau.

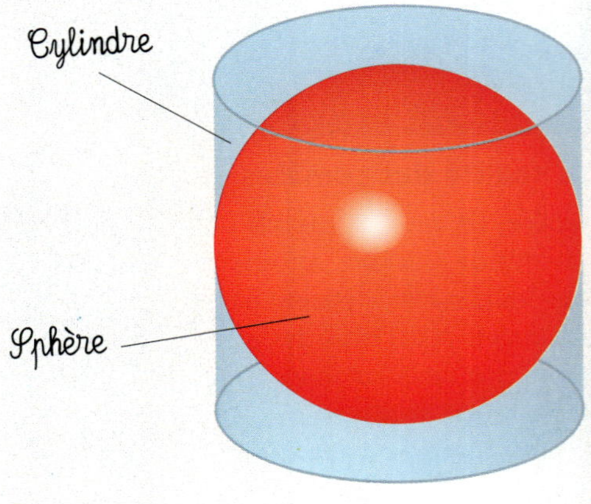

Une carrière d'ingénieur

On doit à Archimède les principes de la mécanique. Il s'intéresse au levier, et utilise la vis qui porte son nom. Il fabrique aussi des grues et des machines de guerre. C'est ainsi qu'il est chargé de défendre Syracuse assiégée par les Romains, en tant qu'ingénieur militaire. Il utilise alors des miroirs ardents, destinés à enflammer la flotte ennemie par concentration des rayons solaires.

Les miroirs ardents

La légende raconte, que lors du siège de Syracuse, Archimède aurait détruit des galères romaines à l'aide de « miroirs ardents ». Ces miroirs permettaient d'enflammer la coque d'une galère en faisant converger les rayons du Soleil en un point précis. D'abord admis sans méfiance, ce récit a été vivement contesté par Descartes, puis par d'autres scientifiques. Cependant, une expérience menée en 1973 par Sakkas, ingénieur grec, a montré que l'utilisation de 70 boucliers-miroirs permettait bien d'enflammer une galère à 50 mètres.

Cicéron (106-43 av. J.-C.)

Grand orateur et écrivain latin, il retrouva plus d'un siècle plus tard la tombe d'Archimède enfouie dans les ronces, grâce à la sphère et au cylindre qui l'ornaient.

Figures de sable

Quand Syracuse fut envahie par les légions de Marcellus, Archimède était plongé dans la contemplation de figures tracées sur le sable. Il ne s'était aperçu de rien. Quand un soldat surgit à ses côtés, il lui demanda donc de ne pas abîmer ses cercles. Le soldat, se sentant insulté, le tua. Marcellus, qui venait de perdre un adversaire qu'il admirait, fit construire à Archimède le tombeau qu'il avait souhaité avoir.

Galilée, la tête dans les étoiles

Symbole du scientifique condamné pour avoir défendu ses convictions, Galilée reste celui qui a bouleversé les conceptions de son temps et ouvert la voie à la science moderne.

Galilée, premier savant moderne

Du pendule à la chute des corps

À l'âge de 19 ans, Galilée fait une observation capitale. Il remarque que la durée de l'oscillation d'un pendule ne dépend pas de son amplitude. Il étudie ensuite la chute des corps, et pour que l'observation soit plus facile, il fait rouler des sphères sur des plans inclinés (il suppose que le mouvement, ainsi ralenti, n'altère pas la loi à observer).

La lunette

Informé en 1609 de l'invention, aux Pays-Bas, d'une lunette grossissant 3 fois, Galilée entreprend aussitôt d'en construire une version plus perfectionnée. En seulement 6 mois, il en fabrique 2 modèles, dont un grossissant 20 fois. Bien qu'il n'en ait pas été l'inventeur, cette lunette portera désormais le nom de « lunette de Galilée ».

Le Messager étoilé

En 1610, Galilée tourne sa lunette vers le ciel. Il y découvre des choses si étonnantes qu'il s'empresse d'en publier un compte-rendu, dans une courte brochure, le *Sidereus nuncius* (*Le Messager étoilé*). Le monde apprend avec étonnement que la surface de la Lune est rugueuse, que la Voie lactée est une masse d'étoiles innombrables, et que 4 planètes gravitent autour de Jupiter. Le retentissement de l'ouvrage est considérable dans toute l'Europe.

L'importance des mathématiques

Les observations astronomiques se poursuivent par l'étude des taches solaires et celles des phases de Vénus. Mais l'Église romaine condamne en 1616 la cosmologie de Copernic, qui affirmait le mouvement de la Terre autour du Soleil. Galilée se consacre à la théorie des sciences. Il affirme : « *Le livre du monde est écrit en mathématiques* ».

Les mouvements de la Terre

En 1632, Galilée publie *Dialogue sur les deux systèmes du monde*. Cet ouvrage défend clairement la thèse du mouvement de la Terre. Bien que certains des arguments soient erronés (les marées sont données comme preuve de ce mouvement) l'ensemble possède une force de démonstration considérable.

Le procès

Les positions de Galilée sont contraires à la doctrine de l'Église. Le savant est donc traduit devant le tribunal de l'Inquisition, menacé de torture, et finalement condamné. Le 22 juin 1633, Galilée, âgé de 70 ans, doit s'agenouiller devant le tribunal et jurer qu'il croit désormais à une Terre immobile au centre de l'Univers. La légende veut qu'il ait alors murmuré « *et pourtant, elle tourne* ».

Résidence surveillée

Enfermé dans sa maison près de Florence, il ne peut recevoir de visiteur qu'avec l'autorisation de l'Église. Il continue à travailler et va écrire un dernier livre consacré à la mécanique. Ce livre, interdit en Italie mais publié à Leyde, aux Pays-Bas, inspirera les travaux de Huygens et Newton. Finalement, Galilée devenu aveugle (peut-être pour avoir trop observé le Soleil) meurt en 1642, à l'âge de 78 ans.

Newton,
populaire et querelleur.

Newton, géant de la science

Newton est le premier héros populaire de la science moderne. Tous ses travaux sur les mathématiques, l'optique ainsi que la mécanique fascinèrent ses contemporains et restent des modèles de clarté et de rigueur.

La lumière et la couleur

En 1666, Newton décide d'étudier la lumière blanche en faisant un petit trou dans le volet fermé de sa chambre. Il obtient ainsi un pinceau de lumière sur le trajet duquel il va disposer un, puis 2 prismes de verre triangulaires séparés par une lentille. Il prouve ainsi que la lumière blanche est bien formée d'un mélange de couleurs.

Le refus des causes

Newton s'est beaucoup intéressé à l'alchimie et à la théologie. Cela l'a sans doute aidé à concevoir la gravitation sous la forme d'actions à distance, ce qui était inimaginable pour les physiciens de l'époque. Ayant réussi à « enfermer » la gravitation dans une loi rendant compte des mouvements de tous les corps célestes, il s'est refusé à chercher le « pourquoi » de cette attraction, estimant que la loi qu'il avait trouvée suffisait.

La Lune fut le premier corps céleste dont Newton étudia le mouvement.

Mise sur orbite

Pour expliquer l'orbite de la Lune, Newton imagine le trajet d'un boulet de canon tiré du sommet d'une montagne. Pour des vitesses de départ de plus en plus grandes, le boulet est envoyé de plus en plus loin. Pour une vitesse encore supérieure, il est envoyé en orbite autour de la Terre : son inertie contrebalance alors exactement la force de pesanteur.

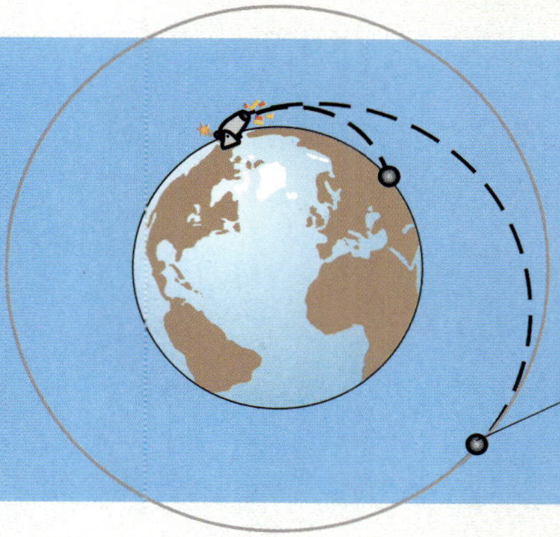

La gravitation universelle

Newton disait lui-même que la « *grande idée de la gravitation* » lui vint « *alors qu'il était assis à méditer* » et « *qu'elle fut déclenchée par la chute d'une pomme* ». Il comprend que la pomme qui tombe est attirée vers le centre de la Terre. Une question lui vient alors à l'esprit : pourquoi la Lune ne tombe-t-elle pas comme cette pomme ? La réponse ne tarde pas : la Lune tombe à chaque instant sur la Terre et son orbite est un compromis entre sa chute et sa tendance à continuer tout droit dans l'Univers.

Divin Newton

Newton a bénéficié, et bénéficie encore d'un prestige exceptionnel. En 1796, un Français, Champlain de la Blancherie, proposa même d'abandonner le calendrier chrétien et de considérer 1642, année de naissance de Newton, comme l'an I d'une nouvelle ère.

Un scientifique querelleur

Newton devient en 1703 président de la *Royal Society*. Il va s'y comporter en dictateur, accumulant les querelles avec ceux qui ont le malheur de lui déplaire ou de contester la paternité d'une de ses découvertes. Ses différends avec Hooke et surtout Leibniz sont restés célèbres : il contesta à ce dernier la paternité du calcul différentiel que tous deux avaient inventé indépendamment. Leibniz mourut en 1716 avant que Newton n'ait épuisé sa rage contre lui.

La science et les arts

La science n'est pas coupée des arts, puisque de riches interactions unissent les 2 disciplines. Nombreux sont d'ailleurs les scientifiques qui pratiquent un art... et les artistes qui sont inspirés, ou qui utilisent, les créations de la science et de la technique.

Léonard de Vinci et le dessin en perspective

Peintre, sculpteur, inventeur et ingénieur, il est une des personnalités les plus fascinantes de la Renaissance italienne. Certaines de ses œuvres montrent son intérêt pour les représentations en perspective.

Dessin d'architecture

Autoportrait

Jules Verne et le Nautilus

« À bord du Nautilus, le cœur de l'homme n'a plus rien à redouter. Pas de déformation à craindre, car la double coque de ce bateau a la rigidité du fer : pas de gréement que le roulis ou le tangage fatiguent ; pas de voiles que le vent emporte ; pas de chaudières que la vapeur déchire ; pas d'incendie, puisque cet appareil est fait de tôle et non de bois ; pas de charbon qui s'épuise, puisque l'électricité est son agent mécanique ; pas de rencontre à redouter puisqu'il est seul à naviguer en eaux profondes ; pas de tempête à braver, puisqu'il trouve à quelques mètres au-dessous des eaux l'absolue tranquillité ! Voilà le navire par excellence. »

Vingt Mille Lieues sous les mers

La pyrotechnie allie la science à la beauté.

Concert du *World Philarmonic Orchestra*

La musique et les nombres

« *La musique est un exercice d'arithmétique secrète, et celui qui s'y livre ignore qu'il manie des nombres.* » Leibniz (1712).

Ce chef-d'œuvre du cinéma dénonce les excès de la mécanisation.

Bientôt le casque virtuel !

Un art nouveau

Créé grâce aux progrès de l'optique, de la mécanique et de la chimie, le cinéma a bien mérité son nom de septième art.

De nouvelles responsabilités

L'essor des sciences et des techniques a transformé profondément le sort des hommes. L'étendue des pouvoirs qui nous ont été ainsi fournis nous impose de gérer désormais avec plus de sagesse l'avenir de la planète.

Sigle de l'ONU

Croissance de la population

Notre espèce est particulièrement fragile : dans des conditions « normales », plus de la moitié des enfants meurent avant d'atteindre l'âge de procréer. L'effectif des hommes sur la planète est resté stable (250 millions) du début de l'ère chrétienne à l'an mille. Les progrès de l'agriculture, de l'hygiène et de la médecine ont diminué cette mortalité infantile. De ce fait, la population mondiale a triplé en un siècle. Il importe que nous rétablissions l'équilibre de la population en réduisant le taux des naissances. Cet équilibre ne pourra être obtenu sans une diminution de l'écart de richesses entre pays riches et pauvres.

Ces dangers qui nous guettent

L'amélioration de la puissance des armes a abouti à une situation inquiétante : les 15 000 mégatonnes d'armes nucléaires stockées représentent 3 tonnes de TNT par personne : de quoi rayer tous les hommes de la Terre ! Le décryptage des secrets de la vie permet de modifier la base biologique de chaque être, tandis que l'utilisation abusive d'énergies fossiles menace de réchauffement l'ensemble de la planète. Ce sont les problèmes que l'humanité va devoir affronter et résoudre pour vivre en paix sur la Terre.

Une solidarité nécessaire

Les problèmes posés ne pourront être résolus que par une plus grande solidarité : la natalité ne pourra baisser que si le niveau de vie des pays en développement augmente, les problèmes de pollution devront être résolus à l'échelle de la planète, la limitation des armements dépendra de conférences internationales, etc.

Des réalisations à compléter

Les traités sur le désarmement ainsi que les décisions de suppression des CFC pour diminuer le trou de l'ozone montrent que les gouvernements peuvent s'entendre quand la situation l'exige. Mais il faut que l'opinion publique participe à cette bataille pour la sauvegarde de la planète. Il nous faut pour cela un minimum d'information et aussi une certaine culture scientifique. Si ce livre a été pour toi l'occasion de débuter cette culture, alors il aura atteint son but.

Lexique

Acide aminé : composé de formule H2N-CHR-COOH, qui polymérise en longues chaînes pour former des protéines.

ADN : acide désoxyribonucléique. C'est le matériel héréditaire de tous les êtres vivants.

Agnathes (poissons) : poissons sans mâchoires, qui déchirent et sucent leur proie au moyen de leur grande bouche.

Alchimie : art ancien visant à réaliser 2 prodiges :
- changer les métaux en or, au moyen de la pierre philosophale ;
- trouver la panacée, remède contre la vieillesse et toutes les maladies.

Algorithme : ensemble ordonné d'opérations visant à accomplir une tâche précise.

Alternateur : machine capable de transformer le mouvement (énergie cinétique) en courant alternatif.

Ampère : unité de mesure de l'intensité du courant électrique.

Année-lumière : unité de distance utilisée en astronomie. Elle représente la distance parcourue par la lumière en une année (9 468 milliards de km).

Atome : la plus petite partie d'un élément. L'idée d'atome a été émise pour la première fois par Démocrite, penseur grec du Ve siècle av. J.-C.

Aurores polaires : appelées aussi aurores boréales, ce sont des phénomènes lumineux apparaissant à des altitudes situées entre 300 et 800 km. Ces phénomènes sont dus à l'action du rayonnement solaire.

Autotrophe : organisme qui se nourrit à partir de substances inorganiques, d'eau et d'une source d'énergie (la lumière solaire par exemple).

Bactérie : tout petit organisme, de la dimension du micron, se reproduisant par scission.

Baromètre : appareil de mesure de la pression atmosphérique.

Big-Bang : théorie selon laquelle l'Univers aurait « commencé » par une gigantesque explosion.

Bobine : enroulement de fil conducteur.

Booster : propulseur de fusée à carburant solide. Une fois allumés, les boosters brûlent jusqu'au bout.

Capillarité : ensemble des phénomènes mécaniques se produisant à la surface d'un liquide en contact avec une paroi solide.

Carotte : cylindre de substance (terre, glace) à analyser, extrait par sondage.

Centrifugation : séparation des éléments d'un mélange par action de la force centrifuge.

Centrifuge (force) : force exercée sur le passager d'un véhicule en mouvement circulaire, et qui tend à l'éloigner du centre de ce mouvement.

Centripète (force) : force dirigée vers le centre d'une trajectoire circulaire.

CFC : chlorofluorocarbures, gaz qui sont en partie responsables de la dégradation de la couche d'ozone.

Champ magnétique : portion de l'espace où se fait sentir l'action d'un aimant.

Chromatographie : procédé d'analyse permettant de séparer les constituants d'un mélange par leur différence de diffusion dans un corps poreux.

Chromosome : structure composée à partir d'ADN et qui porte l'information génétique de la cellule.

Circonférence : courbe fermée dont tous les points sont à égale distance d'un centre.
Par extension, enceinte quelconque, même non circulaire.

Clepsydre : horloge à eau formée d'un vase gradué laissant s'échapper le liquide par un petit orifice.

Comète : astre formé d'une tête brillante et d'une chevelure, prolongée généralement par une queue dirigée à l'opposé du Soleil.

Conduction : transmission de l'électricité ou de la chaleur par contact.

Convection : transport de chaleur par mouvement des molécules.

Cx : coefficient de pénétration dans l'air, dépendant de la forme de l'objet. Plus le Cx est faible et plus la pénétration est aisée.

Demi-additionneur : dispositif capable d'effectuer l'addition de 2 nombres écrits en binaire, pour fournir la valeur de la somme et de la retenue.

Densimètre : appareil de mesure de la densité.

Densité relative : rapport de la masse d'un corps à celle d'un même volume du corps de référence.

Dépression : zone de basse pression atmosphérique.

Diaphragme : dispositif ressemblant à l'iris d'un œil et permettant de faire varier le diamètre d'entrée de la lumière dans l'appareil photo.

Différentiel : organe permettant aux roues intérieures et extérieures d'une automobile prenant un virage de tourner à des vitesses différentes.

Dipneustes : poissons capables de respirer à la fois avec des branchies et des poumons.

Doppler (effet) : modification apparente de la longueur d'onde d'une source en mouvement par rapport à l'observateur. D'abord observé par Doppler pour le son, cet effet a été également mis en évidence pour les ondes lumineuses par Fizeau.

Dynamo : dispositif qui transforme le mouvement en courant continu.

Électroaimant : aimant dont le champ est dû au passage d'un courant dans un circuit.

Électron : corpuscule très léger, chargé d'électricité négative qui tourne sur des couches successives autour de l'atome.

Électroscope : appareil servant à détecter la présence de charges électriques.

E-mail : boîte aux lettres électronique. Elle permet des échanges à bon marché de textes, images, sons, pour les utilisateurs d'Internet.

Équinoxe : date de l'année qui ramène l'égalité des jours et des nuits sur toute la Terre à la fois (20-21 mars, 22-23 septembre).

Espèce : groupe d'individus capables de se reproduire librement les uns avec les autres, et non avec les membres d'autres espèces.

Fréquence : nombre de répétitions d'un phénomène périodique durant un intervalle de temps d'une seconde.

Fusible : fil de plomb ou d'alliage placé sur un circuit électrique, et qui fond en coupant le courant quand celui-ci est trop intense.

Galaxie : nom de la Voie lactée, et d'autres groupements d'étoiles analogues.

Générateur : appareil produisant du courant électrique.

GPS : Global Positioning System : système de positionnement permettant de déterminer le lieu dans lequel on se trouve, par visée de 4 satellites.

Gravitation universelle : force par laquelle les corps matériels s'attirent, proportionnellement à leur masse et en raison inverse du carré de la distance qui les sépare.

Gravité : pesanteur, force qui attire les corps vers le centre de la Terre.

Gyroscope : objet pesant animé d'un mouvement de rotation rapide, et dont l'axe garde une direction invariable dans l'espace.

Harmoniques : sons dont les fréquences sont des multiples entiers d'un son fondamental, d'une fréquence de base.

Hétérotrophe : organisme qui se nourrit de molécules organiques (par opposition à autotrophe).

Hypothético-déductive (méthode) : méthode basée sur une série d'observations, puis d'hypothèses permettant d'effectuer des prévisions. Des expérimentations permettent ensuite de tester la valeur des hypothèses.

Image virtuelle : image n'existant pas réellement et ne pouvant donc être matérialisée sur un écran. Ces images se situent dans le prolongement géométrique des rayons lumineux.

Interférence : phénomène résultant de la superposition en un même point de deux mouvements vibratoires de même nature, de fréquence et d'amplitude analogues.

Kérosène : fraction de pétrole brut distillée entre 150 °C et 300 °C, qui sert de carburant en aviation.

Laser : dispositif fournissant un faisceau de lumière parfaitement monochromatique, cohérent et cylindrique.

Leyde (bouteille de) : condensateur constitué par un flacon de verre recouvert de feuilles d'étain et qui permet l'accumulation d'électricité statique.

Longueur d'onde : distance qui sépare les sommets (ou les creux) de 2 ondes successives.

Lunette : instrument optique constitué de lentilles et destiné à observer les objets éloignés.

Magma : roches chauffées entre 750 °C et 1250 °C qui arrivent à la surface sous forme de lave.

Magnétisme : ensemble de phénomènes provoqués par les matériaux aimantés.

Magnitude : éclat d'une étoile ou degré d'énergie d'un séisme.

Météorite : fragment de roche provenant de l'espace et pouvant s'écraser sur Terre avec une vitesse considérable.

Microscope : instrument permettant l'observation d'objets très petits, et possédant le plus souvent 2 lentilles.

Molécule : la plus petite partie d'un corps pur pouvant exister à l'état libre.

Multimètre : appareil permettant la mesure de la tension d'un générateur, de l'intensité d'un courant et de la résistance d'un conducteur.

Mutation : changement brutal de la constitution génétique d'un organisme.

Nébuleuse : objet céleste présentant un aspect diffus, vaporeux.

Neutron : particule électriquement neutre formant avec le proton, le noyau des atomes.

Noyau : partie centrale d'un atome, formée de protons et de neutrons. La masse de l'atome y est pratiquement concentrée.

Obturateur : dispositif d'un appareil photo permettant d'exposer la pellicule pendant un temps précis qui est en général très bref.

Orbite : courbe décrite par une planète autour du Soleil, ou par un satellite autour de la Terre.

Paléontologie : étude scientifique des fossiles et de tous les aspects de la vie passée.

Pangée : ensemble de tous les continents qui se sont rapprochés au Permien.

Pendule : masse qui oscille autour d'une position d'équilibre, sous l'influence d'une force de rappel.

Phéromone : substance chimique utilisée pour communiquer entre organismes d'une même espèce.

Photosynthèse : les plantes vertes utilisent l'énergie lumineuse, le CO_2 et l'eau pour synthétiser leur propre substance et rejeter de l'oxygène.

Pile : générateur de courant transformant l'énergie chimique en énergie électrique.

Placentaires : groupe de mammifères possédant un placenta, organe qui procure la nourriture au fœtus et élimine ses déchets.

Polymères : longue molécule formée d'une chaîne de constituants semblables entre eux.

Prédateur : organisme qui tue et mange d'autres organismes.

Premiers (nombres) : nombres qui n'admettent comme diviseurs qu'eux-mêmes et l'unité.

Protéines : l'un des constituants les plus importants des êtres vivants ; ce sont de longues chaînes d'acides aminés.

Proton : constituant du noyau de l'atome qui est chargé positivement.

Pulsar : étoile à neutrons en rotation, dont le rayonnement nous parvient sous forme d'impulsions brèves à intervalles réguliers.

Quadrature : construction d'un carré de même aire que celle d'une figure donnée.

Quasar : galaxie émettant un flux radio électrique.

Radiation : action consistant à émettre un rayonnement.

Radiochronologie : datation effectuée par mesure du taux de carbone radioactif résiduel.

Radiotélescope : appareil capable de capter les émissions radio des corps célestes.

Réfraction : changement de direction d'un rayon lumineux lors d'un changement de milieu (air-verre par exemple).

Safran : partie verticale du gouvernail d'un bateau qui est actionnée par la barre et permet, en agissant sur l'écoulement de l'eau, de diriger le navire.

Saturation : quand on dissout un solide dans un liquide (du sel de cuisine dans de l'eau par exemple), la solution est parvenue à saturation lorsqu'il n'est plus possible de continuer à dissoudre le solide. Cette limite dépend de la température.

Sédiment : dépôt formé de couches horizontales ou strates à la surface du sol ou au fond de l'eau.

Séisme : secousse imprimée au sol par le mouvement des plaques.

Siphon : tube en V inversé et à branches inégales dont on se sert pour transvaser les liquides grâce à la pression atmosphérique.

Sonar : dispositif permettant de « voir » grâce aux ultrasons.

Sphère : surface dont tous les points sont à égale distance d'un point fixe appelé centre.

Stéthoscope : appareil amplifiant les sons, utilisé pour l'auscultation des bruits du cœur et des poumons.

Stratosphère : partie de l'atmosphère située entre 15 et 50 km d'altitude.

Subduction : enfoncement d'une plaque océanique sous une plaque continentale.

Supernova : explosion en fin de vie d'une étoile massive qui augmente brutalement d'éclat et ressemble alors à une étoile nouvelle.

Tectonique des plaques : science étudiant le déplacement des plaques terrestres.

Télescope : instrument d'optique destiné à l'observation des objets éloignés dont l'objectif est un miroir concave en verre argenté.

Tellurique : qui a rapport à la Terre. Les planètes telluriques sont Mercure, Vénus, la Terre et Mars.

Tension superficielle : forces s'exerçant à la surface d'un liquide, et qui font que celle-ci se comporte comme une membrane élastique tendue.

TNT : trinitrotoluène, un puissant explosif.

Troposphère : partie inférieure de l'atmosphère en contact avec la surface de la Terre.

Turbopropulseur : turbine à gaz actionnant une hélice d'avion.

Turboréacteur : moteur à réaction.

Ultrasons : vibrations mécaniques d'une fréquence supérieure à 16 000 hertz, inaudibles pour l'homme.

Index

A

Acanthodien 81
Accélération 158
Acide 264-265
Acoustique 134
ADN 106-107
Aérodynamisme 161
Afrique 98
Agnathe 80
Ahmès 200
Aiguillage 209
Aile 90-91, 176
Aimant 60
Air 42
Albatros 177
Alchimie 247, 272-273
Aldrin (Edwin) 239
Algèbre 194-195
Alternateur 64
Ambre 53
Ammonite 75
Amphibien 71, 83
- primitif 83
Ampoule 59
Armstrong (Neil) 239
Anning (Mary et Joseph) 92
Anomalocaris 79
Anticyclone 40
Appareil photo 124-125
Archimède 34, 201, 278-279
Aristote 12, 246-247
Art 284-285
Ascension capillaire 38
Astéroïde 95, 225
Astrologie 272-273
Atmosphère 40-41
Atome 156-157, 248-249
Australopithèque 98-99
Automobile 171, 180-181
Autotrophe 151
Avion 182-183

B

Baleine bleue 71
Baromètre 45
Base 264-265
Bateau 37
Bell (Alexander Graham) 67
Benzène 254
Bernouilli (Daniel) 176
Bicyclette 64, 172-173
Biface 100-101
Blessure 79
Boussole 25
Braun (Wernher von) 185

C

Cactus 70
Cadran solaire 18-19
Calcul
- binaire 208-209
- décimal 208-209
Cambrien 78
Caméra 126
Caravelle 175
Carbone 76, 252-253
Carbonifère 84
Célérifère 172
Cénozoïque 77
Centrifugation 260
Cercle 200-201
Cerf-volant 47
Chaîne 170-171
Chaleur 152 à 155
Champ magnétique 60
Champagne 145
Chauve-souris 96, 136
Chiffre 189
Chimie organique 268-269
Chimpanzé 97
Chromatographie 261
Chromosome 106-107
Ciel 216-217
Cigogne 177
Cinéma 126-127
Circuit simple 58-59
Clepsydre 20
Clipper 175
Collins (Michael) 239
Colomb (Christophe) 115
Comète 225
Conduction 154
Constellation 226
Continent 26
Convection 154
Copernic (Nicolas) 14
Couleur 128-129
Courant de convection 26
- électrique 56, 62
Courroie 170-171
Cratère 28
Crétacé 93
Cristaux 262-263
Crossoptérygien 83
Cube 203
Cuisine 144-145
- solaire 221
Cuvier (Georges) 88
Cycle de l'eau 33

D

Darwin (Charles) 102-103, 104
Dauphin 136-137
Décélération 158
Demi-additionneur 211
Démocrite 246
Densimètre 37
Densité 34, 36-37
Dépression 46
Dérailleur 173
Diapason 138
Diapositive 124
Diaphragme 122
Dilatation 152
Dimétrodon 85
Dinosaure 86-87, 88-89
Diophante 194-195
Diplodocus 86
Dipneuste 82
Dirigeable 251
Distillation 261
Dodécaèdre 203
Dorsale 26
Drais (Karl Friedrich) 172
Draisienne 172

Drake (Frank) 242
Dromadaire 71
Dynamo 64

E

Eau 30, 32, 58
Écho 134
Échographie 137
Éclair 55
Éclipse de Soleil et de Lune 114
Écluse 32
Écriture 188-189
Édiacara 78
Égypte 175
Électricité 58-59
- statique 52-53
Électroaimant 62
Électromagnétisme 62
Électron 53, 57, 249, 250-251
Électroscope 53
Empédocle 246
Énergie 148-149, 150-151, 155
- cinétique 148
- nucléaire 156-157
- potentielle 148
Engrenage 170-171
Équilibre 162-163
Ératosthène 12-13
Erreur 276-277
Étoile 226-227, 232-233
- filante 41
- polaire 23
Évolution 102-103
Ewing (Maurice) 26
Exosphère 40
Extinction 94-95
Extraterrestres 242-243

F

Faraday (Michael) 64
Faucon pèlerin 182
Félins 97
Flammarion (Camille) 120
Flotter 34
Flûte 139
Force 158-159, 182-183
- centrifuge 164
- centripète 164
Fossile 75, 93
Foudre 54
Fourmi 70
Franklin (Benjamin) 54
Freinage 160
Frottement 160-161
Fuseau horaire 19
Fusée 184-185
Fusible 59

G

Gagarine (Youri) 238
Galaxie 234-235
Galet taillé 100
Galilée 15, 21, 163, 205, 280-281
Galvani (Luigi) 56
Gaz 42-43, 44
Générateur 64-65
Gène 104-105, 106
Géométrie 196-197
Gilbert (William) 52
Glomar Challenger 26
Goddard (Robert) 185
Grand Canyon 74-75
Gravité 162-163
Grecs 31
Greenwich 22
Grue 169
Guêpe 141
Guérande 261
Goût 142-143
GPS 240
Gyroscope 165

H

Hadrosaure 86-87
Hawaï 28
Hémisphères 228 à 231
Hérédité 104-105
Hétérotrophe 151
Heure 18
Homme de Cro-Magnon 99, 101
Homme de Neanderthal 99, 101
Homo erectus 98-99, 100
Homo habilis 98-99, 100
Homo sapiens 101
Hooke (Robert) 21, 121
Horloge 20
- atomique 21
- de marine 23
- mécanique 20
- à pendule 20
Hubble 217
Hugo (Victor) 195
Huygens (Christiaan) 21
Hydrogène 38
Hypermétrope 113
Hypoténuse 198

I

Ichtyosaure 92-93
Icosaèdre 203
Iguanodon 89
Illusions 197
Image virtuelle 117
Infini 204-205
Infrarouge 131
Instrument de musique 138-139
Internet 212-213
Interférence 130
Ionosphère 40

J

Japon 29

K

Kangourou 96
Kepler (Johannes) 276
Kilauea 28

L

Lamproie 80
Laser 131
Latitude 22
Lavoisier (Antoine-Laurent de) 247, 258
Lentille
- convergente 113, 114-115
- divergente 113, 114-115
Levier 168-169
Liaison hydrogène 39
Liquide 36-37
Locomotive à vapeur 153
Logique 210-211

Longitude 22
Lumière 112-113, 114-115, 122-123, 128 à 131
Lunar Orbiter 239
Lune 218-219, 238 à 241
Lunette 120-121

M

Mâchoire 81
Magnétisme 61
Maillard (réaction de) 145
Mammifère 96-97
Matière 246
Mayonnaise 145
Méganeura 84
Mendel (Grégor) 104-105
Mercalli 29
Mésosphère 40
Mésozoïque 76
Météorite 225
Michaux (Pierre et Ernest) 172
Microscope 21, 120-121
- à miroirs optiques 216
Miller (William) 73
Mirage 41
Miroir 116-117
Molécule 252 à 255
Montgolfière 153
Montre 21
Morse (Samuel) 66-67
Moteur 64-65, 178-179, 181
Mouche 143
Moulin 58
Mouflon 97
Mouvement 158-159, 164-165, 183
Musique 192-193
Myope 113

N

Natron (lac) 116
Naufrage 22
Nautile 75
Navigation 174-175
Newton (Isaac) 121, 128, 158, 163, 282-283
Nollet (abbé) 52
Nombres 188 à 193
- d'or 193
- pair et impair 190
- premier 191
Nord
- géographique 25
- magnétique 25
Nucléaire 156-157

O

Obélisque 18
Objectif 122
Obturateur 122
Océan Pacifique 29
Octaèdre 203
Odeillo 221
Odeur 142-143
Odorat 140
Œil 112-113
Œuf 144
- amniotique 84
Ombre 114-115
Onde 28, 130-131, 132-133
Orage 55
Ordinateur 208 à 213
Oreille 132
Ovule 109
Oxygène 43
Ozone 48-49

P

Paléozoïque 76
Paon 131
Papillon 131
Parallaxe 227
Paratonnerre 55
Parthénon 193
Pasteur (Louis) 72 -73
Pauling (Linus) 277
Pélican 70
Pellicule 122-123, 127
Pendule de Foucault 17
Péniche 32
Pentagone 202
Perspective 196-197
Pesanteur 162
Phalène 103
Photographie 122-123, 124-125
Photosynthèse 43, 151
Pi 201
Piano 139
Pile 56-57
Pise (tour de) 162-163
Plan incliné 166-167
Planète 222-223
Planeur 176-177
Plaque 26
Platon 203
Plésiosaure 92-93
Plomb 31
Poisson 82
- cartilagineux 82
- osseux 82
Pôle 31
Pollution 31
Polyèdre 202-203
Polygone 202-203
Poulie 168-169
Poussée d'Archimède 34
Précambrien 76
Prédateur 79
Pression 32-33
- atmosphérique 44
Prise de vue 123
Projecteur diapo 124
Propulseur 184-185
Protéine 144
Ptéranodon 90-91
Pterasis 80
Ptérosaure 90-91
Ptolémée 12-13, 202
Pulsar 233
Pythagore 198-199

Q

Quasar 234

R

Racine 80
Radiation 154
Radiochronologie 76
Radiotélescope 217
Réaction chimique 258-259
Réchauffement 48

Redi (Francesco) 73
Réflexion 116-117
Réfraction 118-119
Reproduction 108-109
Reptile 84, 86-87
Résistance variable 58
Richter (Charles Francis) 29
Romains 31
Roue 166-167

S

Saison 14
Satellite 165, 224, 238-239
Savon 266-267
Séisme 29
Sel 266-267
Serpent 142
Silhouette 115
Siphon 32-33
Soleil 15, 220-221
Sonar 137
Sonde spatiale 241
Son 132 à 139
Sonnette électrique 62
Sous-marin 34
Spallanzani (Lazzaro) 72
Spermatozoïde 109
Stratosphère 40
Système
- binaire 189
- décimal 189
- sexagésimal 189
Système solaire 223

T

Tectonique 27
Télégraphe 66
Téléphone 66
Télescope 21, 120-121, 216
Température 152-153
Tension superficielle 38
Terre 12, 24, 40, 61, 74, 76
- mouvements de la 16
- centre de la 24
Tétraèdre 203
Thalès de Milet 53, 199
Thaumatrope 127
Thermomètre 152
Thermos (bouteille de) 155
Tire-bouchon 171
Train électrique 65
Tremblement de terre 29
Triangle 198-199
Trilobite 75, 78
Troposphère 40
Trou noir 233
Tsiolkovski (Konstantin) 185
Turbopropulseur 179
Turboréacteur 179
Tyrannosaure 86

U

Ultrason 136
Univers 236-237
Uranium 156

V

Vélocipède 172
Vent 40, 46-47
Vertébré 80
Vie 70, 72
Viète (François) 194-195, 201
Vinci (Léonard de) 115, 203, 284
Violon 138
Vis d'Archimède 34, 58
Vitesse 159
Voie lactée 234
Voilier 147-175
Volcan 28
- éruption volcanique 95
Volta (Alessandro) 56
VTT 173

W

Wegener (Alfred) 26

Z

Zénon d'Élée 204
Zéro 204-205

Crédit photographique

Airbus Industrie
p. 179 : (h).

J.-P. Arles
p. 213 : (hd).

Dominique Auzel
p. 127 : (hm+bd).

Bios
p. 82 : (bd) R. Seitre.

Cinémathèque de Toulouse
p. 126-127 ; p. 127 : (hd).

Claude Destephen (collection personnelle - Catalogue Manufrance)
p. 172 : (bd+fond) ; p. 173 : (h).

Colibri
p. 20 : (m) et (bg) S. Breal ; p. 38 : (hd) B. Tauran ; p. 70 : (bg) M. Lefevre, (md) A. Giovanni ; p. 71 : (b) R. Leguen, (h) A.-M. Loubsens, (mg) D. Magnin, (md) A. Guerrier ; p. 75 : (mh) E. Bellieud, (mm) S. Wittmann, (md) E. Bellieud ; p. 80 : (hg) P. Etcheverry ; p. 82 : (h) B. Barranger ; p. 85 : (bd) P. Polette ; p. 96 : (hg) F. et J.-L. Ziegler, (hd) D. Magnenat, (b) J.-L. Murin ; p. 97 : (h) Negro-Cretu, (m+b) A. Christof ; p. 102 : (bg) E. Kraft ; p. 103 : (md) J. Barbery, (bd) G. Bonnafous ; p. 105 : (h) C. Testu ; p. 109 : (b) C. Brachet ; p. 131 : (hg) P. Etcheverry, (hd) A. Jeser, (mg) E. Kraft ; p. 136 : (hg) J.-L. Paumard ; p. 137 : (hd) R. Leguen ; p. 141 : (mg) A. Jeser ; p. 142 : (bg) R. Leguen ; p. 143 : (hg) J.-M. Prevot, (md) G. Loubriat ; p. 150 : (m) J.-M. Pouyfourcat ,(md) A. Jeser, (bg) C. Ratier ; p. 151 : (md) J.-L. Paumard, (mg) D. Haution ; p. 177 : (bg) A.-M. Loubsens, (bd) G. Bonnafous ; p. 182 : (hd) P. Emery ; p. 196-197 : S. Breal ; p. 209 : (bd) E. Kraft ; p. 248 : (hg) C. Berasategui, (mg) G. Bonnafous ; p. 260 : (mg) J.-L. Paumard ; p. 265 : (hd) A. Labat, (mg) D. Alet ; p. 268 : mg) Negro-Creto, (bd) A. Guerrier ; p. 274 : (m) J.-L. Paumard, (md) A. Jeser ; p. 275 : (m) J.-L. Paumard, (md) A. Jeser.

D.R.
p. 127 : (bg) ; p. 247 : (bg) ; p. 285 : (bg).

Dominique Dupuis
p. 153 : (b).

EDF - GDF Golfech
p. 157 : (mg+md).

Michel Hans/Gallimard
p. 52 : (hd).

IBM Research Division - Zurich Research Laboratories - CEMES - CNRS
p. 248 : (bd).

Jean-Marie Homet
p. 18 : (mg) ; p. 23 : (h).

Lacroix Art
p. 258 ; p. 285 (hg).

Maison des Paludiers - 44350 Guérande
p. 261 : (h+md).

Milan :

Dominique Chauvet
p. 5 : (hd) ; p. 21 : (hg+bm+bg) ; p. 45 : (hg) ; p. 59 : (h) ; p. 60-61 ; p. 62 : (md) ; p. 63 : (h) ; p. 64 : (bd+bg) ; p. 66 : (bg) ; p. 67 : (bd) ; p. 78 : (mg) ; p. 109 : (h) ; p. 111 : (b) ; p. 112-113 ; p. 113 : (h+m) ; p. 118 : (hd) ; p. 121 : (b) ; p. 122-123 ; p. 124 : (hg+md) ; p. 125 (hg+m) ; p. 128 : (bg) ; p. 130 : (hg) ; p. 131 : (md) ; p. 132 : (bg) ; p. 133 : (bd) ; p. 134 : (bg) ; p. 135 : (hd) ; p. 140 : (hg) ; p. 141 : (bd) ; p. 145 : (bg) ; p. 161 (hd) ; p. 171 : (hg+b) ; p. 173 : (bd) ; p. 189 : (m) ; p. 192 : (md) ; p. 206-207 ; p. 208 : (mg) ; p. 226 : (b) ; p. 240 : (bg) ; p. 246 : (mg) ; p. 261 (b) ; p. 262-263 ; p. 264 : (hd+mg) ; p. 266-267 ; p. 267 : (bd) ; p. 272-273 ; p. 276-277.

Patrice Massacret
p. 30 : (b) ; p. 266 : (mg) ; p. 268 : (bd).

P. Terrancle
p. 44 : (bg).

NASA
p. 159 : (g) ; p. 184-185 ; p. 219 : (md) ; p. 238-239 (h) ; p. 238 : (md) ; p. 239 : (md+m+bd) ; p. 240-241 : (h).

Robert Pince
p. 116 : (b) ; p. 221 : (md).

Presse Sports
p. 165 : (m) E. Poli.

Renault Communication
p. 161 : (hg) ; p. 180-181.

Roger-Viollet
p. 12 : (mg) ; p. 26 : (bd) ; p. 34 : (m) ; p. 88 : (hd) ; p. 158 : (mg) ; p. 172 : (hg) ; p. 185 : (hm+bg) ; p. 193 : (md) ; p. 195 : (b) ; p. 203 : (hd+bd) ; p. 247 : (bd) ; p. 272 : (hg) ; p. 276 : (hg) ; p. 278 ; p. 280 : (h) ; p. 282 : (hg) ; p. 284 : (md+bg).

Sirpa Air
p. 182-183.

Sygma

p. 4-5 : Keystone/Sygma ; p. 14 : L'Illustration/Sygma ; p. 15 : L'Illustration /Sygma ; p. 18 : (hd) P. Vauthey ; p. 26 : (hd) ; p. 28 : (bg) D. Scull-The Honolulu Advertiser ; p. 29 : (h) P. Robert ; p. 30 : (h) J. Tiziou ; p. 34 : (mg) ; p. 49 : (h) NASA/Sygma ; p. 54 : (mg) L'Illustration/Sygma ; p. 62 : (mg) P. Parrot ; p. 65 : (b) F. Pitchal ; p. 72 : (hd) L'Illustration/Sygma ; p. 74-75 : S. Compoint ; p. 76-77 : P. Frey ; p. 78-79 : G. Rancinan ; p. 98 : (d) NASA/ Sygma ; p. 102 : (bd) L'Illustration/Sygma ; p. 106 : (md) F. Astier ; p. 114 : (mg) B. Nation, (md) P. Perrin ; p. 115 : (hg) ; p. 120 : (d) L'Illustration/Sygma ; p. 128 : (md) Keystone/Sygma ; p. 133 : (h) A. Brucelle ; p. 137 : (md) J. Pavlovsky ; p. 153 : (hg) James Andanson ; p. 158 : (md) B. Annebicque ; p. 159 : (h) P. Caron ; p. 161 : (m) A. Brucelle, (md) J. Langevin ; p. 162-163 : F. Muzzi ; p. 172 : (md) Keystone/Sygma ; p. 174-175 : P. Caron ; p. 176-177 : R. Bossu ; p. 178-179 : A. Pizzoli ; p. 182 : (md) J. Guichard ; p. 193 : (hg) J. Pavlovsky ; p. 204 : (bg) M. Pelletier ; p. 205 : (md) L'Illustration/Sygma ; p. 216-217 : A. Keller ; p. 216 : (hd) L'Illustration/Sygma ; p. 217 : (hd+bg) ; p. 218-219 : J. Tiziou ; p. 224 : Tiziou ; p. 225 : (md), (bd) NASA/Sygma ; p. 226 : (hg) NASA/Sygma ; p. 227 : (bd) J. Tiziou ; p. 232 : (bg) J. Tiziou, (bd) ; p. 234-235 : J. Tiziou ; p. 235 : (md) NASA/Sygma ; p. 238 : (m) Keystone/Sygma ; p. 240 : (hg), (md) ; p. 241 : (md) ; p. 242-243 : Sygma/Soleiro ; p. 242 : (m) et (h) Sunset Bld/Sygma ; p. 243 : (b) et (mg) Sunset Bld/Sygma, p. 247 : (md) L'Illustration /Sygma ; p. 251 : (h) Keystone/Sygma , (bd) A. Nogues ; p 253 : (md) Y. Coatsaliou, (bg) G. Plisson, (bd) Gianni Giansanti ; p. 260 : (md) T. Campion ; p. 269 : (bd) A. Brucelle ; p. 272 : (mg) L'Illustration/Sygma ; p. 273 : (hd) et (bd) L'Illustration/Sygma ; p. 277 : (hg) J. Mc Nally, (bg) ; p. 282 : (bd) J. Tiziou ; p. 285 (md) J. Langevin.

Illustrateurs :

Bernard Delanghe

p. 56 : (mh) ; p. 75 : (b) ; p. 79 ; p. 80 : (md) ; p. 81 : (g+bd) ; p. 83 : (b) ; p. 86 : (m) ; p. 87 : (m) ; p. 89 : (h) ; p. 90 : (b) ; p. 91 : (m) ; p. 92 (bd) ; p. 93 (m) ; p. 99 ; p. 100-101 : (m) ; p. 132 (mg) ; p. 142 (hg+md) ; p. 143 : (hd) ; p. 151 : (hd) ; p. 167 : (g) ; p. 168 : (b) ; p. 178 : (m) ; p. 179 : (m) ; p. 180-181 ; p. 182 (bg) ; p. 183 : (bd) ; p. 184 : (bg) ; p. 185 : (bg).

Anne Eydoux

p. 77 : (m).

Donald Grant

p. 12 : (m) ; p. 25 : (bd) ; p. 35 : (m) ; p. 42 : (b) ; p. 46 : (hg) ; p. 47 : (hd) ; p. 54 : (d) ; p. 56 : (d) ; p. 64 : (h) ; p. 66 : (hd) ; p. 175 : (hd+hg) ; p. 225 : (hd) ;

Gilbert Houbre

p. 84-85 ; p. 86 : (hg) ; p. 88-89 ; p. 90-91 ; p. 92-93 ; p. 94-95 ; p. 100-101 : (h+b) ;

Vincent Jagerschmidt

p. 2-3 ; p. 12 : (hg) ; p. 13 : (h) ; p. 16-17 ; p. 21 : (m) p. 24 ; p. 26 : (bg) ; p. 28 : (hd) ; p. 33 : (h) ; p. 41 : (hd) ; p. 46 : (md) ; p. 55 : (b) ; p. 58 ; p. 66 : (mg) ; p. 66-67 ; p. 72 : (mg) ; p. 73 : (h) ; p. 106-107 ; p. 122 : (bg) ; p. 124 : (bg) ; p. 126 : (b) ; p. 137 : (bg) ; p. 155 : (hg+hd) ; p. 156 ; p. 157 : (hd) ; p. 162 : (bg) ; p. 165 : (hd+bg+fond) ; p. 167 : (hg) ; p. 169 (h+m) ; p. 170-171 ; p. 209 : (b) ; p. 216 : (bg) ; p. 217 : (bd) ; p. 220-221 ; p. 221 : (mg) ; p. 222-223 ; p. 232-233 ; p. 235 ; p. 236-237 ; p. 238 : (mg) ; p. 238-239 : (b) ; p. 239 : (mg) ; p. 240-241 : (b) ; p. 241 : (hg) et (bg) ; p. 247 : (h).

Régis Mac

p. 3 : (bd) ; p. 17 : (bg) ; p. 19 : (h) ; p. 20 : (hg) ; p. 21 : (bd) ; p. 25 : (bg) ; p. 29 : (m) ; p. 32 : (bd) ; p. 34-35 ; p. 35 : (h) ; p. 36-37 ; p. 38-39 ; p. 39 ; p. 43 ; p. 44-45 ; p. 47 (d) ; p. 53 : (b) ; p. 59 : (b) ; p. 60 : (bm) ; p. 62 : (b) ; p. 63 : (b) ; p. 65 : (md) ; p. 67 : (h) ; p. 73 : (b) ; p. 80 : (bg) ; p. 83 : (h) ; p. 102-103 ; p. 104-105 ; p. 106 : (h+m) ; p. 108-109 ; p. 117 : (h) ; p. 118 : (bg) ; p. 119 : (hd) ; p. 121 : (mg) ; p. 124-125 ; p. 127 : (m) ; p. 136 ; p. 139 : (md) ; p. 140-141 ; p. 145 : (mg) ; p. 148-149 ; p. 152 : (g) ; p. 163 : (md) ; p. 166 : (h) ; p. 167 : (bd) ; p.177 : (h) ; p. 188 : (bd) ; p. 193 (b) ; p. 199 : (bd) ; p. 200 (mg) ; p. 211 (b) ; p. 221 (b) ; p. 225 ; p. 252 (bg) ; p. 255 : (d) ; p. 256-257 ; p. 259 : (h) ; p. 260 (b) ; p. 261 : (mg) ; p. 262 : (bg) ; p. 263 : (hg) ; p. 265 : (b) ; p. 267 : (h) ; p. 269 : (m) ; p. 279 ; p. 281 ; p. 283.

Mati

p. 10 ; p. 14 : (h) ; p. 18 : (bg) ; p. 22 (b) ; p. 27 : (h) ; p. 31 : (b) ; p. 34 : (hd) ; p. 38 : (m) ; p. 42 : (h) ; p. 44 : (h) ; p. 47 : (g) ; p. 49 : (b) ; p. 51 ; p. 52 : (b) ; p. 55 : (m+mg) ; p. 56 : (bg) ; p. 60 : (bg) ; p. 65 : (mg) ; p . 69 ; p. 72 : (md) ; p. 74 : (bg) ; p. 76 (m) ; p. 78 : (bg) ; p. 81 : (hd) ; p. 86 : (bg) ; p. 87 : (hd) ; p. 93 : (b) ; p. 95 : (md) ; p. 97 : (bg) ; p. 111 ; p. 112 : (hg) ; p. 120 : (mg) ; p. 132 : (hd) ; p. 134 : (hg) ; p. 141 : (hd) ; p. 144 : (hd) ; p. 145 : (bd) ; p. 146 ; p. 149 : (hd+bd) ; p. 153 : (hd) ; p. 154 : (hg+mg+bg) ; p. 160 : (hd) ; p. 162 : (hg) ; p. 164 : (b) ; p. 166-167 ; p. 173 : (bd) ; p. 175 : (bd) ; p. 178 : (hd) ; p. 183 : (hg) ; p. 186 ; p. 190 (hg) ; p. 191 (bd) ; p. 192 (mg) ; p. 194 ; p. 195 ; p. 196 : (b) ; p. 201 : (bd) ; p. 204 : (hd) ; p. 205 (hd) ; p. 209 : (md) ; p. 210 : (hd) ; p. 211 : (hd) ; p. 214 ; p. 216 : (hg) ; p. 220 (mg) ; p. 227 : (md) ; p. 237 : (bg) ; p. 245 ; p. 249 : (b) ; p. 250 (hd) ; p. 252 (hd) ; p. 254 : (bd) ; p. 255 (bg) ; p. 264 (m) ; p. 266 : (hg+md) ; p. 268 : (hd) ; p. 270 ; p. 274 ; p. 275 ; p. 280 (b) ; p. 284 : (hg) ; p. 285 : (bd) ; p. 287 : (hd).

Frédéric Pillot

p. 17 : (d) ; p. 23 : (b) ; p. 31 : (h) ; p. 33 : (b) ; p. 41 : (b) ; p. 45 : (d) ; p. 57 : (b) ; p. 116 : (h) ; p. 117 : (m) ; p. 119 : (b) ; p. 126-127 : (b) ; p. 129 : (bd) ; p. 135 : (md) ; p. 138-139 ; p. 143 : (b) ; p. 155 : (b) ; p. 161 : (b) ; p. 162 : (bm) ; p. 164 : (h) ; p. 168 : (h) ; p. 169 : (bg) ; p. 176 : (bd) ; p. 199 : (bd) ; p. 204-205 ; p. 259 (b) ; p. 269 (h) ; p. 286-287.

Infographies :

p. 158-159 ; p. 160 : (g) Roland Chenel.